Vous, votre famille et le fisc
2013

Rédacteurs en chef

Paul B. Hickey, CA
Toronto

Sandra Bussey, CA
Waterloo

Rédactrice

Carol Bethune, MA
Toronto

Collaborateurs à la rédaction – KPMG

Line Arseneau, M.Fisc.
Toronto

Nancy Belo Gomes, CA
Toronto

Julia Clarkson, CA
Toronto

John P. Fabbro, CA
Toronto

Anouk Leclair, LL.L., LL.M. Fisc.
Montréal

Benita Loughlin, CA
Vancouver

David Magdalinski, CMA
Edmonton

Ruth C. L. March, CA, TEP
Halifax

Colin Miller, CA
Lethbridge

F. Paul Woolford, CA
Toronto

Traduction

Services linguistiques de KPMG

Préparé par :

CARSWELL®

ISSN 1207-5965
ISBN 978-0-7798-2792-3 (édition 2013)

Une notice catalographique de cette publication peut être obtenue auprès de Bibliothèque et Archives Canada.

Imprimé au Canada.

THOMSON REUTERS

CARSWELL, UNE DIVISION DE THOMSON REUTERS CANADA LIMITÉE

One Corporate Plaza
2075 Kennedy Road
Toronto, Ontario
M1T 3V4

Service à la clientèle :
Toronto 416-609-3800
Ailleurs au Canada/É.-U. : 1-800-387-5164
Télécopieur : 1-416-298-5082
www.carswell.com
Internet : www.carswell.com/email

Table des matières

Introduction

Ce n'est souvent qu'au printemps, lorsque vient le temps des déclarations de revenus, qu'un grand nombre de Canadiens s'intéressent à la façon dont ils pourraient réduire leurs impôts. Il peut toutefois être déjà trop tard pour tirer parti de nombreuses occasions d'économiser de l'impôt. La production de votre déclaration de revenus est un exercice que vous faites une fois l'an pour calculer l'impôt que vous devez au gouvernement ou le remboursement auquel vous avez droit pour l'année qui vient de s'écouler. Ce sont les mesures de planification fiscale que vous prenez tout au long de chaque année qui vous permettent d'économiser de l'argent au moment de la période des impôts et pour les années suivantes.

Dans le présent guide, nos professionnels en planification fiscale et financière exposent les règles et techniques de planification fiscale les plus courantes auxquelles les particuliers ont accès à l'heure actuelle; mais nous mettons avant tout l'accent sur la planification fiscale visant à réduire le fardeau fiscal global de votre famille. Les quelques heures que vous consacrerez à la lecture de ce guide peuvent vous faire réaliser d'importantes économies d'impôt et vous faciliter la gestion de vos finances personnelles.

Qu'entend-on précisément par planification fiscale?

La planification fiscale est parfaitement légitime. Aussi longtemps que vous respectez la loi, vous avez tout loisir d'arranger vos affaires de façon à ne pas payer plus que votre juste part d'impôt.

L'évasion fiscale est une tout autre affaire. Elle est illégale. Il y a évasion fiscale quand un contribuable omet de déclarer un revenu ou présente incorrectement des faits dans le but de réclamer des déductions ou des crédits auxquels il n'a pas droit. Quiconque pratique l'évasion fiscale est dès lors passible d'intérêts, de pénalités, d'une amende ou même d'emprisonnement, et il doit en outre payer l'impôt exigible.

L'évitement fiscal est une pratique plutôt nébuleuse qui consiste à exploiter les failles du régime fiscal de façon à éluder l'impôt. La *Loi de l'impôt sur le revenu* énonce une disposition générale anti-évitement qui permet de sanctionner toute application abusive ou indue de ses dispositions. Cependant, la démarcation entre la planification fiscale et l'évitement fiscal n'est pas toujours claire.

Le présent guide ne peut remplacer votre conseiller fiscal

Le régime fiscal est en constante évolution. Vous étiez peut-être très au fait des règles qui s'appliquaient il y quelques années, mais il est possible qu'elles aient changé depuis. Nous ne pouvons pas non plus prévoir les autres changements que l'avenir nous réserve. Le présent guide est à jour au 1er juillet 2012 et reflète l'état de la Loi à cette date ainsi que les projets de modifications qui ont jusqu'alors été rendus publics. Veuillez prendre note que certaines des propositions fiscales annoncées dans le budget fédéral de 2012 n'avaient pas encore force de loi au moment de la rédaction. Veuillez consulter un fiscaliste afin d'être mis au courant du statut de ces mesures budgétaires et de toutes autres propositions de nature fiscale.

Ce guide ne traite du régime fiscal canadien qu'en termes généraux. Ce régime est terriblement complexe, plus encore que le présent guide ne le donne à entendre. Pour en exposer tous les détails, un seul ouvrage ne suffit pas; de nombreux tomes seraient nécessaires. Si vous exploitez votre propre entreprise ou que vous gérez une société, il serait avantageux pour vous d'obtenir des conseils fiscaux adaptés à vos besoins. Même si vos affaires sont relativement simples, vous devriez consulter un fiscaliste qualifié (plutôt qu'une personne qui s'occupe simplement de remplir votre déclaration de revenus). Les économies que vous réaliserez dépasseront probablement de loin les honoraires que vous aurez à verser.

Elio R. Luongo
Associé directeur canadien, Fiscalité
KPMG s.r.l./S.E.N.C.R.L.

Comment atteindre vos objectifs financiers

- Élaborez un plan financier et faites en sorte de le respecter (1.1.1)
- Fixez-vous des objectifs à court, à moyen et à long terme (1.1.1)
- Suivez de près l'évolution de la valeur nette de votre patrimoine et de vos liquidités et établissez chaque année un objectif de croissance (1.1.2 et 1.1.3)
- Épargnez systématiquement en « vous payant d'abord » (1.1.3)
- Élaborez une stratégie de placement qui convient à votre situation particulière et à vos besoins (1.1.4)
- Établissez des repères grâce auxquels vous pourrez mesurer la performance de votre portefeuille et de votre gestionnaire de placements (1.1.4)
- Cotisez chaque année jusqu'à 2 500 $ à un REEE et obtenez de l'État une subvention égale à 20 % de ce montant (1.2.1)
- Encouragez vos enfants à investir l'argent qu'ils gagnent (1.2.2)
- Pensez à utiliser les fonds de votre REER comme versement initial à l'achat de votre première résidence aux termes du Régime d'accession à la propriété (1.2.3)
- Augmentez la fréquence de vos paiements hypothécaires afin de réduire vos intérêts hypothécaires (1.2.3)
- Planifiez en vue de réduire au minimum l'impôt sur les gains en capital à la vente d'une résidence secondaire (1.2.4)
- Créez un fonds d'urgence ou obtenez une marge de crédit (1.3.1)
- Assurez-vous d'avoir des garanties d'assurance adéquates et un testament à jour (1.3.2 et 1.3.3)
- Envisagez de dresser une procuration (1.3.4)
- « Magasinez » avant de choisir vos conseillers financiers et vos conseillers en placement (1.4)

Dans le présent chapitre, nous expliquons les principes de base de la planification financière en mettant l'accent sur l'effet que les impôts peuvent avoir sur votre capacité à réaliser les objectifs financiers de votre famille. Vous trouverez à divers endroits du présent guide des idées de planification financière qui pourraient vous aider à réaliser ces objectifs. Étant donné leur importance, les questions de planification financière ayant trait à la retraite sont traitées dans un chapitre distinct (chapitre 20).

1.1 Élaborez votre plan financier

L'idée même de planification financière rend perplexes, pourtant sans raison, bon nombre de Canadiens, quel que soit leur âge. Épargner pour la retraite, pour financer les études d'un enfant ou pour acheter une résidence est à la portée de la plupart d'entre nous – la planification financière vise à éclaircir vos objectifs, à établir un échéancier réaliste pour les atteindre et à mobiliser vos ressources financières pour appliquer votre plan. Bien entendu, le processus peut exiger que vous changiez vos attentes, que vous réduisiez votre train de vie actuel ou tout simplement que vous planifiiez vos dépenses en fonction de vos priorités et fassiez des choix. Cependant, l'élaboration d'un plan financier judicieux ne peut que réduire votre stress financier en brossant un tableau réaliste des finances de votre famille et en indiquant la voie à suivre pour la réalisation de vos objectifs.

Au Canada, les impôts constituent l'un des plus grands obstacles à la création, au maintien et à la préservation de la richesse indépendante. La planification financière visant à réduire la charge fiscale pour l'ensemble de votre famille devrait faire partie intégrante du plan financier global de votre famille. Le reste de ce guide regorge d'idées sur la façon d'économiser de l'impôt; quant au présent chapitre, il donne un aperçu du cadre dans lequel votre planification fiscale devrait s'intégrer.

1.1.1 Fixez-vous des objectifs financiers liés à votre mode de vie

Élaborez un plan financier et faites en sorte de le respecter.

Consigner ses rêves par écrit constitue la première étape en vue de leur réalisation. Commencez par déterminer vos buts et la date à laquelle vous désirez les atteindre. Si vous avez un conjoint, de droit ou de fait, rédigez cette liste ensemble en faisant les compromis qui sont nécessaires pour assurer un engagement mutuel à la réalisation de ces objectifs. Vous pouvez également faire participer vos enfants à ce processus et les inviter à élaborer leur propre plan à titre d'exercice d'apprentissage.

Fixez-vous des objectifs à court, à moyen et à long terme.

Bien que votre liste doive surtout tenir compte du bien-être de votre famille et de sa sécurité financière future, assurez-vous d'inclure tout élément de votre choix visant à améliorer votre mode de vie, par exemple une résidence secondaire, des rénovations importantes, une voiture de luxe ou une piscine. Si vous voulez prendre un congé sabbatique pour passer du temps avec vos enfants ou, éventuellement, lancer votre propre entreprise, écrivez-le. Dans le cadre de cet exercice, prenez en considération l'élaboration d'une stratégie de placement (1.1.4), l'établissement d'objectifs financiers courants (1.2) et la mise en œuvre d'importantes mesures de protection financière (1.3).

Lorsque vous aurez terminé votre liste, regroupez les objectifs à court, à moyen et à long terme et classez-les par ordre de priorité dans chaque groupe. Fixez une date pour la réalisation de chacun. Ensuite, faites quelques recherches pour évaluer le coût de l'atteinte de ces objectifs, en vous assurant de tenir compte de l'inflation. Vous pourriez souhaiter retenir les services d'un planificateur financier pour y voir plus clair question chiffres. Ne vous laissez pas impressionner par les montants; avec le temps, la valeur de vos placements peut augmenter sensiblement grâce à la capitalisation de leur rendement.

Néanmoins, vous devrez peut-être réviser votre liste en allouant plus de temps à la réalisation d'un objectif donné ou en renonçant à certains autres qui dépassent vos moyens.

Au fil des ans, cette liste vous servira de guide quant à l'orientation que vous devrez donner à vos épargnes et à vos placements et d'indicateur quant à vos progrès. Étant donné que votre situation personnelle et financière et vos objectifs ne manqueront pas de changer avec le temps, il importe de passer votre liste en revue une ou deux fois l'an et de la mettre à jour pour qu'elle reflète vos nouvelles priorités et réalisations.

1.1.2 Suivez de près la valeur nette de votre patrimoine
Maintenant que vous avez une meilleure idée de vos objectifs, l'étape suivante consiste à faire un relevé de votre situation financière actuelle, soit la valeur nette de votre patrimoine. Il s'agit simplement de faire le total de vos actifs (ce que vous possédez) et de vos passifs (ce que vous devez); soustrayez ensuite vos passifs de vos actifs. Le résultat constitue le point de départ de la plupart des activités de gestion et de planification financières.

Il est également utile de répartir vos actifs en fonction du droit de propriété, selon que les biens vous appartiennent en totalité, qu'ils appartiennent à votre conjoint ou qu'ils vous appartiennent conjointement; cela peut vous aider à élaborer des stratégies de fractionnement du revenu (voir chapitre 5) et de planification successorale (voir chapitre 21).

Un examen attentif de vos actifs vous permettra de découvrir s'ils sont constitués majoritairement de biens personnels, comme votre résidence ou votre automobile, ou de biens de placement, comme des comptes d'épargne, des actions et des fonds communs de placement. Vous devriez également pouvoir analyser le degré de liquidité de vos actifs et déterminer si votre portefeuille de placements est suffisamment diversifié de façon à équilibrer les taux de rendement prévus et le degré de risque que vous êtes prêt à assumer (voir 1.1.4).

De la même façon, un examen attentif de vos passifs pourrait vous permettre de déterminer si vos garanties d'assurance sont adéquates (voir 1.3.2) et de quelle manière vos dettes influent sur la valeur nette de votre patrimoine. Comme nous le verrons à la section 7.2.3, les intérêts contractés pour des raisons personnelles sur le solde des cartes de crédit, les prêts à la consommation et les hypothèques ne sont pas déductibles aux fins de l'impôt, tandis que les intérêts sur les prêts contractés pour acheter des placements produisant des revenus ou pour générer un revenu d'entreprise peuvent l'être. En conséquence, les intérêts sur vos dettes à la consommation pourraient être plus élevés que ce que vous tirez de vos placements après impôts. Dans la mesure du possible, vous devez essayer de rembourser vos prêts à la consommation, en accordant la priorité à ceux dont les taux d'intérêt sont les plus élevés, et essayer de faire en sorte que tous les emprunts futurs que vous contracterez soient déductibles d'impôt.

Suivez de près l'évolution de la valeur nette de votre patrimoine et de vos liquidités et établissez chaque année un objectif de croissance.

Un bon moyen de faire le bilan de votre santé financière et de vous rapprocher de vos objectifs consiste à mettre à jour le calcul de la valeur nette de votre patrimoine une ou deux fois par année. Par exemple, si vous êtes en mesure de l'augmenter de 15 % par année, elle doublera tous les cinq ans. Voici quelques moyens d'augmenter la valeur nette de votre patrimoine :

- améliorer le taux de rendement de vos placements;
- investir un montant plus élevé de vos revenus en réduisant vos dépenses discrétionnaires et vos impôts;
- réduire vos dettes en remboursant vos prêts à la consommation et vos autres prêts à taux élevé, et en accélérant le remboursement de votre hypothèque et de vos autres emprunts.

1.1.3 Gestion des liquidités et budgétisation – la pierre angulaire de la planification financière

Il n'existe pas de formule secrète pour accumuler les fonds nécessaires qui vous permettront d'atteindre vos objectifs financiers. À moins d'hériter ou de gagner à la loterie, le moyen de se constituer un patrimoine consiste à épargner et à investir une tranche régulière de son revenu. Grâce au « miracle » mathématique des intérêts composés, vous pourrez observer la croissance exponentielle de vos placements au fil du temps. Ainsi, plus le montant des épargnes que vous pouvez investir est élevé et plus la période pendant laquelle vous l'investissez est longue, plus la valeur nette de votre patrimoine sera importante.

Un moyen d'augmenter la valeur nette de votre patrimoine consiste à mieux contrôler vos épargnes et vos dépenses par le biais d'un budget personnel ou familial. Établissez la liste des montants d'argent que vous prévoyez recevoir par le biais de votre travail ou d'autres sources ainsi que des montants que vous devez payer tous les mois pour vivre, comme les versements hypothécaires, l'épicerie et les divertissements. Cette liste vous permettra d'évaluer vos liquidités de manière réaliste et vous aidera à classer vos dépenses par ordre de priorité.

En tenant compte de ces informations et de toute dépense non susceptible de se répéter, dressez votre budget pour le mois prochain ou pour le reste de l'année. Une fois que vous aurez dressé votre budget, passez-le en revue régulièrement pour vous assurer de sa pertinence et évaluez-le en fonction de vos dépenses réelles.

Sans changer vos habitudes de vie, il y a habituellement peu de choses que vous pouvez faire au sujet de vos versements hypothécaires, vos paiements d'auto et vos autres dépenses fixes. Cependant, le fait de préparer un budget – et de le respecter – vous permettra probablement de trouver des moyens de réduire facilement vos dépenses discrétionnaires, par exemple les voyages, les divertissements et les cadeaux. Ainsi, revoir votre mode de consommation et les établissements que vous fréquentez peut également contribuer à réduire vos dépenses. Il existe sur le marché un bon nombre d'excellents progiciels auxquels vous pouvez avoir recours, si vous le jugez utile, pour élaborer et superviser votre budget familial.

Lorsque vous élaborez votre budget, ne prévoyez pas simplement économiser le montant qui reste à la fin de chaque mois – il risque d'en rester moins que prévu. Prenez plutôt l'habitude d'épargner au début de chaque mois (ou à toute autre période) un montant fixe d'au moins 10 % de votre revenu et d'utiliser le reste pour vos dépenses. Communément appelée le plan « payez-vous d'abord », cette technique contribue à vous faire épargner systématiquement et à vous rendre moins enclin à faire des achats impulsifs ou inutilement chers. Bien qu'il puisse s'écouler quelques mois avant que vous soyez habitué à disposer de liquidités réduites, vous serez probablement surpris de la rapidité avec laquelle vous vous adapterez à cette nouvelle situation. Vous pourriez même faire effectuer, par votre institution financière, un virement automatique du montant épargné dans un compte bancaire distinct, dans un régime enregistré d'épargne-retraite (REER) (voir chapitre 3) ou dans un compte d'épargne libre d'impôt (CELI) (voir 4.1) sur une base mensuelle ou sur toute autre base régulière.

> Épargnez systématiquement en « vous payant d'abord ».

Une fois que vous avez versé le maximum de vos cotisations au RPC/RRQ et de vos primes d'assurance-emploi pour l'année, envisagez de consacrer ces montants à vos épargnes ou au remboursement de vos dettes. Votre salaire net demeurera le même, et votre situation s'en touvera améliorée. De façon similaire, lorsque vous terminez de rembourser un prêt-auto, vous pourriez mettre de côté le montant de vos paiements pour vous constituer des économies.

1.1.4   Élaborez une stratégie de placement adéquate

La conjoncture économique actuelle incite les Canadiens à veiller à leur avenir financier. Même s'ils ont des conseillers financiers, la plupart des investisseurs doivent s'intéresser activement à leurs investissements.

> Élaborez une stratégie de placement qui convient à votre situation particulière et à vos besoins.

Les experts en placement s'entendent pour suggérer que ce n'est pas tant la nature des éléments que l'on choisit qui importe, mais leur provenance. Cette stratégie de placement, que l'on appelle « répartition de l'actif », vaut autant pour des actifs de cent mille dollars que de un million de dollars. En termes simples, la répartition de l'actif est le processus qui consiste à décider comment investir un ensemble de ressources parmi un large éventail de placements. Ce processus vous aide également à respecter votre plan financier et à éviter de prendre des décisions précipitées lorsque les taux de rendement jouent au yo-yo. On le considère généralement, à lui seul, comme le plus important aspect de la gestion d'un portefeuille.

Le processus de répartition de l'actif nécessite trois décisions. La première consiste à choisir parmi diverses catégories de placements : les placements en espèces, les placements à revenu fixe et les placements en actions.

Par la suite, la deuxième décision consiste à déterminer, entre autres, les marchés auxquels on veut s'exposer. Dans bien des cas, il est sage de diversifier ses placements sur le plan géographique. Les capitaux du Canada représentent moins de 3 % des capitaux du monde entier, et on considère qu'il existe d'importantes possibilités de placement à l'étranger. La plupart des Canadiens se contentent d'avoir dans leur portefeuille quelques actions américaines, mais généralement, cela n'assure pas une diversification adéquate du fait que les marchés nord-américains s'influencent passablement l'un l'autre. De nos jours, les placements étrangers sont disponibles par le biais de divers fonds communs de placement.

Une autre décision relative à la répartition de l'actif consiste à déterminer le degré de risque auquel on veut s'exposer. Par exemple, si vous déteniez des dollars américains alors que la devise américaine marquait un recul par rapport au dollar canadien, vous avez sans doute réalisé une perte si vous avez converti vos fonds en dollars canadiens à un taux plus élevé que celui auquel vous avez acheté les dollars américains.

Une « opération de couverture » est une stratégie de placement grâce à laquelle un investisseur tente de gérer les divers risques inhérents à son portefeuille en détenant différentes devises dans les marchés qui sont censées fluctuer de façon opposée. Étant donné que les opérations de couverture exigent des connaissances poussées des marchés mondiaux, bon nombre d'investisseurs n'optent pas pour cette stratégie. Ceux-ci choisissent plutôt de diversifier leurs risques en investissant dans un fonds de couverture. Les Canadiens qui engagent des dépenses récurrentes en monnaie américaine pour leurs voyages ou leur résidence secondaire située aux États-Unis pourraient avoir avantage à investir dans le dollar américain. En effet, si vous achetez de l'argent américain alors que le dollar canadien est élevé par rapport au dollar américain, vous pourriez économiser au moment de régler des dépenses américaines lorsque la valeur du dollar canadien baissera.

Outre ces trois décisions, il y a deux types de répartition de l'actif : stratégique et tactique. Une répartition stratégique de l'actif nécessite une perspective à long terme et la division d'un portefeuille entre plusieurs catégories d'actif, selon le risque et le rendement inhérents à chaque élément d'actif. La répartition tactique de l'actif, par contre, consiste en des prédictions à court terme sur le comportement du marché, prédictions qui peuvent être valables pour une heure ou pour un jour. Ce type de répartition est difficile du fait que les variables qui entrent dans le choix d'une combinaison d'actifs changent continuellement, ce qui exige que l'on modifie le portefeuille afin de suivre les mouvements du marché. Cette méthode peut aussi comporter plusieurs autres inconvénients : des honoraires plus élevés, un manque de liquidités sur les marchés plus spécialisés comme celui des métaux précieux, et le risque de mal interpréter les signaux économiques.

Bien qu'il n'existe aucune répartition parfaite de l'actif, il y en a certainement qui sont inappropriées. Voici quelques conseils pour vous aider à trouver une bonne combinaison.

Fixez vos objectifs et déterminez votre tolérance au risque – Avant d'investir, il convient de décider de vos objectifs et de votre tolérance au risque puis de décider de la façon de répartir votre actif. La tolérance au risque dépend de facteurs tels que l'âge et la situation familiale de chacun ainsi que sa personnalité d'investisseur. Prenons un exemple : la tolérance au risque d'une personne de 55 ans qui a deux adolescents à charge peut être extrêmement différente de celle d'une autre personne du même âge dont les enfants auraient quitté la maison ou qui serait célibataire. Par ailleurs, si vous détenez un régime de retraite à prestations déterminées, le degré de risque que vous accepterez eu égard à votre REER pourrait différer du risque que serait disposée à prendre une personne pour qui le REER constitue l'unique régime d'épargne-retraite.

Le degré de tolérance au risque devrait également refléter votre capacité à remplacer toute perte que vous pourriez essuyer. Une personne qui possède une valeur nette élevée peut être en mesure d'absorber une perte de 50 000 $ à la bourse. Mais pour un retraité moyen qui ne dispose que d'un revenu de pension fixe, une perte de cette envergure pourrait être catastrophique. La répartition de l'actif doit s'harmoniser à votre profil d'investisseur et à votre degré de tolérance au risque. Si votre actif est bien réparti, vous devriez pouvoir dormir sur vos deux oreilles, quelle que soit la façon dont se comporte le marché boursier.

Si vous voulez savoir comment modifier votre stratégie de placement alors que l'heure de votre retraite approche, reportez-vous à la section 20.2.2.

Tenez compte de votre portefeuille dans son ensemble – De nombreux investisseurs commettent l'erreur classique d'investir séparément les placements enregistrés et ceux qui ne le sont pas. Or, en principe, que votre argent soit dans un REER ou dans d'autres régimes enregistrés n'a rien à voir avec la décision concernant la répartition de l'actif. Vous devriez tenir compte de votre portefeuille dans son ensemble afin de bien répartir tous vos avoirs. Une fois que les éléments d'actif sont répartis, vous pouvez décider quels investissements devraient, pour des raisons fiscales, être faits par le biais de votre REER (voir 3.1.6) ou de votre CELI (voir 4.1).

Planifiez à long terme et maintenez le cap – Après avoir décidé de la répartition de l'actif, prévoyez laisser vos placements fructifier pendant au moins cinq à sept ans, ou le temps qu'il faut pour compléter un cycle économique. L'investisseur moyen fait souvent l'erreur d'acheter ce qui est populaire parce qu'il croit que le moment est propice aux placements boursiers; dès que son placement enregistre une moins-value, il panique et vend. Une approche disciplinée en ce qui concerne la répartition de l'actif vous sera vraisemblablement plus profitable à long terme.

Attention aux honoraires – Soyez au fait des frais de gestion et des commissions. Une économie de frais de 1 % par année sur un placement de 100 000 $ rapportant 6 % par année pendant dix ans pourrait vous faire épargner plus de 15 000 $. Vous n'avez aucune influence sur le marché, mais vous pouvez en avoir sur les frais de gestion et les commissions que vous paierez à la longue. Si vous ignorez à combien s'élèvent ces frais dans votre cas, n'hésitez pas à le demander.

L'inflation est un risque – L'inflation est un autre facteur sur lequel vous n'avez aucune influence, quoique vous puissiez prévoir un plan pour y faire face. Selon le taux d'inflation, il pourrait s'avérer coûteux de penser à l'argent en termes de valeur nominale, plutôt qu'en termes de valeur réelle. Si votre argent ne fructifie pas, vous en perdez. Prenez par exemple un placement de 1 000 $ qui rapporte en moyenne 6 % par année. Au bout de dix ans, la somme investie vaudra 1 790 $, mais l'inflation aura d'ici là rongé sa valeur réelle. En supposant un taux d'inflation annuel de 3 %, cette érosion s'élèvera à 450 $ à la fin de la dixième année, ce qui signifie que la valeur réelle du placement, à ce moment-là, sera tombée à 1 340 $.

Rééquilibrez votre portefeuille chaque année – Une des autres mesures les plus importantes pour gérer vos placements consiste à rééquilibrer régulièrement votre portefeuille en fonction de la répartition de vos actifs.

En adoptant une certaine discipline, vous serez en mesure de gérer vos placements en vue de faire un profit, c'est-à-dire en vendant quand les cours sont élevés et en achetant quand ils sont bas.

Par exemple, il se peut qu'au début vous ayez décidé que, pour atteindre vos objectifs, il vous fallait un portefeuille composé de 40 % d'actions et de 60 % d'obligations. Mais voilà que, après une période de prospérité économique, vous constatez que la valeur de vos actions représente maintenant 55 % de votre portefeuille, alors que les obligations ne comptent plus que pour 45 %. Dans pareil cas, la discipline relative à la répartition stratégique de l'actif devrait vous forcer à prendre les profits et à rééquilibrer votre portefeuille pour lui redonner sa composition d'origine. Ainsi, quand l'économie s'affaissera, comme c'est toujours le cas, vous serez en mesure de tirer parti du changement.

Choisissez la bonne société de placement et surveillez la performance de vos placements – Choisissez une société de placement qui correspond à votre situation et à vos besoins et qui affiche une solide performance depuis de nombreuses années, comparativement à ses concurrents. Votre politique écrite en matière de placements devrait contenir des repères appropriés qui conviennent à la composition particulière de votre actif, comme des indices boursiers, pour juger de la performance de votre portefeuille et de votre gestionnaire de placements. Pour des conseils généraux sur la manière de choisir ses conseillers professionnels, se reporter à la section 1.4.

Établissez des repères grâce auxquels vous pourrez mesurer la performance de votre portefeuille et de votre gestionnaire de placements.

N'essayez pas de déjouer le marché – Préoccupez-vous de bien répartir vos éléments d'actif puis, pour chaque catégorie d'actif, essayez de contenir les coûts autant que possible. Assurez-vous d'avoir un portefeuille bien diversifié. Soyez constant dans votre manière d'investir et respectez votre plan. Ne croyez pas que ce qui s'est produit dans le passé se reproduira dans l'avenir. Sur le marché boursier, l'histoire se répète rarement.

1.2 Certains objectifs financiers courants

1.2.1 Planification des études de vos enfants

Bien que votre enfant puisse choisir une autre voie, un diplôme collégial ou universitaire peut grandement contribuer à élargir l'éventail de ses choix de carrière et probablement sa capacité éventuelle de gagner un revenu. Cependant, compte tenu du fait que le gouvernement ne cesse de réduire l'aide qu'il octroie et que les frais de scolarité ne cessent d'augmenter depuis les dix dernières années, il devient de plus en plus onéreux de subvenir aux besoins d'un enfant qui décide de poursuivre des études collégiales ou universitaires. Si ce dernier décide de déménager de la maison pour étudier à l'extérieur du Canada, ses frais augmentent d'une manière significative. Pour la plupart d'entre nous, il serait difficile de financer de tels coûts à partir de notre revenu courant; la planification devient alors un exercice primordial.

Comme c'est le cas pour tout effort de planification financière, les décisions concernant le financement des études de votre enfant doivent se prendre en gardant à l'esprit les répercussions fiscales. Vous trouverez ci-dessous quelques techniques courantes qui peuvent vous aider à réduire le fardeau fiscal global de votre famille de façon à ce que vous disposiez de fonds plus élevés pour financer les études de vos enfants.

Cotisez chaque année jusqu'à 2 500 $ à un REEE et obtenez de l'État une subvention égale à 20 % de ce montant.

Les régimes enregistrés d'épargne-études (REEE) peuvent être des mécanismes efficaces d'épargne-études, particulièrement en raison de l'accessibilité à la Subvention canadienne pour l'épargne-études (SCEE). Aux termes de ce programme, le gouvernement accordera une subvention équivalant à 20 % de la première tranche de 2 500 $ de la cotisation qu'un contribuable versera à un REEE chaque année; cette subvention donne donc automatiquement au cotisant un rendement supplémentaire de 20 % sur les premiers 2 500 $ cotisés chaque année par bénéficiaire. Pour les familles à faible revenu et à revenu moyen, la SCEE pourrait être encore plus élevée. La subvention maximale à vie est de 7 200 $ par bénéficiaire. Les règles régissant les REEE sont exposées plus en détail au chapitre 4.

Comme solution de rechange ou en sus d'un REEE, vous pouvez investir dans des fonds communs de placement au nom de votre enfant. Tout revenu tiré de ces fonds est normalement imposable en vertu des conditions privilégiées régissant les gains en capital (voir chapitre 6) ou les dividendes (voir chapitre 7). Tout gain en capital distribué par le fonds ou réalisé à la vente du fonds sera imposable dans les mains de votre enfant, qui est assujetti à un taux d'imposition moins élevé (ou ne sera pas imposable du tout, si son revenu est suffisamment bas). Jusqu'à ce que votre enfant atteigne l'âge de 18 ans, les dividendes et les intérêts seront imposés dans votre déclaration de revenus en raison des règles d'attribution dont traite la section 5.2.3; cependant, en supposant que vous choisissiez d'investir dans un fonds commun de placement qui soit avantageux sur le plan fiscal, l'impôt versé équivaut habituellement à une faible tranche du rendement global du fonds. Le choix d'un fonds commun de placement non enregistré permet un certain contrôle et une certaine souplesse en matière de placements. Les fonds peuvent être affectés à n'importe quelle fin, et il n'existe aucune limite quant au montant que vous pouvez investir.

Si votre enfant est atteint d'une déficience, vous pourriez avoir le droit d'établir un Régime enregistré d'épargne-invalidité afin de répondre à ses besoins financiers futurs, notamment en ce qui a trait à ses études (voir 4.6).

Si vous recevez des prestations fiscales pour enfants, des prestations pour enfants handicapés ou des paiements au titre de la Prestation universelle pour la garde d'enfants (voir 2.3.2 et 2.3.3), songez à les déposer dans un compte établi au nom de l'enfant. Comme dans le cas des fonds versés à un REEE, ces dépôts peuvent devenir un placement important avec le temps et, compte tenu du fait que les règles de fractionnement du revenu dont il est question au chapitre 5 ne s'appliquent pas, tout revenu de placement sera imposé au nom de l'enfant, s'il y a lieu. Vous pourriez peut-être retirer le solde du compte à la fin de chaque année et acheter, au nom de votre enfant, des placements offrant un rendement supérieur (voir 5.3.12).

Devant des taux d'intérêt à la hausse, une autre stratégie à envisager consiste à fractionner votre revenu en concluant un prêt familial avec votre enfant – voir 5.3.4.

1.2.2 Encouragez vos enfants à investir

Si vos enfants travaillent à temps partiel (p. ex., un emploi d'été) et si leur revenu est inférieur au montant du crédit personnel de base (10 822 $ pour 2012 – voir 2.2) et au montant du crédit canadien pour emploi (1 095 $ pour 2012) pouvant être gagné en franchise d'impôt, envisagez de produire une déclaration de revenus pour eux en vue de déclarer leur revenu gagné aux fins d'un REER et leur permettre de se constituer des droits de cotisation qu'ils n'utiliseront que dans une année ultérieure, lorsque leur revenu deviendra imposable (voir 3.1.3). Cela sera particulièrement utile si vos enfants sont des adolescents et que leur revenu est susceptible d'augmenter d'une façon appréciable dans l'avenir, étant donné que les droits de cotisation à un REER inutilisés peuvent être reportés indéfiniment. Si vos enfants disposent de liquidités (et si votre institution financière accepte d'établir un régime), ils peuvent cotiser maintenant pour commencer à bénéficier de la croissance de leur placement en franchise d'impôt, et reporter la réclamation de la déduction fiscale afférente jusqu'au jour où ils gagneront suffisamment de revenus pour être imposables. Par ailleurs, si votre enfant est âgé de plus de 17 ans et qu'il a un numéro d'assurance sociale, il aura la possibilité de placer ses épargnes dans un CELI (voir 4.1).

Au lieu de donner à votre enfant de l'argent qui sera vite dépensé, encouragez-le à investir dans un REER. Le montant maximal de la cotisation pourra vous sembler minime – seulement 18 % du revenu qu'il aura tiré de son emploi d'été ou d'un emploi qu'il aura occupé à temps partiel, plus la surcotisation à vie de 2 000 $ à laquelle il a droit s'il a célébré son 18e anniversaire au cours de l'année précédente (voir 3.3.4). Toutefois, les fonds investis dans le REER s'accumuleront en franchise d'impôt et s'accroîtront de façon importante au fil des ans. Par exemple, si, chaque année à compter de son 16e anniversaire, votre enfant investit 1 000 $ dans son REER, il aura un REER d'une valeur de 13 972 $ (en supposant un taux de rendement annuel cumulatif de 6 %) au début de l'année au cours de laquelle il atteindra l'âge de 26 ans; lorsqu'il aura 30 ans, son REER s'établira à 24 673 $; et, s'il verse une cotisation de 1 000 $ par année jusqu'à ce qu'il atteigne l'âge de 65 ans, son REER aura une valeur d'environ 273 000 $.

Encouragez vos enfants à investir l'argent qu'ils gagnent.

Pour suppléer au revenu que gagne votre enfant et l'aider à financer ses études, ou tout autre projet, envisagez de lui prêter, sans intérêt, un montant égal au revenu qu'il gagne durant l'année et qu'il dépenserait autrement. Votre enfant peut utiliser l'argent prêté pour payer ses dépenses, notamment ses frais de scolarité et ses dépenses courantes, et investir l'argent qu'il a gagné pour obtenir un revenu de placement. En agissant ainsi, les règles empêchant le fractionnement du revenu dont il est question au chapitre 5 ne s'appliqueront pas. Le revenu de placement ne vous sera pas attribué et sera imposable pour votre enfant, à un taux d'imposition inférieur (ou ne sera pas imposé du tout si son revenu est assez bas). À une date ultérieure, peut-être après avoir reçu son diplôme, votre enfant pourra vous rembourser à même les fonds investis, ou les garder comme « fonds de démarrage » pour ses premières années sur le marché du travail. (La section 5.3.11 traite de cette stratégie de manière plus détaillée.)

Le chapitre 5 traite de certaines techniques de fractionnement du revenu avec les enfants. Ces stratégies peuvent réduire substantiellement le fardeau fiscal pour l'ensemble de votre famille et aider votre enfant à devenir autonome financièrement.

1.2.3 Achat d'une résidence

Si vous êtes locataire plutôt que propriétaire de votre résidence, vous pourriez bien rater l'une des meilleures occasions de placement qui existent. L'achat d'une maison peut vous protéger contre l'inflation en plus d'être un mécanisme intéressant d'épargne-retraite ainsi qu'un abri fiscal, comme l'explique la section 6.4.2. Si vous êtes propriétaire d'une résidence que vous vendez à profit, le gain est habituellement exonéré d'impôt, à condition de l'avoir utilisée comme résidence principale aux fins de l'impôt sur le revenu.

Par conséquent, si vous pouvez vous permettre d'acheter une résidence, ne prenez pas de logement à bail. Si vous êtes locataire et que vous épargnez en vue d'acheter une résidence, songez à déménager dans un logement dont le loyer est moins élevé afin d'économiser davantage pour accroître votre versement initial. Il est toujours préférable d'utiliser son argent pour rembourser une hypothèque que de le verser dans les poches d'un propriétaire; hâtez-vous, votre santé financière ne pourra que s'améliorer! Nous présentons ci-dessous quelques conseils de planification fiscale et d'autres commentaires qui seront utiles à l'acheteur éventuel d'une résidence.

Si vous faites l'acquisition d'une première maison, vous pourriez être admissible à un crédit d'impôt de 15 % sur un montant de 5 000 $ de vos coûts (voir 2.7.4).

Si vous y êtes admissible, le Régime d'accession à la propriété peut vous permettre d'avoir accès à des sommes assez importantes en vue de financer votre versement initial. Si vous économisez en vue d'acheter une première résidence, songez à utiliser votre REER comme mécanisme d'épargne; en vertu du Régime d'accession à la propriété dont il est question à la section 3.3.6, si vous y êtes admissible, vous pouvez généralement retirer jusqu'à 25 000 $ de votre REER, sous forme d'emprunt, pour acheter ou construire une maison sans que le montant soit considéré comme un revenu aux fins fiscales. Toutefois, vous devrez rembourser l'emprunt, sans intérêt, dans les 15 années suivantes à compter de la deuxième année suivant celle du retrait.

> Pensez à utiliser les fonds de votre REER comme versement initial à l'achat de votre première résidence aux termes du Régime d'accession à la propriété.

Si vous avez l'intention de retirer des fonds de votre REER aux termes du Régime d'accession à la propriété, envisagez de verser votre cotisation annuelle au moins 90 jours avant que vous ne retiriez les fonds; de cette manière, vous pourrez toujours déduire le montant de la cotisation. Si vous comptez sur votre REER pour constituer un revenu de retraite, n'oubliez pas de calculer la baisse du revenu qui se serait autrement accumulé en franchise d'impôt, du fait que vous retirez maintenant une tranche importante de fonds, que vous ne rembourserez que dans les 15 prochaines années. Veuillez vous reporter à la section 3.3.6 pour de plus amples détails sur le Régime d'accession à la propriété.

Si vous avez une hypothèque, envisagez d'augmenter la fréquence de vos paiements hypothécaires pour réduire vos frais d'intérêt. Sur une période d'amortissement de 25 ans, vos paiements annuels seront les mêmes si vous choisissez d'effectuer des paiements mensuels ou hebdomadaires; mais avec des paiements hebdomadaires, vous réduirez considérablement le total des intérêts que vous verserez pendant la durée de votre hypothèque.

> Augmentez la fréquence de vos paiements hypothécaires afin de réduire vos intérêts hypothécaires.

Augmenter la fréquence de vos versements hypothécaires ne veut pas nécessairement dire que vous devrez débourser plus d'argent que vous ne le faites actuellement. Voici pourquoi : calculez le montant que vous voulez ou pouvez payer chaque mois et multipliez ce montant par 12. Vous obtiendrez le montant de votre paiement annuel. Divisez ce montant par 52 pour obtenir votre versement hypothécaire hebdomadaire. Vos versements hypothécaires seront identiques pour l'année, mais la fréquence plus élevée aura pour effet de réduire le capital de votre hypothèque plus rapidement ainsi que d'abaisser le total des intérêts.

Un autre moyen de réduire les intérêts consiste à garder les versements hypothécaires au même niveau lorsque vous renouvelez votre hypothèque, même si les intérêts ont baissé. De plus, chaque fois que vous renouvelez votre hypothèque, vous pouvez augmenter votre versement selon vos moyens; vous serez surpris des économies que vous réaliserez à la longue en versant seulement 50 $ ou 100 $ de plus.

1.2.4 Résidences secondaires

L'achat d'une maison de campagne, d'un chalet de ski ou d'un condominium vous donnera, à vous et à votre famille, de nombreuses années de plaisir. Pour une foule de raisons, les résidences secondaires peuvent également constituer un placement sûr. Vous économiserez probablement en frais de vacances pour votre famille. Vous pouvez même facilement compenser certains frais d'exploitation en louant la propriété lorsque votre famille ne l'utilise pas. La demande pour les belles résidences secondaires (particulièrement au bord de l'eau) qui sont situées à une distance raisonnable des centres urbains canadiens demeurera probablement stable et, si la tendance traditionnelle se maintient à cet égard, la valeur de votre résidence secondaire pourrait s'accroître substantiellement pendant la période où vous en serez propriétaire.

Planifiez en vue de réduire au minimum l'impôt sur les gains en capital à la vente d'une résidence secondaire.

Que vous ayez l'intention de vendre votre propriété dans l'avenir ou de la garder dans la famille, rappelez-vous que l'impôt sur les gains en capital (voir 6.2.1) peut s'appliquer sur la différence entre le coût de la propriété lorsque vous l'avez acquise, majoré du coût de toute amélioration lui ayant été apportée, et sa juste valeur marchande lorsque vous la vendez ou au moment de votre décès (ou du décès de votre conjoint). Plus la période au cours de laquelle vous avez détenu la propriété est longue, plus le gain sera vraisemblablement élevé.

Pour éviter de laisser vos survivants avec une facture d'impôt qu'ils pourraient devoir financer en vendant la propriété, songez à souscrire une police d'assurance-vie d'un montant suffisant pour financer les impôts qui s'appliqueront à votre décès. Vous pourrez peut-être protéger de l'impôt une partie du gain obtenu à la vente de la propriété ou à la suite de votre décès (ou du décès de votre conjoint) en vertu de l'exemption pour résidence principale (voir 6.4.2). Vous pourriez peut-être protéger vos gains en capital futurs contre l'impôt en transférant la propriété à l'un de vos enfants ou à une fiducie familiale (voir 5.3.7). Tenez également compte des propos de nature plus générale dont il est question au chapitre 21 concernant la planification successorale.

Si vous êtes un résident du Canada et si vous possédez une résidence secondaire aux États-Unis, l'effet combiné de l'impôt successoral américain et de l'impôt sur le revenu canadien pourrait entraîner un fardeau fiscal énorme pour votre succession. La convention fiscale entre le Canada et les États-Unis pourrait alléger le fardeau de la double imposition, mais, comme le mentionne la section 19.4, une planification fiscale assez complexe pourrait s'imposer et vous devriez demander conseil à un fiscaliste.

Il est important de faire le suivi du prix de base rajusté de votre résidence secondaire, peu importe qu'elle soit située au Canada ou aux États-Unis (voir 6.2.1).

1.3 Préservez la sécurité financière de votre famille

Des circonstances imprévues peuvent retarder ou bouleverser la réalisation de vos objectifs financiers. Votre plan financier familial doit inclure des mesures visant à gérer le risque et à protéger la sécurité financière de votre famille.

1.3.1 Disposez-vous d'une marge de crédit et (ou) d'un fonds d'urgence?

L'environnement commercial actuel ne vous permet pas de compter sur un emploi à vie. Outre l'effet sur les liquidités, une perte d'emploi peut également influer sur les avantages sociaux et le régime de retraite fournis par l'entreprise. En règle générale, vous devriez disposer d'un fonds d'urgence suffisant pour parer à la perte d'un emploi pendant une période de six mois à un an. Les Obligations d'épargne du Canada, les fonds du marché monétaire ou les bons du Trésor et les certificats de placement garanti encaissables sont des instruments adéquats pour constituer des réserves en cas d'urgence.

> Créez un fonds d'urgence ou obtenez une marge de crédit.

Un autre moyen de créer un fonds d'urgence consiste à établir une marge de crédit auprès de votre institution financière. Assurez-vous de ne l'utiliser qu'en cas de nécessité absolue étant donné que les frais d'intérêt ne sont pas déductibles et que vous devrez les payer selon les modalités de la marge de crédit.

1.3.2 Disposez-vous de garanties suffisantes en matière d'assurance?

Assurez-vous d'avoir des garanties d'assurance adéquates et un testament à jour.

Examinez vos besoins en matière d'assurance avec vos conseillers financiers afin de déterminer les montants et les formes de garanties d'assurance dont vous avez besoin dans divers domaines, y compris en cas de perte matérielle, de décès, d'invalidité, de maladie, de responsabilité personnelle et de crise de liquidités.

Votre examen devrait tenir compte de vos besoins en matière d'assurance-vie. En cas de décès, l'assurance-vie peut devenir un facteur essentiel de revenu de remplacement pour les personnes à votre charge et pour financer l'impôt de votre succession et autres obligations. L'assurance-vie joue plusieurs autres rôles importants en matière de planification successorale. La section 21.7 traite de la planification fiscale et d'autres questions relatives à l'assurance-vie.

Votre aptitude à gagner un revenu, comme employé d'une entreprise ou comme travailleur autonome, constitue l'un de vos actifs les plus précieux. Examinez vos besoins en assurance-invalidité et en assurance contre les maladies graves; si vous devenez invalide, les conséquences financières peuvent être désastreuses. La plupart des polices d'assurance-invalidité offrent un revenu à peine supérieur aux frais de subsistance de base. À long terme, vous pourriez vous retrouver privé des fonds nécessaires pour votre retraite, étant donné que le versement des rentes d'invalidité prend habituellement fin à 65 ans.

Assurez-vous également de détenir des garanties d'assurance suffisantes pour vous protéger contre une perte financière importante en raison de dommages à votre résidence, votre automobile ou autres biens personnels, ou même de leur destruction. Sans garantie adéquate, le traumatisme émotionnel découlant de telles pertes pourrait être aggravé par les dommages irréversibles que pourraient subir les finances familiales. Compte tenu des fonctions que vous occupez ou des circonstances, vous devriez également évaluer vos besoins au titre d'autres formes d'assurance, par exemple assurance-maladie, assurance responsabilité professionnelle ou assurance à l'intention des dirigeants.

1.3.3 Votre testament est-il à jour?

Est-ce que les membres de votre famille et vous-même avez pris le temps de réviser vos testaments depuis les deux dernières années, ou depuis que votre situation familiale a changé? Vos testaments sont-ils bien structurés d'un point de vue fiscal? Rappelez-vous que si vous décédez intestat (sans avoir rédigé un testament), vos biens seront distribués selon les lois provinciales, peut-être d'une manière différente de celle que vous auriez souhaitée. Veillez à consulter un avocat ou un notaire qui sera en mesure de vous assurer de la validité juridique de votre testament et de confirmer qu'il reflète avec exactitude vos volontés. Vous devriez également consulter un fiscaliste pour réduire l'impôt éventuel sur votre succession, notamment les frais d'homologation et l'impôt successoral américain. Reportez-vous à la section 21.2 pour de plus amples détails sur le rôle que joue le testament dans la planification d'une distribution méthodique de votre succession et de la réduction des impôts au décès.

1.3.4 Détenez-vous une procuration ou un mandat?

Une procuration (ou un mandat) vous permet de désigner une personne qui se chargera de vos affaires financières si vous êtes frappé d'incapacité en raison d'une maladie ou d'une blessure. Si vous n'avez pas l'un ou l'autre de ces documents et qu'un tel événement se produit, le curateur public de la province se chargera du contrôle de vos finances, ce qui pourrait empêcher votre famille d'avoir accès à vos ressources financières.

Une procuration (ou un mandat) est habituellement limitée aux décisions concernant vos finances. Dans certaines provinces (y compris en Ontario et au Québec), vous pouvez aussi désigner une autre personne qui prendra les décisions qui s'imposent concernant votre santé et les traitements médicaux requis.

> Envisagez de dresser une procuration.

Comme dans le cas de votre testament, votre procuration ne devrait être préparée qu'après avoir obtenu l'avis de professionnels – envisagez de les faire préparer en même temps.

Veuillez prendre note qu'une procuration (ou un mandat) n'est valide que de votre vivant. À votre décès, votre testament s'y substitue et votre liquidateur gérera alors les affaires de votre succession.

Dans certains cas, avoir recours à une fiducie peut s'avérer aussi efficace qu'utiliser une procuration – voir 21.5.4.

1.4 Le choix de vos conseillers professionnels

La planification financière a un large champ d'application, et vous pourriez avoir besoin de conseils de professionnels possédant une expertise dans différents secteurs. Pour certaines décisions financières, cela vaut le coup d'investir pour obtenir des conseils professionnels, que ce soit d'un avocat, d'un notaire, d'un fiscaliste, d'un courtier d'assurances, d'un conseiller en placement ou d'un conseiller financier personnel. Et, dans le cas de certains domaines de planification financière, notamment la planification successorale, il est essentiel d'obtenir des conseils professionnels sur les plans juridique et fiscal.

Compte tenu de ce qui est en jeu – les finances de votre famille –, prenez le temps de « magasiner » afin de choisir des conseillers qui sont compétents et chevronnés dans leur domaine et avec qui vous vous sentez à l'aise. Lorsque vous rencontrez des conseillers éventuels, quel que soit leur domaine de compétence, assurez-vous d'aborder les sujets suivants :

- Demandez des références de clients, préférablement trois ou quatre, dont la situation ressemble à la vôtre.
- Posez des questions sur la formation du professionnel, ses compétences et son degré d'expérience.
- Demandez au conseiller s'il est membre de réseaux de spécialistes et d'associations professionnelles afin de connaître les ressources auxquelles il a accès.
- Assurez-vous de comprendre la formule des honoraires et la façon dont le conseiller est rémunéré.
- Méfiez-vous des conseillers qui pourraient avoir comme but de vous vendre des placements, des abris fiscaux, de l'assurance ou tout service autre que des conseils indépendants.

L'importance de vos besoins en matière de services-conseils dépend principalement de la complexité de vos affaires et de votre connaissance en matière de questions financières. Vous tirerez meilleur parti des honoraires que vous versez à vos conseillers si vous prenez le temps de vous renseigner d'abord. Après tout, il s'agit de votre argent, et c'est à vous qu'il incombe de veiller à ce qu'il fasse l'objet d'une bonne gestion et fructifie.

Si vous avez un conjoint, assurez-vous de lui présenter vos conseillers puisqu'il aura à traiter avec eux en cas de décès ou d'invalidité. Vous avez également intérêt à conserver dans un endroit précis, par exemple avec votre testament, une liste à jour des noms et des numéros de téléphone de vos conseillers.

C H A P I T R E 2

Conseils pour vos déductions fiscales et crédits d'impôt

- Si vous n'avez pas de conjoint et subvenez aux besoins d'un membre de votre famille, n'oubliez pas de réclamer le crédit pour personne à charge admissible (2.2.1)
- Parents qui travaillez ou qui êtes aux études – réclamez vos frais de garde d'enfants (2.3.4)
- Réclamez le crédit d'impôt pour les frais d'adoption si vous adoptez un enfant du Canada ou d'un autre pays (2.3.7)
- Tirez parti du crédit d'impôt pour intérêts versés sur les prêts étudiants (2.4.6)
- En cas de séparation, coopérez afin de réduire votre facture conjointe d'impôt (2.6)
- Regroupez les frais médicaux de votre famille dans une seule déclaration (2.7.1)
- Choisissez votre propre période de 12 mois aux fins du crédit pour frais médicaux (2.7.1)
- Planifiez la date de paiement des frais médicaux de votre famille (2.7.1)
- Profitez de l'allègement fiscal offert à l'égard des contributions politiques (2.7.2)
- Réclamez le crédit d'impôt pour le coût des laissez-passer de transport en commun (2.7.3)
- Si vous faites l'acquisition d'une première maison, réclamez le crédit d'impôt sur un montant de 5 000 $ du prix d'achat (2.7.4)

Dans le présent chapitre, nous vous expliquons comment vos impôts sont calculés et nous mettons en lumière quelques déductions et crédits parmi les plus courants – mais parfois oubliés – que vous pouvez réclamer dans votre déclaration de revenus, selon votre état civil et votre situation personnelle.

2.1 Impôts, crédits et déductions

2.1.1 Calcul du solde à payer ou du remboursement dû

Pour comprendre le fonctionnement des crédits et déductions, vous devez savoir comment se calcule l'impôt de base. La méthode de calcul est décrite brièvement dans les paragraphes qui suivent. (Dans le cas des résidents du Québec, l'impôt provincial se calcule entièrement à part et d'une façon qui diffère quelque peu de celle qui est présentée ci-dessous. Veuillez vous reporter au chapitre 17.)

Tout d'abord, additionnez vos divers types de revenu : revenu d'emploi, revenu d'entreprise, intérêts, dividendes majorés, gains en capital imposables, et ainsi de suite. Vous obtenez alors votre **revenu total**. Soustrayez de ce montant certaines déductions (nous traitons de quelques-unes d'entre elles dans le présent chapitre) afin d'obtenir votre **revenu net**. Ce montant est utilisé à certaines fins énoncées plus loin dans la déclaration. Ensuite, si vous y avez droit, vous réclamez certaines autres déductions permises, principalement les reports prospectifs de pertes d'années antérieures, et vous en arrivez à votre **revenu imposable**.

Calculez ensuite votre **impôt fédéral**, en appliquant les **taux** et **tranches d'imposition** fédéraux selon la formule illustrée à l'Annexe I de votre déclaration de revenus. Soustrayez ensuite les divers **crédits d'impôt non remboursables** (voir 2.1.2) et certains autres crédits tels que le crédit d'impôt pour dividendes (voir 7.1.1). Vous en arrivez ainsi à l'**impôt fédéral net**.

La prochaine étape consiste à additionner votre **impôt provincial**. Calculez l'impôt provincial essentiellement de la même façon que l'impôt fédéral, en fonction de votre revenu imposable déterminé aux fins de l'impôt fédéral, mais en appliquant vos tranches et taux d'imposition provinciaux ainsi que vos crédits d'impôt provinciaux à votre revenu imposable. Selon la province, vous pourriez aussi devoir ajouter une surtaxe provinciale et (ou) un impôt pour soins de santé. Les taux et tranches d'imposition fédéraux et provinciaux pour 2012 sont présentés à l'Annexe I. Les crédits d'impôt fédéraux et provinciaux pour 2012 sont présentés à l'Annexe II.

Si vous êtes travailleur autonome, il se peut que vous ayez à ajouter ici les cotisations que vous versez au Régime de pensions du Canada (RPC) au titre du revenu tiré d'un travail indépendant.

Enfin, vous inscrivez le montant de l'impôt qui a été retenu à la source (par votre employeur, par exemple) et celui de l'impôt que vous avez payé par acomptes provisionnels, étant donné que ces montants ont été portés au crédit de votre compte. Les **crédits remboursables** – y compris le remboursement de la TPS/TVH à l'intention des salariés et des associés (voir 2.9.4) – sont traités de la même façon et peuvent ainsi vous être remboursés même si vous n'avez aucun impôt à payer pour l'année (certaines provinces prévoient aussi des crédits d'impôt remboursables). Le résultat final est le **solde dû** ou le **remboursement que vous demandez**, c'est-à-dire le chèque que vous devez envoyer au fisc au plus tard le 30 avril ou que vous recevrez lorsque votre déclaration de revenus aura fait l'objet d'une cotisation.

2.1.2 Déductions et crédits – Quelle est la différence?

Avant que nous exposions en détail les déductions et les crédits qui peuvent être réclamés, vous devez comprendre en quoi les incidences d'une déduction et d'un crédit sont différentes. Vous pouvez suivre les étapes de la méthode de calcul exposée à la section 2.1.1, au fur et à mesure que nous progresserons dans la présente section.

D'une part, une **déduction** réduit le revenu imposable en fonction duquel votre impôt fédéral est calculé. En tenant compte du fait que les taux et tranches d'imposition provinciaux varient selon les provinces, notez que, si vous avez de l'impôt à payer, le taux combiné des impôts fédéraux et provinciaux et des surtaxes provinciales fait en sorte qu'une déduction vaut environ 25 % lorsque votre revenu imposable est inférieur à 43 000 $, environ 35 % s'il se situe entre 43 000 $ et 85 000 $, environ 41 % s'il se situe entre 85 000 $ et 132 000 $ et environ 45 % lorsqu'il est supérieur à 132 000 $.

En d'autres mots, une déduction de 100 $ (p. ex., des frais de garde d'enfants ou de déménagement déductibles) se traduit par une économie d'impôt variant de 25 $ à 45 $, selon votre tranche d'imposition.

D'autre part, un **crédit** réduit directement le montant de l'impôt à payer. Un crédit d'impôt de 100 $ pour contributions politiques (voir 2.7.2) vaut exactement 100 $ pour vous.

Aux termes de l'accord de perception fiscale fédéral-provincial, les provinces doivent offrir les mêmes crédits de base que ceux qui sont disponibles au fédéral, bien qu'elles puissent accroître les montants fédéraux ou ajouter leurs propres crédits, à leur gré. Par conséquent, la valeur des crédits sera encore supérieure, une fois calculé le crédit provincial équivalent. Par exemple, pour 2012, la valeur maximale du crédit personnel de base (voir 2.2) est de 1 623 $ aux fins de l'impôt fédéral, mais, si vous vivez en Ontario, la valeur du crédit équivaut en réalité à 2 098 $, une fois combinés les crédits personnels de base fédéral et provincial.

Enfin, prenez note de la distinction qui existe entre les crédits remboursables et les crédits non remboursables. Pour vous, les crédits remboursables ont toujours la valeur indiquée par leur montant, puisque le fisc les traite comme un paiement d'impôt, tout comme les retenues à la source et les acomptes provisionnels. En revanche, les crédits non remboursables, tout comme les déductions, perdent toute valeur lorsque vous n'avez aucun impôt à payer pour l'année.

2.1.3 Transfert des crédits entre conjoints

Certains des crédits non remboursables décrits plus loin, par exemple le crédit pour dons de bienfaisance (voir 8.1), peuvent être transférés entre conjoints s'il est impossible de les utiliser autrement (voir l'Annexe 2 de votre déclaration de revenus).

Lorsque vous avez la possibilité de choisir lequel des conjoints réclamera certains crédits, tenez compte du fait que les crédits ont une valeur un peu plus grande pour les particuliers à revenu très élevé dans certaines provinces. En effet, certaines provinces prélèvent une surtaxe additionnelle qui s'applique aux particuliers dont l'impôt provincial de base est élevé. Par exemple, en Ontario en 2012, la surtaxe provinciale correspond dans les faits à un montant supplémentaire égal à 20 % de l'impôt de l'Ontario qui dépasse 4 213 $, plus un montant supplémentaire égal à 36 % de l'impôt de l'Ontario qui dépasse 5 392 $.

Si vous avez à payer une surtaxe, mais non votre conjoint, il serait plus avantageux pour vous de réclamer la plupart des crédits qu'il est possible de répartir entre vous deux.

2.2 Crédit personnel de base et crédits pour conjoint et personnes à charge

Tout contribuable a droit à un crédit de base fédéral qui lui permet de recevoir un montant de revenu de base en franchise d'impôt. En 2012, le crédit de base fédéral est de 1 623 $, ce qui compense l'impôt fédéral à payer sur la première tranche de 10 822 $ de revenu. (Dans la déclaration de revenus, vous réclamez un « montant personnel de base » de 10 822 $, que vous multipliez ultérieurement par 15 %.)

2.2.1 Crédits pour conjoint et pour personne à charge admissible

Si vous êtes marié, vous pouvez inscrire un crédit fédéral supplémentaire pouvant atteindre 1 623 $ pour 2012 si le revenu net de votre conjoint est inférieur au montant du crédit, soit 10 822 $.

Si vous êtes célibataire, veuf, divorcé ou séparé et subvenez aux besoins d'un autre membre de votre famille (p. ex., un parent ou un enfant) qui vit dans votre foyer, veillez à réclamer, à l'égard de cette personne, le crédit pour personne à charge admissible. Cela vous permettra de réclamer un montant identique à celui auquel vous auriez eu droit si cette personne avait été votre conjoint.

Vous pouvez également demander le crédit d'impôt pour aidants familiaux si la personne pour laquelle vous demandez le crédit pour conjoint et pour personne à charge admissible est handicapée (voir 2.5.4).

Les conjoints de fait et les couples de même sexe (qui ne sont pas mariés) qui répondent à certains critères (voir ci-dessous) sont, aux fins de l'impôt sur le revenu, traités de la même manière que le sont les conjoints de droit. Cela signifie que le crédit d'impôt appelé « montant pour conjoint » s'applique au conjoint de fait de sexe opposé ou au conjoint de même sexe qui est à la charge du contribuable. Cela signifie également que le contribuable ayant un conjoint de fait ne peut réclamer le crédit pour personne à charge admissible relativement à un enfant.

> Si vous n'avez pas de conjoint et subvenez aux besoins d'un membre de votre famille, n'oubliez pas de réclamer le crédit pour personne à charge admissible.

Les conjoints de fait sont considérés comme conjoints s'il s'agit de deux personnes qui « cohabitent dans une situation assimilable à une union conjugale » et qui sont les parents naturels d'un enfant ou ont cohabité pendant une période ininterrompue d'au moins 12 mois au moment où la détermination est faite. La séparation est considérée comme la fin de cette « cohabitation », si le couple se sépare pendant au moins 90 jours en raison de l'échec de la relation.

2.3 Enfants

2.3.1 Crédit d'impôt pour enfants

Les parents ont droit à un crédit d'impôt non remboursable pour enfants fondé sur un montant de 2 191 $ pour chaque enfant âgé de moins de 18 ans à la fin de l'année. En 2012, ce crédit équivaut à environ 329 $ par enfant.

Si l'enfant vit avec ses deux parents, l'un ou l'autre des parents peut demander le crédit. Sinon, le crédit doit être demandé par le parent qui pourrait réclamer le crédit pour personne à charge admissible à l'égard de l'enfant (ou qui pourrait demander ce crédit si l'enfant était son seul enfant; voir 2.2.1).

Vous pouvez réclamer le montant total du crédit pour l'année de la naissance, du décès ou de l'adoption d'un enfant. Les montants inutilisés de ce crédit peuvent être transférés entre conjoints.

Vous pouvez également demander le crédit d'impôt pour aidants familiaux si l'enfant est handicapé (voir 2.5.4).

2.3.2 Prestation fiscale pour enfants

La « prestation fiscale pour enfants » est un paiement mensuel non imposable destiné aux familles à revenu faible et modeste comptant des enfants âgés de moins de 18 ans. Le supplément de la prestation nationale pour enfants peut venir en complément à la prestation fiscale pour enfants, dans le cas de parents qui travaillent et qui ont un faible revenu.

Le gouvernement verse également une prestation pour enfants handicapés qui se veut un supplément additionnel à la prestation fiscale pour enfants à l'intention des familles à revenu faible et modeste. La prestation pour enfants handicapés constitue un avantage non imposable et elle est versée pour les enfants qui sont admissibles au crédit pour personnes handicapées (voir 2.5.1).

Des programmes et des prestations supplémentaires existent dans la plupart des provinces afin d'aider les familles à faible revenu à payer les frais devant être engagés pour élever des enfants âgés de moins de 18 ans.

2.3.3 Prestation universelle pour la garde d'enfants

Toutes les familles ont le droit de recevoir 100 $ par mois pour chaque enfant de moins de six ans aux termes du programme de Prestation universelle pour la garde d'enfants (PUGE), afin de payer les frais de garde des jeunes enfants.

Les montants reçus par votre famille au titre de la PUGE ne réduisent pas les prestations fondées sur le revenu que vous recevez par le biais du régime fiscal, telles que le crédit pour personnes handicapées (voir 2.5.1). En outre, la PUGE ne réduira ni les prestations d'assurance-emploi (voir 2.9), ni le montant des dépenses admissibles à la déduction pour frais de garde d'enfants (voir 2.3.4).

Les montants de la PUGE versés à votre famille sont imposés entre les mains du conjoint ou conjoint de fait ayant le revenu le moins élevé. Les chefs de famille monoparentale ont le choix d'inclure le montant de la PUGE reçue pour tous leurs enfants dans leur revenu ou dans celui de la personne à l'égard de laquelle le crédit pour une personne à charge admissible est demandé. Si le chef de famille monoparentale ne peut demander le crédit pour personne à charge admissible, le montant de la PUGE pourra être inclus dans le revenu de l'enfant à l'égard duquel la PUGE est versée.

2.3.4 Frais de garde d'enfants

Parents qui travaillez ou qui êtes aux études – réclamez vos frais de garde d'enfants.

Des règles fiscales particulières vous permettent de déduire les frais de garde d'enfants, sous réserve de certaines limites, si ces frais ont été engagés pour vous permettre, à vous-même ou à votre conjoint, d'occuper un emploi, d'exploiter une entreprise, d'étudier ou de mener des travaux de recherche pour lesquels vous avez reçu une subvention.

Vous pouvez déduire les frais de garde pour vos enfants ou les enfants de votre conjoint. Vous pouvez également les déduire pour des enfants qui étaient à votre charge ou à celle de votre conjoint, à condition que leur revenu net soit inférieur à 10 822 $ en 2012.

Les frais de garde d'enfants admissibles comprennent les services fournis par les gardiennes, les garderies, les camps de jour, les colonies de vacances et les pensionnats. La déduction dépend de la date à laquelle les services sont rendus, plutôt que de celle à laquelle ils sont payés; ainsi, le fait de payer d'avance en décembre ne vous donnera pas droit à la déduction un an plus tôt.

Pour les familles biparentales, la déduction pour frais de garde d'enfants doit habituellement être réclamée par le conjoint ayant le revenu le moins élevé. (Les règles présument que le conjoint ayant le revenu le moins élevé resterait autrement à la maison pour s'occuper des enfants.) Les chefs de famille monoparentale peuvent déduire les frais de garde d'enfants de leur propre revenu. Les conjoints de fait et les conjoints de même sexe qui répondent à certains critères sont assujettis aux mêmes règles que les conjoints de droit aux fins du calcul des frais de garde d'enfants (de même qu'aux fins de l'ensemble des autres dispositions fiscales – voir 2.2.1).

Le montant des frais de garde d'enfants que vous pouvez réclamer est assujetti à plusieurs limites, selon l'âge de l'enfant et selon qu'il soit handicapé ou non. En plus des limites fixées pour chaque enfant, les frais réclamés sont assujettis à une limite globale correspondant aux deux tiers du « revenu gagné » (soit, essentiellement, votre salaire et traitement) par le conjoint ayant le revenu le moins élevé ou par le chef de famille monoparentale.

Les diverses limites qui s'appliquent aux déductions pour frais de garde d'enfants sont les suivantes :

Limites annuelles par enfant	
Enfant âgé de moins de sept ans	7 000 $
Enfant âgé de 7 à 16 ans	4 000 $
Enfant âgé de plus de 16 ans et handicapé qui n'est pas admissible au crédit pour personne handicapée (voir 2.5.1)	4 000 $
Enfant de tout âge admissible au crédit pour personne handicapée	10 000 $
Limite additionnelle	2/3 du « revenu gagné » par le conjoint ayant le revenu le moins élevé

> Daniel et Catherine sont mariés et ont deux enfants de moins de sept ans. Catherine gagne 120 000 $ par année et Daniel, 28 000 $. En 2012, ils versent 12 000 $ à une gardienne qui prend soin de leurs enfants pendant qu'ils sont au travail.
>
> C'est Daniel qui doit demander la déduction pour frais de garde d'enfants, puisqu'il est le conjoint ayant le revenu le moins élevé. La déduction à laquelle il a droit est le moins élevé des montants suivants : a) le montant versé, soit 12 000 $, b) 7 000 $ par enfant, soit 14 000 $ et c) les deux tiers de son revenu gagné, soit 18 667 $. Il peut donc déduire 12 000 $ de son revenu d'emploi de 28 000 $. Cette déduction réduira d'environ 3 000 $ son impôt à payer.
>
> Si Catherine avait été chef de famille monoparentale, elle aurait pu déduire le même montant de son propre revenu de 120 000 $ et réduire ainsi d'environ 4 900 $ son impôt à payer.

Exemple

Diverses limites s'appliquent dans les cas où un des deux parents ou les deux parents fréquentent un établissement d'enseignement à temps plein ou à temps partiel (voir 2.4.7). Les paiements versés à un pensionnat ou à une colonie de vacances sont assujettis à certaines limites pour chaque semaine pendant laquelle l'enfant fréquente le pensionnat ou la colonie de vacances. La limite hebdomadaire est de 175 $ par enfant âgé de moins de sept ans, 100 $ par enfant âgé de sept à 16 ans ou de plus de 16 ans et handicapé s'il n'est pas admissible au crédit pour personnes handicapées, et 250 $ par enfant admissible au crédit pour personnes handicapées (voir 2.5.1).

Il existe des circonstances particulières dans lesquelles on ne s'attend pas à ce que le conjoint ayant le revenu le moins élevé prenne soin des enfants; ainsi en est-il lorsque le conjoint est handicapé, lorsqu'il se trouve dans un établissement carcéral ou hospitalier, lorsqu'il est confiné dans un lit ou à un fauteuil roulant pendant au moins deux semaines, lorsqu'il fréquente à temps plein un établissement d'enseignement secondaire ou postsecondaire ou lorsque les conjoints sont séparés pour une période d'au moins 90 jours. Dans de tels cas, le conjoint ayant le revenu le plus élevé peut réclamer la déduction, jusqu'à concurrence des limites hebdomadaires susmentionnées pour chaque semaine durant laquelle l'une des situations décrites ci-dessus existe.

Vous trouverez à la section 17.2.2 le traitement fiscal des frais de garde d'enfants aux fins de l'impôt du Québec.

2.3.5 Crédit d'impôt pour la condition physique des enfants

Si vous avez un enfant de moins de 16 ans inscrit dans un programme d'activités physiques admissible, vous pourriez être en mesure de réclamer jusqu'à 500 $ de frais payés dans l'année à cet égard, aux termes du crédit d'impôt non remboursable pour la condition physique des enfants. Les programmes admissibles pour enfants comportent des activités qui contribuent de façon significative à la force, à l'endurance, à la flexibilité et à l'équilibre de l'enfant.

Les activités telles que le soccer, le hockey, de même que d'autres programmes comportant des activités physiques significatives, comme des cours de danse, sont admissibles. Ces programmes doivent être d'une durée d'au moins huit semaines avec au moins une période par semaine. Les camps pour enfants peuvent également être admissibles si leur durée est d'au moins cinq jours consécutifs et si plus de 50 % du temps des enfants est consacré à des activités physiques.

Certaines dépenses admissibles au titre du crédit d'impôt pour la condition physique donnent également droit à la déduction pour frais de garde d'enfants (voir 2.3.4), mais vous ne pouvez réclamer les mêmes dépenses à ces deux fins. Vous devez d'abord réclamer ces dépenses à titre de frais de garde d'enfants. Vous pouvez ensuite réclamer toute autre dépense qui excède le plafond de la déduction pour frais de garde d'enfants aux fins du crédit d'impôt pour la condition physique (dans la mesure où ils sont autrement admissibles).

Les enfants admissibles au crédit pour personnes handicapées (voir 2.5.1) peuvent être admissibles au crédit d'impôt pour la condition physique des enfants s'ils ont moins de 18 ans (plutôt que 16 ans, comme c'est le cas pour les enfants qui ne sont pas admissibles au crédit pour personnes handicapées). Un montant supplémentaire non remboursable de 500 $ est offert à l'égard des enfants admissibles au crédit pour personnes handicapées, dans la mesure où leur inscription à un programme admissible coûte au moins 100 $.

2.3.6 Crédit d'impôt pour les activités artistiques des enfants

Si vous avez un enfant de moins de 16 ans inscrit dans un programme admissible d'activités artistiques, vous pourriez être en mesure de réclamer jusqu'à 500 $ de frais payés dans l'année à cet égard, aux termes du crédit d'impôt non remboursable pour les activités artistiques des enfants. Les programmes pour enfants admissibles comprennent des activités artistiques, culturelles et récréatives ainsi que des activités d'épanouissement.

Ces programmes doivent s'étendre sur un minimum de huit semaines, à raison d'au moins une séance par semaine. Les camps de vacances pour enfants sont également admissibles, pourvu qu'ils soient d'une durée d'au moins cinq jours consécutifs et que l'enfant y consacre plus de 50 % de son temps à des activités admissibles.

Certaines dépenses admissibles au titre du crédit d'impôt pour les activités artistiques des enfants donnent également droit à la déduction pour frais de garde d'enfants (voir 2.3.4) et au crédit d'impôt pour la condition physique des enfants (voir 2.3.5), mais vous ne pouvez réclamer les mêmes dépenses à ces deux fins.

Les enfants admissibles au crédit d'impôt pour personnes handicapées (voir 2.5.1) peuvent être admissibles au crédit d'impôt pour les activités artistiques des enfants s'ils ont moins de 18 ans (plutôt que 16 ans, comme c'est le cas pour les enfants qui ne sont pas admissibles au crédit pour personnes handicapées). Dans un tel cas, vous pouvez réclamer un montant non remboursable supplémentaire de 500 $, du moment que l'inscription au programme admissible coûte au moins 100 $.

2.3.7 Crédit d'impôt pour les frais d'adoption

> Réclamez le crédit d'impôt pour les frais d'adoption si vous adoptez un enfant du Canada ou d'un autre pays.

Si vous adoptez un enfant de moins de 18 ans, un crédit d'impôt non remboursable de 15 % vous est offert. Pour 2012, le maximum des frais admissibles pouvant être réclamés s'élève à 11 440 $ par adoption. Les frais admissibles comprennent les frais payés à une agence d'adoption accréditée, les frais judiciaires et juridiques, les frais raisonnables de déplacement et de subsistance de l'enfant et des parents adoptifs, les frais de traduction et les frais obligatoires payés à une institution étrangère. Vous ne pouvez faire la demande de crédit que durant l'année où l'adoption a été menée à terme, mais il vous est possible de réclamer au même moment les frais d'adoption engagés au cours des années précédentes.

Le gouvernement du Québec offre un crédit d'impôt remboursable au titre des frais d'adoption (voir 17.2.3).

2.4 Étudiants

2.4.1 Crédit d'impôt pour frais de scolarité

Les frais de scolarité que vous payez pour vous-même vous donnent droit à un crédit non remboursable de 15 % pour 2012 au palier fédéral. Vous pourriez être en mesure de déduire ceux que vous payez pour votre enfant ou pour une autre personne, en vertu des règles de transfert dont il est question ci-dessous.

Pour donner droit à un crédit, les frais doivent avoir été payés à une université, un collège ou un autre établissement d'enseignement postsecondaire situé au Canada, ou à un établissement reconnu par Ressources humaines et Développement des compétences Canada. Les frais payés à des établissements d'enseignement postsecondaire d'autres pays peuvent également être admissibles. De façon générale, les frais au titre desquels vous réclamez un crédit doivent totaliser plus de 100 $ par établissement.

Outre les droits d'inscription, les frais de scolarité admissibles comprennent les frais de bibliothèque et de laboratoire, les frais d'examen, les frais de dossier, les frais obligatoires de services informatiques, les frais payés pour la délivrance de certificats et de diplômes, ainsi que le coût des livres compris dans les frais de cours par correspondance. Sont également admissibles les frais accessoires obligatoires comme les services de santé, de sport et autres services divers (sont exclus les cotisations à une association d'étudiants ou les frais relatifs à des biens de valeur que l'étudiant conserve).

Les frais que vous payez à un établissement d'enseignement, à une association professionnelle, à un ministère provincial ou à un établissement similaire pour un examen nécessaire à l'obtention d'un titre professionnel reconnu par une loi fédérale ou provinciale, ou d'un permis pour exercer une profession ou un métier au Canada, sont admissibles à ce crédit d'impôt.

Les frais payés à des écoles privées de niveau primaire ou secondaire ne vous donnent pas droit au crédit d'impôt fédéral. Cependant, certaines écoles privées confessionnelles sont en mesure de délivrer un reçu couvrant une partie des frais de scolarité, à titre de don de bienfaisance (voir 8.1) pour l'instruction religieuse qu'elles offrent.

2.4.2 Montant relatif aux études

Outre le crédit pour frais de scolarité, vous êtes admissible à un montant fédéral additionnel pour études de 400 $ (ce qui vous donne droit à un crédit de 60 $) pour chaque mois au cours duquel vous fréquentez à temps plein un établissement d'enseignement postsecondaire.

Les personnes qui fréquentent à temps partiel un établissement d'enseignement postsecondaire sont admissibles à un montant pour études de 120 $ (ce qui leur donne droit à un crédit de 18 $) par mois au cours duquel elles étaient inscrites à un programme admissible d'une durée d'au moins trois semaines consécutives et exigeant au moins 12 heures de travail par mois. Les étudiants handicapés pourraient avoir droit à la totalité du montant admissible mensuel de 400 $ même s'ils ne fréquentent l'établissement d'enseignement qu'à temps partiel.

Vous pouvez réclamer le crédit pour études si vous poursuivez des études postsecondaires reliées à votre emploi, à la condition que votre employeur ne vous rembourse aucuns frais d'études.

2.4.3 Crédit d'impôt pour manuels

Les étudiants de niveau postsecondaire qui peuvent réclamer le montant relatif aux études (voir 2.4.2) peuvent également réclamer un crédit d'impôt non remboursable pour manuels, afin de couvrir le coût de leurs manuels. Le montant que vous pouvez réclamer comme crédit est calculé à raison de :

* 65 $ pour chaque mois où vous avez droit au crédit d'impôt pour études à titre d'étudiant à temps plein (qui correspond à environ 10 $ par mois);
* 20 $ pour chaque mois où vous avez droit au crédit d'impôt pour études à titre d'étudiant à temps partiel (qui correspond à environ 3 $ par mois).

2.4.4 Transfert de la partie inutilisée des crédits destinés aux étudiants

Si vous ne pouvez utiliser, en 2012, vos crédits pour frais de scolarité, pour études et pour manuels (parce que vous n'avez aucun impôt à payer), vous pouvez normalement les transférer à votre conjoint ou à un parent ou à un grand-parent, mais le montant transférable, pour les crédits combinés fédéraux, ne peut excéder 5 000 $ (ce qui correspond à un crédit d'un montant maximum de 750 $). Comme solution de rechange, vous pouvez reporter prospectivement tout montant inutilisé et non transféré au titre du crédit pour frais de scolarité, pour manuels et pour études et le déduire de votre revenu imposable d'une année subséquente. Veuillez prendre note, toutefois, que les montants reportés prospectivement ne peuvent être transférés, c'est-à-dire que seul l'étudiant peut les réclamer dans une année subséquente.

2.4.5 Exonération fiscale pour les bourses d'études et de perfectionnement

Les revenus de bourses d'études, de récompense ou de perfectionnement sont exonérés d'impôt s'ils ont été reçus à l'égard d'un programme qui vous donne le droit de réclamer le crédit d'impôt pour études à plein temps (voir 2.4.2). Les revenus de bourses d'études ou de perfectionnement accordées pour fréquenter des écoles primaires ou secondaires sont également exonérés d'impôt. Les montants reçus à l'égard de programmes postsecondaires, y compris le doctorat, sont exonérés mais les bourses de perfectionnement postdoctorales ne sont pas admissibles.

Ces revenus ne sont exonérés que dans la mesure où la récompense avait pour objectif de financer votre inscription au programme. Si vous recevez une bourse d'études, de récompense ou de perfectionnement fournie dans le cadre d'un programme à temps partiel, l'exemption sera limitée au montant des frais de scolarité payés pour le programme et aux coûts du matériel (sauf si vous avez droit au crédit d'impôt pour personnes handicapées ou ne pouvez vous inscrire au programme à temps plein en raison d'une incapacité mentale ou physique).

2.4.6 Crédit d'impôt pour intérêts sur prêts étudiants

Les étudiants et les anciens étudiants peuvent réclamer au fédéral un crédit d'impôt non remboursable de 15 % en 2012 à l'égard des intérêts qu'ils versent sur les prêts qui leur ont été octroyés aux termes de la *Loi canadienne sur les prêts aux étudiants*, de la *Loi fédérale sur l'aide financière aux étudiants* ou d'un programme provincial équivalent. Le crédit s'applique sur les intérêts payés dans l'année ou dans l'une des cinq années précédentes. Même si le crédit n'est pas transférable, il peut être reporté prospectivement sur cinq ans, au maximum.

> Tirez parti du crédit d'impôt pour intérêts versés sur les prêts étudiants.

2.4.7 Autres allègements fiscaux pour les étudiants

Les chefs de famille monoparentale qui étudient à temps plein et les familles biparentales dont les deux conjoints sont aux études à temps plein pourraient être en mesure de déduire des frais de garde d'enfants supplémentaires qui vont au-delà des limites habituelles s'appliquant aux déductions pour frais de garde d'enfants décrites à la section 2.3.4. Dans le cas d'un chef de famille monoparentale ou d'une famille biparentale dont les deux conjoints sont aux études, les déductions pour frais de garde d'enfants qui dépassent les seuils habituels sont limitées aux deux tiers de votre revenu net réel (plutôt que du revenu gagné). Pour chaque semaine au cours de laquelle le chef de famille monoparentale ou les deux conjoints d'une famille biparentale étudient à temps plein, la limite hebdomadaire est de 175 $ par enfant de moins de sept ans, de 100 $ par enfant âgé entre sept et 16 ans ou de plus de 16 ans et handicapé s'il n'est pas admissible au crédit pour personnes handicapées, et de 250 $ par enfant admissible au crédit d'impôt pour personne handicapée.

Dans le cas des étudiants à temps partiel, la déduction pour frais de garde d'enfants est assujettie aux mêmes limites pour chaque mois (plutôt que chaque semaine) à l'égard duquel le crédit pour études à temps partiel (voir 2.4.2) est réclamé.

Pour les étudiants qui réclament la déduction pour frais de garde d'enfants, la fréquentation à « temps plein » d'un établissement d'enseignement signifie que vous devez être inscrit à un programme d'études secondaires ou postsecondaires d'une durée d'au moins trois semaines consécutives qui exige que l'étudiant consacre au moins 10 heures par semaine à des cours ou à des travaux prévus au programme. Vous fréquentez un établissement d'enseignement à temps partiel si le programme auquel vous êtes inscrit dure au moins trois semaines consécutives et qu'il nécessite au moins 12 heures de cours ou de travaux par mois.

Dans certains cas, les étudiants peuvent également avoir droit à la déduction pour frais de déménagement (voir 13.1.2).

Les étudiants peuvent également retirer des fonds de leur REER (dans les limites permises) pour financer leurs études (voir 3.3.7). Si vous êtes un étudiant et habitez au Québec, reportez-vous à la section 17.2.4.

2.5 Personnes handicapées

2.5.1 Crédit pour personnes handicapées

Si vous souffrez d'une déficience grave et prolongée des fonctions mentales ou physiques, vous avez droit à un crédit additionnel d'une valeur de 1 132 $ au fédéral. Selon la nature de l'incapacité, votre état doit être attesté par un médecin, un optométriste, un audiologiste, un orthophoniste, un ergothérapeute, un psychologue ou un physiothérapeute.

Pour que l'on puisse considérer que vous souffrez d'une incapacité grave et prolongée, votre capacité d'accomplir une « activité courante de la vie quotidienne » doit être « limitée de façon marquée ». D'autre part, votre incapacité doit avoir duré au moins un an, ou il doit être raisonnable de s'attendre à ce qu'elle dure au moins un an. Les personnes qui doivent subir une thérapie (p. ex., une dialyse) au moins trois fois par semaine pour une moyenne de 14 heures ou plus de thérapie afin de maintenir leurs fonctions vitales sont également admissibles au crédit.

Pour être admissible, vous devez répondre aux critères précis de la *Loi de l'impôt sur le revenu*. Le formulaire T2201 « Certificat pour le crédit d'impôt pour personnes handicapées » de l'ARC donne les règles applicables à cet effet. Si vous êtes handicapé et résidez au Québec, reportez-vous également à la section 17.2.11.

Il est souvent difficile d'établir l'admissibilité à ce crédit et la Cour canadienne de l'impôt a rendu bon nombre de décisions dans lesquelles elle interprète ces règles. Dans certains cas, la Cour a jugé que l'interprétation de l'ARC était incorrecte. Par conséquent, si vous êtes d'avis que la définition légale de personne handicapée que donne la *Loi de l'impôt sur le revenu* correspond à votre situation, vous devriez envisager de poursuivre vos démarches afin de faire accepter votre demande si celle-ci est refusée.

Vous pourriez également être en mesure de réclamer une partie de vos frais médicaux par le biais du crédit pour frais médicaux (voir 2.7.1).

Si vous avez un parent à charge qui est admissible au crédit pour personne handicapée, mais qui ne gagne pas un revenu suffisant pour lui permettre d'utiliser la totalité de ce crédit, vous pouvez inscrire dans votre déclaration de revenus la portion inutilisée de ce crédit. À cette fin, les personnes à charge admissibles comprennent votre conjoint, enfant, petit-enfant, parent, grand-parent, frère, sœur, tante, oncle, nièce ou neveu.

Si vous avez à votre charge un enfant handicapé qui est âgé de 18 ans ou plus, vous pouvez vous prévaloir d'un crédit fédéral supplémentaire pouvant valoir jusqu'à 960 $ pour 2012, au fédéral, ce qui comprend le crédit d'impôt pour aidants naturels (voir 2.5.4). Ce crédit est réduit si le revenu de l'enfant excède 6 420 $ et il devient nul si le revenu de l'enfant est supérieur à 10 822 $.

Les familles à revenu faible et modeste prenant soin d'enfants admissibles au crédit pour personnes handicapées pourraient également toucher des prestations en vertu du programme de prestations pour enfants handicapés (voir 2.3.2).

Une aide additionnelle, sous la forme d'un crédit supplémentaire allant jusqu'à 660 $ pour 2012, est offerte pour les enfants souffrant d'incapacités sévères âgés de moins de 18 ans à la fin de l'année. Le montant du supplément est réduit par certains frais de garde d'enfants et certains frais de préposé aux soins (voir 2.3.4) réclamés à l'égard de l'enfant.

Les enfants admissibles au crédit pour personnes handicapées peuvent également avoir droit à une version améliorée du crédit d'impôt pour la condition physique des enfants et du crédit d'impôt pour activités artistiques des enfants (voir 2.3.5 et 2.3.6).

2.5.2 Déduction pour produits et services de soutien engagés par une personne handicapée

Si vous êtes handicapé, vous pouvez réclamer une partie ou la totalité des frais pour les produits et services de soutien que vous devez engager pour occuper un emploi ou poursuivre des études, à moins que ces frais ne vous aient été remboursés au moyen d'un paiement non imposable (tel qu'un paiement d'assurance).

La déduction pour produits et services de soutien engagés par une personne handicapée est limitée à votre « revenu gagné » (ce qui comprend le salaire et le revenu d'entreprise) plus, si vous fréquentez une école, le moindre de la différence entre votre revenu net et votre revenu gagné et 375 $ par semaine de fréquentation scolaire (jusqu'à concurrence de 15 000 $).

Les frais pour les produits et services de soutien engagés par une personne handicapée englobent, entre autres, les montants versés pour des services d'interprétation gestuelle, les services de formation particulière en milieu de travail, les services de sous-titrage en temps réel, les téléscripteurs qui permettent aux personnes ayant une déficience auditive ou un trouble de la parole d'utiliser un téléphone ou un synthétiseur de la parole ainsi que les appareils et les logiciels qui permettent aux non-voyants d'utiliser des ordinateurs ou de lire des caractères imprimés, les services de prise de notes, de mentorat, de manuels parlants et des services de préposés aux soins fournis au Canada. La plupart de ces frais sont admissibles pour cette déduction, mais seulement si la nécessité de se procurer ces produits ou services est certifiée par un médecin.

33

Comme solution de rechange, vous pouvez habituellement réclamer les frais pour produits et services de soutien engagés par une personne handicapée aux fins du crédit pour frais médicaux (voir 2.7.1), et ce, même si vous n'avez pas de revenu gagné ou si vous êtes aux études. Dans certains cas, il pourrait être plus avantageux de réclamer ces frais à titre de frais médicaux dans votre propre déclaration de revenus ou dans celle de votre conjoint. Pour déterminer quelle option vous permet de réaliser la meilleure économie d'impôt, calculez le montant net d'impôt compte tenu de la déduction pour frais pour produits et services de soutien engagés par une personne handicapée et comparez-le à celui qui est obtenu en calculant le crédit pour frais médicaux.

2.5.3 Retraits d'un REER aux termes du Régime d'accession à la propriété

Aux termes du Régime d'accession à la propriété (voir 3.3.6), vous pouvez emprunter jusqu'à 25 000 $ à votre REER pour l'achat ou la construction d'une résidence. Si vous remboursez le retrait dans les 15 années suivantes à compter de la deuxième année suivant celle du retrait, vous n'aurez à payer aucun impôt sur le montant du retrait. Étant donné que, à l'origine, le Régime visait à aider les acheteurs d'une première résidence, vous n'y êtes normalement pas admissible si vous ou votre conjoint possédiez une résidence qui a été votre principal lieu de résidence au cours des cinq années antérieures, y compris l'année civile en cours.

Toutefois, la période d'admissibilité de cinq ans prévue aux termes du Régime d'accession à la propriété ne s'applique pas aux personnes handicapées et à leurs familles si la nouvelle résidence est d'un accès plus facile ou répond mieux aux besoins de la personne handicapée devant y habiter.

Pour un exposé plus détaillé des tenants et aboutissants du Régime d'accession à la propriété, se reporter à la section 3.3.6.

2.5.4 Crédits d'impôt pour aidants naturels

Les personnes qui prodiguent des soins à domicile à un membre de leur famille âgé ou handicapé et âgé de 18 ans ou plus ont le droit de réclamer un crédit d'impôt pouvant atteindre une valeur de 660 $ pour 2012, dans la mesure où le membre de la famille demeure avec elles, dans le même logement.

Le crédit est réduit si le revenu net de la personne à charge se situe entre 15 033 $ et 19 435 $ et il est nul si son revenu net est d'un montant supérieur. Vous n'avez pas droit au crédit d'impôt pour aidants naturels si vous ou une autre personne réclamez le montant pour personne à charge handicapée âgée de 18 ans ou plus (voir 2.5.1), ou si une personne autre que vous réclame un montant pour personne à charge admissible à l'égard de la personne à charge (voir 2.2.1).

Un nouveau crédit d'impôt allant jusqu'à 300 $ est offert en 2012 aux aidants naturels qui subviennent aux besoins d'un membre à charge de leur famille ayant une déficience physique ou mentale, y compris leur époux et leurs enfants mineurs.

Vous pourriez avoir droit à ce crédit si vous pouvez demander l'un des crédits d'impôt existants au titre des personnes à charge suivants : le crédit pour conjoint (voir 2.2.1), le crédit d'impôt pour enfants (voir 2.3.1), le crédit pour personne à charge admissible (voir 2.2.1), le crédit d'impôt pour aidants naturels (voir 2.5.4) ou le crédit pour personnes à charge handicapées (voir 2.5.1). Si votre personne à charge est admissible, vous pourrez demander le nouveau crédit d'impôt pour aidants naturels en demandant un montant accru pour personne à charge handicapée aux termes de l'un des crédits existants.

2.6 Rupture de mariage – paiements de pension alimentaire pour enfants et pour conjoint

Bien que l'échec d'un mariage soit souvent l'occasion d'âpres disputes, votre conjoint et vous-même (par l'entremise de vos avocats, au besoin) avez tout avantage à coopérer afin de réduire au minimum vos impôts combinés à payer et de partager les économies fiscales ainsi réalisées.

En cas de séparation, coopérez afin de réduire votre facture conjointe d'impôt.

Selon les règles fiscales en vigueur, les paiements de pension alimentaire pour enfants ne sont pas imposables à titre de revenu pour le bénéficiaire ni déduits du revenu pour le parent payeur.

Si certains critères précis et bien définis sont respectés, les paiements de pension alimentaire versés pour l'entretien d'un conjoint sont déductibles pour le payeur et imposables pour le bénéficiaire.

Pour que vous puissiez réclamer une déduction à leur égard, les paiements de pension alimentaire pour conjoint doivent constituer une allocation fixée d'avance à titre de paiement périodique. Les montants à payer doivent être préétablis. (S'ils doivent être redressés pour tenir compte de l'inflation, ces montants peuvent encore être considérés comme étant préétablis.)

Les autres exigences sont les suivantes :

- l'allocation doit être versée en vertu d'un accord écrit ou en vertu d'une ordonnance ou d'un jugement rendu par un tribunal compétent;
- elle doit être payable périodiquement pour subvenir aux besoins du bénéficiaire (votre conjoint ou ancien conjoint);

- vous devez vivre séparé de votre conjoint ou ancien conjoint à la date où les paiements sont effectués par suite de la dissolution de votre mariage.

Les allocations versées aux anciens conjoints de fait peuvent aussi être déduites, suivant les mêmes règles, si le bénéficiaire est une personne qui a vécu avec vous dans une situation assimilable à une union conjugale ou si vous êtes le père naturel ou la mère naturelle de l'enfant du bénéficiaire.

Veuillez prendre note que la définition de l'expression « allocation payable périodiquement » exclut les paiements forfaitaires et les transferts de biens en règlement des droits découlant du mariage.

Les paiements versés directement à un tiers, plutôt qu'à votre conjoint ou ancien conjoint, sont admissibles dans des circonstances précises. De tels paiements peuvent inclure les frais médicaux, les frais de scolarité et une partie des paiements hypothécaires concernant l'habitation de votre conjoint ou ancien conjoint. Pour que ces paiements soient déductibles par vous et imposables pour votre conjoint ou ancien conjoint, il faut, entre autres, que l'ordonnance du tribunal ou l'accord écrit de séparation prévoie expressément le versement de ces paiements et mentionne expressément que les règles fiscales pertinentes s'appliquent.

En général, vous pouvez déduire les paiements versés avant qu'un tribunal n'ait rendu une ordonnance ou qu'un accord écrit de séparation n'ait été signé, à condition que l'ordonnance soit rendue ou l'accord signé avant la fin de l'année suivant celle au cours de laquelle le paiement a été effectué, et que l'ordonnance ou l'accord mentionne expressément que les paiements antérieurs sont considérés comme ayant été versés et reçus au titre de l'ordonnance ou de l'accord.

Vous ne pouvez pas déduire les frais juridiques que vous engagez pour faire valoir votre droit de recevoir une pension alimentaire pour conjoint, ni pour faire augmenter les paiements de pension alimentaire pour enfants ou pour conjoint. Toutefois, vous pouvez déduire les frais juridiques que vous engagez en vue d'obtenir une ordonnance pour pension alimentaire pour enfants ou pour faire exécuter votre droit de recevoir des paiements de pension alimentaire intermédiaires ou permanents.

Toute pension ou prestation alimentaire versée à une personne qui ne réside pas au Canada est déductible si les critères mentionnés ci-dessus sont remplis.

Si vous recevez un paiement forfaitaire pour pension alimentaire pour conjoint supérieur à 3 000 $ au titre d'années antérieures, vous pouvez demander à l'ARC de déterminer s'il est plus avantageux pour vous de recalculer les impôts sur ce revenu comme si vous l'aviez reçu au cours de ces années antérieures. Cette mesure vise à diminuer la charge d'impôts plus élevée qui pourrait découler du fait que la totalité de la somme forfaitaire est imposée au cours de l'année de réception, par opposition à chaque année où le droit de recevoir le paiement s'applique. (Certains paiements liés à l'emploi sont également admissibles à cet allègement fiscal – voir 3.5.1.)

Le traitement fiscal actuel des paiements de pension alimentaire pour enfants aux fins de l'impôt fédéral et de l'impôt du Québec est entré en vigueur en mai 1997. Les paiements de pension alimentaire pour enfants versés en vertu d'accords conclus avant mai 1997 sont traités de la même façon que les paiements de pension alimentaire pour conjoint.

Si vous avez consenti à un divorce ou à une séparation aux termes d'un accord conclu avant mai 1997, vous devriez tenter de préserver votre droit d'utiliser l'ancien système pour les paiements de pension alimentaire pour enfants lorsque c'est possible, puisque l'ancien système fait en sorte que les deux parties ont généralement moins d'impôt à payer au total. Le système actuel ne s'applique pas en général aux ordonnances de la cour rendues avant mai 1997, à moins qu'une nouvelle ordonnance rendue ou un nouvel accord signé après cette date ne change le montant de pension alimentaire pour enfants à verser (ou à moins que votre conjoint et vous ne choisissiez conjointement l'application des nouvelles règles).

2.7 Autres crédits généralement disponibles

2.7.1 Frais médicaux

Au-delà d'un certain seuil, les frais médicaux vous donnent droit à un crédit d'impôt non remboursable. Ce seuil est fixé à 3 % de votre revenu net ou, si celui-ci dépasse 70 300 $, en 2012, à un montant fixe de 2 109 $. Tous les frais médicaux admissibles qui dépassent le montant du seuil donnent lieu, au palier fédéral, à un crédit de 15 % (reportez-vous aussi à la section 17.2.10 si vous résidez au Québec).

> **Exemple**
>
> Étienne a un revenu net de 50 000 $. Ses frais médicaux admissibles s'élèvent à 2 500 $ en 2012. Si, des frais médicaux d'Étienne, on soustrait 3 % de son revenu net, soit 1 500 $, il reste 1 000 $ de frais qui sont admissibles au crédit pour frais médicaux. Le crédit fédéral s'établit à 15 % de ce montant, soit 150 $.

Vous pouvez réclamer des frais médicaux qui ont été engagés pour vous-même, pour votre conjoint et pour tout proche parent dont vous subvenez aux besoins, y compris un enfant ou petit-enfant, un parent ou un grand-parent, un frère, une sœur, un oncle ou une tante, un neveu ou une nièce, ou une personne ayant un de ces liens de parenté avec votre conjoint (y compris un conjoint de fait admissible, selon la définition qui en est donnée à la section 2.2.1). Sauf dans le cas de vos enfants ou petits-enfants et de ceux de votre conjoint, ces personnes doivent résider au Canada à un moment quelconque de l'année.

Vous pouvez regrouper les montants pour frais médicaux que vous réclamez pour le compte d'enfants mineurs à charge avec les vôtres et ceux de votre conjoint aux fins du seuil des frais médicaux, qui correspond au moindre de 3 % de votre revenu net et de 2 109 $.

En ce qui a trait aux montants que vous payez pour le compte de tout autre proche parent dont vous assurez le soutien, vous pouvez réclamer des frais médicaux correspondant au montant qui excède le moindre de 3 % du revenu net de la personne à charge pour l'année et de 2 109 $. Avant 2011, le montant maximum que vous pouviez réclamer aux fins du crédit fédéral pour le compte de chaque proche parent (autre que des enfants mineurs) était 10 000 $. Ce plafond ne s'applique plus pour 2011 et les années subséquentes.

La liste des frais médicaux admissibles est très longue; vous devriez vous reporter au Bulletin d'interprétation IT-519R2 de l'ARC (voir 2.10) pour obtenir plus de détails. La liste comprend les éléments suivants :

- les frais payés à un médecin, à un dentiste et à un infirmier ou une infirmière, les frais payés à un hôpital, s'ils ne sont pas couverts par un régime public d'assurance-maladie, et les frais payés pour les actes de diagnostic;
- le coût des médicaments d'ordonnance;
- les frais afférents à des soins en établissement (p. ex., les maisons de santé ou de repos);
- les soins et la surveillance de personnes souffrant d'incapacité sévère et à long terme vivant dans un foyer de groupe;
- les frais payés pour un chien-guide (prix d'achat et frais d'entretien);
- les frais payés pour des lunettes, des prothèses auditives et des prothèses dentaires;
- les frais afférents au déménagement dans une habitation plus accessible, les frais de rénovations et les frais afférents aux modifications apportées aux voies d'accès requises pour une personne souffrant d'un handicap moteur grave;
- les honoraires d'un interprète gestuel;
- les frais pour produits et services de soutien engagés par une personne handicapée non réclamés aux fins de la déduction pour frais pour produits et services de soutien engagés par une personne handicapée (voir 2.5.2);
- une longue liste d'appareils d'appoint, qu'il s'agisse aussi bien de béquilles, de seringues permettant d'injecter de l'insuline, d'appareils élévateurs pour fauteuils roulants, de synthétiseurs de parole, d'alarmes-incendie visuelles que d'appareils de télécommunication pour les sourds.

Les dépenses engagées pour des interventions exécutées purement à des fins esthétiques qui ont pour seul but d'améliorer l'apparence (comme la liposuccion, le blanchiment des dents et les greffes de cheveux) ne sont pas admissibles au crédit d'impôt pour frais médicaux.

Étant donné que les travailleurs autonomes peuvent déduire leurs primes d'assurance-médicaments et soins dentaires (voir 11.2.11), ils ne peuvent pas réclamer ces primes à titre de frais médicaux.

À cause du seuil de 3 % du revenu net, vous devriez inscrire dans une seule déclaration de revenus l'ensemble des frais médicaux de votre famille. Si l'impôt que doit payer le conjoint ayant le revenu le moins élevé est suffisant pour lui permettre de tirer parti de ce crédit, il sera généralement plus avantageux que ce soit ce conjoint qui réclame le crédit, puisque le seuil de 3 % représentera alors un montant moins élevé. Par contre, il peut parfois être légèrement plus avantageux que ce soit le conjoint ayant le revenu élevé qui réclame ce crédit, puisque celui-ci réduira l'application des surtaxes provinciales sur les revenus élevés prélevées dans certaines provinces (voir 2.1.3).

> Regroupez les frais médicaux de votre famille dans une seule déclaration.

Aux fins du crédit pour frais médicaux, vous pouvez choisir toute période de 12 mois se terminant au cours de l'année. Par exemple, si vous n'avez fait aucune réclamation pour 2011 et si vous avez engagé des frais médicaux élevés en février 2011, en janvier 2012 et en novembre 2012, vous auriez peut-être intérêt à fixer à janvier 2012 la fin de votre période de 12 mois, à réclamer dans votre déclaration de revenus de 2012 les frais de février 2011 et de janvier 2012, et à laisser de côté les frais de novembre 2012 pour les réclamer dans votre déclaration de revenus de 2013.

> Choisissez votre propre période de 12 mois aux fins du crédit pour frais médicaux.

Vous pouvez aussi planifier la période dans laquelle vous engagerez des frais médicaux, puisque le crédit se détermine en fonction des dates auxquelles ces frais sont payés. Si vous déterminez que la période de 12 mois se termine à la fin de décembre et vous prévoyez devoir engager des frais (peut-être pour l'achat de matériel médical ou pour d'importants soins dentaires) peu après le début de la nouvelle année, envisagez de les régler d'avance afin de pouvoir les réclamer un an plus tôt.

> Planifiez la date de paiement des frais médicaux de votre famille.

2.7.2 Contributions politiques

Si vous êtes intéressé à en avoir plus pour votre argent, envisagez de verser une contribution à votre parti politique favori ou à l'un des candidats à une élection. Les contributions que vous versez aux partis politiques fédéraux et aux candidats à une élection fédérale vous donnent droit à un crédit d'impôt non remboursable, mais seulement au palier fédéral. Une contribution de 400 $ ne vous coûtera que 100 $.

Profitez de l'allègement fiscal offert à l'égard des contributions politiques.

Afin d'inciter un plus grand nombre de gens à verser de modestes contributions politiques, le crédit fédéral est encore plus généreux lorsque la contribution est faible. Le crédit est de 75 % pour la première tranche de 400 $ de la contribution, de 50 % pour la tranche suivante de 350 $ et de 33,33 % pour la tranche suivante de 525 $. La tranche qui vient en sus de 1 275 $ ne donne droit à aucun crédit.

> **Exemple**
>
> En 2012, Jocelyn a versé une contribution de 500 $ à un parti politique fédéral. Le crédit de Jocelyn pour contributions politiques fédérales en 2012 sera égal à 75 % de la première tranche de 400 $ (300 $) plus 50 % de la tranche suivante de 100 $ (50 $), soit 350 $ au total. Ce crédit n'entraîne aucune réduction de l'impôt provincial.

De plus, plusieurs provinces offrent également des crédits d'impôt pour les contributions versées aux partis politiques provinciaux et à leurs candidats. Pour le Québec, le crédit d'impôt pour contributions politiques est traité à la section 17.2.12.

2.7.3 Laissez-passer de transport en commun

Réclamez le crédit d'impôt pour le coût des laissez-passer de transport en commun.

Votre conjoint ou conjoint de fait et vous-même pouvez réclamer un crédit d'impôt non remboursable au titre du coût des laissez-passer de transport en commun d'une durée d'au moins un mois achetés pour vous, votre conjoint ou conjoint de fait, ou pour vos enfants âgés de moins de 19 ans. Les laissez-passer admissibles s'appliquent au transport en commun par autobus local, navette autobus, tramway, métro, train de banlieue ou traversier local.

Vous pouvez également réclamer ce crédit à l'égard de laissez-passer hebdomadaires, si vous avez acheté au moins quatre laissez-passer consécutifs permettant une utilisation illimitée des transports en commun pendant au moins cinq jours consécutifs.

Le coût d'une carte de paiement électronique est admissible au crédit, dans la mesure où la carte est utilisée pour au moins 32 parcours aller simple en transport en commun au cours d'une période d'une durée maximale de 31 jours.

Si vous avez le droit de réclamer ce crédit, assurez-vous de conserver vos reçus ou vos laissez-passer de transport en commun. Dans le cas d'une carte de paiement électronique, le reçu doit faire état de l'utilisation des transports en commun et du coût des parcours de façon suffisamment détaillée pour que l'ARC puisse vérifier votre demande.

2.7.4 Acheteurs d'une première maison

Si vous faites l'achat d'une première maison, vous pourriez être admissible à un crédit d'impôt non remboursable pour l'achat d'une première habitation, sur un montant de 5 000 $ (la valeur du crédit est de 750 $).

Vous ou votre conjoint ou conjoint de fait pouvez réclamer ce crédit. Pour y être admissible, ni vous ni votre conjoint ou conjoint de fait ne devez avoir été propriétaire-occupant d'une autre habitation au cours de l'année de l'acquisition ou au cours de l'une des quatre années précédentes. « Habitation admissible » s'entend d'une habitation actuellement admissible en vertu du Régime d'accession à la propriété (voir 3.3.6) que vous ou votre conjoint ou conjoint de fait prévoyez occuper à titre de lieu principal de résidence au plus tard un an après son acquisition.

> Si vous faites l'acquisition d'une première maison, réclamez le crédit d'impôt sur un montant de 5 000 $ du prix d'achat.

Le crédit est également offert pour l'achat de certaines habitations par un membre de la famille atteint d'un handicap qui est admissible au crédit d'impôt pour personnes handicapées, ou pour le bénéfice de celui-ci (voir 2.5.1).

2.7.5 Autres crédits

Il existe un certain nombre d'autres crédits non remboursables qui ont un équivalent au provincial et qui entrent dans le calcul de « l'impôt fédéral de base » (réduisant aussi les impôts et surtaxes au provincial, ainsi qu'en fait état la section 2.1.2), notamment le crédit pour dons de bienfaisance (voir 8.1), le crédit pour revenu de pension (voir 20.3.5), le crédit en raison de l'âge (voir 20.3.4), le crédit d'impôt pour dividendes (voir 7.1.2) et le crédit pour les dépenses liées à l'emploi des employés (voir 10.7.1).

Les autres crédits qui sont disponibles au fédéral seulement incluent le crédit d'impôt à l'investissement, qui vise à encourager les personnes qui exploitent une entreprise à investir dans des régions particulières ou des secteurs particuliers de l'économie (voir 11.2.14), et le crédit pour impôt étranger (également disponible au Québec), qui compense l'incidence de l'impôt étranger que le contribuable paye au titre de son revenu étranger, afin de réduire ou d'éliminer la double imposition (voir 18.2.2).

2.8   Autres déductions généralement disponibles

2.8.1   Frais juridiques

La possibilité de déduire les frais juridiques dépend de la raison pour laquelle ils ont été engagés.

Les frais juridiques sont généralement déductibles s'ils sont engagés afin de gagner un revenu d'entreprise ou de biens. Les frais juridiques engagés dans le but d'acquérir ou de sauvegarder des immobilisations ne sont ordinairement pas déductibles, bien qu'il existe des exceptions.

Les frais juridiques associés à une opposition ou à un appel concernant une cotisation d'impôt (voir 9.5) sont déductibles. Ils comprennent les frais de négociation avec les fonctionnaires de l'ARC, avant le dépôt d'un avis d'opposition formel. Les frais juridiques sont également déductibles si vous appelez d'une cotisation d'impôt sur le revenu du Québec ou d'un gouvernement étranger, ou d'une décision rendue sur le plan de l'assurance-emploi ou en vertu du Régime de pensions du Canada ou du Régime de rentes du Québec.

Les frais juridiques engagés pour recouvrer un salaire ou des traitements qui vous sont dus par votre employeur ou ancien employeur sont déductibles.

De façon générale, les frais juridiques qui sont engagés en vue d'obtenir une « allocation de retraite » (y compris une indemnité de cessation d'emploi) ou une prestation de pension (voir 10.9.5) sont déductibles, mais généralement seulement jusqu'à concurrence du montant de ces revenus (pour l'année courante ou les années antérieures).

Enfin, vous pouvez déduire les frais juridiques que vous engagez pour obtenir ou faire valoir votre droit de recevoir une pension alimentaire pour enfant. (Voir 2.6; voir également 17.2.8 si vous résidez au Québec.)

2.8.2   Résidents du Nord

Si vous habitez dans le Nord canadien pendant une période de six mois consécutifs au début ou à la fin de l'année, vous avez droit à une déduction spéciale pour tenir compte du fait que le coût de la vie y est plus élevé, le climat plus rigoureux et l'isolement plus grand que dans les régions plus densément peuplées du pays. La déduction est limitée à 20 % de votre revenu net et, si vous habitez dans une « zone nordique visée par règlement », jusqu'à 16,50 $ par jour (soit 6 023 $ par année), selon le moins élevé des deux. Si vous habitez un peu plus au sud, dans une « zone intermédiaire admissible », vous n'avez droit qu'à la moitié de la déduction. De plus, si votre employeur assume vos frais de déplacement, pour vous et votre famille (p. ex., un voyage annuel dans le sud du Canada), vous avez droit à une déduction pour compenser, en totalité ou en partie, l'avantage imposable qui, de ce fait, est inclus dans votre revenu

– voir 10.8.9. Une déduction semblable est disponible aux fins fiscales du Québec si vous vivez dans le nord du Québec.

2.8.3 Autres déductions

Quelques-unes des autres déductions courantes sont traitées dans les autres chapitres. Veuillez vous reporter, par exemple, aux sections 3.1.3 (cotisations à un REER), 6.2.3 (pertes déductibles au titre d'un placement d'entreprise), 6.3 (déduction pour gains en capital), 7.2.3 (intérêts versés), 10.8 (déductions relatives à un emploi) et 13.1 (frais de déménagement). Certaines des déductions relatives à un travail indépendant (exploitation d'une entreprise) sont traitées au chapitre 11.

2.9 Cotisations au Régime de pensions du Canada/Régime de rentes du Québec, assurance-emploi et TPS

2.9.1 Cotisations au RPC/RRQ et primes d'assurance-emploi

Au palier fédéral, vous avez droit à un crédit égal à 15 % de l'ensemble des cotisations au RPC/RRQ et des primes d'assurance-emploi (AE) que vous payez. Cela équivaut à un remboursement de tels montants d'environ 25 % lorsque le crédit provincial équivalent est pris en compte. Si vous êtes un employé salarié, votre employeur retient normalement ces montants à la source.

Si vous êtes un travailleur autonome, vous devez normalement verser au RPC/RRQ la part de l'employeur en plus de celle de l'employé (mais pas de primes d'AE) calculées en fonction de votre revenu net de travailleur autonome. Les travailleurs autonomes peuvent déduire la part de l'employeur – voir 11.2.3.

2.9.2 Récupération des prestations d'assurance-emploi

Si vous recevez des prestations d'assurance-emploi et si votre revenu net est supérieur à un certain seuil, une partie de ces prestations sera récupérée par le biais d'un impôt spécial que vous devrez verser lorsque vous produirez votre déclaration de revenus.

Vous devrez rembourser vos prestations si votre revenu net de 2012 excède 57 375 $. Vous devrez rembourser 30 $ par tranche de 100 $ qui excède le seuil de revenu net qui s'applique dans votre cas, à concurrence de 100 % des prestations reçues. Les prestations qui ne sont pas récupérées sont imposées comme un revenu ordinaire.

Vous n'avez pas à rembourser vos prestations si vous recevez des prestations d'assurance-emploi pour la première fois depuis les 10 dernières années ou si vous recevez seulement des prestations de maternité, des prestations parentales, de maladie ou de compassion.

2.9.3 Crédit pour la TPS/TVH

Le crédit pour la taxe sur les produits et services (TPS)/taxe de vente harmonisée (TVH) est destiné aux particuliers et aux familles à faible revenu. Il vise à compenser la TPS/TVH que les consommateurs paient sur la plupart des biens et services. Pour 2012, ce crédit s'élève annuellement à 260 $ par adulte admissible et à 137 $ par enfant de moins de 19 ans faisant partie de la famille, et il est réduit de 5 cents pour chaque dollar de revenu net familial qui excède 33 884 $. Le crédit est généralement payé aux familles admissibles par anticipation chaque trimestre, selon leur revenu de l'année précédente. Si votre crédit est inférieur à 100 $, vous ne le recevrez qu'en un seul versement, au mois de juillet.

Un supplément au crédit pour TPS additionnel allant jusqu'à 137 $ est offert si vous êtes célibataire, séparé, veuf ou divorcé et que vous n'avez pas d'enfants. Le supplément au crédit pour TPS correspond au moindre de 137 $ ou de 2 % du revenu net supérieur à 8 439 $. Le total du crédit pour TPS et le supplément sont réduits de 5 cents pour chaque dollar de revenu qui excède 33 884 $.

De nombreuses provinces ont également des crédits de taxe sur les ventes visant les contribuables à faible revenu. Se reporter à la section 17.2.14 pour le crédit du Québec, qui fonctionne en parallèle avec la TPS.

2.9.4 Remboursement de la TPS/TVH

Outre le crédit pour TPS/TVH décrit à la section 2.9.3, certains employés et associés de sociétés de personnes peuvent, dans leurs déclarations de revenus, demander un remboursement de la TPS/TVH. Peuvent demander un remboursement les salariés qui réclament une déduction pour emploi et les associés qui réclament des déductions pour des dépenses qu'ils ont engagées, hors de la société de personnes, afin de gagner un revenu de la société de personnes (se reporter aux sections 10.9, 11.2.4 et 11.3.7 pour obtenir plus de détails à ce sujet; se reporter aussi à la section 17.2.14 si vous habitez au Québec).

2.10 Documents de référence

Vous pouvez obtenir un exemplaire des publications techniques suivantes en téléphonant ou en vous présentant à votre bureau des services fiscaux de l'ARC. Vous pouvez également trouver une panoplie d'informations, y compris les guides, brochures et formulaires de l'ARC, sur le site Internet de l'ARC à l'adresse *www.cra-arc.gc.ca*.

> Bulletin d'interprétation IT-91R4, « Emploi sur un chantier particulier ou en un endroit éloigné »
> Bulletin d'interprétation IT-99R5, « Frais judiciaires et comptables »
> Bulletin d'interprétation IT-495R3, « Frais de garde d'enfants »
> Bulletin d'interprétation IT-513R, « Crédits d'impôt personnels »

Bulletin d'interprétation IT-515R2, « Crédit d'impôt pour études »

Bulletin d'interprétation IT-516R2, « Crédit d'impôt pour frais de scolarité »

Bulletin d'interprétation IT-519R2, « Crédits d'impôt pour frais médicaux et pour personnes handicapées et déduction pour frais de préposé aux soins »

Bulletin d'interprétation IT-523, « Ordre des dispositions qui s'appliquent au calcul du revenu imposable d'un particulier et de son impôt à payer »

Bulletin d'interprétation IT-530R, « Pensions alimentaires »

Circulaire d'information 75-2R8, « Contributions à un parti enregistré, à une association enregistrée ou à un candidat à une élection fédérale »

REER et autres régimes d'épargne-retraite donnant droit à un allègement fiscal

- Envisagez un régime enregistré d'épargne-retraite (REER) autogéré, qui offre plus de souplesse (3.1.6)
- Envisagez de transférer dans votre REER autogéré des actions que vous détenez déjà (3.1.6)
- Envisagez d'utiliser votre REER pour protéger tout gain futur sur des actions de sociétés fermées à forte croissance (3.1.6)
- Songez à maximiser le contenu étranger de votre REER autogéré (3.1.7)
- Cotisez autant que vous le pouvez à un REER (3.1.9)
- Cotisez à votre REER en début d'année, plutôt qu'au mois de février suivant (3.1.9)
- Réfléchissez bien avant d'emprunter des fonds pour cotiser à votre REER (3.1.9)
- Retirez des fonds de votre REER au cours d'années où votre revenu est peu élevé (3.2.1)
- Cotisez au REER de votre conjoint (ou conjoint de fait) si vous prévoyez que le revenu de votre conjoint sera moins élevé au moment de la retraite (3.3.1)
- Versez des cotisations au REER de votre conjoint en décembre plutôt qu'au mois de février suivant (3.3.1)
- Transférez la valeur de rachat de votre pension, vos allocations de retraite ou vos indemnités de cessation d'emploi à votre REER (3.3.2)
- Versez une cotisation excédentaire non déductible de 2 000 $ à votre REER (3.3.4)
- Envisagez d'acheter des actions d'une société à capital de risque de travailleurs et de les verser dans votre REER (3.3.5)
- Envisagez de retirer des fonds de votre REER, dans le cadre du Régime d'accession à la propriété, afin d'acheter ou de construire votre première maison (assurez-vous d'abord d'évaluer la perte que subira votre REER en termes de croissance) (3.3.6)
- Envisagez de retirer des fonds de votre REER aux termes du Régime d'encouragement à l'éducation permanente pour payer les frais relatifs aux programmes de formation ou d'enseignement postsecondaire (3.3.7)
- Envisagez de cotiser à votre REER plutôt qu'à un RPA à cotisations déterminées (3.5.1)

- Renseignez-vous quant à l'acquisition de vos droits aux prestations de retraite, particulièrement avant de faire un changement de carrière (3.5.1)

- Soupesez les avantages d'établir un « régime individuel de pension » (3.5.2)

Les régimes de revenu différé, plus particulièrement les REER et les régimes de pension agréés (RPA), sont les abris fiscaux les plus couramment utilisés au Canada. En fait, presque tout le monde devrait en avoir un.

Le concept qui sous-tend les régimes de revenu différé est simple; dans le détail, cependant, les règles peuvent se révéler compliquées. Dans le présent chapitre, nous exposons les règles de base afin que vous puissiez comprendre cet aspect du régime fiscal, dans ses grandes lignes. Nous traitons également des options qui s'offrent à vous et des mesures que vous pouvez prendre en matière de planification fiscale.

Les règles sont essentiellement les mêmes aux fins de l'impôt du Québec.

3.1   Régimes enregistrés d'épargne-retraite (REER)

3.1.1   Qu'est-ce qu'un REER?

Bien que REER signifie « régime enregistré d'épargne-retraite », on ne le prend pas nécessairement en vue de la retraite. On peut l'utiliser à diverses fins, telles que le financement d'une première résidence ou la formation ou l'éducation postsecondaire, ou tout simplement comme mécanisme de report d'impôt.

Le concept à l'origine des REER est simple. Si vous consentez à mettre de côté une partie de votre salaire ou de votre revenu de travailleur autonome et à ne pas y avoir immédiatement accès, ce revenu (de même que les intérêts ou tout revenu supplémentaire qu'il rapporte) ne sera pas imposé lorsque vous le *gagnerez*, mais plutôt lorsque vous le *recevrez*.

Si vous gagnez 60 000 $, vous payez de l'impôt sur 60 000 $.

Supposons que vous gagnez 60 000 $, mais que vous placez une tranche de 2 000 $ de ce revenu dans un REER. Vous serez alors imposé sur 58 000 $ seulement, soit le montant que vous avez *reçu*.

Lorsque, dans quelques années, la somme de 2 000 $ ainsi mise de côté aura augmenté, en franchise d'impôt, et atteint 3 000 $, vous pourrez alors retirer de votre REER les 3 000 $, qui seront imposés à ce moment-là (cette somme s'ajoutera à votre revenu).

Ainsi, le montant initial de 2 000 $ (qui est maintenant devenu 3 000 $) sera imposé dans l'année où vous l'aurez *reçu*, et non dans celle où vous l'aurez *gagné*.

Les règles régissant les REER sont bien sûr plus complexes que ne le donne à penser l'exemple ci-dessus. Le montant de la cotisation que vous pouvez verser à un REER est limité de bien des façons.

3.1.2 Comment établir un REER?

Un REER peut être établi facilement dans presque toute banque ou société de fiducie, ou par l'entremise d'un conseiller en placements, d'un agent d'assurance-vie, d'une société de fonds commun de placement ou d'une société de courtage de fonds commun de placement. Tout ce que vous avez à faire, c'est de remplir un formulaire et de verser une cotisation à votre régime. Certains établissements vous remettront immédiatement votre reçu officiel aux fins de l'impôt, mais la plupart vous l'enverront par courrier, quelques semaines plus tard, à temps pour que vous puissiez le joindre à votre déclaration de revenus.

3.1.3 Quel montant pouvez-vous verser à votre REER?

À l'égard d'une année quelconque, les cotisations à un REER sont déductibles si elles sont versées *dans l'année* ou dans les 60 jours suivant *la fin de l'année*. Par conséquent, si vous cotisez d'ici le 1er mars 2013, vous pouvez réclamer une déduction dans votre déclaration de revenus de 2012 (et tout remboursement qui en résulte vous parviendra au printemps de 2013 après la production de votre déclaration de revenus de 2012).

Le montant que vous pouvez cotiser à un REER est limité de trois façons : par le plafond REER, soit 22 970 $ pour 2012; en pourcentage, soit 18 % de votre « revenu gagné » de l'année précédente; et selon votre « facteur d'équivalence ». Nous examinerons chacune de ces limites.

Le plafond REER

Le plafond de la cotisation à un REER est passé de 22 450 $ à 22 970 $ en 2012. Le plafond sera porté à 23 820 $ en 2013.

Le pourcentage du revenu gagné de l'année précédente

La déduction annuelle (qui dépend du plafond REER de 22 970 $ et du facteur d'équivalence) se limite à 18 % du revenu gagné de l'année précédente. En d'autres mots, le montant qui équivaut à 18 % de votre revenu gagné de 2011 sert à déterminer votre plafond REER pour 2012 (votre cotisation devant être versée au plus tard le 1er mars 2013).

« Revenu gagné » est synonyme de « salaire » pour la plupart des employés. Il s'agit du salaire brut, avant les retenues à la source telles que l'impôt sur le revenu, les primes d'assurance-emploi, les cotisations au RPC/RRQ, etc. Le « revenu gagné » inclut le revenu net d'entreprise si vous êtes travailleur autonome ou associé actif dans une entreprise (voir 16.2.4). Il comprend également :

- les subventions de recherche, moins les dépenses déductibles afférentes;
- les redevances sur un ouvrage ou une invention dont vous êtes l'auteur ou l'inventeur;
- les paiements destinés au soutien d'un conjoint ou d'un enfant sur lesquels vous êtes imposé (voir 2.6);
- les revenus nets de location tirés de biens immobiliers;
- les rentes d'invalidité reçues du RPC/RRQ.

Les déductions suivantes *diminuent* le revenu gagné :

- les pensions et prestations alimentaires, ainsi que les paiements destinés au soutien d'un enfant que vous déduisez de votre revenu;
- la plupart des frais déductibles relatifs à un emploi, tels que les cotisations syndicales et les frais de déplacement (mais non les cotisations à un régime de retraite);
- les pertes nettes d'entreprise;
- les pertes locatives tirées de biens immobiliers.

Le revenu gagné n'inclut pas la plupart des revenus de placement, comme les intérêts ou les dividendes, ni les gains en capital. De plus, il ne comprend pas les prestations de retraite, les allocations de retraite, les indemnités de cessation d'emploi, ni les prestations consécutives au décès ou les montants provenant d'un REER, d'un FERR ou d'un régime de participation différée aux bénéfices (RPDB).

Si votre revenu gagné était d'au moins 127 611 $ en 2011, votre plafond de cotisation à un REER, pour 2012, sera limité à 22 970 $ (moins le facteur d'équivalence dont il est question ci-après). Autrement, vos cotisations seront limitées à 18 % de votre revenu gagné.

Le facteur d'équivalence

Une fois que vous avez déterminé le plafond de votre cotisation à un REER (18 % de votre revenu gagné de l'année précédente, sous réserve du plafond annuel dont il est question ci-dessus), vous devez soustraire le montant correspondant à votre facteur d'équivalence (FE) pour l'année précédente, s'il y a lieu. Le FE représente la valeur réputée des prestations de retraite que vous avez gagnées au cours de l'année précédente. En d'autres termes, plus s'élève le montant que vous-même et votre employeur mettez ensemble de côté, en vue de votre retraite, plus diminue le montant qu'il vous est permis de verser à un REER.

Si vous ne participez pas à un régime de retraite ou à un RPDB de votre employeur, votre facteur d'équivalence est nul; vous pouvez ainsi verser dans un REER la cotisation maximale correspondant à 18 % de votre revenu gagné de l'année précédente (sans excéder le plafond annuel de 22 970 $).

Autrement, votre facteur d'équivalence pour 2011 devrait se trouver sur votre feuillet T4 de 2011 ainsi que sur l'avis de cotisation que vous aurez reçu en 2012, à la suite de la production de votre déclaration de revenus de 2011.

Dans le cas d'un régime de pension « à cotisations déterminées » (voir 3.5.1), le facteur d'équivalence représente le total des cotisations que vous-même et votre employeur versez à ce régime. La même règle s'applique aux RPDB (voir 3.5), sauf que les cotisations ne sont versées que par l'employeur. Dans le cas d'un régime de pension « à prestations déterminées », le facteur d'équivalence est calculé en fonction des prestations que vous devriez recevoir à votre retraite, compte tenu de votre revenu d'emploi de l'année précédente.

Dans certains cas, un facteur d'équivalence pour services passés (FESP) pourrait également abaisser votre plafond de cotisation à un REER. De façon générale, un FESP peut survenir lorsque vos prestations de retraite, en vertu d'un régime à prestations déterminées, sont rétroactivement augmentées.

Mélanie, ingénieure chimiste, participe au régime de pension de son employeur. Elle gagne un revenu de 60 000 $ en 2011, et son FE pour 2011, selon son feuillet T4 de 2011 et l'avis de cotisation de 2011 qu'elle a reçu de l'ARC vers le milieu de 2012, s'établit à 3 200 $.

Avant de tenir compte de son facteur d'équivalence, Mélanie établit le plafond de sa cotisation pour 2012 qui ne peut excéder 22 970 $ en calculant 18 % de son revenu gagné en 2011, ce qui donne 10 800 $. De ce montant, elle doit soustraire son facteur d'équivalence pour 2011, soit 3 200 $. Par conséquent, le montant que Mélanie peut verser dans son REER avant le 1er mars 2013 et déduire dans sa déclaration de revenus de 2012 s'élève à 7 600 $.

Si vous quittez votre emploi sans prendre votre retraite, vous pourriez avoir droit à un facteur de rectification (FR). Le FR a pour but de vous redonner certains des droits de cotisation à un REER que vous auriez perdus en raison de facteurs d'équivalence (FE) liés à la période durant laquelle vous participiez à un régime de retraite d'entreprise.

Si vous participiez à un régime à cotisations déterminées ou à un RPDB, le total de tous les facteurs d'équivalence déclarés par votre employeur depuis 1990 qui n'ont pas encore été « acquis » déterminera votre FR (voir 3.5.1). Si vous participiez à un régime à prestations déterminées et n'aviez déclaré aucun FESP, votre FR sera égal au total de vos FE depuis 1990, moins la tranche de toute somme forfaitaire reçue ou transférée dans un REER ou dans un régime à cotisations déterminées qui se rapporte aux années postérieures à 1989 (si vous avez déclaré un FESP, le calcul de votre FR sera plus complexe, mais, quel que soit le régime, l'administrateur du régime de retraite de votre employeur se chargera de faire le calcul pour vous). Le fait d'avoir le droit de recevoir périodiquement des prestations de retraite du régime vous rend inadmissible à un FR. Vous n'êtes admissible à un FR que si vous transférez la valeur de rachat de votre régime à prestations déterminées à un REER immobilisé, également connu comme étant un compte de retraite immobilisé.

Votre FR augmente vos droits de cotisation pour l'année de votre départ. Si vous avez cessé ou cesserez d'être membre d'un régime d'entreprise en 2012, vous pouvez tenter d'inciter votre employeur à déclarer votre FR peu de temps après votre départ, de façon à vous permettre d'utiliser dès que possible les droits de cotisation additionnels qui en découlent. Votre employeur doit déclarer votre FR pour l'année de votre départ dans les 60 jours suivant la fin du trimestre où le départ a eu lieu (ou au plus tard le

31 janvier de l'année suivante si le départ a eu lieu au cours du quatrième trimestre).

Le report prospectif des droits de cotisation inutilisés et des cotisations non déduites

Si, dans une année quelconque, vous ne versez pas le maximum déductible au titre des REER, vous pouvez « reporter » les droits de cotisation inutilisés et verser une cotisation égale à ce montant au cours de toute année subséquente. Vous pouvez également reporter les droits de cotisation inutilisés créés par un FR. Si vous versez une cotisation à votre REER mais choisissez de ne pas la déduire dans l'année au cours de laquelle vous l'avez versée, vous pouvez déduire ce montant dans n'importe quelle année ultérieure (pourvu que vous ayez des droits de cotisation à ce moment-là).

> Dans le cas de Mélanie, dont il était question dans l'exemple précédent, les droits de cotisation à un REER s'élèvent à 7 600 $ pour 2012. Mélanie décide cependant de ne verser qu'une cotisation de 5 000 $ pour cette même année.
>
> Les droits de cotisation à un REER inutilisés que Mélanie peut reporter prospectivement s'élèvent donc à 2 600 $. Elle peut donc augmenter sa cotisation de ce montant au cours de toute année subséquente. Si le plafond de la cotisation de Mélanie, pour 2013, est également de 7 600 $, elle pourra ainsi verser jusqu'à 10 200 $ dans son REER, montant qui sera déductible en 2013.

Avant de vous y fier, vous devriez vérifier attentivement le plafond de cotisation qui est inscrit sur l'avis de cotisation que vous avez reçu de l'ARC, et vous assurer qu'il est exact. Si le montant indiqué par l'ARC est erroné, cela ne vous donnera pas pour autant le droit de déduire une cotisation que vous n'auriez pas eu le droit de déduire autrement.

Dans certains cas, il est possible de verser une cotisation supérieure à celle que vous pouvez déduire. La section 3.3.4 traite des cotisations excédentaires.

3.1.4 Quelle économie d'impôt votre cotisation vous procure-t-elle?

Quel montant d'impôt votre cotisation vous permet-elle de récupérer? Tout dépend de votre taux marginal d'imposition. Les taux et les tranches d'imposition varient d'une province à l'autre (voir l'annexe I), mais ils sont approximativement les suivants pour 2012 :

- 25 % sur un revenu allant de 10 822 $ à 43 000 $;
- 35 % sur un revenu allant de 43 000 $ à 85 000 $;
- 41 % sur un revenu allant de 85 000 $ à 132 000 $;
- 45 % sur un revenu supérieur à 132 000 $.

Dans l'exemple ci-dessus, si le revenu imposable de Mélanie (diminué de toute autre déduction) se situait entre 43 000 $ et 85 000 $, sa cotisation de 5 000 $ à un REER lui permettrait d'économiser environ 35 % de ce montant, ou 1 750 $ en impôts pour 2012. Dans le cas d'un particulier dont le revenu imposable demeurerait supérieur à 132 000 $ même après la déduction au titre du REER, une cotisation d'un même montant de 5 000 $ donnerait lieu à une économie d'environ 2 250 $. De toute évidence, les REER sont plus avantageux, du point de vue fiscal, dans le cas des contribuables à revenu élevé.

Lorsque vous demandez une déduction au titre de votre REER, vous devriez garder à l'esprit la valeur de votre déduction et tenter de profiter au maximum du mécanisme de report prospectif. Par exemple, dans une année où votre revenu annuel est moins élevé que d'habitude, vous pourriez trouver avantageux de verser à votre REER la *cotisation* maximale, mais de ne réclamer la *déduction* que dans une année subséquente au cours de laquelle votre taux marginal d'impôt serait plus élevé.

3.1.5 Que deviennent les fonds versés dans le REER?

Tant que vos fonds sont dans votre REER, ils ne sont pas assujettis à l'impôt. Quels que soient les montants d'intérêts, de dividendes, de gains ou de pertes en capital qui en résultent, aucun impôt ne sera perçu tant que vous ne retirerez pas vos fonds de votre REER. (Comme nous le verrons à la section 20.4, vous devrez liquider votre REER avant la fin de l'année au cours de laquelle vous atteindrez 71 ans; même alors, cependant, il est encore possible de reporter une partie de l'impôt à payer.)

Les intérêts composés qui s'accumulent en franchise d'impôt peuvent donner des résultats fort impressionnants. Comparez les deux situations suivantes : a) vous investissez 5 000 $ de votre salaire dans un REER pour une période de 10 ou de 20 ans, à un taux d'intérêt de 6 %; b) vous placez cette même somme en banque au même taux de 6 %, mais cet intérêt est assujetti à l'impôt. (Dans cet exemple, supposons que le taux marginal d'impôt est de 45 %.)

	Somme investie 2012	Après 10 ans 2022	Après 20 ans 2032
Scénario 1			
Vous placez 5 000 $ avant impôt dans un REER	5 000 $	8 954 $	16 036 $
Impôt à payer au moment du retrait		(4 029)	(7 216)
Montant net d'impôt après le retrait (A)		4 925	8 820
Scénario 2			
Vous placez 5 000 $, moins l'impôt exigible de 2 300 $ à l'extérieur de votre REER (B)	2 750	3 805*	5 264*
Rendement supplémentaire après impôt découlant de la somme investie dans le REER (A – B)		1 120 $	3 556 $

* Montant net d'impôt annuel sur le revenu de placement gagné.

Selon le scénario 1, vous payez 45 % en impôt lorsque vous retirez vos fonds de votre REER, où, depuis que vous les y avez déposés, leur valeur a augmenté considérablement. Après 20 ans, votre cotisation de 5 000 $ vaut 8 820 $ *après* impôt. D'après le scénario 2, puisque l'intérêt annuel de 6 % est imposé, il ne vous reste que 3,3 % à réinvestir en vue d'obtenir des intérêts composés. Bien sûr, d'après le scénario 2, vous pouvez utiliser directement la somme de 5 264 $ qui s'est accumulée au bout de 20 ans; vous n'avez pas alors à payer 45 % de ce montant en impôt, comme cela doit être fait dans le scénario 1. Cependant, cela est loin de compenser pour la valeur des intérêts composés qui se sont accumulés en franchise d'impôt.

Bien entendu, les intérêts qui ne sont pas déductibles, par exemple les intérêts hypothécaires, s'accumulent également avant impôt; il serait peut-être plus avantageux pour vous de rembourser votre prêt hypothécaire que de verser des cotisations à un REER. Dans ce cas, vous pourrez généralement utiliser la totalité de vos droits de cotisation à un REER inutilisés en y versant et en déduisant une cotisation « de rattrapage » dans une année subséquente, lorsque vous disposerez des fonds nécessaires.

Comme nous l'avons déjà indiqué, votre REER peut être investi de plusieurs façons. La plus simple, et habituellement la moins rentable, consiste en un compte de dépôt qui produit des intérêts comptabilisés chaque mois ou deux fois par année. De nombreux particuliers investissent plutôt dans des certificats de placement garanti (CPG) à plus long terme et dans les dépôts à terme. Les fonds communs d'actions constituent un moyen courant d'investir indirectement les fonds d'un REER dans différents placements en actions, mais ils comportent un niveau de risque plus élevé. La section 1.1.4 vous offre des conseils pour choisir vos placements en actions et élaborer une stratégie de placement appropriée.

3.1.6   REER autogérés

Envisagez un REER autogéré, qui offre plus de souplesse.

Si vous êtes du genre qui préférez vous occuper de vos affaires vous-même tout en ayant accès à une gamme plus variée de choix de placements et êtes disposé à prendre un peu plus de risques avec les fonds dont vous disposez, vous pouvez établir un REER autogéré et ainsi exercer un contrôle direct sur la façon d'investir les fonds dans votre REER. Cela se fait normalement par l'intermédiaire d'un conseiller financier d'une maison de courtage ou à une institution de services financiers, qui percevra habituellement des frais annuels variant entre 100 $ et 150 $ (en plus des commissions habituelles sur les opérations sur actions ou fonds communs de placement, selon le cas). Certaines institutions financières offrent des REER autogérés à frais réduits ou sans frais; vous auriez tout intérêt à « magasiner » pour trouver le régime qui convient le mieux à vos besoins.

Si vous avez un REER autogéré, c'est vous qui décidez de la nature des investissements dans votre REER. Il existe cependant des restrictions qui visent à faire en sorte que vos fonds, s'ils ne servent pas nécessairement à faire des placements « sûrs », soient au moins investis de manière raisonnable. Les « placements admissibles » aux fins d'un REER comprennent les éléments suivants :

- les montants en espèces;
- les obligations de municipalités, d'État et de sociétés d'État;
- les CPG, les dépôts à terme et les bons du Trésor;
- certains prêts hypothécaires assurés par l'État;
- les actions ou les obligations de sociétés inscrites aux bourses canadiennes;
- les fonds communs de placement et fonds réservés admissibles aux fins des REER;
- les actions inscrites à certaines bourses étrangères, les obligations de certains gouvernements étrangers et les fonds communs de placement et fonds réservés investissant sur des marchés étrangers (voir 3.1.7);

- les actions de certaines petites entreprises;
- les lingots d'or et d'argent (sous réserve de certaines conditions);
- les titres de créance ayant reçu une cote d'évaluation supérieure et faisant partie d'une émission d'au moins 25 millions de dollars;
- les titres (sauf les contrats à terme) inscrits à la cote d'une bourse de valeurs désignée.

Les règles qui régissent les aspects plus détaillés (p. ex., quels sont les prêts hypothécaires et actions de petites entreprises qui constituent des placements admissibles) sont extrêmement complexes; vous devriez consulter un conseiller professionnel si vous désirez vous servir de votre REER autogéré pour faire des placements autres que de simples bons du Trésor garantis par l'État ou obligations d'État par exemple (qui sont généralement considérés comme de bons placements sûrs). Si vous êtes disposé à y consacrer le temps nécessaire, un REER autogéré peut se révéler beaucoup plus rentable à long terme. Compte tenu du contrôle que vous exercerez sur les décisions en matière de placement, vous serez en mesure de diversifier vos risques et aurez toute la latitude voulue pour envisager une gamme variée de placements, y compris ceux auxquels vous n'avez généralement accès que par le biais des REER autogérés, notamment les obligations à coupons détachés, les titres adossés à des créances immobilières, les fonds indiciels et autres formes de placement moins courantes. Si vous prévoyez n'investir que dans des fonds communs de placement et dans des CPG, il se peut qu'un REER autogéré ne soit pas utile; dans ce cas, vous auriez probablement avantage à utiliser un régime ordinaire pour ne pas avoir à payer les frais d'administration annuels.

La gamme plus variée de choix de placements auxquels le REER autogéré vous donne accès s'accompagne d'un risque plus élevé. Les marchés financiers sont irréguliers, mais ils ont tendance à ne pas évoluer en symbiose. Par conséquent, vous pourriez être en mesure de réduire le niveau de risque global dans votre portefeuille en diversifiant vos placements, c'est-à-dire en détenant une composition de différents types de placements (liquides, à revenu fixe et en actions) et en vous assurant qu'au moins une tranche soit composée de placements à taux fixe de rendement, comme les CPG ou les obligations à coupons détachés.

Vous devriez également choisir votre composition de placements ou la répartition de vos actifs en fonction de votre âge, de votre situation familiale et de votre tolérance à l'égard du risque. Lorsque vous déterminez votre composition de placements et la répartition de vos actifs, assurez-vous de tenir compte de l'ensemble de votre portefeuille, et non pas seulement des placements que vous détenez dans votre REER. Voir la section 1.1.4 pour des détails sur la façon d'élaborer une stratégie de placement adéquate.

Plutôt que des cotisations en espèces, envisagez de verser à votre REER autogéré des actions (ou des placements portant intérêt) que vous détenez déjà. Les actions de petites entreprises ne peuvent être versées à un REER que dans des circonstances limitées (par exemple, vous, votre conjoint ou d'autres personnes liées ne pouvez, individuellement ou collectivement, détenir 10 % ou plus des actions de la société). Cependant, la plupart des actions et obligations de sociétés canadiennes cotées en bourse sont admissibles. Si vous avez des actions que vous avez l'intention de détenir pendant longtemps, vous pouvez les verser à votre REER et obtenir ainsi une déduction fiscale sans devoir faire de sortie de fonds.

Le transfert de placements à votre REER peut donner lieu à un gain en capital (voir 6.2.1), étant donné qu'un tel transfert est réputé être fait à la juste valeur marchande. Toutefois, si le transfert de placements à votre REER engendre une perte en capital, il ne sera pas possible de la déduire (voir 6.2.2). Il est recommandé d'obtenir l'avis d'un professionnel avant de faire ce genre d'opérations.

Si vous détenez des actions qui ont subi une baisse de valeur, vous ne pouvez pas les transférer dans votre REER pour engendrer une perte en capital dans le but d'annuler tout gain en capital que vous pourriez avoir réalisé. En effet, les lois fiscales ne vous permettent pas de réclamer une perte en capital sur le transfert de placements dans votre REER.

Cependant, vous pouvez vendre vos actions sur le marché libre, verser le produit au comptant dans votre REER et, après 30 jours, faire en sorte que votre REER acquière une position semblable. Cette stratégie vous permettra d'engendrer une perte en capital sur vos actions, que vous pourrez porter en diminution de vos autres gains en capital imposables, tout en transférant la propriété des actions dans votre REER de façon que tout gain futur soit à l'abri de l'impôt.

Auparavant, vous pouviez échanger des placements détenus à l'extérieur de votre REER contre des placements détenus à l'intérieur de votre régime. En vertu des nouvelles règles anti-évitement annoncées en 2011 (voir 3.4), ces échanges visant les REER ne sont plus permis, sauf dans certains cas particuliers.

Veuillez noter que les gains et les dividendes en capital sont entièrement imposables lorsque vous les retirez de votre REER, étant donné que vous êtes imposé sur le montant total du retrait. Ainsi, si vous faites apport d'actions (ou souscrivez des actions à l'intérieur de votre REER), tout gain ou dividende en capital sera éventuellement imposé à un taux plus élevé que si vous l'aviez réalisé directement (voir 6.2.1 et 7.1.2). Si vous laissez les fonds dans votre REER pendant une période suffisamment longue, le report des intérêts composés imposables et non imposables devrait plus que compenser l'écart du taux d'imposition. Envisagez de structurer la composition globale de votre actif de façon à détenir des placements à revenu fixe à l'intérieur de votre REER et des actions à l'extérieur de votre REER.

Lorsque vous envisagez d'effectuer des placements à l'intérieur de votre REER, rappelez-vous que les placements à long terme, comme les CPG de cinq ans, présentent un inconvénient majeur. Si, pour des fins fiscales, vous décidez de retirer des fonds plus tôt que prévu (voir 3.3.4) ou de vous prévaloir du Régime d'accession à la propriété (voir 3.3.6) ou encore du Régime d'éducation permanente (voir 3.3.7), vous risquez de découvrir que vous n'avez pas accès à votre placement à cause des restrictions fixées par les CPG.

Si vous êtes actionnaire d'une société émergente ou d'une société comportant un potentiel de croissance élevé, vous pourriez envisager de détenir une partie ou la totalité de vos actions par le biais de votre REER ou de transférer ces actions dans votre REER au début du cycle de vie de la société, alors que les actions ont une valeur relativement peu élevée. Les gains futurs sur les actions seront ainsi à l'abri de l'impôt à l'intérieur de votre REER et vous serez en mesure de diversifier l'ensemble de vos placements en vendant les actions que vous détenez dans votre REER et en acquérant une gamme plus vaste de placements. (Tenez compte des commentaires susmentionnés au sujet des gains en capital et des dividendes ainsi que des nouvelles règles anti-évitement (voir 3.4).)

> Envisagez d'utiliser votre REER pour protéger tout gain futur sur des actions de sociétés fermées à forte croissance.

Vous pouvez même prendre des mesures pour placer votre propre prêt hypothécaire dans votre REER. En d'autres termes, vous versez des fonds dans votre REER, vous recevez une déduction fiscale et vous vous prêtez ces fonds à vous-même. Ce n'est pas facile à faire, toutefois, car le prêt hypothécaire doit être assuré par le gouvernement fédéral et diverses autres restrictions s'appliquent.

L'idée d'investir dans votre propre prêt hypothécaire peut vous sourire, mais elle n'est pas toujours excellente sur le plan financier. Étant donné que cet investissement doit être fait au taux du marché, il se peut que, selon l'importance de votre prêt hypothécaire, vous ne soyez pas en meilleure posture, une fois que tous les frais juridiques, les frais d'assurance, les frais d'évaluation, etc., auront été pris en compte. En règle générale, le capital de l'hypothèque doit varier de 50 000 $ à 100 000 $ sur une échéance d'au moins cinq ans pour qu'il soit considéré comme un placement avantageux. D'un autre côté, si la valeur de votre REER n'est pas très élevée, certaines institutions financières offrent un programme par le biais duquel l'hypothèque est « partagée » entre votre REER et votre institution financière. Vous devriez également examiner si le fait de placer votre prêt hypothécaire dans votre REER cadre avec votre stratégie de placement.

3.1.7 REER autogérés et placements dans des biens étrangers

Songez à maximiser le contenu étranger de votre REER autogéré.

Il n'y a aucune limite quant au montant des biens étrangers qui peuvent être détenus par votre REER, ce qui vous offre plus de possibilités pour diversifier le contenu étranger de votre REER autogéré, en y ajoutant notamment certains titres inscrits à des bourses étrangères ainsi que certaines obligations de gouvernements étrangers et autres biens étrangers.

Malgré les tendances baissières périodiques qui surviennent sur les marchés étrangers, n'ayez crainte d'accroître le contenu étranger de votre REER. Dans la mesure où vous prévoyez faire des investissements à long terme, le contenu étranger de votre REER vous permettra de diversifier la composition de votre portefeuille et de réduire ainsi le risque global auquel votre portefeuille de placements est exposé. Reportez-vous à la section 1.1.4 pour obtenir des détails sur l'importance de bien diversifier vos placements sur le plan géographique dans le cadre de votre stratégie de placement globale.

3.1.8 Frais relatifs à un REER

Ne sont pas déductibles les frais d'administration, les frais de fiducie ainsi que les frais liés à des services-conseils ou des services de gestion en placement relatifs à un REER. Cependant, vous pouvez acquitter ces frais à même les fonds que vous avez déjà déposés dans votre REER sans devoir payer de l'impôt sur ce montant comme vous auriez eu à le faire si vous aviez retiré des fonds dans un autre but. Vous pouvez aussi payer ces frais à partir d'une source extérieure à votre régime; les fonds utilisés ne seront pas considérés comme faisant partie de votre cotisation annuelle.

Si vous n'avez pas épuisé tous vos droits de cotisation et ne prévoyez pas les épuiser dans un avenir prévisible, envisagez de verser à votre REER le montant de vos frais d'administration et acquittez ces frais à même les fonds de votre compte REER de sorte que le montant des frais soit inclus dans votre cotisation déductible globale de l'année. Toutefois, si vous ne disposez pas de droits de cotisation, il est généralement plus avantageux pour vous de payer ces frais à partir d'une autre source afin de ne pas réduire la valeur des fonds qui peuvent s'accumuler en franchise d'impôt.

3.1.9 Comment tirer le maximum de votre REER

Si vous avez à la banque des économies qui vous rapportent des intérêts, vous devriez en verser la plus grande partie possible à un REER, même si vous êtes jeune et que vous ne songez pas encore à votre retraite.

> Cotisez autant que vous le pouvez à un REER.

L'exemple illustré à la section 3.1.5 montre combien il est rentable d'avoir des fonds qui produisent un revenu en franchise d'impôt.

Dans la mesure du possible, vous devriez cotiser tôt dans l'année, plutôt que d'attendre l'échéance de la période de cotisation. Par exemple, votre cotisation pour 2012 peut être faite en tout temps avant le 1er mars 2013, si vous voulez la déduire dans votre déclaration de revenus de 2012. Si vous cotisez au début

> Cotisez à votre REER en début d'année, plutôt qu'au mois de février suivant.

de 2012, tout le revenu gagné pour cette année additionnelle s'accumulera en franchise d'impôt. Le simple fait que vos cotisations soient versées tôt dans l'année engendrera, après plusieurs années, des résultats impressionnants. Avant de verser votre cotisation pour l'année, assurez-vous de ne pas excéder vos droits de cotisation à un REER, et rappelez-vous que votre cotisation est limitée chaque année à 18 % de votre revenu gagné de l'année précédente, moins votre FE.

S'il ne vous est pas possible de cotiser à un REER au cours d'une année donnée, vous pouvez accumuler vos droits de cotisation; au cours d'années subséquentes, vous pourrez verser une cotisation de rattrapage correspondant à vos droits accumulés et réclamer la déduction à laquelle elle vous donne droit.

Si vous avez des droits de cotisation inutilisés, peut-être songez-vous à contracter un emprunt-REER. En règle générale, cette stratégie n'est valable que si vous êtes en mesure de rembourser l'emprunt en deçà d'un an environ, ou si votre revenu de l'année se situe dans une tranche

> Réfléchissez bien avant d'emprunter des fonds pour cotiser à votre REER.

d'imposition plus élevée qu'à l'habitude. Autrement, les intérêts non déductibles que vous aurez à payer sur l'emprunt pourraient annuler l'avantage fiscal que vous procurera votre cotisation. Envisagez plutôt de faire régulièrement des cotisations de rattrapage lorsque vous aurez des fonds disponibles.

Si vous avez l'argent et les droits de cotisation nécessaires, mais que vous ne voulez pas demander la déduction dans une année donnée parce que vous êtes alors assujetti à un taux d'imposition inférieur, versez votre cotisation durant l'année en question, mais retardez le moment de réclamer la déduction. Comme nous l'avons mentionné à la section 3.1.3, vous pourrez réclamer cette déduction dans une année subséquente. En fait, si vous prévoyez que votre taux d'imposition sera plus élevé dans l'année ou les quelques années qui suivent, cette stratégie vous permettra de maximiser non seulement la croissance de vos fonds en franchise d'impôt, mais aussi vos économies d'impôt.

Pour des raisons de liquidités, vous voudrez peut-être demander à votre banque de virer chaque mois quelques centaines de dollars de votre compte ordinaire à votre compte REER. Ainsi, vos cotisations seront régulièrement versées à votre REER, pendant toute l'année.

3.2 Comment retirer des fonds d'un REER

À tout moment, vous pouvez retirer des fonds de votre REER. Le montant sera inclus dans votre revenu annuel et imposé comme un revenu ordinaire, tout comme s'il s'agissait d'un salaire, même si une partie du retrait se rapporte à des gains en capital (lorsque le placement est à l'extérieur d'un REER, les gains en capital ne sont normalement imposés qu'en partie et, dans certains cas, peuvent même être exonérés d'impôt).

Votre institution financière déduira un certain pourcentage d'impôt du retrait et le remettra en votre nom à l'ARC (et à Revenu Québec, le cas échéant). Au fédéral, un retrait donne lieu à une retenue d'impôt de 10 % s'il ne dépasse pas 5 000 $, de 20 % s'il se situe entre 5 000 $ et 15 000 $, et de 30 % s'il dépasse 15 000 $. Au Québec, les retraits donnent lieu à la moitié de la retenue d'impôt du fédéral plus à une retenue d'impôt du Québec de 16 %, et ce, peu importe le montant du paiement. Vous devrez déclarer le revenu et le montant de la retenue à la source d'impôt dans vos déclarations annuelles de revenus, pour ensuite soit recevoir un remboursement, soit, si la retenue était insuffisante, payer la différence. Sachez que des frais de gestion peuvent également s'appliquer au retrait.

Le gouvernement vous permet de faire des retraits de votre REER en franchise d'impôt (sous réserve de certaines limites) si vous affectez les fonds à certaines fins, comme à l'achat d'une nouvelle résidence (voir 3.3.6) ou au financement des frais relatifs à des cours de formation ou à des cours d'un établissement d'enseignement postsecondaire auxquels votre conjoint ou vous-même êtes inscrit (voir 3.3.7). En règle générale, vous devez rembourser les fonds retirés du régime à l'intérieur d'un certain délai, à défaut de quoi les fonds sont imposables.

Vous devrez liquider votre REER avant la fin de l'année au cours de laquelle vous atteindrez 71 ans. À tout moment avant cette année-là, vous pouvez convertir en franchise d'impôt les fonds de votre REER en une rente, ou les transférer à un fonds enregistré de revenu de retraite ou à un fonds de revenu viager (pour les comptes de retraite immobilisés seulement). Les diverses options qui s'offrent à vous pour liquider votre REER sont exposées à la section 20.4.

3.2.1 **Retraits anticipés des fonds de votre REER comme technique d'étalement du revenu**

Comme nous l'avons expliqué à la section 3.1.5, les fonds de votre REER ne sont imposables que lorsque vous les retirez du régime. En conséquence, les REER peuvent être utilisés comme technique d'étalement du revenu, plutôt que comme simple mécanisme d'épargne-retraite. Si vous êtes encore assez jeune et que la question de votre revenu de retraite ne vous inquiète pas, vous pouvez retirer des fonds de votre REER chaque fois que la chose est avantageuse sur le plan fiscal.

Supposons, par exemple, que vous prévoyez quitter votre emploi pour vous occuper de vos jeunes enfants, pour vous offrir un congé prolongé ou pour entreprendre un projet quelconque. Au cours de ces années, alors que votre revenu d'emploi sera faible, vous pourriez retirer des fonds de votre REER et ne payer l'impôt qu'au taux inférieur de 25 % (selon la province où vous habitez), par exemple, plutôt qu'aux taux moyen ou supérieur. Vous devrez soupeser l'un par rapport à l'autre l'avantage qui résulte de la baisse du taux d'imposition et celui qui découle du fait de laisser les fonds de votre REER croître en franchise d'impôt.

> Retirez des fonds de votre REER au cours d'années où votre revenu est peu élevé.

Si vous prévoyez qu'une année de revenu élevé sera suivie d'une année de faible revenu, vous pourriez même envisager de verser votre cotisation en février, de réclamer votre déduction (au taux moyen de 35 %, par exemple) pour l'année précédente et de retirer ensuite ces fonds, qui seront alors imposés dans l'année du retrait au taux inférieur (25 %).

Vous devrez cependant prévoir les retenues d'impôt qui frapperont les sommes que vous retirerez de votre REER, tel qu'il est indiqué à la section 3.2. Vous pourriez peut-être planifier vos retraits pour qu'ils entraînent les plus faibles retenues d'impôt possible, ce qui vous laisserait libre d'utiliser ces fonds jusqu'à ce que vous produisiez votre déclaration de revenus, au mois d'avril suivant. Cependant, rappelez-vous que vous pourriez avoir une dette fiscale au 30 avril 2013 si le taux d'imposition réel de toutes les sources de revenu est supérieur au taux des retenues d'impôt.

3.3 Règles spéciales régissant les REER

Un certain nombre de règles régissant les REER s'appliquent à des situations particulières. Nous n'en traiterons que brièvement. Il vous incombe donc de consulter des conseillers professionnels si vous vous trouvez dans l'une ou l'autre de ces situations.

3.3.1 REER du conjoint

Cotisez au REER de votre conjoint (ou conjoint de fait) si vous prévoyez que le revenu de votre conjoint sera moins élevé au moment de la retraite.

Les règles régissant les REER vous permettent de cotiser au REER de votre conjoint et de réclamer vous-même la déduction. Le total de vos cotisations à votre propre REER et à celui de votre conjoint reste assujetti aux plafonds qui s'appliquent normalement dans votre propre cas (18 % du revenu gagné de l'année précédente ou 22 970 $ pour 2012, moins le facteur d'équivalence de l'année précédente, s'il y a lieu). L'avantage réside dans le fait que ce sera ultimement votre conjoint qui déclarera comme revenu, aux fins de l'impôt, les fonds qui seront retirés de ce REER, à la retraite ou à un autre moment. Si votre conjoint a un revenu moins élevé que le vôtre, soit à la retraite, soit avant (notamment en raison d'un congé parental prévu), l'impôt sur le revenu pourrait, en conséquence, être beaucoup moindre.

Étant donné que les conjoints peuvent fractionner certains revenus de pension, il pourrait être moins utile d'avoir recours au REER du conjoint pour fractionner le revenu de pension (voir 20.3.6).

Si vous avez plus de 71 ans (soit l'âge auquel vous devez liquider votre REER – voir 20.4) et si vous avez eu un « revenu gagné » dans l'année précédente, ce revenu vous procurera de nouveaux droits de cotisation à un REER pour l'année courante. Si votre conjoint est âgé de 71 ans ou moins, vous avez encore le droit de cotiser à son REER et de déduire de votre revenu le montant de la cotisation.

Versez des cotisations au REER de votre conjoint en décembre plutôt qu'au mois de février suivant.

Si vous versez des cotisations au REER de votre conjoint et si celui-ci retire ces sommes dans l'année où vous les versez ou *dans les deux années civiles suivantes* (voir 5.3.9), le montant ainsi retiré doit être inclus dans votre revenu (et non dans celui de votre conjoint). Cette règle vise à empêcher que les REER au profit du conjoint ne soient utilisés comme méthode de « fractionnement du revenu » (voir chapitre 5).

Cette règle ne s'applique pas aux conjoints séparés ou divorcés. Nous étudions cette règle plus en détail à la section 5.3.9, dans le chapitre portant sur le fractionnement du revenu.

Exemple

Vanessa et Mathieu sont mariés. En février 2013, Mathieu verse au REER de Vanessa une cotisation de 5 000 $, et réclame la déduction dans sa déclaration de revenus de 2012.

Si Vanessa retire les fonds avant la fin de 2015, une tranche de 5 000 $ du retrait sera traitée comme un revenu de Mathieu, et non de Vanessa. (Si, toutefois, Mathieu avait versé la cotisation en décembre 2012, Vanessa n'aurait eu à attendre que jusqu'à la fin de 2014 pour faire son retrait.)

De façon générale, le fait qu'un couple se sépare ou divorce n'a que peu d'incidence sur la propriété réelle des fonds, aux termes des diverses législations provinciales. En effet, dans la plupart des provinces, la règle veut que de tels fonds soient mis en commun et partagés entre les conjoints. À cet égard, il existe des règles qui permettent de procéder, en franchise d'impôt, au fractionnement des fonds d'un REER.

3.3.2 Transfert à un REER ou d'un REER à un autre régime

En règle générale, les REER peuvent être transférés à d'autres REER, à des FERR ou à des rentes, sans incidence fiscale. Tout ce qu'il y a à faire, c'est de remplir le formulaire gouvernemental approprié.

En vertu des lois régissant les régimes de pension, il se peut que vous ne puissiez pas retirer immédiatement vos prestations de pension du régime de votre employeur (soit la « valeur de rachat »), au moment de quitter votre emploi. Ces lois sont communément appelées lois « d'immobilisation ». Les prestations de pension qui sont assujetties à ces règles peuvent cependant être transférées à un REER immobilisé, également dénommé « compte de retraite avec immobilisations des fonds » (CRIF).

> Transférez la valeur de rachat de votre pension, vos allocations de retraite ou vos indemnités de cessation d'emploi à votre REER.

Les restrictions quant au retrait de fonds du régime de pension s'appliqueront dans le cas du REER immobilisé. Ainsi, selon la loi sur les régimes de pension applicable, vous ne pouvez normalement avoir accès aux fonds du régime immobilisé que dans la période de dix ans qui précède la date normale de retraite prévue par le régime de retraite et, de plus, vous ne pouvez utiliser les fonds que pour l'achat d'une rente ou d'un FERR spécial qui vous donnera un revenu votre vie durant, dénommé « fonds de revenu viager » (FRV) ou, dans certaines provinces, « fonds de revenu de retraite immobilisé » (FRRI) (voir 20.4.5). Un FRV ou un FRRI vous donne plus de souplesse pour décider comment investir vos fonds.

Dans la mesure où la législation régissant les régimes de pension le permet, le transfert d'un régime de pension agréé à un REER immobilisé, un FRV ou un FRRI n'a habituellement aucune incidence fiscale, quoique les règles fiscales puissent restreindre les montants pouvant être transférés d'un régime de pension « à prestations déterminées ».

En vertu de règles spéciales, une « allocation de retraite » (qui, selon la définition aux fins de l'impôt, comprend l'indemnité de cessation d'emploi ainsi que les montants accordés en raison d'un congédiement injustifié et les crédits de congés de maladie inutilisés) peut être transférée à un REER, en franchise d'impôt, plutôt que d'être imposée comme revenu dans l'année où elle est reçue. Le montant pouvant ainsi être transféré est normalement limité à 2 000 $ par année (ou partie d'année) civile de service antérieure à 1996, et majoré de 1 500 $ par année de service antérieure à 1989 pour laquelle les cotisations d'employeur ou les cotisations à un régime de participation différée aux bénéfices ne sont pas acquises.

3.3.3 Décès

Au décès, un contribuable est normalement imposé sur le total des fonds qu'il détenait dans quelque REER ou FERR, sauf s'il les a légués à son conjoint ou à ses enfants à charge, auquel cas les fonds sont inclus dans le revenu du conjoint ou de ses enfants (voir 22.4.1 pour de plus amples détails).

3.3.4 Cotisations excédentaires

Il a été question du plafond des cotisations à un REER dans la section 3.1.3. Que se produit-il si vous cotisez un montant plus élevé que le maximum permis?

Premièrement, vous devez comprendre que votre institution financière ne vous empêchera pas de verser des cotisations excédentaires. Elle n'est pas tenue de vous indiquer à combien s'élève le montant maximum de vos droits de cotisation à votre REER.

Deuxièmement, vous ne pourrez pas déduire les cotisations qui excèdent le plafond admissible. Cependant, une fois versés dans votre REER, les fonds deviennent imposables au retrait (que ce soit au moment de la retraite ou avant), de la même façon que les autres cotisations qui étaient déductibles lorsque vous les avez versées. Par conséquent, vous subirez une double imposition : une première fois lorsque vous aurez gagné le revenu (et n'aurez eu droit à aucune déduction en dépit du fait que vous avez versé les fonds dans un REER) et une deuxième fois lorsque vous retirerez les fonds du REER.

Troisièmement, dans certains cas isolés, il peut s'avérer avantageux de verser des cotisations excédentaires dans votre REER en dépit de la double imposition, compte tenu de l'avantage que vous pouvez tirer de l'accumulation d'intérêts composés en franchise d'impôt (comme l'illustre le tableau de la section 3.1.5). De plus, vous pouvez souvent déduire une cotisation excédentaire dans une année subséquente lorsque vous aurez acquis de nouveaux droits de cotisation.

Il existe une règle visant à prévenir les cotisations excédentaires abusives. En tout temps, vous pouvez verser des cotisations excédentaires jusqu'à concurrence de 2 000 $ sans encourir de pénalité. Une pénalité fiscale de 1 % par mois s'applique à toute cotisation qui dépasse cette marge de 2 000 $ jusqu'au retrait des cotisations excédentaires. Si vous ne générez pas de nouveaux droits de cotisation d'une année à l'autre (soit, par exemple, parce que vous n'avez pas de revenu gagné de l'année précédente), vos cotisations excédentaires doivent être retirées dans l'année du versement de la cotisation ou l'année suivante afin d'éviter que le retrait soit assujetti à l'impôt.

Le plafond de 2 000 $ a été fixé dans le but de tenir compte des cas où vous auriez pu faire une erreur dans le calcul de votre facteur d'équivalence (voir 3.1.3) et, de ce fait, avoir versé des cotisations un peu trop élevées. Cependant, vous pouvez vous servir de la marge de 2 000 $ de façon délibérée, à

> Versez une cotisation excédentaire non déductible de 2 000 $ à votre REER.

condition de ne pas vous être trompé dans le calcul de votre facteur d'équivalence. Ainsi, si vous avez déjà versé la cotisation maximale pour 2012, envisagez de verser une cotisation additionnelle pouvant atteindre 2 000 $, afin de bénéficier encore davantage de l'accumulation d'intérêts composés en franchise d'impôt.

3.3.5 Actions d'une société à capital de risque de travailleurs

Dans la plupart des provinces, un crédit global fédéral et provincial de 30 % à 35 % (selon la province) est généralement accordé sur un investissement maximum de 5 000 $ par année dans les actions d'une « société à capital de risque de travailleurs » ou SCRT. En Alberta, seul le crédit fédéral de 15 % est accordé. Le crédit qui était offert en Ontario a été éliminé en 2012.

Vous pouvez acheter des actions d'une SCRT et les verser dans votre REER. De plus, vous pouvez faire en sorte que votre REER autogéré achète lui-même de telles actions (voir 3.1.6), à condition qu'elles soient achetées avec des fonds provenant d'une cotisation « nouvelle » ou antérieure

> Envisagez d'acheter des actions d'une société à capital de risque de travailleurs et de les verser dans votre REER.

(mais non au moyen des gains de votre REER). D'une façon ou de l'autre, vous réclamerez le crédit dans votre déclaration de revenus personnelle.

Si l'on tient compte de la déduction pour la cotisation à un REER, un placement de 5 000 $ dans une SCRT peut vous coûter aussi peu que 1 000 $ après impôt (en supposant un crédit provincial correspondant de 15 %). Il pourrait donc être avantageux d'investir dans une SCRT aux fins de votre REER, surtout si, par ailleurs, vous ne versez pas à votre REER la cotisation maximale permise. Avant de prendre une telle décision, assurez-vous d'en évaluer les avantages du point de vue placement, puisque, en plus de présenter généralement un risque plus élevé, un tel placement est peu susceptible d'être rapidement converti en espèces.

3.3.6 Régime d'accession à la propriété

Si vous y êtes admissible, le Régime d'accession à la propriété vous autorise à retirer jusqu'à 25 000 $ de votre REER, sous forme d'emprunt, pour acheter ou construire une maison, sans que le montant du retrait soit considéré comme un revenu. Vous devez ensuite rembourser l'emprunt, sans intérêt, sur une période de 15 ans à compter de la deuxième année suivant celle du retrait des fonds.

Qui peut se prévaloir du Régime d'accession à la propriété?

Le Régime ne peut être utilisé que par celui que le gouvernement désigne comme « acheteur d'une première maison ». Vous n'êtes pas « acheteur d'une première maison » si vous avez déjà possédé et habité, au cours des cinq dernières années civiles qui comprennent l'année courante, une maison qui était votre résidence principale. (Pour ce qui est de l'année courante, vous pouvez utiliser le Régime jusqu'à 30 jours après la date d'achat de la maison.) Si votre conjoint possédait et habitait une maison pendant cette période et si vous avez habité dans cette maison depuis votre « mariage », vous n'êtes pas, vous non plus, admissible au Régime d'accession à la propriété. (Rappelez-vous que le terme « conjoint » désigne également le conjoint de fait, comme il est expliqué à la section 2.2.1.)

Le fait de vous être prévalu du Régime dans le passé ne vous empêchera pas de vous en prévaloir une seconde fois, pourvu que vous ayez entièrement remboursé les fonds que vous aviez retirés de votre REER et que vous ne possédiez pas de résidence dans les cinq années civiles précédentes (y compris l'année en cours).

Tel qu'il est expliqué à la section 2.5.3, la période d'admissibilité de cinq ans prévue aux termes du Régime d'accession à la propriété ne s'appliquera plus aux personnes handicapées et à leurs familles, si la nouvelle résidence est d'un accès plus facile ou répond mieux aux besoins de la personne handicapée devant y habiter.

Comment le régime fonctionne-t-il?

En vertu du Régime d'accession à la propriété, vous pouvez emprunter (retirer) jusqu'à 25 000 $ de votre REER. Si votre conjoint et vous-même possédez chacun un REER, vous pouvez, à vous deux, emprunter un maximum de 50 000 $, pourvu que vous deveniez conjointement propriétaires de la maison. Vous devez acheter une maison admissible avant le 1er octobre de l'année suivant celle du retrait. De plus, vous devez utiliser votre maison ou avoir l'intention de l'utiliser comme lieu principal de résidence, au plus tard un an après l'avoir achetée. Dans ces conditions, le retrait de votre (vos) REER ne sera pas imposable.

Lorsque vous retirez les fonds, vous devez remplir le formulaire T1036 (le formulaire TP-935.1 aux fins du Québec) pour attester que vous avez conclu une entente écrite en vue de l'achat d'une maison, dont vous devez donner l'adresse. Cela fait, l'institution financière ne retiendra pas d'impôt sur les fonds qu'elle vous remettra.

Veuillez remarquer que, si votre REER ne vous le permet pas par ailleurs, le Régime d'accession à la propriété ne vous autorise pas à retirer des fonds de votre REER. Si les fonds de votre REER sont investis dans des dépôts à terme ou dans d'autres obligations à long terme, vous devrez alors négocier avec l'institution financière le retrait de ces fonds. De la même façon, si les fonds de votre REER sont immobilisés dans le REER collectif de votre employeur ou dans un CRIF (« REER immobilisé »), il vous sera peut-être impossible d'y avoir accès.

Après avoir emprunté les fonds, vous devez, en principe, conclure l'achat au plus tard le 30 septembre de l'année suivante. (Cette échéance peut être prolongée d'un an si l'entente échoue et que vous achetez une maison de remplacement.) Si le retrait est inférieur au maximum permis de 25 000 $, il sera possible, dans bien des cas, de retirer un montant additionnel jusqu'au 31 janvier suivant et de traiter le tout comme un retrait unique.

Vous devez commencer à rembourser les fonds dans la deuxième année suivant le retrait. Vous avez jusqu'à 60 jours après la fin de l'année pour faire un remboursement se rapportant à l'année antérieure.

Exemple

Justine a 30 000 $ dans son REER. En septembre 2012, elle signe une entente en vue de l'achat d'une nouvelle maison. En novembre 2012, elle remplit un formulaire T1036 et retire 15 000 $ de son REER. L'achat de la maison est conclu en janvier 2013.

L'institution financière ne retiendra pas d'impôt sur le retrait de 15 000 $. Ainsi, Justine pourra consacrer l'intégralité de cette somme à l'achat de sa maison. Comme Justine a retiré les fonds en 2012, elle doit rembourser 1 000 $ (1/15 du total) à son REER en 2014 ou au plus tard le 1ᵉʳ mars 2015. Si elle ne rembourse que 600 $, elle devra inclure la différence, soit 400 $, dans son revenu de 2014 et payer de l'impôt sur ce montant.

Si Justine ne rembourse pas plus de 1 000 $ en 2014 (ou au plus tard le 1ᵉʳ mars 2015), elle devra, en 2015 (ou au plus tard le 29 février 2016) rembourser 1/14 du solde, soit 1 000 $. Supposons toutefois qu'elle rembourse 8 000 $ en 2014 et qu'il ne lui reste que 7 000 $ à remettre. En 2015, elle devra quand même rembourser 1/14 du solde, soit 500 $. Le fait d'avoir remboursé un montant plus élevé que prévu réduira, sans toutefois l'éliminer, son obligation de continuer à rembourser le solde au cours des années subséquentes.

Si vous n'êtes pas en mesure de faire les remboursements requis, vous devrez inclure le montant non remboursé dans votre revenu, aux fins de l'impôt. Ce montant sera traité comme un retrait permanent de votre REER, sur lequel vous serez imposé.

Cotisations à un REER l'année où vous vous prévalez du Régime

Envisagez de retirer des fonds de votre REER, dans le cadre du Régime d'accession à la propriété, afin d'acheter ou de construire votre première maison (assurez-vous d'abord d'évaluer la perte que subira votre REER en termes de croissance).

Si vous versez une cotisation à un REER et, dans les 90 jours suivants, la retirez pour vous prévaloir du Régime d'accession à la propriété, vous ne pourrez pas déduire cette cotisation. Aux fins de l'application de cette règle, on considère que les fonds qui se trouvent déjà dans votre REER en sont retirés en premier lieu. Par conséquent, la déduction ne vous sera refusée que dans la mesure où votre nouvelle cotisation à un REER fera partie des fonds que vous retirerez (dans les 90 jours du versement de la cotisation).

Quelques situations particulières

Vous pouvez vous prévaloir du Régime d'accession à la propriété pour construire une nouvelle maison sur un terrain qui vous appartient déjà. Vous devez alors conclure une entente visant non pas l'achat, mais la construction d'une maison.

Si vous retirez les fonds et que vous ne parvenez pas à conclure l'achat, vous pouvez, en règle générale, annuler votre participation au Régime et remettre les fonds dans votre REER, sans incidence négative du point de vue fiscal. Par contre, si, en remplacement, vous achetez une autre maison admissible, vous pouvez continuer à bénéficier du Régime.

Si vous avez cotisé au REER de votre conjoint, celui-ci doit habituellement attendre deux à trois ans avant de retirer les fonds, sans quoi vous devrez payer l'impôt sur le montant du retrait (voir 3.3.1). Cependant, grâce au Régime d'accession à la propriété, votre conjoint peut emprunter les fonds en vue d'acheter une maison admissible; si ces fonds ne sont pas remboursés au cours de la période de remboursement de 15 ans, la différence sera incluse dans le revenu de votre conjoint, non dans le vôtre. (Toutefois, rappelez-vous que si votre conjoint retire les fonds, mais n'achète pas une maison admissible, le montant intégral du retrait est imposable dans l'année en cours; dans ce cas, la règle d'attribution du revenu s'applique et c'est vous, et non votre conjoint, qui serez imposé sur le retrait.)

Si vous devenez non-résident du Canada, vous devez rembourser à votre REER le solde intégral du retrait dans les 60 jours. Autrement, ce solde sera inclus dans votre revenu de l'année au cours de laquelle vous êtes devenu non-résident.

Si vous décédez sans que le solde du retrait soit entièrement remboursé, ce solde est inclus dans votre revenu pour l'année de votre décès, et votre succession est tenue de payer l'impôt qui en découlera (voir 22.2.1). Cependant, si votre conjoint vous survit, votre liquidateur et votre conjoint peuvent faire un choix spécial en vertu duquel votre conjoint assume votre obligation de rembourser le solde pendant le reste de la période de remboursement afin que le solde du retrait ne soit pas inclus dans votre revenu pour l'année de votre décès.

Devriez-vous vous prévaloir du Régime d'accession à la propriété?

À première vue, il semble intéressant de se prévaloir du Régime d'accession à la propriété, qui vous permet d'avoir aisément accès à des sommes qui peuvent être assez importantes. Cependant, vous devez prendre en considération les trois coûts décrits ci-après.

Premièrement, vous perdez l'avantage de la capitalisation des intérêts en franchise d'impôt qu'offre le REER (voir l'exemple donné à la section 3.1.5). Ce désavantage est cependant en partie compensé par la réduction probable des intérêts hypothécaires que vous auriez par ailleurs à payer avec les fonds qui vous restent une fois que vous avez payé vos impôts. Toutefois, la valeur de votre REER, à votre retraite, sera probablement bien inférieure à ce qu'elle aurait été autrement. Si votre revenu de retraite dépend de votre REER, vous devez prévoir la baisse de revenu découlant du fait que vous aurez retiré cette année une part importante des fonds de votre REER et que vous ne les rembourserez que sur une période de 15 ans à compter de la deuxième année suivant celle du retrait des fonds.

Deuxièmement, vous devez vous assurer de disposer des liquidités nécessaires pour rembourser à votre REER la somme que vous en aurez prélevée; si vous n'êtes pas en mesure de faire ces remboursements, vous serez imposé sur les fonds que vous aurez retirés. Dans le calcul du montant dont vous aurez besoin pour vous acquitter de vos versements hypothécaires et de vos taxes foncières, n'oubliez pas d'inclure le montant minimum (1/15 du retrait) que vous devez rembourser à votre REER chaque année, à compter de la deuxième année suivant le retrait (dans les 60 jours suivant la fin de l'année). Bien entendu, ce montant ne vous donne droit à aucune déduction, puisqu'il ne s'agit pas d'une nouvelle cotisation que vous versez à votre REER, mais d'un simple remboursement de fonds que vous y avez empruntés.

Troisièmement, il est possible que vous ne puissiez pas verser de cotisation à votre REER pour l'année courante. Cela dépendra du solde de votre REER. Si votre retrait n'excède pas la valeur des fonds qui se trouvaient dans votre REER 90 jours avant la date du retrait, il n'y aura pas de problème.

Quoi qu'il en soit, si vous avez besoin de fonds pour vous aider à acheter votre première maison, le Régime d'accession à la propriété peut constituer une aide précieuse.

Planifiez en vue de vous prévaloir du Régime d'accession à la propriété

Si vous songez à retirer des fonds de votre REER pour acheter votre première maison, mais que le solde de votre REER n'atteint pas encore 25 000 $ et que vous voulez profiter au maximum du Régime d'accession à la propriété, versez votre cotisation à votre REER assez tôt pour qu'il s'écoule 90 jours avant le retrait des fonds. Vous pourrez alors retirer le montant de cette cotisation et néanmoins disposer de la déduction accordée à ce titre.

Si vous prévoyez acheter une nouvelle maison à une date proche de l'échéance de la période de quatre ans au terme de laquelle vous serez de nouveau admissible au titre d'« acheteur d'une première maison », envisagez la possibilité d'attendre et de ne faire cet achat que lorsque vous pourrez de nouveau vous prévaloir du Régime d'accession à la propriété. Par exemple, si vous avez vendu votre dernière maison en 2008, vous pourrez de nouveau vous prévaloir du Régime d'accession à la propriété à compter du 1er janvier 2013.

Si vous êtes sur le point de vous marier, que votre futur conjoint possède une maison dans laquelle vous habiterez et que vous envisagez d'emprunter des fonds en vertu du Régime d'accession à la propriété, faites-le avant votre mariage. Une fois marié, vous ne le pourrez plus. Cependant, cette restriction ne s'applique pas si votre conjoint possède déjà une maison, mais que vous n'y habitez pas après le mariage. Par conséquent, si vous prévoyez acheter une nouvelle maison après votre mariage, vous ne devriez pas – toute considération d'ordre romantique étant mise à part – emménager dans la maison actuelle de votre conjoint avant d'avoir fait un retrait en vertu du Régime d'accession à la propriété.

La même règle s'applique aux conjoints de fait (à condition qu'aucun enfant ne soit né de cette union) et aux conjoints de même sexe qui vivent ensemble depuis moins de 12 mois. Les conjoints de fait qui vivent ensemble depuis au moins 12 mois sont considérés comme « mariés » aux fins de l'impôt (voir 2.2.1). Si votre conjoint est propriétaire de votre maison actuelle et que vous prévoyez déménager dans une plus grande maison, c'est avant l'expiration d'une période de 12 mois de vie commune que vous devez envisager de retirer des fonds en vertu du Régime d'accession à la propriété. Cependant, la nouvelle maison devra être à votre nom (au moins en partie).

3.3.7   Régime d'éducation permanente – Retraits des fonds du REER pour financer les études

Vous pouvez recourir à votre régime enregistré d'épargne-retraite pour financer vos propres études ou celles de votre conjoint. Aux termes du Régime d'encouragement à l'éducation permanente, les étudiants inscrits à temps plein à un programme de formation ou à un établissement d'enseignement postsecondaire, de même que leur conjoint, ont le droit de retirer de leur REER jusqu'à 10 000 $ par année, sur une période de quatre ans, pourvu que le montant total des retraits ne soit pas supérieur à 20 000 $.

> Envisagez de retirer des fonds de votre REER aux termes du Régime d'encouragement à l'éducation permanente pour payer les frais relatifs aux programmes de formation ou d'enseignement postsecondaire.

Les retraits doivent être remboursés sur 10 ans au moyen de versements égaux, à défaut de quoi ils seront inclus dans le revenu de la personne qui a fait les retraits. Le premier versement sera exigible au plus tard 60 jours après la cinquième année suivant le premier retrait (ou avant, dans certaines circonstances telles que le cas où l'étudiant ne termine pas ses études).

Il n'existe pas de limite au nombre de fois que vous pouvez participer au Régime d'accession à la propriété durant votre vie. À compter de l'année après laquelle vous avez remboursé la totalité du montant retiré, vous pouvez y participer de nouveau et retirer jusqu'à 20 000 $ au cours d'une nouvelle période d'admissibilité.

Si vous décédez ou émigrez du Canada, les montants impayés seront pris en compte dans votre revenu dans l'année de votre décès ou de l'émigration. Si vous émigrez, vous pouvez éviter l'inclusion de revenu en payant d'avance le montant impayé dans les 60 jours suivant votre émigration. Dans le cas d'un décès, le conjoint survivant et le représentant légal de la personne décédée peuvent exercer un choix spécial pour s'engager à effectuer les remboursements durant le reste de la période de dix ans; ainsi, le solde ne sera pas pris en compte dans le revenu dans l'année du décès.

3.4 Règles anti-évitement

Comme nous l'avons vu à la section 3.1.6, vous pouvez détenir uniquement certains types de placements admissibles dans votre REER. Afin d'empêcher la détention par un particulier de placements interdits dans un REER et l'utilisation de ces comptes dans le cadre de mesures de planification fiscale que le gouvernement juge inacceptables, celui-ci a instauré de nouvelles règles anti-évitement en 2011.

En vertu de ces règles, certains placements auparavant admissibles aux REER sont devenus interdits à compter du 22 mars 2011 et ne bénéficient d'aucun droit acquis. Par conséquent, il se pourrait que vous ayez des placements dans votre REER, tels que des actions de certaines sociétés fermées, qui étaient des placements admissibles au moment de leur acquisition par votre REER, mais qui sont dorénavant des placements interdits en vertu des nouvelles règles anti-évitement. Si tel est le cas, vous aurez généralement jusqu'au 31 décembre 2021 pour les retirer de votre REER, mais il serait peut-être souhaitable que vous le fassiez plus tôt afin d'éviter des conséquences fiscales qui pourraient s'avérer importantes.

Le ministère des Finances a indiqué qu'il pourrait accorder un allègement supplémentaire dans le cas des placements interdits détenus dans un REER avant le 22 mars 2011.

3.5 Régimes de pension agréés (RPA)

3.5.1 RPA ordinaires

Un régime de pension agréé (RPA) est créé par un employeur, pour le bénéfice de ses employés. Les grandes sociétés et bon nombre de petites offrent de tels régimes, qui diffèrent passablement du Régime de pensions du Canada (et du Régime de rentes du Québec) auquel tous les contribuables doivent cotiser, qu'ils soient des employés ou des travailleurs autonomes.

L'employeur verse (et déduit aux fins de l'impôt) une cotisation annuelle pour le compte de chaque employé. Contrairement à la plupart des avantages liés à un emploi, ces montants ne sont pas imposés à titre d'avantage provenant d'un emploi dans l'année où ils sont versés. Les employés sont plutôt imposés sur les montants lorsqu'ils les reçoivent, soit, normalement, à la retraite.

Dans certains cas, les employés sont tenus ou ont le choix de verser au RPA des cotisations additionnelles qu'ils peuvent déduire au cours de l'année de cotisation, aux fins de l'impôt.

Les régimes de pension se classent dans deux catégories principales, selon qu'ils sont « à cotisations déterminées » ou « à prestations déterminées ». Les régimes à cotisations déterminées sont analogues aux REER en ce sens que le montant des prestations de retraite est établi d'après les cotisations et le revenu de placement qu'ils génèrent.

La limite des cotisations à un régime à cotisations déterminées correspond généralement au moindre de 18 % de vos gains donnant droit à pension pour l'année ou de 23 820 $ pour 2012.

> Envisagez de cotiser à votre REER plutôt qu'à un RPA à cotisations déterminées.

Les régimes de retraite de nombreux employeurs importants et de la fonction publique sont des régimes à prestations déterminées. Dans le cas de tels régimes, vous savez dès le départ quel sera le montant de votre pension, puisque ce montant correspond habituellement à un pourcentage de votre salaire réel pour un certain nombre d'années déterminées. Il incombe alors à l'employeur de verser des cotisations suffisantes et au gestionnaire de la caisse de retraite d'investir judicieusement afin de s'assurer que le régime dispose toujours de fonds suffisants pour assurer le service des prestations.

Lorsqu'un employé prend sa retraite et commence à recevoir un revenu de pension, son revenu de pension est imposé au fur et à mesure qu'il est reçu, comme s'il s'agissait d'un revenu ordinaire. Un montant maximal de 2 000 $ par année peut être exonéré d'impôt par le biais du crédit d'impôt pour revenu de pension (voir 20.3.5).

Si vous recevez un paiement forfaitaire de prestations de retraite visant des années antérieures, vous pouvez demander à l'ARC de déterminer s'il est plus avantageux pour vous de recalculer les impôts sur ce revenu comme si vous l'aviez reçu au cours de ces années antérieures. Cette mesure vise à diminuer la charge d'impôts plus élevée qui pourrait découler du fait que la totalité de la somme forfaitaire est imposée au cours de l'année de réception, par opposition à chaque année où le droit de recevoir le paiement s'applique. Les paiements admissibles doivent totaliser au moins 3 000 $ dans l'année et comprendre les prestations de pension ou de retraite (autres que des prestations non périodiques), les paiements pour renvoi injustifié et autres paiements liés à l'emploi découlant d'une ordonnance d'un tribunal ou autre jugement semblable, et certains autres montants.

Si vous avez cessé de travailler mais que vous n'avez pas encore droit à un revenu de pension, vous pouvez transférer des montants forfaitaires d'un RPA à un compte de retraite immobilisé ou à un FERR immobilisé (voir 20.4.5). En règle générale, les fonds immobilisés ne peuvent pas être retirés d'un coup; ils doivent servir à générer un revenu viager. (Dans certaines provinces, si le montant de votre revenu de pension est inférieur à un certain seuil, il peut vous être versé en un montant forfaitaire imposable. D'autres circonstances, telles qu'une espérance de vie réduite ou des difficultés financières, peuvent également donner lieu à la commutation de votre revenu de pension.)

Le montant que vous pouvez transférer d'un RPA à un REER ou à un FERR est assujetti à une limite équivalant au montant de la pension annuelle auquel vous renoncez dans le cadre du RPA, multiplié par un facteur fondé sur votre âge à la date du transfert. Si vous avez moins de 50 ans, ce facteur est de 9,0 et il s'accroît graduellement jusqu'à 12,4 lorsque vous atteignez 64 et 65 ans. Généralement, tout montant au-delà de cette limite doit vous être versé en espèces et il est imposé comme un revenu dans l'année où vous le recevez.

Si vous participez à un RPA à cotisations déterminées, ce régime pourrait vous permettre de retirer des fonds de la même façon que vous pouvez le faire actuellement en vertu d'un FERR. Si la loi sur les régimes de pension applicable et le régime le permettent, vous devrez retirer un montant minimum de votre compte de cotisations déterminées chaque année (ce qui correspond aux règles en vigueur concernant les FERR – voir 20.4.4), à partir, au plus tard, de l'année au cours de laquelle vous atteignez 72 ans.

Cette règle permet aux participants à un RPA à cotisations déterminées de bénéficier des mêmes avantages dont jouissent les détenteurs d'un FERR sans assumer des responsabilités de gestion plus importantes ni de frais de gestion de placement plus élevés. Si vous avez déjà participé dans le passé à un RPA à cotisations déterminées qui avait transféré votre compte de cotisations déterminées dans un REER ou un FERR, vous pouvez transférer les fonds de nouveau dans le RPA, si vous le souhaitez. Communiquez avec l'administrateur de votre RPA afin de déterminer si votre régime tient compte de cette option.

Renseignez-vous quant à l'acquisition de vos droits aux prestations de retraite, particulièrement avant de faire un changement de carrière.

Si, jusqu'à maintenant, vous avez versé des cotisations facultatives à votre régime de pension agréé à cotisations déterminées, envisagez de cotiser plutôt à un REER. Même si le montant de votre cotisation est normalement le même et que les frais d'administration et de gestion des placements pourraient être plus élevés, le REER pourrait vous offrir beaucoup plus de souplesse en matière de choix de placement.

Si vous participez à un régime de pension d'une société, cherchez à savoir combien de temps il faut pour que les cotisations de l'employeur vous soient « acquises ». Une fois acquises, vos prestations de retraite vous appartiennent et, lorsque vous changez d'emploi, la plupart des régimes vous permettent de les transférer au régime de votre nouvel employeur. Par contre, si elles ne vous sont pas acquises lorsque vous quittez un emploi, vous ne recevez que le montant des cotisations que vous avez vous-même versées, ainsi que les intérêts, et plus tard vous n'aurez droit à aucune prestation de retraite. L'acquisition des droits aux prestations de retraite peut constituer un critère important dans toute décision concernant un changement d'emploi.

Vous pourriez avoir la possibilité de recevoir des prestations de retraite provenant d'un RPA à prestations déterminées pendant que vous travaillez encore à temps partiel ou à temps plein, sous réserve de certaines conditions (voir 20.2.6).

3.5.2 Régimes individuels de pension (RIP)

Un régime individuel de pension (RIP) est exactement ce que son nom suggère : un régime de pension agréé à prestations déterminées qui est conçu et structuré en fonction de son seul participant. Le conjoint ou un autre membre de la famille peuvent parfois en être membre. Il est maintenant possible aux propriétaires exploitants de répondre aux conditions d'admissibilité à un régime de retraite de ce genre et d'obtenir qu'il soit agréé par l'ARC.

> Soupesez les avantages d'établir un « régime individuel de pension ».

Étant donné que le RIP est un régime de retraite à prestations déterminées, les prestations exigibles à la retraite sont déterminées et les cotisations au RIP sont fixées en conséquence. Le montant nécessaire pour l'obtention de prestations déterminées augmente à mesure que l'âge de la retraite approche, puisqu'il y a de moins en moins de temps pour que le régime génère un revenu de placement.

Un RIP peut être intéressant si vous participez déjà à un RPA collectif de l'employeur, mais que les prestations prévues au titre de ce RPA ne sont pas aussi généreuses que vous le souhaiteriez.

Contrairement aux cotisations versées dans un REER, qui peuvent être retirées en tout temps, celles qui sont versées dans un RIP sont immobilisées en vertu des lois sur les régimes de retraite applicables, et ce n'est qu'à votre retraite que vous pourrez vous servir de ces fonds pour vous constituer des prestations de retraite (généralement sous la forme d'une rente viagère ou d'un fonds de revenu viager). À compter de 2012, des retraits minimaux annuels d'un RIP sont exigés, de façon similaire à un FERR (voir 20.4.4), une fois que le participant atteint 72 ans.

En revanche, un REER vous permet de choisir entre diverses options au moment de votre retraite ou de votre départ (voir 20.4).

Dans le passé, le principal avantage du RIP résidait dans le fait que les cotisations annuelles que vous-même et votre employeur pouvaient verser étaient généralement plus importantes que celles qu'il vous serait autrement possible de verser dans votre REER ordinaire. Gardez à l'esprit que les nouvelles règles exigent que les cotisations pour services passés versées après le 22 mars 2011 soient financées d'abord à même les actifs existants du REER du participant du régime ou en réduisant la limite des droits de cotisation REER du particulier avant que de nouvelles cotisations déductibles pour services passés ne puissent être versées.

Votre employeur sera tenu de verser des cotisations additionnelles dans votre RIP si le rendement des placements est faible et que les fonds risquent de ne pas être suffisants (de l'avis d'un actuaire) pour que les prestations déterminées prévues en vertu du RIP puissent vous être versées (ce qui pourrait constituer un sujet de préoccupation pour votre employeur). Un autre avantage non négligeable : un RIP est généralement à l'abri des créanciers, contrairement à la plupart des REER. De plus, les frais d'établissement et d'administration d'un RIP sont plus élevés que ceux d'un REER, principalement en raison de la complexité du cadre réglementaire régissant les régimes de retraite. Par exemple, une évaluation actuarielle doit être faite à l'établissement du régime et tous les trois ans par la suite, et certains formulaires doivent être remplis et produits tous les ans.

Les règles régissant les RIP sont complexes. Adressez-vous à votre conseiller en fiscalité pour obtenir de plus amples renseignements.

3.6 Régimes de participation différée aux bénéfices (RPDB)

Les régimes de participation différée aux bénéfices (RPDB) sont moins courants que les régimes de pension agréés. Le principe est le même, en ce sens que les cotisations sont versées par l'employeur et imposées comme revenu de l'employé lorsqu'il reçoit le revenu qui en découle, soit, normalement, à sa retraite.

Les cotisations que l'employeur verse au RPDB se fondent sur ses bénéfices de l'exercice ou ses bénéfices cumulés, mais elles peuvent avoir un seuil minimum déterminé. De tels régimes peuvent être utilisés, par exemple, par des petites sociétés qui ne peuvent prédire quels seront leurs bénéfices et qui ne veulent pas s'engager à verser de fortes cotisations à un régime de retraite, surtout si elles doivent, pour cela, inscrire une perte pour l'exercice.

Les cotisations de l'employeur à un RPDB sont en général limitées à 18 % des revenus annuels de l'employé pour l'année ou à 11 910 $ pour 2012, selon le moins élevé des deux. Un employé ne peut pas verser de cotisations à un RPDB. Les cotisations que votre employeur verse à un RPDB sont indiquées sur votre feuillet T4 à titre de facteur d'équivalence et se trouvent à réduire le montant des cotisations que vous pouvez verser à un REER dans l'année qui suit (voir 3.1.3). Les cotisations de l'employeur deviennent acquises à l'employé après 24 mois de participation au régime.

Il n'est pas permis d'établir un RPDB à l'intention d'employés qui sont aussi des actionnaires importants (les actionnaires qui détiennent plus de 10 % d'une catégorie d'actions) de la société de l'employeur, ni à l'intention des membres de leur famille. De tels régimes ne peuvent donc pas être utilisés pour les propriétaires exploitants de petites entreprises.

3.7 Documents de référence

Vous pouvez obtenir un exemplaire des publications techniques suivantes en téléphonant ou en vous présentant à votre bureau des services fiscaux de l'ARC. Vous pouvez également trouver des informations, y compris les brochures et formulaires de l'ARC, sur le site Internet de l'ARC à l'adresse *www.cra-arc.gc.ca*.

Bulletin d'interprétation IT-124R6, « Cotisations à un régime enregistré d'épargne-retraite »

Bulletin d'interprétation IT-307R4, « Régimes enregistrés d'épargne-retraite au profit de l'époux ou du conjoint de fait »

Bulletin d'interprétation IT-320R3, « Placements admissibles – Fiducie régie par un régime enregistré d'épargne-retraite, par un régime enregistré d'épargne-études ou par un fonds enregistré de revenu de retraite »

Bulletin d'interprétation IT-337R4, « Allocations de retraite »

Bulletin d'interprétation IT-528, « Transferts de fonds entre régimes agréés »

Circulaire d'information 72-22R9, « Régimes enregistrés d'épargne-retraite »

Circulaire d'information 77-1R5, « Régimes de participation aux bénéfices »

Circulaire d'information 78-18R6, « Fonds enregistrés de revenu de retraite »

C H A P I T R E 4

CELI et autres régimes d'épargne donnant droit à un allègement fiscal

- Versez une cotisation pouvant aller jusqu'à 5 000 $ par année dans un compte d'épargne libre d'impôt (CELI) afin de profiter d'une croissance à l'abri de l'impôt (4.1)

- Envisagez la possibilité de fractionner votre revenu familial grâce au CELI (4.1.1)

- Déterminez la meilleure stratégie fiscale que vous devez adopter en vue de répartir vos placements entre le CELI, le régime enregistré d'épargne-retraite (REER) et le régime enregistré d'épargne-études (REEE) (4.2)

- Envisagez un REEE pour planifier les coûts liés aux études, reporter les impôts et fractionner le revenu avec le bénéficiaire du régime (4.3)

- Envisagez de verser d'importants paiements forfaitaires à un REEE afin de profiter pleinement de la croissance de vos fonds à l'abri de l'impôt dans le régime (4.3.1)

- Songez à établir un REEE autogéré pour accroître vos choix de placement (4.3.2)

- Établissez quel type de REEE répond le mieux à vos besoins : personnel, familial ou collectif (4.3.2)

- Cotisez chaque année jusqu'à 2 500 $ à un REEE et obtenez de l'État une subvention égale à 20 % de ce montant (4.4)

- Si votre enfant ne poursuit pas des études à un établissement d'enseignement supérieur, envisagez de transférer jusqu'à 50 000 $ à votre propre REER ou à celui de votre conjoint (4.5.2)

- Si vous avez un enfant handicapé, envisagez d'établir un Régime enregistré d'épargne-invalidité (REEI) afin d'assurer sa sécurité financière future (4.6)

Les CELI, les REEE et les REEI sont des mécanismes d'épargne donnant droit à un allègement fiscal qui sont similaires au REER, dont il est question au chapitre 3, mais dont les objectifs sont passablement différents. Le CELI offre la possibilité de gagner un revenu de placement en franchise d'impôt qui peut être retiré n'importe quand, le REEE est un mécanisme de placement pour les études, tandis que le REEI permet d'épargner afin d'assurer la sécurité financière à long terme d'un membre de la famille handicapé.

Dans ce chapitre, il sera question des règles qui régissent les cotisations à ces régimes et les paiements qui en proviennent, ainsi que des divers avantages qu'ils comportent, ce qui vous aidera à décider dans quel régime vous placerez vos économies.

4.1 Compte d'épargne libre d'impôt – CELI

Faites des cotisations pouvant aller jusqu'à 5 000 $ par année dans un CELI afin de profiter d'une croissance à l'abri de l'impôt.

Instauré en 2009, le compte d'épargne libre d'impôt (CELI) est un type de régime d'épargne donnant droit à un allègement fiscal relativement nouveau. Les cotisations à un CELI, lesquelles peuvent se composer de placements que vous détenez déjà, ne sont pas déductibles, mais ces cotisations et le revenu qui en découle peuvent être retirés n'importe quand en franchise d'impôt.

4.1.1 Quel est le plafond de cotisation?

Depuis 2009, année de l'instauration du CELI, vous pouvez verser dans un CELI des cotisations pouvant aller jusqu'à 5 000 $ par année, dans la mesure où vous êtes âgé d'au moins 18 ans et résidez au Canada. Si vous n'y avez versé encore aucune cotisation, vous pouvez cotiser 5 000 $ pour chacune des années 2009, 2010, 2011 et 2012, soit un total de 20 000 $. Les droits de cotisation inutilisés pourront être reportés indéfiniment. Vous pouvez détenir plus d'un CELI, à condition de ne pas dépasser votre plafond de cotisation.

Contrairement au REER, dans lequel des cotisations excédentaires de 2 000 $ peuvent être versées, le CELI ne peut recevoir aucune cotisation excédentaire, et la pénalité imposée pour cotisation excédentaire est plutôt sévère. Si vous avez fait des cotisations excédentaires à un CELI à un moment quelconque d'un mois civil, vous êtes passible d'une pénalité fiscale équivalant à 1 % du montant excédentaire le plus élevé au cours de ce mois. Puisque ce critère s'applique en tout temps dans un mois civil, le retrait d'un montant excédentaire ne fait qu'arrêter l'application de la pénalité au cours du mois suivant le retrait.

Comme dans le cas d'un REER, l'intérêt sur les fonds empruntés et les dépenses engagées pour investir dans un CELI ne sont pas déductibles aux fins de l'impôt. En revanche, le contenu d'un CELI peut être fourni en garantie du remboursement d'un prêt, ce qui ne peut être fait dans le cas d'un REER.

Avantage découlant du fractionnement du revenu pour les familles

Prenez en considération les avantages qu'offre le CELI relativement au fractionnement du revenu de votre famille.

Les CELI peuvent offrir aux familles dans lesquelles l'un des conjoints gagne un revenu plus élevé que l'autre la possibilité de fractionner le revenu. En effet, vous pouvez donner de l'argent à votre conjoint afin qu'il cotise dans son CELI, dans la mesure où il lui reste des droits de cotisation; les règles d'attribution qui, normalement, vous auraient attribué le revenu de placement ne s'appliqueront pas (voir 5.2.2).

4.1.2 Retrait de fonds

Vous pouvez retirer des fonds d'un CELI en franchise d'impôt en tout temps. Le montant retiré s'ajoute à votre plafond de cotisation au CELI pour l'année suivante et pourra être versé de nouveau dans le CELI au cours d'une année ultérieure.

Disons, par exemple, que vous avez fait une cotisation de 5 000 $ en janvier 2009, 2010, 2011 et 2012, et que vous avez décidé de retirer 5 000 $ en juin 2012, de sorte qu'il ne vous reste que 15 000 $ dans votre CELI. En pareil cas, vous ne pourrez faire une nouvelle cotisation de 5 000 $ dans votre CELI avant 2013. À ce moment, vous serez en mesure de verser de nouveau les 5 000 $ que vous aviez retirés, en plus de votre plafond de cotisation de 5 000 $ pour 2013, ce qui donne un total de 10 000 $.

Les mêmes principes s'appliquent au revenu de placement gagné dans votre CELI. Par exemple, si vos placements de 5 000 $ en 2012 ont généré un revenu de 250 $ et si vous retirez les 5 250 $ en décembre 2012, vous pouvez verser à nouveau la totalité des 5 250 $ en 2013, en plus de votre nouveau plafond de cotisation de 5 000 $ pour cette année-là, ce qui donne un total de 10 250 $.

Dans un même ordre d'idées, si vous investissez en bourse votre cotisation de 20 000 $ (soit 5 000 $ par année de 2009 à 2012) à un CELI et si la valeur de votre investissement s'apprécie rapidement pour atteindre, par exemple, 40 000 $, vous pourriez vendre les actions et réaliser le gain en capital de 20 000 $ dans le CELI en franchise d'impôt, retirer le produit en espèces de 40 000 $ et toujours être en mesure de verser à nouveau la totalité des 40 000 $ dans le CELI, en plus de vos droits de cotisation inutilisés au CELI, au cours de l'année suivante ou d'une année ultérieure.

Par conséquent, vous pourriez éventuellement verser des cotisations d'un montant nettement supérieur au plafond de cotisation annuel, ce qui vous permettrait alors de gagner un revenu de placement supplémentaire en franchise d'impôt.

Envisagez de placer dans un CELI vos investissements dont la valeur est susceptible d'augmenter considérablement à court terme. Vous pouvez retirer le revenu et les gains en capital en franchise d'impôt en tout temps, et puisque les montants que vous en retirez vous permettront de hausser votre plafond de cotisation.

Lorsque vous choisissez vos placements, n'oubliez pas que les pertes en capital réalisées dans un CELI ne peuvent être déduites des gains en capital réalisés en dehors du CELI.

4.1.3 Quels sont les placements qui peuvent être détenus dans un CELI?

En général, un CELI peut détenir les mêmes placements admissibles qu'un REER (voir 3.1.6), à savoir des espèces, des certificats de placement garanti (CPG), des dépôts à terme, des fonds communs de placement, des obligations d'État, des obligations de sociétés, des titres négociés en bourse et, dans certains cas, des actions de sociétés exploitant une petite entreprise.

Vous pouvez transférer dans votre CELI des placements que vous détenez déjà. Les règles sont semblables à celles qui touchent le transfert de placements dans votre REER (voir 3.1.6).

Il faut noter qu'un CELI ne peut détenir de placements dans une « entité avec lien de dépendance », soit généralement une société dont vous, votre conjoint ou d'autres personnes liées détenez, individuellement ou collectivement, au moins 10 % des actions.

Des règles spéciales anti-évitement prévoient des pénalités sévères à l'égard du revenu tiré de placements interdits détenus dans un CELI ou de cotisations excédentaires délibérées. Ainsi, il est important de vous assurer que les placements détenus dans votre CELI sont conformes aux règles.

4.1.4 Situations particulières

Différentes règles s'appliquent aux situations particulières, notamment lorsque le détenteur d'un CELI décède ou cesse d'être résident canadien. La violation de certaines de ces règles peut entraîner des pénalités.

Décès – En règle générale, le revenu de placement gagné dans un CELI après le décès de son détenteur n'est plus exonéré d'impôt. Des dispositions particulières s'appliquent lorsqu'il y a un conjoint survivant. Voir 22.4.2.

Non-résidents – Si vous devenez un non-résident, vous pouvez conserver votre CELI; votre revenu de placement et vos retraits demeureront exonérés de l'impôt canadien. Cependant, aucun nouveau droit de cotisation ne s'accumulera tant que vous serez un non-résident. Vous devez également examiner les conséquences éventuelles, sur le plan de l'impôt étranger, que pourraient avoir le revenu gagné dans un CELI et les retraits qui y sont effectués.

Par exemple, bien que le revenu gagné dans un CELI soit exonéré de l'impôt canadien, il est imposable aux États-Unis. Un citoyen américain pourrait tout de même tirer parti de l'établissement d'un CELI, dans la mesure où il a suffisamment de crédits d'impôt étranger pour absorber le revenu supplémentaire américain imposable (voir 18.3.3). Toutefois, ne négligez pas les exigences en matière de déclaration aux États-Unis, puisque le CELI peut être considéré comme une fiducie étrangère (voir 18.7.4).

Les retenues d'impôt ne s'appliquent pas aux montants retirés d'un CELI par un non-résident, mais elles peuvent s'appliquer aux montants, versés à un bénéficiaire non résident, de revenu gagné dans le CELI après le décès de son détenteur.

4.2 Où devriez-vous investir vos économies?

Vous auriez tout intérêt à faire du CELI un volet important de votre planification fiscale et financière, compte tenu de tous les avantages qu'il comporte. Évidemment, vous devrez comparer ces avantages à ceux qu'offrent d'autres régimes d'épargne *Déterminez la meilleure stratégie fiscale à adopter en vue de répartir vos placements entre le CELI, le REER et le REEE.* donnant droit à un allègement fiscal, comme les REER (voir chapitre 3) et les REEE, et tenir compte de vos priorités sur le plan financier, par exemple le remboursement de votre prêt hypothécaire.

Le choix de placer votre argent dans un REER, un CELI ou un REEE dépendra de votre situation. En règle générale, si vous disposez de ressources suffisantes, vous devriez investir dans chacun de ces régimes. Bien qu'au début les économies pouvant être réalisées dans un CELI soient limitées, le CELI peut, à mesure que les droits de cotisation augmentent, devenir un complément substantiel de votre REER.

REER ou CELI?

Le CELI est comme le reflet du REER. Les cotisations à un REER sont déductibles aux fins de l'impôt, tandis que les cotisations et le revenu de placement sont imposés lorsqu'ils en sont retirés. Dans le cas d'un CELI, les cotisations ne sont pas déductibles aux fins de l'impôt, alors que le revenu de placement et les cotisations ne sont pas imposables au moment de leur retrait.

Ainsi, la meilleure stratégie fiscale que vous devez adopter en vue de répartir vos placements entre le CELI et le REER pourrait dépendre de l'écart éventuel entre votre tranche d'imposition actuelle et celle dans laquelle vous prévoyez de vous situer lorsque vous commencerez à retirer des fonds de votre REER.

Si vous prévoyez que votre revenu futur tombera dans la même tranche d'imposition que votre revenu actuel, les avantages fiscaux du CELI et du REER seront similaires. En effet, la valeur de la déduction fiscale découlant d'une cotisation au REER sera généralement égale à la valeur du retrait de fonds d'un CELI en franchise d'impôt.

Si vous prévoyez que votre revenu futur tombera dans une tranche d'imposition inférieure à celle dans laquelle se situe votre revenu actuel, une cotisation à un REER sera plus avantageuse sur le plan fiscal, puisque la déduction fiscale que vous obtenez aujourd'hui aura une plus grande valeur que l'impôt que vous paierez lorsque vous retirerez les fonds de votre REER.

Si vous prévoyez que votre revenu futur tombera dans une tranche d'imposition supérieure à celle dans laquelle se situe votre revenu actuel, le CELI sera plus avantageux sur le plan fiscal, puisque vous paierez l'impôt sur les montants retirés d'un REER à un taux plus élevé que l'impôt que vous payez aujourd'hui sur le revenu que vous cotisez dans votre CELI.

Le CELI pour les aînés

Contrairement à un REER, que vous devez liquider lorsque vous atteignez l'âge de 71 ans, le CELI peut être maintenu indéfiniment, de sorte que vous devriez l'intégrer à votre plan de retraite. Voir 20.4.7.

REEE et CELI

Si vous économisez en prévision des études de votre enfant, le REEE vous offre, contrairement au CELI, un rendement annuel garanti de 500 $ (soit 20 % de cotisations annuelles de 2 500 $) grâce à la Subvention canadienne pour l'épargne-études (SCEE) du gouvernement fédéral (voir 4.4).

Une fois que votre enfant atteint l'âge de 18 ans, vous pourriez envisager de lui donner de l'argent afin qu'il investisse dans son propre CELI, en vue de financer ses études postsecondaires ou de couvrir d'autres dépenses.

Le CELI ou le remboursement du prêt hypothécaire?

Si vous hésitez entre investir dans un CELI ou rembourser votre prêt hypothécaire, il serait probablement plus sage, dans la plupart des cas, de réduire le plus rapidement possible les intérêts sur votre prêt hypothécaire, puisqu'ils ne sont pas déductibles.

Fonds accumulant de l'intérêt

S'il vous reste des droits de cotisation dans un CELI, il serait, pour ainsi dire, plus logique d'investir dans un CELI si vous avez de l'argent qui dort dans un compte bancaire tout en accumulant des intérêts imposables.

4.3   Régime enregistré d'épargne-études – REEE

Le régime enregistré d'épargne-études (REEE) peut vous aider à constituer un fonds devant assurer le financement des études de votre enfant ou petit-enfant (ou d'un enfant d'un membre de la famille ou d'un ami) en vous permettant de gagner un revenu de placement dont l'imposition est reportée à plus tard. Vous pouvez établir un régime individuel auprès de sociétés telles que des sociétés d'assurance-vie, des sociétés de fonds communs de placement et des institutions financières ou vous pouvez souscrire à un régime collectif offert par des fondations de bourses d'études ou des fondations pour l'éducation à but non lucratif.

Contrairement aux cotisations à un REER, les cotisations à un REEE ne sont *pas* déductibles du revenu du cotisant. Toutefois, étant donné que les sommes versées dans un REEE ne sont pas imposées, un tel régime permet au revenu de placement de s'y accumuler en franchise d'impôt (voir l'exemple illustré à la

> Envisagez un REEE pour planifier les coûts liés aux études, reporter les impôts et fractionner le revenu avec le bénéficiaire du régime.

section 3.1.5). Lorsque l'enfant retire les fonds, il est imposé sur la portion revenu de ces fonds. Comme étudiant, le bénéficiaire n'aura probablement pas d'autres revenus importants et il sera admissible aux crédits pour frais de scolarité et pour études (voir 2.4); il n'aura donc que peu d'impôt à payer, si même il en paye. La portion revenu des versements d'un REEE est entièrement imposable comme un revenu ordinaire, et ce, même si le revenu de placement a été gagné sous forme de dividendes ou de gains en capital, lesquels sont normalement imposés à un taux moins élevé.

4.3.1 Combien pouvez-vous cotiser à un REEE?

La limite à vie des cotisations à un REEE est de 50 000 $ par bénéficiaire. Les cotisations excédentaires sont imposées au taux de 1 % pour chaque mois où elles demeurent dans le régime.

L'imposition du revenu accumulé dans un REEE est reportée pour une période maximale de 35 ans (40 ans si le bénéficiaire souffre d'une déficience).Vous pouvez cotiser à un REEE pour une durée maximale de 31 ans (35 ans si le bénéficiaire souffre d'une déficience). Le régime peut continuer d'exister et produire un revenu en franchise d'impôt pendant quatre autres années, après quoi le régime doit être dissous.

Si la personne cotisant à un REEE décède, sa succession peut continuer de cotiser au régime.

Puisqu'il n'y a pas de plafond annuel des cotisations, il pourrait s'avérer avantageux pour vous de verser un important paiement forfaitaire à un REEE afin de profiter d'une croissance à l'abri de l'impôt. Cette économie d'impôt doit être évaluée à la lumière de la Subvention canadienne pour l'épargne-études que vous pourriez perdre si

> Envisagez de verser d'importants paiements forfaitaires à un REEE afin de profiter pleinement de la croissance de vos fonds à l'abri de l'impôt dans le régime.

vous ne faites pas de cotisations annuelles (voir 4.4). Le meilleur moyen de s'y prendre consiste à commencer à investir dans un REEE dans l'année qui suit la naissance de votre enfant afin de maximiser les avantages que procurent les subventions du gouvernement (voir 4.4) et de dégager un rendement qui pourrait être plus élevé grâce aux placements effectués plus tôt.

Calculer à combien pourraient s'élever les frais d'études de votre enfant peut s'avérer un exercice laborieux; il existe des logiciels qui peuvent vous aider à prévoir les sommes qu'il vous faudra économiser aujourd'hui pour couvrir les frais d'études de votre enfant plus tard.

Si vous le désirez, vous pouvez retirer les cotisations que vous avez versées à un REEE sans encourir de pénalité fiscale, étant donné que vous n'avez obtenu aucune déduction fiscale lorsque vous avez versé ces fonds. Cependant, vous ne pouvez retirer le revenu de placement découlant du REEE en franchise d'impôt. Vous pourriez également être tenu de rembourser une partie ou la totalité de toute subvention canadienne pour l'épargne-études accordée si vous retirez des fonds du REEE à des fins autres que scolaires (voir 4.4).

4.3.2 Comment choisir le bon type de REEE – Régimes collectifs et personnels

Si votre enfant ne poursuit pas d'études à un établissement d'enseignement supérieur, envisagez de transférer jusqu'à 50 000 $ à votre propre REER ou à celui de votre conjoint.

Si vous choisissez d'établir un régime personnel plutôt que de cotiser à un régime collectif, les placements peuvent être autogérés et adaptés à vos besoins. Les types de placements qui peuvent être détenus dans un REEE sont les mêmes que ceux qui peuvent l'être dans un REER – voir 3.1.6. Sachez que votre institution financière pourrait vous demander des frais additionnels pour vous faire profiter de cette possibilité.

Songez à établir un REEE autogéré pour accroître vos choix de placement.

Vous pouvez choisir entre un régime à bénéficiaire unique ou un régime à bénéficiaires multiples. En vertu d'un régime à bénéficiaire unique, le bénéficiaire n'est pas tenu d'avoir de lien de parenté avec vous; il peut s'agir d'une quelconque personne de votre choix. Vous pouvez également envisager d'établir un REEE à bénéficiaire unique pour vous-même en vue de poursuivre des études postsecondaires dans le futur.

Établissez quel type de REEE répond le mieux à vos besoins : personnel, familial ou collectif.

Si vous épargnez pour le financement des études de plus d'une personne, vous pourriez envisager d'établir un régime à bénéficiaires multiples ou un régime familial. En vertu d'un régime à bénéficiaires multiples, les bénéficiaires peuvent inclure vos enfants, frères, sœurs, petits-enfants ou arrière-petits-enfants. Vous ne pouvez plus cotiser au régime pour un bénéficiaire après qu'il a atteint l'âge de 31 ans. Bien que vous puissiez habituellement changer de bénéficiaires après avoir établi un régime à bénéficiaire unique ou à bénéficiaires multiples, certains régimes comportent des modalités qui restreignent le changement de bénéficiaires.

Il importe donc de bien comprendre les modalités de tout régime que vous envisagez d'établir.

À compter de 2011, si vous avez établi des régimes à bénéficiaire unique pour des frères et sœurs, vous aurez le droit de transférer des actifs entre ces régimes sans encourir de pénalité fiscale ni déclencher le remboursement des SCEE (voir 4.4), si le bénéficiaire du régime recevant le transfert d'actifs n'avait pas encore atteint l'âge de 21 ans à l'ouverture du régime.

Les régimes collectifs comportent généralement des modalités plus restrictives en ce qui a trait aux cotisations obligatoires prévues, et le cotisant ne peut habituellement pas se prononcer sur la façon dont les fonds versés sont placés.

Certains régimes collectifs exigent que les enfants soient inscrits au régime avant d'avoir atteint un certain âge. Généralement, ces régimes ne permettent de nommer qu'un seul bénéficiaire et ne vous permettent plus de le changer après qu'il a atteint un certain âge. Encore une fois, assurez-vous de bien comprendre toutes les modalités du REEE avant de l'établir.

4.4 Subvention canadienne pour l'épargne-études

Aux termes du programme de SCEE, le gouvernement fédéral versera directement dans un REEE une subvention correspondant à 20 % de la première tranche de 2 500 $ des cotisations annuelles versées à un REEE (les taux bonifiés sont prévus pour la première tranche de 500 $ de cotisations versées par les familles à faible et à moyen revenu – voir ci-dessous). La subvention peut atteindre 500 $ par année précédant le 18e anniversaire du bénéficiaire, mais elle ne peut excéder 7 200 $ par bénéficiaire. Le montant de la subvention n'est pas inclus dans le montant des cotisations maximales annuelles et à vie du bénéficiaire.

Établissez quel type de REEE répond le mieux à vos besoins : personnel, familial ou collectif. Si la cotisation maximale n'est pas versée dans une année, le droit à la subvention peut être reporté à des années ultérieures (sous certaines réserves). La SCEE totale par bénéficiaire, par année, ne peut toutefois excéder 1 000 $, ou 20 % des droits de cotisation inutilisés ouvrant droit à la SCEE, selon le moins élevé des deux.

> Cotisez chaque année jusqu'à 2 500 $ à un REEE et obtenez de l'État une subvention égale à 20 % de ce montant.

Exemple

En 2011, Claire verse à un REEE une cotisation de 1 000 $ pour son nouveau-né. Cette cotisation lui donne droit à une SCEE de 200 $ (20 % de 1 000 $); il lui reste 1 500 $ du plafond de cotisation ouvrant droit à la SCEE. Ce montant inutilisé est reporté à des années ultérieures.

En 2012, Claire verse au régime une cotisation de 4 500 $. Pour cette année-là, la SCEE sera limitée à la tranche de 2 500 $ de nouvelles cotisations pour l'année, plus le montant de 1 500 $ de cotisations reporté de l'année antérieure. Ainsi, la SCEE totalisera 20 % de 4 000 $, soit 800 $.

Veuillez noter que seuls les droits de cotisation inutilisés ouvrant droit à la SCEE peuvent être reportés prospectivement; dans l'exemple ci-dessus, la tranche de 500 $ de cotisation inutilisée ne peut pas être reportée prospectivement ni être réclamée aux fins de la SCEE dans une année ultérieure. Si vous prévoyez que votre cotisation annuelle variera, envisagez de reporter votre cotisation excédentaire à l'année suivante afin de bénéficier des subventions maximales.

Les droits de cotisation maximums ouvrant droit à la SCEE s'accumulent au taux annuel de 2 500 $ (de 2 000 $ de 1998 à 2006), peu importe que l'enfant soit bénéficiaire ou non d'un REEE au cours de l'année courante. Donc, même si vous ne commencez pas à verser des cotisations à un REEE ouvrant droit à la SCEE au cours de la première année d'existence de votre enfant, vous pouvez verser des cotisations de rattrapage ouvrant droit à la subvention au cours des années ultérieures (sous réserve de la limite à vie de 7 200 $ par bénéficiaire et du plafond annuel de 1 000 $ par bénéficiaire ou 20 % des droits de cotisation inutilisés ouvrant droit à la SCEE).

Exemple

Le fils de Nancy, Guillaume, est né en 2002 et Nancy lui a constitué un REEE en 2012. Étant donné qu'aucune cotisation n'a été versée dans le REEE au nom de Guillaume avant 2012, les droits de cotisation inutilisés ouvrant droit à la SCEE pouvant être reportés prospectivement sont de 2 000 $ pour chacune des années comprises entre 2002 et 2006, soit 10 000 $, plus 2 500 $ pour chacune des années de 2007 à 2011, pour un total de 22 500 $.

Étant donné que la SCEE totale de Guillaume pour 2012 est limitée au moindre de 1 000 $ et de 20 % de ses droits de cotisation inutilisés de 22 500 $, la cotisation maximale ouvrant droit à la SCEE que Nancy (et tout autre bienfaiteur) peut verser en 2012 est de 2 500 $ pour l'année courante plus une tranche de 2 500 $ du montant reporté prospectivement. Si la cotisation maximale de 5 000 $ est versée, Guillaume aura droit à une SCEE de 1 000 $ et il disposera de 20 000 $ de droits de cotisation inutilisés ouvrant droit à la SCEE que Nancy pourra utiliser en 2013 et au cours des années ultérieures.

Le taux de la SCEE sur la première tranche de 500 $ de cotisations est de 40 % pour les familles dont le revenu est inférieur à 42 707 $ et de 30 % pour les familles dont le revenu se situe entre 42 707 $ et 85 414 $. Les droits de cotisation maximums ouvrant droit à la SCEE demeurent à 2 500 $, tandis que le montant maximum de 500 $ à recevoir au titre de la SCEE pour une année donnée est augmenté pour les familles à faible et à moyen revenu, afin de tenir compte des taux bonifiés de la SCEE. Par exemple, une famille à faible revenu ayant versé des cotisations de 2 500 $ au cours d'une année donnée pourrait recevoir une SCEE totalisant 600 $, soit 40 % de la première tranche de 500 $ (200 $) et 20 % de la tranche restante de 2 000 $ (400 $). L'inutilisation des taux bonifiés de la SCEE ne peut être reportée sur des années ultérieures.

Pour avoir droit à la SCEE, le bénéficiaire du REEE doit être un résident canadien âgé de moins de 18 ans et avoir un numéro d'assurance sociale (NAS). Vous pouvez faire une demande de NAS pour votre enfant en communiquant avec Service Canada. N'oubliez pas que le traitement d'une demande de NAS peut durer plusieurs semaines (voir 4.7).

Si vous avez déjà établi un REEE, vous devez confirmer s'il est admissible à la SCEE. Si vous voulez recevoir une SCEE pour 2012 mais n'avez pas de régime, vous devez en établir un et verser une cotisation avant le 31 décembre 2012. Pour avoir droit à la SCEE, vous devez verser de nouvelles cotisations; en effet, vous ne pouvez retirer les fonds déjà versés à un REEE existant pour les verser à un nouveau régime. Si vous changez le bénéficiaire du régime, les fonds provenant de la subvention peuvent demeurer dans le REEE si l'ancien et le nouveau bénéficiaire ont tous deux moins de 21 ans et ont un lien de parenté avec vous.

Des règles spéciales s'appliquent aux bénéficiaires les années au cours desquelles ils atteignent l'âge de 16 ou 17 ans. Les REEE pour les bénéficiaires âgés de 16 et 17 ans ne seront admissibles aux SCEE que si l'une des conditions suivantes est remplie :

- les cotisations versées à l'ensemble des REEE dont l'enfant est le bénéficiaire totalisent au moins 2 000 $ avant l'année où il atteint l'âge de 16 ans, et ces cotisations n'ont pas été retirées des REEE;
- des cotisations d'au moins 100 $ par année ont été versées pendant quatre ans avant que l'enfant n'atteigne l'âge de 16 ans, et ces cotisations n'ont pas été retirées des REEE.

Si votre enfant décide de ne pas poursuivre d'études postsecondaires, vous devrez rembourser la SCEE, mais vous n'aurez à rembourser que le montant en capital de la subvention. Vous n'êtes pas tenu de rembourser les revenus tirés des fonds provenant de la subvention; toutefois, les revenus seront imposables au moment de leur retrait du REEE (voir 4.5.2).

4.5 Versements d'un REEE

4.5.1 Si le bénéficiaire poursuit ses études dans un établissement d'enseignement supérieur

Votre REEE peut commencer à verser des paiements d'aide aux études au bénéficiaire du régime lorsque celui-ci s'inscrit comme étudiant à temps plein dans un programme de formation admissible d'un établissement d'enseignement postsecondaire admissible. Les étudiants à temps partiel âgés de 16 ans ou plus ont le droit de recevoir jusqu'à 2 500 $ de paiements d'aide aux études pour chaque semestre de 13 semaines. Les étudiants handicapés peuvent également recevoir des paiements d'aide aux études pour poursuivre des études à temps partiel.

Les paiements prélevés sur le régime peuvent servir à rembourser les frais de subsistance et les dépenses d'enseignement de l'étudiant, tels les frais de scolarité et les livres scolaires, quoique certains régimes puissent comporter des restrictions à l'égard du remboursement de certaines dépenses. Un bénéficiaire ne peut recevoir plus de 5 000 $ au cours des 13 premières semaines où il entreprend des études postsecondaires à moins qu'une autorisation au préalable n'ait été obtenue de Ressources humaines et Développement des compétences Canada. Après les 13 premières semaines, il n'y a aucune limite quant au montant qui peut lui être versé, tant que l'étudiant continue d'être admissible. Si, au cours d'une période de douze mois, l'étudiant n'est inscrit à aucun programme de formation admissible pendant 13 semaines consécutives, la limite de 5 000 $ s'applique de nouveau.

Vous pouvez choisir que l'étudiant utilise le capital versé au régime ou seulement les revenus accumulés dans le régime. Vous pouvez également déterminer le montant des paiements prélevés sur le régime ainsi que le moment du versement des paiements, sous réserve des modalités du régime que vous avez choisi. Vous pourriez vouloir répartir les paiements sur la durée du programme d'enseignement de l'étudiant afin de réduire l'impôt. Si votre REEE a reçu des SCEE, dans la plupart des cas, une partie de tout paiement de revenus sera attribuée aux fonds provenant d'une SCEE versés au régime. N'oubliez pas que la gestion de ces différentes sources de revenu peut être complexe, particulièrement si des REEE collectifs sont visés.

Si vous avez cotisé à un REEE collectif, le montant en capital que vous avez versé au régime constituera le paiement qui sera remis à l'étudiant au cours de la première année. Les administrateurs du régime détermineront la part qui revient à l'étudiant des revenus des fonds du régime qui ont été mis en commun, et le versement de ces paiements débutera au cours de la deuxième année d'études postsecondaires de l'étudiant.

De façon générale, pour être admissible, un programme d'enseignement doit être d'une durée d'au moins trois semaines, exiger au moins 10 heures d'enseignement par semaine (ou 12 heures par mois pour les étudiants à temps partiel), et être donné par un établissement d'enseignement désigné. Les cours par correspondance et autres cours de formation à distance peuvent également être admissibles, de même que ceux donnés par les universités étrangères si l'étudiant est inscrit à un cours d'une durée d'au moins 13 semaines menant à un diplôme.

Certains REEE collectifs peuvent comporter d'autres restrictions, telles que l'opposition à ce qu'un bénéficiaire change d'établissement d'enseignement ou l'exigence que le bénéficiaire atteigne un niveau minimum de réussite scolaire.

Des règles spéciales s'appliquent si le bénéficiaire devient un non-résident du Canada, par exemple pour poursuivre ses études dans un établissement d'enseignement d'un autre pays (voir 13.3.6).

4.5.2   Si le bénéficiaire ne poursuit pas ses études

Qu'advient-il des fonds placés dans un REEE si les bénéficiaires visés par ce régime décident de ne pas poursuivre des études collégiales ou universitaires? Auparavant, si aucun des bénéficiaires visés ne poursuivait d'études supérieures, sa famille ne recouvrait que les cotisations initialement versées au REEE, tandis que le revenu gagné au fil des ans était perdu. Ces règles ont toutefois été assouplies dans le cas où aucun des bénéficiaires visés par le REEE ne poursuit des études postsecondaires après avoir atteint l'âge de 21 ans et où le régime a existé pendant au moins 10 ans. (Vous pourriez être exempté de ces exigences à l'égard d'un bénéficiaire qui présente une déficience intellectuelle.) En vertu des règles en vigueur, vous aurez le droit de transférer le revenu du REEE à votre REER (ou à celui de votre conjoint) de votre vivant, jusqu'à un maximum cumulatif à vie de 50 000 $, dans la mesure où vous disposez de droits de cotisation à un REER inutilisés. La déduction au titre d'un REER compense donc l'inclusion dans le revenu des fonds du REEE lors du calcul du revenu imposable.

Si vous ne voulez pas verser ce revenu à un REER ou si vos droits de cotisation au REER inutilisés sont insuffisants, des droits supplémentaires de 20 % (ou de 12 % si vous vivez au Québec) s'appliqueront au revenu excédentaire du REEE en sus de vos impôts sur le revenu usuels sur ce montant (ces droits servent à compenser l'impôt qui était reporté pendant que les fonds étaient dans le régime). Vous devez dissoudre le REEE au plus tard le 1er mars de l'année suivant celle où vous avez retiré pour la première fois des revenus du REEE.

Les régimes familiaux sont assujettis au même plafond de cotisation par bénéficiaire que les régimes à bénéficiaire unique; toutefois, si un de vos enfants décide de ne pas poursuivre des études postsecondaires, les fonds que vous avez versés pour cet enfant et le revenu de placement découlant de ces cotisations peuvent être réorientés pour que vos autres enfants qui poursuivent des études postsecondaires puissent en profiter. Si votre régime a reçu une SCEE, les autres bénéficiaires peuvent utiliser les fonds provenant de la SCEE jusqu'à concurrence de 7 200 $ chacun.

Aux termes des régimes collectifs, vous ne pouvez récupérer que vos cotisations – le revenu de placement gagné demeurera dans le régime et sera remis aux autres bénéficiaires du régime qui poursuivent des études postsecondaires.

4.6 Régime enregistré d'épargne-invalidité – REEI

Si vous avez un enfant handicapé, envisagez d'établir un Régime enregistré d'épargne-invalidité afin d'assurer sa sécurité financière future.

Le REEI peut vous aider à économiser en vue d'assurer la sécurité financière à long terme d'un enfant handicapé admissible au crédit pour personnes handicapées (voir 2.5.1). Ce régime est similaire au REEE, puisque les cotisations qui y sont versées ne sont pas déductibles, mais le revenu de placement y est gagné en franchise d'impôt. Le revenu de placement, mais pas les cotisations, sera imposable pour le bénéficiaire lorsqu'il sera versé du régime.

N'importe qui peut cotiser à un REEI, et le montant des cotisations n'est assujetti à aucune limite annuelle. Les cotisations versées pour le compte d'un bénéficiaire donné sont limitées à 200 000 $ à vie. Les cotisations peuvent continuer d'être versées jusqu'à la fin de l'année où le bénéficiaire atteint l'âge de 59 ans.

Les fonds du REER d'un parent ou d'un grand-parent peuvent, à leur décès, être transférés en franchise d'impôt au REEI de son enfant ou petit-enfant handicapé financièrement à charge, à concurrence du plafond de cotisation à vie du bénéficiaire.

Si vous avez épargné dans un REEE pour votre enfant handicapé et que cet enfant ne poursuit pas d'études postsecondaires, vous pourriez, après 2013, être en mesure de transférer le revenu de placement gagné dans le REEE vers le REEI de votre enfant.

Le bénéficiaire doit commencer à recevoir les paiements du régime avant la fin de l'année où il atteint l'âge de 60 ans, sous réserve de montants maximums annuels fondés sur l'espérance de vie, l'âge du bénéficiaire, et la valeur des actifs du régime.

Ces régimes donnent également droit aux Subventions canadiennes pour l'épargne-invalidité (SCEI), lesquelles sont semblables aux SCEE pour les REEE (voir 4.4). Aux termes de ce programme, les cotisations versées à un REEI donnent droit aux SCEI aux taux correspondants de 100, 200 ou 300 %, selon le revenu familial net et le montant des cotisations. Le bénéficiaire d'un REEI peut recevoir jusqu'à 3 500 $ de SCEI dans son REEI annuellement, et jusqu'à 70 000 $ de SCEI dans son REEI au cours de sa vie. Les SCEI peuvent être versées à un REEI jusqu'à la fin de l'année où le bénéficiaire atteint l'âge de 49 ans. Depuis 2011, les droits inutilisés aux SCEI peuvent faire l'objet d'un report prospectif d'un maximum de 10 ans.

Les familles à faible revenu peuvent également avoir le droit de recevoir des Bons canadiens pour l'épargne-invalidité (BCEI) pouvant atteindre 1 000 $ par année (à concurrence de 20 000 $ au cours de la vie du bénéficiaire). Les BCEI peuvent être versés à un REEI jusqu'à la fin de l'année où le bénéficiaire atteint l'âge de 49 ans. L'admissibilité aux BCEI est fonction du revenu familial net plutôt que du montant des cotisations. Comme dans le cas des SCEI, les droits inutilisés aux BCEI peuvent faire l'objet d'un report prospectif d'un maximum de 10 ans depuis 2011.

4.7 Documents de référence

Vous pouvez obtenir un exemplaire des publications techniques suivantes, ainsi que d'autres publications, formulaires et guides, sur le site Web de l'ARC, à l'adresse *www.cra-arc.gc.ca*, ou encore en téléphonant ou en vous présentant à votre bureau des services fiscaux de l'ARC.

Guide RC4466, « Guide du Compte d'épargne libre d'impôt (CELI) pour les particuliers »

Feuillet de renseignements RC4092, « Les régimes enregistrés d'épargne-études »

Circulaire d'information 93-3R1, « Régimes enregistrés d'épargne-études »

Feuillet de renseignements RC4460, « Régime enregistré d'épargne-invalidité »

Circulaire d'information 99-1, « Régimes enregistrés d'épargne-invalidité »

Des renseignements au sujet des REEE, de la SCEE et sur la façon de demander un numéro d'assurance sociale sont disponibles sur le site Internet de Service Canada à l'adresse *www.servicecanada.gc.ca*.

Réduisez la charge fiscale de votre famille grâce au fractionnement du revenu

- Prenez garde à l'impôt sur le fractionnement du revenu visant certains types de revenu reçu par des enfants mineurs (5.2.4)
- Prenez garde à la « règle générale anti-évitement » (5.2.6)
- Le conjoint au revenu le plus élevé devrait payer les dépenses du ménage (5.3.1)
- Acquittez l'impôt de votre conjoint en utilisant vos propres fonds (5.3.1)
- Payez les intérêts sur les emprunts de votre conjoint contractés à des fins de placement (5.3.1)
- Donnez jusqu'à 5 000 $ annuellement à votre conjoint afin qu'il puisse l'investir dans son compte d'épargne libre d'impôt (5.3.1)
- Versez un salaire ou des honoraires de consultation à votre conjoint et (ou) à vos enfants (5.3.2)
- Étudiez la possibilité de prêter des biens d'entreprise à votre conjoint ou à vos enfants (5.3.3)
- Lorsque les taux d'intérêt sont à la hausse, envisagez d'accorder un prêt à votre conjoint en vue de faire des placements (5.3.4)
- Encouragez votre conjoint ou vos enfants à réinvestir le revenu tiré des fonds que vous leur avez prêtés ou transférés (5.3.5)
- Mettez vos gains futurs à l'abri de l'impôt en transférant des biens à leur juste valeur marchande (5.3.6)
- Mettez vos gains futurs à l'abri de l'impôt en transférant des immobilisations à vos enfants (5.3.7)
- Transférez des actions qui rapporteront des dividendes en capital (5.3.8)
- Cotisez au REER de votre conjoint (5.3.9)
- Versez des cotisations au REER de votre conjoint au plus tard le 31 décembre (5.3.9)
- Dans l'année au cours de laquelle vos enfants atteignent l'âge de 17 ans, donnez-leur des fonds à investir (5.3.10)
- Encouragez vos enfants à investir les sommes qu'ils gagnent (5.3.11)
- Déposez dans le compte bancaire de votre enfant les montants reçus au titre de la Prestation universelle pour la garde d'enfants (5.3.12)
- Présentez un choix commun visant à fractionner le revenu de retraite avec votre conjoint (5.3.13)

- Réclamez à titre de frais de garde d'enfants le salaire que vous payez à vos enfants d'âge adulte pour les services de garde qu'ils vous rendent (5.3.14)

Le « fractionnement du revenu » est l'expression utilisée pour décrire les stratégies d'économies d'impôt que peut réaliser un membre de la famille dont le revenu se situe dans une tranche d'imposition plus élevée en transférant une partie de son revenu à un deuxième membre de la famille dont le revenu se situe dans une tranche d'imposition moins élevée, de façon que le revenu transféré soit imposé à un taux inférieur ou, mieux encore, qu'il ne le soit pas du tout, si le revenu du deuxième membre de la famille est suffisamment bas. Dans le présent chapitre, nous expliquons les règles fiscales qui limitent les possibilités de fractionnement du revenu et nous soulignons les possibilités qui existent encore à cet égard.

5.1 Fractionnement du revenu – Pourquoi?

Dans le régime fiscal canadien, les taux d'imposition sont progressifs, c'est-à-dire que le taux marginal d'imposition (impôt sur tout revenu additionnel) augmente au fur et à mesure que le revenu imposable s'accroît.

Les taux marginaux d'impôt, les tranches d'imposition et les surtaxes varient beaucoup d'une province à une autre, mais ils sont *approximativement* les suivants :

- 25 % sur un revenu allant de 10 822 $ à 43 000 $;
- 35 % sur un revenu allant de 43 000 $ à 85 000 $;
- 41 % sur un revenu allant de 85 000 $ à 132 000 $;
- 45 % sur un revenu supérieur à 132 000 $.

Comme vous pouvez le constater, l'impôt à payer sur deux revenus de 70 000 $ sera de beaucoup inférieur (d'environ 9 000 $ en moyenne, selon la province où vous résidez) à celui qu'il faut payer sur un seul revenu de 140 000 $. Un contribuable qui gagne un revenu élevé aurait donc intérêt à vouloir « fractionner » son revenu entre lui-même et son conjoint ou ses enfants, si ceux-ci ne travaillent pas.

La *Loi de l'impôt sur le revenu* fédérale renferme un certain nombre de mesures qui visent à empêcher les stratagèmes de fractionnement du revenu les plus évidents (des règles similaires s'appliquent aux fins de l'impôt du Québec). Toutefois, il existe encore certaines possibilités. Dans les pages qui suivent, nous examinerons d'abord les règles qui s'appliquent, afin que vous puissiez comprendre le cadre dans lequel votre planification doit s'inscrire, et nous discuterons ensuite des possibilités qui s'offrent encore.

Si vous n'avez pas d'investissements qui vous rapportent des revenus assujettis à l'impôt, la plus grande partie de ce chapitre ne vous concerne pas. L'une des meilleures techniques générales de planification fiscale consiste alors à vous servir des fonds excédentaires dont vous disposez pour rembourser vos prêts dont les intérêts ne sont pas déductibles, tels que votre prêt hypothécaire ou le solde de vos cartes de crédit.

5.2 Règles empêchant le fractionnement du revenu

5.2.1 Paiements indirects

La *Loi de l'impôt sur le revenu* fédérale prévoit qu'un paiement ou un transfert fait « suivant les instructions ou avec l'accord » d'un contribuable à toute autre personne doit être inclus dans le calcul du revenu du contribuable dans la mesure où il le serait s'il avait été fait au contribuable. Par exemple, si vous prenez des dispositions pour que votre employeur verse une partie de votre salaire à votre conjoint, ce revenu sera tout de même imposé à votre nom, et vous ne serez arrivé à rien.

5.2.2 Attribution du revenu entre conjoints

Supposons que vous gagnez 150 000 $ par année et que votre conjoint gagne 25 000 $. Votre taux marginal d'imposition (impôt sur tout revenu additionnel) est de 45 % et celui de votre conjoint, de 25 %. Supposons aussi que vous détenez 10 000 $ en obligations qui rapportent 1 000 $ d'intérêts par année et que vous décidez de donner ou de prêter ces obligations à votre conjoint, dans l'espoir que votre conjoint paye seulement 250 $ d'impôt sur ce revenu, plutôt que les 450 $ que vous auriez à payer.

Voilà le genre d'opération auquel les règles d'attribution s'appliquent. En vertu de ces règles, le revenu tiré d'un bien (dans notre exemple, le revenu de placement de 1 000 $ réalisé chaque année) est attribué à la personne qui a transféré ou prêté ce bien.

En vertu des règles d'attribution qui s'appliquent aux conjoints, si vous *transférez ou prêtez directement ou indirectement un bien* (y compris de l'argent) à votre conjoint (ou à une personne qui devient ensuite votre conjoint), tout *revenu* tiré de ce *bien*, toute *perte* qui y est *liée* et tout *gain ou perte en capital* qui découle de sa disposition vous sont *attribués*. Ainsi, dans notre exemple, le revenu de 1 000 $ qui découle du placement de 10 000 $ que vous avez donné à votre conjoint doit être inscrit dans votre déclaration de revenus, et non dans celle de votre conjoint – et donne alors lieu à un impôt d'environ 450 $, plutôt que d'environ 250 $. Année après année, tant que vous-même et votre conjoint serez ensemble, tout revenu que vous tirerez de ces obligations sera imposé à votre nom. Si, par exemple, vous transférez des actions à votre conjoint qui les vend quelque temps après, c'est *vous* qui devrez alors déclarer un gain ou une perte en capital (calculé d'après le prix initial auquel vous avez payé ces actions), en tenant compte des règles habituelles s'appliquant aux gains en capital (voir chapitre 6).

Il convient de noter que les conjoints de fait et les conjoints de même sexe qui répondent aux critères énoncés à la section 2.2.1 sont considérés comme des conjoints aux fins de l'impôt et sont donc également assujettis à ces règles d'attribution.

Les règles d'attribution comportent une exception qui s'applique aussi dans le cas des règles que nous exposerons plus loin. Si vous transférez un bien à sa juste valeur marchande (par exemple, vous vendez les obligations à votre conjoint, en contrepartie de 10 000 $ en espèces) et que vous déclarez le gain qui en résulte, la règle ne s'applique pas. (Si vous subissez une perte lors du transfert, cette perte est considérée comme nulle, en vertu d'une règle spéciale. Toutefois, aux fins de l'impôt, la perte refusée peut être ajoutée au coût d'acquisition assumé par votre conjoint.) Cependant, si la contrepartie inclut une dette (par exemple, vous vendez les obligations en contrepartie d'un billet de 10 000 $), ou si vous prêtez simplement des fonds ou un bien à votre conjoint, vous devez, pour échapper à la règle d'attribution, percevoir et déclarer de l'intérêt sur ce prêt. Le taux d'intérêt doit être au moins égal au taux prescrit par l'ARC (voir 9.3) à cette date, ou au taux d'intérêt commercial. Pour que cette exception puisse s'appliquer, l'intérêt doit de plus être effectivement versé chaque année ou avant le 30 janvier suivant. Si l'échéance du 30 janvier passe sans que l'intérêt ait été versé, le revenu tiré du bien prêté, cette année-là et toutes les années suivantes, sera attribué au prêteur.

> **Exemple**
>
> Le 1er janvier 2012, vous faites à votre conjoint un prêt de 10 000 $ en espèces. Votre conjoint investit cette somme et en tire un revenu en intérêts de 400 $ pendant l'année.
>
> Si vous n'exigez pas de votre conjoint qu'il vous verse des intérêts, le revenu en intérêts de 400 $ vous sera attribué et vous serez imposé sur ce montant. Supposons que vous décidez d'exiger de votre conjoint qu'il vous paie des intérêts. Le taux d'intérêt minimum devrait être :
>
> - le taux qui s'appliquerait entre deux parties sans lien de dépendance (disons 3 %, pour les besoins de cet exemple); ou
> - le taux prescrit par l'ARC, à la date du prêt (hypothèse d'un taux de 1 % – voir 9.3).
>
> Si votre conjoint doit payer des intérêts à la date anniversaire du prêt et vous verse réellement au moins 100 $ d'intérêts d'ici le 30 janvier 2013, le revenu en intérêts de 400 $ ne vous sera pas attribué en 2012. Votre conjoint peut déduire les intérêts qui vous sont versés mais vous devrez les déclarer comme revenu en intérêts.

À cette fin, le taux d'intérêt prescrit par l'ARC (et par Revenu Québec), est établi chaque trimestre (voir 9.3).

5.2.3 Attribution du revenu entre parents et enfants

Supposons que vous donnez des obligations d'une valeur de 10 000 $ à votre fille, qui fréquente l'école secondaire et qui peut gagner 1 000 $ d'intérêts sans devoir payer d'impôt.

Lorsqu'un bien est transféré ou prêté à un enfant, il y a attribution du revenu (ou de la perte), mais non du gain ou de la perte en capital habituellement. Les règles d'attribution ne s'appliquent qu'aux années pour lesquelles l'enfant est âgé de moins de 18 ans à la *fin* de l'année (bien que les règles d'attribution dont il est question à la section 5.2.5 ne s'appliquent que lorsque votre enfant aura 18 ans).

La règle ne s'applique pas à tous les enfants âgés de moins de 18 ans. Tout dépend du lien qui existe entre l'enfant et le contribuable qui transfère ou prête un bien. Les règles d'attribution s'appliquent lorsque le contribuable et l'enfant « ne traitent pas sans lien de dépendance », expression qui est définie de façon à ce qu'elle englobe toutes les personnes qui sont « liées » au sens de la *Loi de l'impôt sur le revenu*. En général, l'expression englobe les enfants, petits-enfants et arrière-petits-enfants du contribuable (y compris les enfants de son conjoint, les conjoints de ses enfants, etc., « conjoint » incluant le conjoint de fait ou de même sexe, comme il est indiqué à la section 2.2.1), ou ses frères et sœurs (y compris les beaux-frères et belles-sœurs, qu'ils le soient par alliance ou en raison d'une union de fait). Cette règle s'applique aussi, expressément, aux nièces et aux neveux. Pour ce qui est des autres liens, la question de savoir si deux contribuables traitent avec ou sans lien de dépendance est une « question de fait ».

Même si, dans le cas des enfants mineurs, la règle d'attribution ne s'applique habituellement pas aux gains et aux pertes en capital, le transfert lui-même d'un bien à un enfant mineur est généralement réputé avoir été effectué à la juste valeur marchande. Par conséquent, tout gain ou perte en capital qui s'accumule jusqu'à la date du transfert est immédiatement déclenché et est imposable au nom du cédant, et c'est seulement le gain ou la perte qui s'accumule après le transfert qui, lorsque réalisé, est imposé au nom de l'enfant.

Ainsi, en raison des règles d'attribution, le revenu de 1 000 $ que vous avez transféré à votre fille dans l'exemple ci-dessus serait imposable en votre nom. Vous pourriez également devoir payer de l'impôt sur les gains en capital, le cas échéant, au moment de la disposition réputée des obligations d'une valeur de 10 000 $ que vous lui avez transférées, bien que tout gain ou perte en capital accumulé ultérieurement soit imposé au nom de votre fille.

Les exceptions exposées à la section 5.2.2 ci-dessus, lorsque le bien transféré est acquis à sa juste valeur marchande ou lorsque des intérêts sont versés sur une dette ou un emprunt quelconque, s'appliquent également à cette règle d'attribution.

5.2.4 Impôt sur le fractionnement du revenu s'appliquant à certains types de revenu reçu par des enfants mineurs

Certains modes de fractionnement du revenu avec des enfants mineurs sont visés par un « impôt sur le fractionnement du revenu » (qu'on appelle parfois « kiddie tax »). Cet impôt élimine les avantages liés à certains arrangements, y compris certains modes de planification mettant en cause des fiducies familiales (voir 21.5.4), en imposant au taux marginal d'impôt le plus élevé certains types de revenu de dividendes, de sociétés de personnes ou de fiducie, qu'ils soient reçus par des enfants mineurs ou utilisés à leur avantage, plutôt que de les imposer au taux inférieur qui s'appliquerait normalement à tout revenu reçu par un enfant mineur. À partir du 22 mars 2011, certains gains en capital, décrits ci-dessous, sont également assujettis à cet impôt.

Cet impôt vise les types de revenu suivants :

- les dividendes imposables et les autres avantages conférés aux actionnaires de sociétés fermées canadiennes et étrangères (qu'ils soient versés à un mineur directement ou par l'entremise d'une fiducie ou d'une société de personnes);
- le revenu d'une société de personnes ou d'une fiducie qui est tiré d'une entreprise qui offre des biens ou des services à une entreprise dirigée par une personne apparentée au mineur ou dans laquelle cette personne apparentée participe;
- les gains en capital réalisés par un mineur à la disposition des actions d'une société en faveur d'une personne qui a un lien de dépendance avec lui, ainsi que les gains en capital attribués à un mineur par une fiducie, si les dividendes imposables des actions avaient été assujettis à l'impôt sur le fractionnement du revenu. Ces gains en capital seront traités comme des dividendes et, par conséquent, ils ne pourront profiter des taux d'inclusion des gains en capital (voir 6.2.1) ni donner droit à l'exonération des gains en capital (voir 6.3).

Un parent est solidairement responsable de l'impôt s'il participait activement dans l'entreprise qui a généré le revenu. Les seules déductions admises du revenu assujetti à l'impôt sont le crédit d'impôt pour dividendes et le crédit pour impôt étranger.

Cet impôt ne s'applique pas au revenu que des mineurs tirent de biens acquis au décès de leur parent ni au revenu obtenu par des mineurs dont les parents, aux fins de l'impôt sur le revenu, ne résident pas au Canada au cours de l'année.

Prenez garde à l'impôt sur le fractionnement du revenu visant certains types de revenu reçu par des enfants mineurs.

Ces règles ne s'appliquent pas si le bénéficiaire de la fiducie est votre conjoint ou votre enfant de 18 ans ou plus à la fin de l'année. Ainsi, il est encore possible de fractionner votre revenu avec des membres de votre famille plus âgés.

5.2.5   Attribution à l'égard des prêts consentis à des membres adultes de la famille

Une autre règle s'applique aux prêts (mais non aux transferts) de biens à d'autres personnes avec lesquelles le contribuable ne traite pas sans lien de dépendance, par exemple, ses enfants de plus de 18 ans, ses beaux-parents ou ses grands-parents. Si l'un des principaux motifs d'octroi du prêt est de fractionner le revenu en vue de réduire l'impôt, le revenu découlant de ce prêt sera attribué au prêteur. Par conséquent, si vous prêtez 20 000 $ à votre fils majeur qui fréquente l'université, et que votre but est de lui faire gagner un revenu en intérêts de 600 $ sur lequel il ne paiera pas ou pratiquement pas d'impôt (plutôt que de lui remettre ces 20 000 $ pour qu'il paye lui-même ses frais de scolarité), le revenu en intérêts de 600 $ vous sera attribué. Veuillez noter que l'exception dont nous avons discuté à la section 5.2.2 ci-dessus s'applique dans ce cas, si des intérêts sont exigés et payés.

5.2.6   Règles spéciales anti-évitement

Si vous êtes assez astucieux et débrouillard, vous essayez sans doute d'imaginer quelques moyens de contourner les règles que nous venons de décrire. Cessez de vous donner cette peine! Les lois fiscales fédérales et québécoises renferment des règles spéciales qui ont été conçues afin de prévenir les échappatoires que d'habiles planificateurs fiscaux ont exploitées ces dernières années. Nous n'en présentons ici qu'un bref résumé. En fait, quels que soient les moyens que vous tentez d'imaginer, il est probable que d'autres y ont déjà pensé.

Bien substitué. Si un bien est substitué au bien transféré ou prêté, les règles d'attribution s'appliquent au revenu ou aux gains en capital découlant du bien substitué, et ainsi de suite, *ad infinitum* (dans la mesure où les règles d'attribution se seraient appliquées au revenu provenant du bien initial). Par conséquent, si vous donnez 10 000 $ d'obligations à votre conjoint, qui les vend ensuite pour acheter 10 000 $ d'actions, tout dividende ou gain en capital découlant de ces actions vous sera attribué.

Transfert à une fiducie ou à une société. En général, dans le cas d'un transfert à une fiducie, les règles d'attribution s'appliquent de la même façon que si le transfert avait été effectué directement aux bénéficiaires de la fiducie. Les transferts à une société qui donnent lieu à un avantage pour une « personne désignée » (conjoint ou enfant mineur « lié », au sens déjà indiqué à la section 5.2.3) sont également visés dans la plupart des cas. Ainsi, par exemple, si vous-même et votre conjoint possédez chacun la moitié des actions d'une société et que vous donnez 10 000 $ à la société afin que votre conjoint en retire un avantage, vous serez alors imposé comme si vous aviez reçu des intérêts de la société. La règle d'attribution ne s'applique pas dans le cas d'une « société exploitant une petite entreprise » (voir 6.2.3).

Prêts et transferts multiples. Si vous prêtez ou transférez des biens à un tiers qui, à son tour, les prête ou les transfère à une « personne désignée » (votre conjoint ou un enfant mineur lié), l'opération sera traitée comme si vous aviez prêté ou transféré ce bien directement à la personne désignée.

Garanties. Si vous prenez des dispositions pour qu'un tiers (p. ex., une banque) prête des fonds à une « personne désignée » sur la foi d'une garantie que vous avancez, cette opération sera traitée comme si vous aviez vous-même accordé directement ce prêt.

Remboursement d'un emprunt existant. Si vous prêtez des fonds à une « personne désignée » qui les utilise pour rembourser un emprunt qu'elle avait utilisé en vue d'acheter un bien, votre prêt sera traité comme s'il avait été utilisé pour l'achat de ce bien. (C'est l'envers du cas mentionné ci-dessus au sujet du « bien substitué ».) Ainsi, si votre conjoint emprunte 10 000 $ d'une banque pour investir dans des obligations et que vous lui prêtez ensuite 10 000 $ pour qu'il rembourse cet emprunt bancaire, le revenu en intérêts provenant des obligations vous sera attribué.

Attribution renversée. Les règles d'attribution peuvent ne pas s'appliquer si vous tentez de retourner la situation aux dépens de l'ARC et de les appliquer à des fins contraires à celles qu'elles visent.

Prenez garde à la « règle générale anti-évitement ».

Règle générale anti-évitement. La *Loi de l'impôt sur le revenu* prévoit une règle générale anti-évitement qui s'applique à toute opération. Si, en vue de contourner les règles d'attribution, vous trouvez un moyen auquel aucune règle existante ne vous interdit de recourir, mais qui constitue une application abusive ou indue des dispositions de la *Loi de l'impôt sur le revenu*, ce moyen pourrait tomber sous le coup de la règle générale anti-évitement.

5.3 Possibilités de fractionnement du revenu

Dans la présente section, nous discuterons des possibilités de planification auxquelles vous pourriez recourir en vue de fractionner votre revenu. Afin d'obtenir les résultats voulus, vous devrez conserver soigneusement une bonne documentation. L'existence de comptes bancaires distincts permettra aux conjoints de retracer adéquatement les fonds de chacun. (En vertu du droit de la famille, qui est de juridiction provinciale, l'existence de comptes bancaires distincts ne devrait normalement avoir aucune incidence sur les droits de l'un ou l'autre conjoint aux fonds de la famille, en cas d'échec du mariage.)

5.3.1 Augmentation du capital du conjoint au revenu le moins élevé

Le conjoint au revenu le plus élevé devrait payer les dépenses du ménage.

La technique la plus simple est de s'assurer que les frais de subsistance courants (tels que l'épicerie, les versements hypothécaires ou le loyer et les factures de cartes de crédit) soient réglés par le conjoint ayant le revenu le plus élevé. Ainsi, le conjoint au revenu le moins élevé pourra se constituer, en vue de l'investir, un capital qui lui permettra éventuellement de gagner un revenu qui sera imposé à un taux moins élevé.

Un autre moyen efficace pour transférer des fonds à votre conjoint consiste à payer ses impôts – les impôts qu'il doit payer en avril et tous ses acomptes provisionnels de l'année. Assurez-vous simplement de tirer sur votre propre compte le chèque avec lequel vous payez l'impôt de votre conjoint. Étant donné que le montant que vous payez va directement au gouvernement et n'est pas investi par votre conjoint, il n'existe aucun bien qui soit susceptible de produire un revenu qui vous serait attribué. Par conséquent, votre conjoint peut investir la totalité des fonds qu'il aurait autrement utilisés pour payer ses impôts, et son revenu de placement ne pourra pas vous être attribué.

> Acquittez l'impôt de votre conjoint en utilisant vos propres fonds.

Si votre conjoint a conclu un emprunt avec un tiers en vue de faire un placement, étudiez la possibilité de lui fournir les fonds pour payer les intérêts. Tant que vous ne remboursez aucune tranche du capital de cet emprunt, la règle d'attribution ne s'applique pas. (Étant donné que le montant que vous versez n'est pas vraiment investi par votre conjoint, il n'existe aucun bien pour lequel un revenu peut vous être attribué.) Le paiement des intérêts sera déductible dans la déclaration de revenus de votre conjoint. Cette technique permet de préserver les biens de votre conjoint et, par conséquent, d'accroître son revenu de placement.

> Payez les intérêts sur les emprunts de votre conjoint contractés à des fins de placement.

Vous pouvez donner jusqu'à 5 000 $ annuellement à votre conjoint pour qu'il puisse l'investir dans son compte d'épargne libre d'impôt (CELI), à condition qu'il n'ait pas épuisé ses droits de cotisation. Étant donné que les règles d'attribution ne s'appliquent pas aux montants que vous transférez dans le CELI de votre conjoint, le revenu de placement tiré de ce compte ne vous est pas attribué (voir 4.1).

> Donnez jusqu'à 5 000 $ annuellement à votre conjoint afin qu'il puisse l'investir dans son compte d'épargne libre d'impôt.

5.3.2 Embauche du conjoint et des enfants

Si, plutôt que de gagner simplement un revenu d'emploi, vous exploitez une entreprise, soit personnellement, soit par l'intermédiaire d'une société, envisagez de verser un salaire à votre conjoint et (ou) à vos enfants. Le salaire doit être « raisonnable », compte tenu des services rendus à l'entreprise. De tels services peuvent comprendre la tenue de livres, le classement, d'autres tâches

> Versez un salaire ou des honoraires de consultation à votre conjoint et (ou) à vos enfants.

administratives, la planification de l'expansion de l'entreprise et l'exercice de la fonction d'administrateur de la société. Les vérificateurs de l'ARC et de Revenu Québec interprètent normalement avec souplesse la notion de « raisonnable », à condition que les services soient effectivement fournis. Afin de déterminer un montant raisonnable, songez à la somme que vous verseriez à une personne avec qui vous n'avez aucun lien de dépendance en contrepartie des mêmes services.

Le coût des charges sociales, des cotisations au Régime de pensions du Canada/Régime de rentes du Québec ainsi que des primes d'assurance-emploi doit être évalué à la lumière des économies d'impôt qui pourraient résulter de l'application d'une telle stratégie.

Voyez également si votre conjoint peut vous fournir des services en vertu d'un contrat d'entreprise (services-conseils), plutôt qu'à titre d'employé(e). Votre conjoint pourrait alors jouir des avantages d'un revenu de travailleur autonome (voir chapitre 11) et pourrait ainsi, entre autres choses, déduire ses dépenses. Il s'agit là d'une stratégie à laquelle on ne devrait recourir qu'après avoir obtenu des conseils appropriés d'un professionnel.

Vous pourriez aussi inviter votre conjoint à former avec vous une société de personnes. Les sociétés de personnes sont imposées de la façon décrite aux sections 11.3 et 16.2.

5.3.3 Transferts de biens d'entreprise

Étudiez la possibilité de prêter des biens d'entreprise à votre conjoint ou à vos enfants.

Comme nous l'avons indiqué, les règles d'attribution s'appliquent aux revenus tirés de *biens*, comme les intérêts, les dividendes, les loyers et les redevances. Elles ne s'appliquent cependant pas aux revenus *d'entreprise*. Par conséquent, si vous pouvez transférer ou prêter des biens d'entreprise de manière à ce que votre conjoint ou votre enfant exploite une entreprise de façon régulière et continue afin de gagner un revenu d'entreprise plutôt qu'un revenu tiré de biens, les règles d'attribution ne s'appliqueront pas. Vous ne devriez cependant entreprendre une telle opération qu'après avoir consulté un professionnel afin de vous assurer que toutes les formalités juridiques ont été remplies pour donner effet au transfert, et afin de réduire au minimum l'application possible de la règle générale anti-évitement.

Veuillez noter qu'une telle opération ne peut être conclue à l'égard d'un placement passif dans une société de personnes (y compris une société en commandite). En principe, le revenu provenant de la société de personnes constitue un revenu d'entreprise mais, aux fins des règles d'attribution, il est réputé constituer un revenu tiré de biens, à moins que le contribuable ne prenne une part active à l'entreprise de la société de personnes ou n'exploite une entreprise semblable.

5.3.4 Prêts entre conjoints

Comme nous l'avons vu à la section 5.2.2, les règles d'attribution ne s'appliquent pas aux prêts de biens ou d'argent qui portent intérêt à un taux minimal, pourvu que les intérêts soient effectivement versés. Lorsqu'il est prévu que les biens produiront un rendement bien supérieur au taux d'intérêt minimal (c.-à-d. un taux commercial raisonnable ou le taux prescrit par l'ARC, selon le moins élevé des deux), il serait peut-être astucieux de prêter l'argent ou les biens tout en exigeant un taux d'intérêt suffisant pour éviter de déclencher les règles d'attribution. L'excédent du rendement des biens sur l'intérêt exigé ne sera pas attribué au prêteur et sera alors transféré en réalité au contribuable ayant le revenu le moins élevé.

Si les taux d'intérêt sont à la hausse, le taux prescrit par l'ARC qui est applicable peut être relativement faible, puisqu'il s'écoule toujours un certain laps de temps avant que ce taux ne soit modifié chaque trimestre. Lorsqu'une telle occasion se présente, étudiez la possibilité de conclure avec votre conjoint (ou un autre membre de votre famille) un prêt portant intérêt, de façon à ce qu'il soit « fixé » au taux prescrit peu élevé, et proposez à votre conjoint d'investir ces fonds aux taux courants du marché. (Au moment de mettre sous presse, le taux d'intérêt prescrit par l'ARC était à son plus bas niveau historique – voir 9.3.)

> Lorsque les taux d'intérêt sont à la hausse, envisagez d'accorder un prêt à votre conjoint en vue de faire des placements.

5.3.5 Réinvestissement du revenu attribué

Nous avons vu que les règles d'attribution s'appliquent au revenu tiré de biens prêtés ou transférés. Mais qu'en est-il du revenu gagné sur ce revenu (revenu dérivé)? Supposons que vous donnez 20 000 $ à votre conjoint, qui gagne de ce fait 600 $ d'intérêts la première année, et que ce gain de 600 $ vous est attribué. Au cours de la deuxième année, outre les 20 000 $, votre conjoint investit les 600 $ d'intérêts qui, à leur tour, produisent 18 $ en intérêts.

Ce « revenu dérivé » ne vous est pas attribué puisqu'il ne s'agit pas d'un revenu tiré du bien transféré. Le revenu dérivé est donc imposé au nom de votre conjoint. Ainsi, avec le temps, votre conjoint peut accumuler un revenu dérivé appréciable. Cependant, vous devrez établir et conserver des registres exacts.

> **Encouragez votre conjoint ou vos enfants à réinvestir le revenu tiré des fonds que vous leur avez prêtés ou transférés.**

Vous pourriez demander à votre conjoint d'ouvrir deux comptes bancaires distincts et de déposer dans le premier le revenu qui vous est attribué, et dans le second, le revenu d'intérêt provenant du premier compte. Seul le revenu provenant des fonds du premier compte sera porté à votre déclaration de revenus.

5.3.6 Transferts à la juste valeur marchande

> **Mettez vos gains futurs à l'abri de l'impôt en transférant des biens à leur juste valeur marchande.**

Comme nous l'avons vu, les règles d'attribution ne s'appliquent pas aux biens transférés pour une contrepartie égale à leur juste valeur marchande. (Lorsque la contrepartie inclut une dette – p. ex., des billets –, cette dette doit porter intérêt, ainsi que nous l'avons déjà expliqué.) Il pourrait être avantageux de transférer des biens à leur juste valeur marchande, si l'on prévoit que ces biens produiront un rendement élevé ou croîtront en valeur. (Soyez conscient, toutefois, que le transfert peut entraîner un gain ou une perte en capital assujetti aux règles dont il est fait mention à la section 5.2.2.)

5.3.7 Transfert d'immobilisations aux enfants

> **Mettez vos gains futurs à l'abri de l'impôt en transférant des immobilisations à vos enfants.**

En ce qui concerne les enfants mineurs, nous avons expliqué à la section 5.2.3 que les règles d'attribution ne s'appliquent habituellement pas aux gains en capital. Si vous avez des biens dont vous prévoyez que la valeur connaîtra une forte croissance (comme des actions d'une société), envisagez de les transférer à vos enfants ou à une fiducie établie à leur profit. Tous les dividendes vous seront attribués tant que vos enfants seront encore âgés de moins de 18 ans à la fin de l'année au cours de laquelle les dividendes seront versés, mais les gains en capital réalisés à la vente des biens ne le seront pas.

Par exemple, supposons que vous détenez des actions d'une société ouverte. Votre investissement, qui était initialement de 10 000 $, vaut maintenant 20 000 $. Cependant, vous prévoyez que la société aura un bon rendement dans les années à venir. Si vous donnez vos actions à vos enfants, vous serez réputé en avoir disposé pour 20 000 $ et réaliserez un gain en capital de 10 000 $. Si, quelques années plus tard, vos enfants vendent ces actions pour 100 000 $, le gain en capital de 80 000 $ sera imposé à leur nom (et non au vôtre), peut-être à un taux marginal moins élevé.

Les autres biens qu'il peut être approprié de transférer aux enfants sont ceux qui produisent ordinairement des gains en capital, non un revenu. Mentionnons, par exemple, les bijoux et les œuvres d'art. Les transferts aux enfants devraient être faits suivant les conseils d'un professionnel. Dans certaines provinces, il n'est pas sûr que les mineurs puissent légalement détenir des biens tels que des actions; si vous voulez leur en donner, il se peut que vous deviez alors établir une fiducie à leur profit.

5.3.8 Paiement de dividendes en capital

Normalement, les dividendes qui sont versés sur des actions que vous avez transférées à votre conjoint ou à des enfants mineurs vous sont attribués. Cependant, le régime fiscal permet le versement de « dividendes en capital », qui sont toujours exonérés d'impôt. De tels dividendes représentent une distribution de la fraction non imposable des gains en capital (soit la moitié) d'une société. (Voir 14.2.4, où un exemple est donné.)

Si vous transférez des actions d'une société fermée et que des dividendes en capital sont versés par la suite, ce revenu n'est pas attribué puisqu'il n'est imposé au nom de personne de toute façon. De plus, le revenu tiré du réinvestissement de ces dividendes ne vous sera pas attribué.

> Transférez des actions qui rapporteront des dividendes en capital.

5.3.9 REER du conjoint

Comme nous l'avons vu à la section 3.3.1, les lois fiscales fédérale et québécoise vous autorisent à cotiser à un REER au profit de votre conjoint. Lorsque les fonds seront convertis en une rente ou en un FERR à la retraite, le revenu qui en découlera ne vous sera pas attribué pourvu que votre conjoint ne retire pas plus que le montant minimum du FERR dans l'année où une cotisation a été versée dans un REER ou au cours des deux années suivantes.

Les cotisations que vous versez au REER de votre conjoint, si celui-ci les retire, sont imposées à votre nom dans la mesure où vous les avez versées dans l'année du retrait ou dans les deux années antérieures. Cela vous donne la possibilité de fractionner votre revenu, pourvu que vous puissiez attendre de 24 à 36 mois et que, pendant cette période, vous ne versiez aucune cotisation au REER de votre conjoint. Par contre, cela vous fait perdre aussi l'avantage qui découlerait par ailleurs du fait que les fonds laissés dans le REER s'accroissent en franchise d'impôt (voir 3.1.5).

> Cotisez au REER de votre conjoint.

Exemple

Le 31 décembre 2012, vous versez une première cotisation de 22 970 $ au REER de votre conjoint.

Cette cotisation vous donne droit à une déduction de 22 970 $ pour 2012 (à supposer que vous ayez suffisamment de droits de cotisation à un REER – voir 3.1.3 – et que vous n'ayez versé aucune cotisation à votre propre REER pour 2012). Tout retrait du REER de votre conjoint en 2013 ou en 2014, jusqu'à un maximum de 22 970 $, vous sera attribué. Le 1er janvier 2015, cependant, votre conjoint pourra retirer la totalité des 22 970 $, et cette somme sera alors imposée à son nom, à titre de bénéficiaire, pourvu que vous n'ayez versé aucune cotisation à son REER en 2013, 2014 ou 2015.

Bien entendu, lorsque vous cotisez au REER de votre conjoint, vos droits de cotisation à votre propre REER diminuent d'autant, de sorte que cette technique offre des avantages fiscaux plutôt limités, même si elle entraîne effectivement un fractionnement du revenu, à long terme. Cependant, vous devez également vous demander si le fait que votre conjoint ait un revenu plus élevé à la retraite peut influer sur son admissibilité au crédit en raison de l'âge (voir 19.3.4) et entraîner la récupération des prestations de sécurité de la vieillesse (voir 19.3.2).

Versez des cotisations au REER de votre conjoint au plus tard le 31 décembre.

Pour en revenir à notre exemple, vous noterez que si vous versez votre cotisation pour 2012 au REER de votre conjoint le 1er janvier 2013 plutôt que le 31 décembre 2012, votre conjoint devra attendre jusqu'au 1er janvier 2016 pour retirer ce montant, si vous ne voulez pas qu'il vous soit attribué. Vous ne devriez donc pas attendre au mois de janvier ou au mois de février pour cotiser au REER de votre conjoint, même si c'est souvent ce que vous faites dans le cas de votre propre REER.

5.3.10 Lorsque vos enfants atteignent l'âge de 17 ans

Dans l'année au cours de laquelle vos enfants atteignent l'âge de 17 ans, donnez-leur des fonds à investir.

Envisagez de donner à vos enfants des fonds qu'ils pourront investir. Si votre enfant célèbre son 17e anniversaire dans l'année au cours de laquelle vous lui faites un don, il peut investir les fonds dans un certificat de placement garanti ou un dépôt à terme d'un an (ou plus); des intérêts ne lui seront versés pour la première fois que dans l'année de son 18e anniversaire, et les règles d'attribution ne s'appliqueront pas. (Si les fonds sont placés pour plus d'un an, à intérêts composés, les intérêts gagnés devront quand même être déclarés chaque année – voir 7.2.1.) Assurez-vous de ne pas simplement prêter les fonds sans avoir étudié attentivement la règle d'attribution spéciale mentionnée à la section 5.2.5.

Vous pourriez également envisager de donner à votre enfant un montant dont il pourrait tirer un revenu qui suffirait à couvrir ses frais de scolarité et de subsistance pendant les quatre années (ou plus) que dureront ses études universitaires. Bien entendu, il est possible que vous perdiez ces fonds puisque légalement ils appartiennent désormais à votre enfant et non à vous. Si cela vous ennuie, envisagez la création d'une fiducie (après avoir obtenu les conseils juridiques appropriés).

5.3.11 Le revenu d'emploi de vos enfants

Envisagez de prêter à votre enfant, sans intérêt, un montant égal au revenu qu'il gagne durant l'été et qu'il dépenserait autrement si ce n'était du prêt que vous lui accordez. Cela permettra à votre enfant d'investir son propre revenu et de gagner ainsi un revenu de placement qui ne vous sera pas attribué.

Encouragez vos enfants à investir les sommes qu'ils gagnent.

Supposons, par exemple, que votre fille fréquente l'université et qu'elle gagne 20 000 $ au cours de l'été. Supposons aussi que, selon une entente que vous avez conclue avec elle, elle utilise son revenu d'emploi pour payer ses frais de scolarité et ses dépenses courantes. Si vous lui accordez un prêt sans intérêt de 20 000 $, elle pourrait utiliser cette somme pour payer ses frais de scolarité et ses dépenses courantes, et investir l'argent qu'elle a gagné durant l'été. Étant donné que c'est avec son propre revenu qu'elle fait ce placement de 20 000 $, le revenu de placement qu'elle gagne ne vous est pas attribué, mais est imposé à son nom, au taux marginal qui s'applique dans son cas (ou peut même être exonéré d'impôt, si son revenu total est suffisamment bas). Vous pouvez répéter cette opération chaque année au cours de laquelle votre fille poursuit des études universitaires. Lorsqu'elle aura fini ses études, elle pourra, grâce aux fonds qu'elle aura investis, vous rembourser la totalité des prêts que vous lui aurez accordés. Vous pourriez également réduire chaque année le montant du prêt, puisque ses revenus de placement lui procureront des fonds additionnels.

5.3.12 Prestation fiscale pour enfants et Prestation universelle pour la garde d'enfants

Les règles d'attribution ne s'appliquent pas aux paiements que votre famille reçoit aux termes du programme de prestation fiscale pour enfants, y compris les montants reçus au titre de la Prestation universelle pour la garde d'enfants à l'égard de tous les enfants âgés de moins de six ans, de même que les prestations pour enfant handicapé (voir 2.3.2 et 2.3.3).

Déposez dans le compte bancaire de votre enfant les montants reçus au titre de la Prestation universelle pour la garde d'enfants.

Par conséquent, vous pouvez diriger ces paiements vers un compte en fiducie au nom de votre enfant, de façon à ce que le revenu de placement qui découle de ces montants soit imposable pour votre enfant. Vous auriez peut-être intérêt à retirer le solde du compte chaque année en vue d'acheter des placements ayant un rendement plus élevé au nom de votre enfant.

5.3.13 Fractionnement du revenu de retraite et des prestations du RPC/RRQ

Présentez un choix commun visant à fractionner le revenu de retraite avec votre conjoint.

Si vous gagnez un revenu admissible au crédit d'impôt pour le revenu de pension (voir 20.3.5), vous pourriez être en mesure de partager un tel revenu avec votre conjoint ayant un revenu moins élevé en présentant un choix commun avec votre déclaration de revenus. Pour obtenir plus de précisions à ce sujet, reportez-vous à la section 20.3.6.

Si votre conjoint et vous-même avez plus de 60 ans, l'un de vous pourrait également fractionner son revenu en demandant que jusqu'à 50 % des prestations de retraite auxquelles il a droit en vertu du RPC/RRQ soient versées au conjoint. Si vous procédez à une telle cession, une partie des prestations du conjoint cessionnaire est automatiquement versée au conjoint cédant, et les règles d'attribution ne s'appliqueront pas. Pour plus de détails, voir 20.3.1.

5.3.14 Payez vos enfants qui ont 18 ans et plus lorsqu'ils vous rendent des services de garde d'enfants

Réclamez à titre de frais de garde d'enfants le salaire que vous payez à vos enfants d'âge adulte pour les services de garde qu'ils vous rendent.

Nous avons abordé la déduction pour frais de garde d'enfants à la section 2.3.4. Aucune déduction n'est permise à l'égard des paiements que vous versez à une personne de moins de 18 ans qui vous est liée. Par ailleurs, dès que vos enfants atteignent l'âge de 18 ans, si vous êtes le conjoint au revenu le moins élevé, vous pouvez réclamer les montants payés pour les services de garde d'enfants qu'ils vous rendent pour vous permettre de gagner un revenu d'emploi ou un revenu d'entreprise. Vos enfants majeurs doivent alors vous remettre un reçu et déclarer à l'impôt le revenu qu'ils ont ainsi gagné.

5.4 Documents de référence

Vous pouvez obtenir un exemplaire des publications techniques suivantes en téléphonant ou en vous présentant à votre bureau des services fiscaux de l'ARC. Vous pouvez trouver plus d'informations, y compris des brochures et formulaires, sur le site Internet de l'ARC à l'adresse *www.cra-arc.gc.ca*.

Bulletin d'interprétation IT-295R4, « Dividendes imposables reçus après 1987 par un conjoint »

Bulletin d'interprétation IT-307R4, « Régimes enregistrés d'épargne-retraite au profit de l'époux ou du conjoint de fait »

Bulletin d'interprétation IT-335R2, « Paiements indirects »
Bulletin d'interprétation IT-369RSR – S.R., « Attribution du revenu provenant d'une fiducie à un auteur ou à un disposant »
Bulletin d'interprétation IT-510, « Transferts et prêts de biens faits après le 22 mai 1985 à un mineur lié »
Bulletin d'interprétation IT-511R, « Transferts et prêts de biens entre conjoints et dans certains autres cas »

C H A P I T R E 6

Gains et pertes en capital

- Dans la mesure du possible, classez vos gains dans la catégorie des gains en capital et vos pertes, dans celle des pertes d'entreprise (6.1)

- Exercez le choix à l'égard des titres canadiens pour que les gains découlant de vos opérations boursières soient considérés comme des gains en capital (6.1)

- Envisagez de reporter après la fin de l'année la vente d'un bien ou d'une partie d'un bien en vue de reporter l'impôt sur les gains en capital (6.2.1)

- Si vous avez des pertes en capital nettes inutilisées, reportez-les rétrospectivement ou prospectivement pour compenser les gains en capital imposables (6.2.2)

- Reportez les pertes déductibles au titre d'un placement d'entreprise inutilisées en vue de réduire le revenu imposable (6.2.3)

- « Purifiez » votre société de façon à créer des actions de petite entreprise admissibles à l'exonération de 750 000 $ (6.3.1)

- Planifiez votre déduction pour gains en capital lorsque vous avez une PNCP (6.3.3)

- Si vous n'avez pas reçu la totalité du produit de la vente d'un bien, déduisez une réserve au titre des gains en capital (6.4.1)

- Envisagez un changement de propriétaire de la résidence principale afin de mettre les gains sur les biens récréatifs à l'abri de l'impôt (6.4.2)

- Exercez le choix vous permettant de désigner comme résidence principale la maison que vous donnez à bail (6.4.2)

- Examinez les avantages du report d'impôt pour les gains en capital sur les placements dans des petites entreprises admissibles (6.4.3)

Les gains et pertes en capital reçoivent un traitement particulier aux termes du régime fiscal fédéral. En réalité, les gains en capital sont imposés à un taux moins élevé qu'un revenu ordinaire, et les particuliers ont droit à une exonération des gains en capital sur certains biens.

Les règles sont substantiellement les mêmes aux fins fiscales québécoises. Dans le présent chapitre, nous décrivons les règles générales qui s'appliquent aux gains et aux pertes en capital, pour ensuite jeter un coup d'œil à certaines possibilités de planification disponibles.

6.1   Qu'entend-on par « capital »?

Avant d'aborder les règles qui s'appliquent aux gains et aux pertes en capital, il serait bon de savoir ce que désigne le terme « capital ». Un bien en capital est un bien dont la vente donne lieu à un gain ou à une perte en capital. Par ailleurs, il y a aussi les biens qui, lorsqu'ils sont vendus, donnent lieu à un gain qui est entièrement inclus dans le revenu à titre de revenu d'entreprise. Par exemple, si vous spéculez sur des biens immeubles et que vous achetez et vendez ainsi un bon nombre de propriétés, les gains réalisés à l'occasion de ces ventes constitueront probablement un revenu d'entreprise, plutôt qu'un gain en capital.

Il n'existe aucune règle claire qui indique en quoi consiste un bien en capital. La *Loi de l'impôt sur le revenu* se contente de définir une « entreprise » comme étant « un projet comportant un risque ou une affaire de caractère commercial ». Au fil des ans, les tribunaux ont élaboré des directives desquelles se dégage un tableau général. Si vous achetez un bien dans l'intention de le revendre, surtout si vous le vendez rapidement et que vous concluez plusieurs opérations de ce genre, votre revenu est susceptible d'être considéré comme un revenu d'entreprise. Si, d'autre part, vous achetez un bien dans l'intention de gagner un revenu (p. ex., un loyer ou des dividendes), surtout si un tel achat constitue une opération isolée et que vous conservez ce bien longtemps, le gain réalisé à la vente de ce bien est susceptible d'être considéré comme un gain en capital.

> Dans la mesure du possible, classez vos gains dans la catégorie des gains en capital et vos pertes, dans celle des pertes d'entreprise.

Comme nous le verrons à la section 6.2.1, la plupart des gains en capital ne sont imposés qu'à la moitié et les gains réalisés sur certaines actions de petite entreprise et sur certains biens agricoles ou de pêche sont admissibles à l'exonération de 750 000 $ pour gains en capital (voir 6.3); il est donc grandement préférable de réaliser des gains en capital que d'avoir un revenu ordinaire. Par ailleurs, étant donné que les pertes en capital ne peuvent être utilisées que pour contrebalancer les gains en capital (voir 6.2.2), elles sont d'une utilité restreinte contrairement aux pertes d'entreprise qui peuvent être déduites d'autres revenus.

Par conséquent, dans la mesure permise par la loi, vous devriez tenter de classer vos gains dans la catégorie des gains en capital et vos pertes, dans celle des pertes d'entreprise. Par exemple, si vous achetez ou vendez un titre sur le marché boursier, la façon dont vous classez l'opération pourrait dépendre de son résultat (gain ou perte). Lorsque vous êtes près de la limite qui départage les revenus d'entreprise et les gains en capital, vous avez une certaine marge de manœuvre qui vous permet de classer le résultat de l'opération dans l'une ou l'autre catégorie. Vous devez cependant faire preuve de cohérence : deux opérations essentiellement identiques ne peuvent entraîner un gain en capital dans un cas et une perte d'entreprise dans l'autre cas.

Par exemple, si vous achetez et vendez des biens immeubles et que vous réussissez bien dans ce domaine, gardez en dossier des données qui vous permettront d'établir que vous concluez alors des opérations en capital. Ainsi, vous voudrez être en mesure de démontrer que vous n'achetez de tels biens que pour leur seule valeur de placement, comme biens locatifs, et que la vente d'un tel bien, le cas échéant, n'était pas prévue au départ, mais dictée par les circonstances.

Si l'ARC soumet votre déclaration de revenus à une vérification et conteste la façon dont vous avez classé ces opérations, elle pourrait vous faire parvenir un avis de nouvelle cotisation. Vous devrez alors décider soit de contester cette nouvelle cotisation, en produisant un avis d'opposition (voir 9.4.1), soit de l'accepter et de payer l'impôt que vous auriez payé à l'origine, plus les intérêts. Si vous n'êtes pas certain qu'un de vos biens constitue ou non une immobilisation, vous devriez consulter vos conseillers professionnels.

Si vous voulez vous assurer que les gains découlant de vos opérations boursières soient toujours considérés comme des gains en capital, plutôt que comme un revenu d'entreprise, vous pouvez produire un « Choix visant la disposition de titres canadiens » (le formulaire T123) en même temps que votre déclaration de revenus de quelque année que ce soit. L'exercice d'un tel choix empêchera l'ARC et Revenu Québec de soutenir que vous achetez des titres dans le but de les vendre et que vous réalisez de ce fait un revenu d'entreprise, plutôt que des gains en capital.

À partir du moment où vous produisez ce formulaire, *tous* les « titres canadiens » que vous détenez sont considérés comme des immobilisations, et le seront pour le reste de votre vie. Constituent généralement de tels titres, entre autres, les actions de sociétés canadiennes, les placements dans des fonds communs de placement ainsi que les obligations, débentures et autres titres d'emprunt émis par des particuliers ou des sociétés résidant au Canada (à l'exception des sociétés qui vous sont liées). Certains contribuables, notamment les négociants et les courtiers en valeurs mobilières, n'ont pas le droit d'exercer le choix dont il est ici question.

> Exercez le choix à l'égard des titres canadiens pour que les gains découlant de vos opérations boursières soient considérés comme des gains en capital.

L'exercice de ce choix entraîne cependant un inconvénient : vous ne pourrez jamais, par la suite, déduire comme « pertes d'entreprise » les pertes que vous subirez à l'égard de vos titres canadiens. Puisqu'il est généralement difficile de déduire des pertes d'entreprise à l'égard d'actions, cela ne présente peut-être pas de problème pour vous. Pour déterminer l'incidence d'un tel choix, vous devriez évaluer votre situation financière dans son ensemble et obtenir les conseils d'un expert.

6.2 Gains et pertes en capital

6.2.1 Gains en capital ordinaires

Un gain en capital n'est réalisé qu'à la vente d'un bien (ou à sa disposition présumée en vertu de règles spéciales, comme nous le verrons à la section 6.4.4). Ainsi, si vous détenez un bien locatif dont la valeur a décuplé, vous ne payez pas d'impôt sur sa plus-value tant que vous ne le vendez pas. Le gain en capital n'est imposé que dans l'année où le bien est vendu.

La méthode de calcul d'un gain en capital est facile à comprendre. Du produit de la disposition (soit, normalement, le prix de vente), soustrayez les frais de vente (p. ex., les commissions) et le « prix de base rajusté »; la différence constitue le gain en capital. Dans la plupart des cas, le prix de base rajusté représente simplement le coût du bien, mais ce coût peut être « rajusté » de plusieurs façons. (Pour le calcul du prix de base rajusté d'une participation dans une société de personnes, voir 11.3.5.) Si vous avez produit un choix dans le but d'utiliser une partie de votre exonération des gains en capital (voir 6.3), le « prix de base rajusté » sera plus élevé que le coût réel.

Les gains en capital sont, en effet, imposés à un taux moins élevé que le revenu ordinaire, car seule la part imposable du gain en capital, qui correspond à la moitié du gain, est incluse dans le revenu.

> **Exemple**
>
> Rachel a payé 5 000 $ (y compris la commission) pour des actions de la Banque TD, qu'elle a achetées en 2006. Le 1er mars 2012, elle vend ces actions 6 100 $, montant sur lequel son courtier prélève une commission de 100 $.
>
> En 2012, Rachel réalise un gain en capital de 1 000 $. Le gain en capital imposable s'élève à la moitié de 1 000 $, soit 500 $, et est inclus dans le revenu de Rachel aux fins de l'impôt.

Dans les chapitres précédents, nous avons fait mention des taux marginaux d'imposition du revenu ordinaire. Dans le cas des gains en capital, qui ne sont imposés qu'à la moitié, les taux d'imposition effectifs sont approximativement les suivants :

Tranche de revenu	Revenu d'emploi	Gains en capital (1/2)
10 822 $ à 43 000 $	25 %	12,5 %
43 000 $ à 85 000 $	35 %	17,5 %
85 000 $ à 132 000 $	41 %	20,5 %
132 000 $ et plus	45 %	22,5 %

Les taux et les tranches d'imposition exacts varient d'une province à l'autre.

Si vous avez des gains en capital très importants, les règles relatives à l'impôt minimum peuvent s'appliquer. Voir la section 7.6.

Si vous vendez un bien après la fin de l'année, l'impôt sur le gain en capital ne sera payable qu'un an plus tard, ce qui vous permettra d'utiliser ces fonds pendant une année supplémentaire, sauf dans la mesure où vous êtes tenu de verser des acomptes provisionnels (voir 9.1.2). Si vous vendez un bien le 31 décembre 2012, vous serez tenu de payer l'impôt au plus tard le 30 avril 2013, tandis que, si vous vendez un bien le 1er janvier 2013, vous serez tenu de payer l'impôt au plus tard le 30 avril 2014.

> Envisagez de reporter après la fin de l'année la vente d'un bien ou d'une partie d'un bien en vue de reporter l'impôt sur les gains en capital.

Notez que la plupart des opérations du marché boursier et obligataire sont réglées trois jours ouvrables après leur conclusion. (Cette pratique est courante dans l'industrie des valeurs mobilières et est acceptée par l'ARC.) Étant donné que les fins de semaine et les jours fériés peuvent modifier la détermination des « jours ouvrables », si vous prévoyez effectuer des opérations de valeurs mobilières de dernière minute en 2012, envisagez la possibilité de conclure toutes les opérations avant Noël et assurez-vous de vérifier la date de règlement auprès de votre courtier.

Dans certains cas, vous pourrez décider de vendre la moitié d'un actif à la fin de décembre et l'autre, au début de janvier. Ainsi, vous répartirez le gain en capital sur deux années, ce qui peut être avantageux pour deux raisons. Premièrement, vous pourriez peut-être réduire le taux marginal d'impôt auquel vous serez assujetti pendant ces deux années, si vous maintenez votre revenu imposable total en deçà du seuil de la tranche d'imposition la plus élevée (soit environ 132 000 $ pour 2012) pour les deux années. Deuxièmement, vous pourriez peut-être aussi éviter l'impôt minimum, grâce à l'exemption de base de 40 000 $ qui est disponible aux fins de l'impôt minimum chaque année (voir 7.6).

6.2.2 Pertes en capital ordinaires

Une perte en capital se produit lorsque le calcul du gain en capital donne lieu à un montant négatif, ce qui veut dire que le prix de base rajusté est supérieur au produit de disposition moins les frais de vente. Tout comme les gains en capital sont moins lourdement imposés que votre revenu ordinaire, vos pertes en capital vous sont moins utiles que vos pertes (d'entreprise) ordinaires.

Une perte en capital déductible est égale à *la moitié* d'une perte en capital. Cette perte peut être déduite des gains en capital imposables. En temps normal, elle *ne peut* être déduite d'autres revenus si vous n'avez pas de gains en capital.

> **Exemple**
>
> Bertrand gagne un salaire annuel de 90 000 $. En octobre 2012, il vend pour 5 000 $, déduction faite des commissions, certaines actions d'une société minière qui lui avaient coûté 2 000 $ plusieurs années auparavant. En novembre 2012, il vend quelques actions d'une société Internet qu'il avait payées 18 000 $ en 2000, mais il n'en reçoit que 9 000 $ en raison de la baisse de leur cours.
>
> Bertrand a réalisé un gain en capital de 3 000 $ sur les actions, ce qui représente un gain en capital imposable de 1 500 $. Il a cependant subi une perte en capital de 9 000 $ sur ses actions de la société Internet, ce qui représente une perte en capital déductible de 4 500 $. Cette perte élimine donc complètement le gain en capital imposable. Bertrand ne peut cependant pas utiliser le solde de 3 000 $ de perte en capital déductible pour réduire son revenu d'emploi de 90 000 $. Il ne peut utiliser ce solde que pour réduire les gains en capital imposables réalisés au cours d'autres années, comme nous le verrons ci-dessous.

> Si vous avez des pertes en capital nettes inutilisées, reportez-les rétrospectivement ou prospectivement pour compenser les gains en capital imposables.

Les pertes en capital déductibles qui ne peuvent être utilisées au cours d'une année donnée (comme dans l'exemple ci-dessus) peuvent être reportées rétrospectivement et déduites des gains en capital imposables de l'une ou l'autre des trois années antérieures, à condition que l'exonération des gains en capital n'ait pas été utilisée au cours de cette année antérieure. Les pertes en capital déductibles peuvent aussi être reportées prospectivement, sur une période indéfinie, et être déduites des gains en capital imposables de toute année future. Le taux d'inclusion pour les reports de pertes (p. ex., dans le cas des pertes subies avant le 20 octobre 2000, alors que le taux d'inclusion était plus élevé) est rajusté en fonction du taux d'inclusion de l'année d'imposition au cours de laquelle ils sont utilisés.

Si vous avez des pertes en capital nettes qui ne peuvent être déduites pendant l'année en cours, voyez si vous pouvez les reporter rétrospectivement sur l'une ou l'autre de vos trois déclarations de revenus précédentes. Lorsque vous lui présentez une demande de cette nature, l'ARC (et Revenu Québec) est tenue de rouvrir votre dossier et d'émettre un avis de nouvelle cotisation. Veillez aussi à effectuer un suivi de toute perte de ce genre que vous ne pouvez reporter rétrospectivement, afin de la reporter prospectivement et de l'utiliser au cours d'années futures.

6.2.3 Pertes déductibles au titre d'un placement d'entreprise

La règle générale, selon laquelle les pertes en capital déductibles ne peuvent être déduites du revenu ordinaire, comporte une exception relativement aux pertes déductibles au titre d'un placement d'entreprise qui se produisent en rapport avec des actions ou titres de créance d'une société exploitant une petite entreprise.

L'expression « société exploitant une petite entreprise » a un sens bien précis dans la *Loi de l'impôt sur le revenu*. En fait, il n'est pas nécessaire que la société soit « petite ». Elle doit toutefois répondre à certains critères, c'est-à-dire résider au Canada, être une société privée, n'être d'aucune façon contrôlée par des non-résidents ou par des sociétés publiques, ne pas être inscrite à la cote de l'une des bourses canadiennes ou des quelque 25 bourses étrangères qui existent et, surtout, utiliser la totalité, ou presque (soit 90 % ou plus, selon l'ARC), de la valeur de ses éléments d'actif dans une entreprise exploitée de façon active principalement au Canada. Ces éléments d'actif peuvent comprendre des actions et titres de créance d'autres sociétés exploitant une petite entreprise.

Une perte en capital en rapport avec les actions ou les titres de créance d'une société exploitant une petite entreprise (y compris, dans certains cas, le simple constat que la créance est devenue douteuse et ne sera pas remboursée) constitue une « perte au titre d'un placement d'entreprise ». La moitié d'une telle perte constitue une « perte déductible au titre d'un placement d'entreprise » (PDTPE), qui peut être déduite de tout autre revenu, tel qu'un revenu d'emploi ou un revenu de placement. Cependant, le montant de la PDTPE qui peut être déduit d'autres revenus doit être réduit de toute exonération des gains en capital réclamée au cours d'années antérieures. Le montant de cette réduction est considéré comme une perte en capital déductible pouvant être déduite des gains en capital imposables. En outre, si une PDTPE est déduite d'autres revenus, vous devez réaliser au cours d'années ultérieures des gains en capital imposables d'un montant égal avant de pouvoir utiliser de nouveau l'exonération des gains en capital. La possibilité de se prévaloir d'une PDTPE constitue un encouragement supplémentaire à investir dans des entreprises privées canadiennes.

Mélanie exploite une entreprise, soit un magasin de vêtements dont elle est la propriétaire et dont elle tire un revenu net d'entreprise de 120 000 $ par année. En 1998, Mélanie a investi 20 000 $ dans des actions de Bijouterie XYZ Ltée, société dirigée par son frère et qui répond à la définition de « société exploitant une petite entreprise ». En décembre 2012, cette société fait faillite et les actions que Mélanie détient perdent toute leur valeur.

En 2012, Mélanie subit donc une perte au titre d'un placement d'entreprise de 20 000 $. Cette perte donne lieu à une perte déductible au titre d'un placement d'entreprise de 10 000 $, qu'elle peut déduire de son revenu d'entreprise de 120 000 $. Pour 2012, elle sera donc imposée comme si elle n'avait gagné que 110 000 $.

Reportez les pertes déductibles au titre d'un placement d'entreprise inutilisées en vue de réduire le revenu imposable.

Les pertes déductibles au titre d'un placement d'entreprise que vous ne pouvez pas utiliser entièrement (parce que votre revenu est insuffisant) reçoivent un traitement semblable à celui des pertes d'entreprise (voir 11.4.1), c'est-à-dire qu'elles peuvent être reportées soit rétrospectivement et être déduites de votre revenu de l'une ou l'autre des trois années antérieures (même si vous avez déjà produit des déclarations de revenus et payé des impôts pour ces années-là), soit prospectivement et être déduites de votre revenu de l'une ou l'autre des 10 années suivantes. Tout solde inutilisé à la fin de la dixième année devient une perte en capital déductible.

6.3 Exonération des gains en capital

Chaque particulier (mais non une fiducie ou société) a droit à une « exonération à vie pour gains en capital » pouvant atteindre 750 000 $ qui s'applique à certaines actions de petite entreprise et à certains biens agricoles ou de pêche.

Dans la *Loi de l'impôt sur le revenu* et dans les formulaires de l'ARC, l'exonération est appelée *déduction* pour gains en capital. Lorsque cette exonération s'applique, le gain en capital imposable est quand même inclus dans le revenu aux fins de l'impôt (voir 6.2.1), mais il est compensé par une déduction du revenu net qui entre dans le calcul du « revenu imposable », dernière étape de la déclaration de revenus avant le calcul de l'impôt et des crédits d'impôt (voir 2.1.1).

Veuillez prendre note que l'exonération de 750 000 $ à laquelle vous avez droit au cours de votre vie se limite au total des gains réalisés au titre d'actions admissibles de petite entreprise et d'entreprises familiales agricoles ou de pêche. Si, par exemple, vous avez déjà réclamé une déduction de 600 000 $ en 2012 à l'égard de gains réalisés sur des actions de petite entreprise, le maximum de la déduction à laquelle vous auriez droit concernant d'autres actions admissibles de petites entreprises, des biens agricoles ou de pêche admissibles serait de 150 000 $.

6.3.1   Actions admissibles de petite entreprise

Jusqu'à 750 000 $ de gains en capital sur les « actions admissibles de petite entreprise » peuvent être exonérés d'impôt.

La section 6.2.3 traite du sens donné à l'expression « société exploitant une petite entreprise ». La définition d'« action admissible de petite entreprise » est fort complexe. En termes très généraux :

- la totalité, ou presque (soit 90 % ou plus de la valeur, selon l'ARC), des éléments d'actif de l'entreprise doivent servir à exploiter activement une entreprise au Canada, ou constituer des actions et des titres de créance d'autres sociétés exploitant une petite entreprise (ou toute combinaison de ces éléments);
- les actions ne doivent avoir été la propriété de nul autre que vous-même ou d'une personne qui vous est « liée », tout au long de la période de deux ans précédant le moment où vous les vendez;
- tout au long de cette période de deux ans, plus de 50 % des éléments d'actif de la société doivent avoir été utilisés principalement dans une entreprise exploitée activement au Canada ou investis dans d'autres sociétés exploitant une petite entreprise (ou toute combinaison de ces éléments).

Consultez votre conseiller fiscal qui vous indiquera en détail comment ces règles s'appliquent aux actions que vous détenez.

Exemple

Frédéric n'a jamais utilisé son exonération des gains en capital dans le passé. Il détient toutes les actions d'une entreprise. Il a acquis ces « actions admissibles de petite entreprise » à l'origine pour une somme de 20 000 $. Le 1er mars 2012, Frédéric vend ces actions 200 000 $.

Frédéric réalise un gain en capital de 180 000 $. La moitié du gain, soit 90 000 $, est inclus dans le revenu de Frédéric pour 2011, mais comme il lui est permis d'inscrire une déduction pour gains en capital de 90 000 $ dans le calcul de son « revenu imposable », il ne paie aucun impôt supplémentaire, sauf peut-être l'impôt minimum (voir 7.6). Sur l'exonération de 750 000 $ à vie qui sera entièrement disponible en 2012, Frédéric pourra encore réaliser 570 000 $ (soit 750 000 $ moins 180 000 $) de gains en capital, ou 285 000 $ de gains en capital imposables, qui pourront être exonérés d'impôt dans l'avenir.

Comme nous le voyons dans cet exemple, il importe peu que vous considériez que l'exonération couvre 750 000 $ de gains en capital (dans cet exemple, 180 000 $ plus 570 000 $), ou 375 000 $ de gains en capital imposables (90 000 $ plus 285 000 $), puisque cela revient au même.

« Purifiez » votre société de façon à créer des actions de petite entreprise admissibles à l'exonération de 750 000 $.

Si vous possédez des actions d'une petite entreprise que vous envisagez de vendre ou de transférer à vos enfants, vous devriez déterminer si elles sont admissibles à l'exonération pour gains en capital. Vous devrez peut-être effectuer certaines démarches dans le but de « purifier » la société de telle façon qu'elle satisfasse aux critères énoncés plus haut.

Pour tirer parti de cette exonération, il est également possible de transférer à une société, en franchise d'impôt, les éléments d'actif d'une entreprise que vous exploitez personnellement (entreprise individuelle non constituée en société par actions). Avant de procéder à un tel transfert (désigné par l'expression « roulement en vertu de l'article 85 ») ou de conclure quelque autre opération permettant de « cristalliser » ou de geler l'exonération (voir 14.1), il est essentiel de faire appel à un spécialiste.

Si vous possédez des actions admissibles d'une société exploitant une petite entreprise et que cette société fait un appel public à l'épargne, vous pouvez faire un choix spécial qui vous permet de profiter néanmoins de l'exonération des gains en capital sans avoir à vendre ces actions. (Dès qu'une société devient ouverte, ses actions ne sont plus admissibles aux fins de l'exonération.)

6.3.2 Biens agricoles et biens de pêche admissibles

L'exonération de 750 000 $ pour gains en capital s'applique généralement aux biens utilisés par une entreprise familiale agricole ou de pêche qui répondent à certaines conditions. De façon générale, le bien sera admissible si vous l'avez détenu pendant au moins deux ans, si vous l'avez utilisé dans le cadre de l'exploitation d'une entreprise agricole ou de pêche de façon régulière et continue, et si vous avez gagné un revenu brut de l'agriculture ou de la pêche plus élevé que vos revenus d'autres sources. (Si vous avez acquis un bien agricole avant le 18 juin 1987 et que vous-même ou un membre de votre famille l'avez utilisé dans le cadre de l'exploitation d'une entreprise agricole, soit dans l'année de sa disposition, soit dans l'une ou l'autre des cinq années précédentes, ce bien constitue un bien agricole admissible.) Des règles semblables s'appliquent également pour permettre l'exonération des gains réalisés à la vente d'actions du capital-actions d'une société familiale agricole ou de pêche ou d'une participation dans une société de personnes familiale agricole ou de pêche.

Si vous détenez des biens agricoles ou de pêche que vous envisagez de vendre, vous devriez demander les conseils d'un professionnel afin de déterminer si vous êtes admissible à l'exonération de 750 000 $ pour gains en capital.

6.3.3 Restrictions quant à l'utilisation de l'exonération

La *Loi de l'impôt sur le revenu* renferme des règles qui visent à empêcher les contribuables de tirer indûment parti de l'exonération des gains en capital. Comme son nom l'indique, l'exonération vise à faire en sorte que les gains en capital soient exonérés d'impôt. Toutefois, si vous parvenez à exploiter le régime d'imposition des gains en capital de façon telle que vous puissiez déduire une partie des pertes en capital d'autres revenus, les règles vous empêcheront de vous prévaloir également de l'exonération. Nous étudierons cette question en détail dans la présente section.

Pertes déductibles au titre d'un placement d'entreprise

Si vous avez des pertes déductibles au titre d'un placement d'entreprise (voir 6.2.3), vous perdez votre recours à l'exonération des gains en capital dans la mesure où ces pertes sont ou peuvent être déduites de votre revenu ordinaire; on considère, en effet, que de telles pertes devraient d'abord s'appliquer à l'encontre de vos gains en capital imposables. En d'autres mots, vous ne pouvez pas, en même temps, mettre un gain à l'abri de l'impôt, au moyen de l'exonération des gains en capital, et appliquer également des pertes déductibles au titre d'un placement d'entreprise en réduction de vos autres revenus.

Perte nette cumulative sur placements (PNCP)

Comme nous le verrons à la section 7.2.3, les frais d'intérêt que vous payez sont déductibles si vous avez contracté un emprunt pour investir dans des actions. Même si la véritable raison pour laquelle vous achetez ces actions est de réaliser des gains en capital, le simple fait que ces actions *puissent* rapporter des dividendes (qui constituent un revenu tiré d'un bien) constitue un motif suffisant pour permettre que les frais d'intérêt soient déductibles à titre d'intérêts sur un emprunt contracté afin de gagner un revenu tiré d'un bien.

Les autorités fiscales jugent qu'il est inéquitable que des contribuables soient en mesure de contracter des emprunts importants, de déduire les intérêts et d'utiliser les fonds empruntés pour acheter des actions qui prendront de la valeur et qui leur permettront de réaliser un gain en capital libre d'impôt, grâce à l'exonération des gains en capital. Cette pratique, considérée comme un double avantage, n'est pas permise.

La déduction pour gains en capital que vous réclamez (qui, comme nous l'avons vu, entre normalement dans le calcul de votre « revenu imposable ») est donc réduite du montant de votre perte nette cumulative sur placements (PNCP), en application du principe suivant lequel, si vous empruntez de l'argent pour acquérir un placement et que la valeur de celui-ci s'accroît, vous ne devriez pas pouvoir bénéficier à la fois de l'exonération des gains en capital et de la déduction au titre des intérêts que vous payez en rapport avec cet emprunt.

En réalité, le calcul est plus compliqué. Votre PNCP est égale à la totalité de vos frais de placements moins la totalité de vos revenus de placement, cumulatifs depuis le 1er janvier 1988. Les « frais de placements » comprennent les intérêts que vous avez déduits, les honoraires des conseillers en placement, les pertes d'une société de personnes (sauf si vous en êtes un associé actif), les pertes résultant de la location de biens locatifs et la plupart des pertes déductibles en raison d'abris fiscaux. Les revenus de placement comprennent les intérêts, les dividendes (« majorés », comme il est expliqué à la section 7.1.2), les revenus de location et les revenus d'une société de personnes dont vous n'êtes pas un associé actif.

Frédéric n'a utilisé aucune partie de son exonération des gains en capital dans le passé, mais a réclamé un total net de 10 000 $ en frais de placements depuis 1995, de sorte que le solde de sa PNCP s'établit à 10 000 $. Il détient toutes les actions d'une société. Il a acquis ces actions admissibles de petite entreprise pour une somme de 20 000 $. Le 1er mars 2012, Frédéric vend les actions pour une somme de 200 000 $.

Le gain en capital s'établit à 180 000 $. La moitié du gain, soit 90 000 $, s'ajoute au revenu de Frédéric pour 2012. En raison de son solde de 10 000 $ au titre de la PNCP, la déduction pour gains en capital qu'il peut réclamer n'est que de 80 000 $ et non de 90 000 $.

En fait, Frédéric doit « éliminer » le solde de sa PNCP et payer l'impôt sur 10 000 $ avant de pouvoir recourir à l'exonération des gains en capital.

Remarquez que la restriction relative à la PNCP s'applique même en l'absence de lien entre les frais de placements et le gain en capital. Cependant, les gains en capital imposables qui sont effectivement imposés (parce que vous ne pouvez ou ne voulez pas réclamer la déduction pour gains en capital) réduisent, en fait, l'incidence du solde de votre PNCP.

Remarquez aussi que le calcul de l'exonération (et de la PNCP) est fait à la *fin* de l'année. Il est donc possible que vous réalisiez un gain en capital que vous croyez exonéré d'impôt, mais à l'égard duquel vous ne pouvez recourir à l'exonération des gains en capital, en raison du fait que, plus tard au cours de la même année, vous « créez » un solde de PNCP. Ainsi, si vous avez un solde de PNCP, envisagez de le réduire ou de l'éliminer avant la fin de l'année. Vous pouvez le faire en augmentant votre revenu de placement. Par exemple, si vous êtes propriétaire exploitant d'une entreprise constituée en société par actions (voir chapitre 14), vous pourriez peut-être réduire votre salaire et augmenter les dividendes que la société vous verse; vous pourriez ainsi éliminer le solde de votre PNCP. Si vous en avez la possibilité, vous pourriez également vous faire verser des revenus d'intérêts à l'avance, avant la fin de l'année, ou reporter les versements d'intérêts déductibles après le 31 décembre, de façon à réduire votre PNCP.

> Planifiez votre déduction pour gains en capital lorsque vous avez une PNCP.

6.4 Cas particuliers

6.4.1 Réserves

Si vous réalisez un gain en capital à la vente d'un bien, mais que vous ne recevez pas immédiatement la totalité du produit de la disposition, vous pourriez être en mesure de déduire une réserve qui vous permettrait de reporter la constatation de ce gain aux fins fiscales.

Si vous n'avez pas reçu la totalité du produit de la vente d'un bien, déduisez une réserve au titre des gains en capital.

Supposons, par exemple, que vous vendez une maison que vous louiez jusque-là. La maison vous avait coûté 200 000 $. Vous la vendez 400 000 $, mais vous consentez un prêt hypothécaire de 250 000 $. Vous pouvez normalement déduire une réserve pour gains en capital, le montant de cette réserve reflétant la fraction du prix de vente que vous n'avez pas encore touchée. Dans ce cas, comme vous n'avez reçu que la moitié du prix de vente, vous n'aurez à déclarer que la moitié du gain dans l'année de la vente.

Aux termes des règles afférentes aux réserves, vous devez déclarer au moins un cinquième du gain chaque année (cumulativement), afin que la totalité du gain en capital soit déclarée au plus tard la quatrième année suivant celle de la vente. (Lorsque vous vendez un bien agricole ou de pêche à un enfant, une période plus longue est permise en ce qui concerne la réserve pour gains en capital – voir 15.4.3.)

La déduction d'une réserve pourrait vous désavantager si la tranche d'imposition dans laquelle vous vous situerez dans les années futures est plus élevée.

6.4.2 Résidence principale

Le gain qu'un contribuable réalise à la vente de sa maison est normalement exonéré d'impôt, en totalité. L'octroi de l'exonération se fonde sur la définition de « résidence principale », expression qui désigne notamment une maison, une copropriété et une part du capital social d'une société coopérative d'habitation. L'expression englobe également le fonds de terre sous-jacent à la maison, mais, normalement, pas plus d'un demi-hectare (environ 1,2 acre).

Pour qu'une résidence soit admissible, elle doit être « normalement habitée » par vous-même, par votre conjoint ou par un de vos enfants. Par conséquent, l'exonération n'est pas disponible dans le cas d'un bien que vous donnez à bail sans l'avoir jamais habité, ni pour un terrain vacant. Cependant, il n'est pas nécessaire que ce bien constitue votre résidence « principale » au sens littéral du terme. Il peut s'agir d'une maison de campagne, par exemple.

Depuis 1982, chaque famille ne peut avoir, aux fins fiscales, qu'une seule « résidence principale » à la fois. À ces fins, « famille » désigne le contribuable lui-même, son conjoint (ou conjoint de fait ou conjoint de même sexe, comme il est expliqué à la section 2.2.1) et ses enfants célibataires âgés de moins de 18 ans. Par conséquent, si, pendant une période de plusieurs années, vous désignez votre maison à titre de résidence principale, votre conjoint ne peut pas, pour la même période, désigner votre maison de campagne comme résidence principale. (La désignation n'est faite qu'au moment où vous produisez votre déclaration de revenus pour l'année au cours de laquelle vous vendez la propriété; c'est donc à ce moment-là que vous pourrez choisir la propriété au titre de laquelle vous réclamerez l'exonération.)

Si, avant 1982, votre conjoint et vous-même étiez propriétaires de deux résidences (p. ex., une résidence principale et une maison de campagne), vous pourriez structurer vos avoirs de façon à ce que soit exonérée la partie du gain en capital que vous avez réalisé avant 1982 au titre de la résidence secondaire. Avant cette date, chaque contribuable avait droit à une exonération pour résidence principale – le concept d'« unité familiale » n'avait pas encore été adopté. Dans ce cas, le gain accumulé jusqu'au 31 décembre 1981 peut continuer d'être exonéré. Consultez un expert en la matière.

> Envisagez un changement de propriétaire de la résidence principale afin de mettre les gains sur les biens récréatifs à l'abri de l'impôt.

Si vous avez des enfants majeurs, envisagez de leur donner la propriété d'une résidence secondaire. Si vous êtes le propriétaire de votre maison et que votre fils de 19 ans est propriétaire de la maison de campagne, celui-ci pourra la désigner comme sa résidence principale lorsqu'il la vendra. Cependant, au moment où vous transférerez votre maison de campagne à votre fils, vous devrez généralement déclarer la plus-value que cette maison aura acquise depuis le moment où vous l'avez achetée. Vous devrez aussi être conscient des incidences *juridiques* de votre geste – soit le fait de faire le don de votre maison de campagne – avant de vous lancer dans une telle opération à des fins fiscales.

Une exonération est aussi disponible dans certains cas où vous donnez un bien à bail, soit avant, soit après l'avoir utilisé comme votre propre résidence. Si vous déménagez et que vous louez la maison que vous venez de quitter, vous pouvez continuer de la désigner comme votre résidence principale pour une période allant jusqu'à quatre ans (à

> Exercez le choix vous permettant de désigner comme résidence principale la maison que vous donnez à bail.

condition, bien sûr, que vous ne désigniez aucune autre habitation comme résidence principale et que vous produisiez un choix spécial en même temps que votre déclaration de revenus de l'année au cours de laquelle vous commencez à louer votre maison). Si vous déménagez parce que vous-même ou votre conjoint changez de lieu de travail, la période de quatre ans pourra normalement être prolongée de façon indéfinie, à condition que vous reveniez de nouveau dans votre maison lorsque vous quitterez l'emploi en cause.

Si vous achetez une propriété, que vous la louez et que vous vous y installez à une date ultérieure, vous pouvez, dans votre déclaration de revenus de l'année au cours de laquelle vous emménagez, produire un choix spécial vous permettant de reporter le gain en capital qui découlerait normalement du fait qu'une propriété ayant jusque-là servi à gagner un revenu devienne un bien à usage personnel. Si vous faites ce choix, vous pourriez être en mesure d'obtenir une exonération pour la période de quatre ans pendant laquelle cette propriété a été louée.

6.4.3 Report des gains en capital pour les placements dans des petites entreprises admissibles

Examinez les avantages du report d'impôt pour les gains en capital sur les placements dans des petites entreprises admissibles.

Grâce à un incitatif fiscal visant à encourager les placements dans une société exploitant une petite entreprise, les investisseurs individuels peuvent reporter des gains en capital sur un placement dans une petite entreprise lorsque le produit découlant du placement est utilisé pour effectuer d'autres placements dans des petites entreprises. Le gain reporté sert à réduire le coût fiscal du nouveau placement, qui pourrait être assujetti à l'impôt lors de sa disposition ultérieure.

> **Exemple**
>
> Le 31 mars 2012, Éric vend un placement dans des actions admissibles de Bio Ventures Inc. pour un produit de 100 000 $. Comme Éric avait investi 40 000 $ à l'origine dans la société, il réalise un gain en capital de 60 000 $. Si seulement 90 000 $ du produit total sont réinvestis dans les actions de la société de remplacement, Agri Tek Inc., 90 % du gain peut être reporté, soit 54 000 $. Le gain en capital net d'Éric, dont la moitié sera assujettie à l'impôt, est égal à la partie qui ne peut être reportée, soit 6 000 $. Le gain reporté de 54 000 $ réduit le coût des actions de Bio Ventures Inc. pour le porter à 36 000 $, ce qui entraînera un gain éventuellement plus élevé lorsque les actions seront vendues dans le futur.

À l'heure actuelle, il n'y a pas de limites quant au montant total pouvant être réinvesti. Vous pouvez entretenir des liens de dépendance avec la société dans laquelle vous investissez.

Pour être admissible au report, un placement doit viser des actions ordinaires de trésorerie d'une « société exploitant une petite entreprise » (voir 6.2.3). Au moment de l'émission des actions, la valeur comptable totale des actifs de la société et de ceux de toute société liée ne peut excéder 50 millions de dollars. Tout au long de la période durant laquelle l'investisseur détient les actions, la société émettrice doit répondre à la définition d'une « entreprise exploitée activement » admissible (c'est-à-dire que la société doit répondre aux critères d'une société exploitant une petite entreprise, sauf qu'elle n'est pas tenue de demeurer une société privée).

Parmi les autres exigences, l'investisseur doit détenir le placement admissible pendant plus de six mois avant qu'un gain puisse être reporté. Le placement de remplacement doit être acquis en tout temps au cours de l'année de la vente du placement ou dans les 120 jours suivant la fin de l'année de la vente. Par exemple, si vous vendez un placement en 2012, vous devez en acquérir un autre au plus tard le 30 avril 2013 pour être admissible au report.

6.4.4   Autres règles

Décès – À votre décès, vous êtes réputé, aux fins fiscales, avoir vendu vos immobilisations à leur juste valeur marchande courante, ce qui donne lieu à un gain en capital sur toute plus-value accumulée depuis leur acquisition. Le traitement des gains en capital au décès est analysé en détail à la section 22.2.3.

Transferts à des personnes avec lesquelles il existe un lien de dépendance – Lorsque vous donnez ou vendez un bien à un membre de votre famille, vous êtes normalement réputé avoir reçu la juste valeur marchande de ce bien, et tout gain (ou perte) en capital accumulé au titre de ce bien doit être déclaré aux fins fiscales. Cependant, si vous transférez le bien à votre conjoint, ce bien est normalement réputé avoir été vendu au prix coûtant, à moins que vous ne fassiez le choix de réaliser un gain. Cette règle s'applique également aux conjoints de fait et aux conjoints de même sexe qui répondent aux critères énoncés à la section 2.2.1.

Biens à usage personnel – Vous ne pouvez pas déclarer de perte en capital sur des biens à usage personnel, sauf s'il s'agit de pertes sur des « biens meubles déterminés » (bijoux, œuvres d'art, timbres, pièces de monnaie ou livres rares), qui ne peuvent être déduites que des gains réalisés sur des biens meubles déterminés.

De même, le prix de base rajusté et le produit de la disposition de biens à usage personnel sont réputés être de 1 000 $, ce qui signifie essentiellement que les gains en capital sur des biens à usage personnel ne s'appliquent que dans la mesure où le prix de vente excède 1 000 $. Le prix de base rajusté réputé et le produit de la disposition réputé de 1 000 $ ne sont pas pris en compte si le bien est acquis dans le cadre d'une entente aux termes de laquelle le bien est donné à titre de don de bienfaisance.

Si vous changez l'utilisation d'un bien à usage personnel pour en faire un bien servant à gagner un revenu, vous êtes normalement réputé l'avoir vendu à sa juste valeur marchande, ce qui vous oblige à déclarer au fisc tout gain en capital accumulé jusqu'au changement d'usage.

Options – Des règles spéciales s'appliquent au calcul des gains en capital que vous réalisez lorsque vous achetez ou octroyez des options (p. ex., sur le marché boursier).

Perte apparente – Si vous vendez un bien (tel que des actions) afin de réaliser une perte en capital et si, dans les 30 jours précédant ou suivant cette vente, vous-même faites l'acquisition, ou votre conjoint ou une société contrôlée par l'un de vous fait l'acquisition d'un bien identique, la perte en capital constitue une « perte apparente » qu'il est interdit de déduire aux fins fiscales et qui s'ajoute au coût du bien identique.

Produit tiré d'une assurance ou indemnité en cas d'expropriation – Si un bien vous appartenant est perdu ou détruit, ou fait l'objet d'une expropriation, le produit de l'assurance ou l'indemnité reçue par suite de l'expropriation est considéré comme un produit de disposition aux fins du calcul décrit à la section 6.2.1.

Dons de bienfaisance – Si vous faites don de certaines immobilisations à un organisme de bienfaisance enregistré, il est possible que vous n'ayez aucun impôt à payer sur les gains en capital inhérents; vous pouvez néanmoins obtenir un crédit d'impôt pour la valeur totale de ce don (voir 8.3.2).

Biens antérieurs à 1972 – Si vous avez des biens dont vous avez acquis la propriété avant 1972, donc à une époque à laquelle les gains en capital n'étaient pas imposés, seuls les gains accumulés depuis la fin de l'année 1971 seront imposés. Dans le cas des actions cotées en bourse, l'évaluation est très facile; dans celui des biens immeubles et des actions de sociétés fermées, l'évaluation au 31 décembre 1971 peut être plus difficile à accomplir. Lorsque vous déclarerez un tel gain, vous devrez faire une estimation de la valeur du bien à cette date et utiliser cette valeur comme étant le coût du bien (en supposant que ce coût est plus élevé que le prix que ce bien vous a réellement coûté).

6.5 Documents de référence

Vous pouvez obtenir un exemplaire des publications techniques suivantes en téléphonant ou en vous présentant à votre bureau des services fiscaux de l'ARC. Vous pouvez trouver plus d'informations, y compris des brochures et formulaires, sur le site Internet de l'ARC à l'adresse *www.cra-arc.gc.ca*.

Bulletin d'interprétation IT-120R6, « Résidence principale »

Bulletin d'interprétation IT-133, « Opérations boursières – Date de disposition des actions »

Bulletin d'interprétation IT-170R, « Vente de biens – Quand elle doit être incluse dans le calcul du revenu »

Bulletin d'interprétation IT-218R, « Bénéfices, gains en capital et pertes provenant de la vente de biens immeubles, y compris les terres agricoles et les terres transmises par décès et la conversion de biens immeubles qui sont des biens en immobilisation figurant dans un inventaire et vice versa »

Bulletin d'interprétation IT-232R3, « Déductibilité des pertes dans l'année de la perte ou dans d'autres années »

Bulletin d'interprétation IT-387R2, « Sens de l'expression biens identiques »

Bulletin d'interprétation IT-456R, « Biens en immobilisation – Certains rajustements du prix de base »

Bulletin d'interprétation IT-459, « Projet comportant un risque ou une affaire de caractère commercial »

Bulletin d'interprétation IT-479R, « Transactions de valeurs mobilières »

Bulletin d'interprétation IT-484R2, « Pertes au titre d'un placement d'entreprise »

C H A P I T R E 7

Placements

- Envisagez d'acquérir des actions privilégiées afin de réduire le taux d'imposition global (7.1.2)
- Si vous êtes le conjoint ayant le revenu le plus élevé, envisagez de déclarer le revenu de dividendes de votre conjoint dans votre propre déclaration de revenus (7.1.6)
- Examinez les avantages pouvant découler du fait d'investir dans un plan de réinvestissement de dividendes (7.1.7)
- Faites en sorte que des impôts soient reportés en acquérant des titres de placement venant à échéance peu après la fin de l'année (7.2.1)
- Structurez vos placements de façon à ce que les intérêts soient déductibles (7.2.3)
- Envisagez la possibilité de souscrire une police d'assurance-vie exonérée (7.3.3)
- Ne laissez pas des considérations d'ordre fiscal dicter votre décision de faire un placement dans un abri fiscal (7.5)
- Avant de faire un placement dans un abri fiscal, obtenez son numéro d'inscription (7.5.1)
- Soyez au fait de l'incidence possible de l'impôt minimum sur les gains en capital par ailleurs exempts d'impôt (7.6.3)

Dans le présent chapitre, nous verrons comment les revenus de placement sont imposés, comment les frais d'intérêt peuvent être déduits et quels types d'abris fiscaux, parmi d'autres, sont disponibles. En outre, nous présenterons un certain nombre de conseils de planification fiscale que vous devriez garder à l'esprit. Nous traiterons également des règles fiscales spéciales qui s'appliquent aux placements étrangers. Le présent chapitre se penche aussi sur l'impôt minimum de remplacement au Canada, qui s'applique selon la nature de vos placements. Pour de plus amples détails concernant l'élaboration d'une stratégie de placement appropriée, veuillez vous reporter à la section 1.1.4.

7.1 Dividendes

7.1.1 Qu'est-ce qu'un dividende?

Un dividende est une partie du bénéfice après impôts qu'une société distribue à ses actionnaires (propriétaires). Une société peut avoir plusieurs catégories d'actions. En règle générale, les actions privilégiées ont priorité sur les actions ordinaires pour le paiement des dividendes.

En règle générale, les actions privilégiées donnent droit à un dividende annuel ou trimestriel d'un montant fixe. À certains égards, elles s'apparentent aux obligations ou autres titres de créance, puisque le rendement est exprimé en pourcentage fixe. Cependant, dans certaines circonstances, il se peut qu'une société ne soit pas *tenue* de verser des dividendes sur actions privilégiées (ou « dividendes privilégiés »), tant qu'elle ne verse pas de dividendes sur les actions ordinaires (ou « dividendes ordinaires »). Si la société subit des pertes, son conseil d'administration peut très bien décider de ne pas verser de dividendes privilégiés.

Sur le plan fiscal, pour les particuliers, les dividendes privilégiés sont traités de la même façon que les dividendes ordinaires (en ce sens que les dividendes présentent toujours un lien quelconque avec le bénéfice de la société).

7.1.2   Comment les dividendes sont-ils imposés?

Les dividendes qu'un particulier reçoit d'une société canadienne sont imposés d'une façon plutôt singulière qui vise à tenir compte du fait que la société qui les verse a déjà payé de l'impôt sur son bénéfice. Le montant inclus dans le revenu du particulier est « majoré » afin de refléter la totalité du revenu avant impôt que la société a gagné. Le particulier reçoit ensuite un crédit visant à compenser l'impôt que la société a payé. Cependant, les montants *réels* du revenu que la société a gagné ou de l'impôt qu'elle a payé ne sont jamais pris en considération.

Les dividendes « déterminés » que des particuliers ont reçus de sociétés ouvertes et de sociétés privées sous contrôle canadien (SPCC) et qui ont été payés à partir de revenus d'entreprise assujettis au taux élevé d'imposition des sociétés sont majorés de 38 % pour 2012 (en baisse par rapport au taux antérieur de 41 %). Cela signifie que vous ajoutez 38 % au montant que vous recevez et inscrivez le total à titre de revenu de dividendes pour 2012 dans votre déclaration de revenus. Le crédit d'impôt fédéral pour dividendes est ensuite égal à 15 % du dividende majoré (en baisse par rapport au taux antérieur de 16,4 %), soit 20,7 % du montant réel du dividende. Des crédits semblables sont offerts au palier provincial.

Les dividendes reçus de SPCC qui paient de l'impôt au taux accordé aux petites entreprises (voir 14.1) sont traités différemment. Ces « dividendes non déterminés » sont majorés de 25 %, et le crédit d'impôt fédéral pour dividendes équivaut à 13,3 % du dividende majoré (soit 16,6 % du montant réel du dividende).

En supposant que le taux marginal d'imposition le plus élevé s'applique, les dividendes sont imposés, en 2012, à des taux combinés fédéral-provincial allant de 19,3 % à 36,1 %. Les dividendes non déterminés sont imposés à des taux qui varient entre 27,7 % et 41,2 %, selon la province de résidence.

Sylvie gagne 80 000 $ par année. Elle possède aussi des actions de Canada Inc., une société ouverte, à l'égard desquelles elle a reçu un dividende de 1 000 $ en 2012.

Pour 2012, le revenu de Sylvie sera de 80 000 $, plus le dividende de 1 000 $ majoré de 38 %, soit 380 $. Son impôt sera donc calculé sur un revenu total de 81 380 $. Sylvie pourra déduire de cet impôt ses crédits de base (voir chapitre 2) ainsi qu'un crédit d'impôt fédéral pour dividendes de 207 $ (soit 20,7 % du montant réel du dividende). Sylvie calcule ensuite son crédit d'impôt provincial pour dividendes de la même façon. Le résultat net est que le dividende est imposé à un taux nettement plus faible que le taux marginal d'imposition d'environ 35 % qui s'applique à son revenu ordinaire.

(Veuillez vous reporter à la section 14.2.1 pour obtenir plus de détails au sujet du crédit d'impôt pour dividendes dans le cas des sociétés.)

Rappelez-vous que ces informations ne s'appliquent qu'aux dividendes de sociétés canadiennes. Aux fins de l'impôt, les dividendes des sociétés étrangères sont considérés comme un revenu ordinaire.

Étant donné qu'elles rapportent des dividendes plutôt que des intérêts (qui sont imposés comme un revenu ordinaire, comme nous le verrons à la section 7.2), les actions privilégiées peuvent offrir un meilleur taux de rendement après impôt que ne le peuvent bon nombre de placements générateurs d'intérêts, tout en se rapprochant d'un rendement d'investissement garanti. Bien que le rendement ne soit jamais totalement garanti, plusieurs grandes sociétés ouvertes, pour répondre aux attentes, versent des dividendes privilégiés même lorsqu'elles subissent des pertes.

> Envisagez d'acquérir des actions privilégiées afin de réduire le taux d'imposition global.

Le rendement des actions privilégiées reflète habituellement le fait que les dividendes sont moins lourdement imposés que les intérêts (et que les versements de dividendes ne sont pas déductibles pour la société). Vous ou votre conseiller financier devrez surveiller les cours des actions privilégiées sur le marché afin de déceler celles qui procurent les meilleurs rendements.

7.1.3 Dividendes en actions

Une société verse parfois des dividendes sous forme de dividendes en actions plutôt qu'en espèces; de cette manière, vous obtenez de nouvelles actions, plutôt que de l'argent. La majoration et le crédit d'impôt pour dividendes s'appliquent aussi dans ce cas, et vous devez payer de l'impôt sur ces dividendes, même si vous n'avez reçu aucun montant en espèces. Le montant du dividende sur lequel la majoration est calculée équivaut à l'augmentation du capital versé d'une société par suite de l'émission des nouvelles actions. Si vous vendez les actions afin d'obtenir de l'argent pour payer cet impôt, vous pourriez également avoir un gain ou une perte en capital si la valeur des actions a varié depuis que vous les avez reçues.

7.1.4 Dividendes en capital

Vous pourriez aussi recevoir de sociétés privées des dividendes en capital. Ces dividendes sont entièrement exonérés d'impôt (voir 5.3.8). Un dividende en capital résulte généralement de la distribution de la moitié non imposée des gains en capital. Comme nous l'avons vu à la section 6.2.1, cette fraction du gain en capital n'est pas du tout imposée. Les sociétés versent des dividendes en capital afin de distribuer la fraction non imposée des gains en capital, sans aucune incidence fiscale pour l'actionnaire. (Voir l'exemple donné à la section 14.2.4.)

7.1.5 Dividendes reçus par une société

Les dividendes versés à des sociétés ne sont normalement pas assujettis à l'impôt. En effet, on présume qu'une fois qu'elle a payé l'impôt sur son revenu, une société peut, sans plus d'incidence fiscale, distribuer son bénéfice par l'intermédiaire d'une série de sociétés de portefeuille, jusqu'à ce qu'un particulier reçoive un dividende à l'autre bout de la chaîne. Toutefois, un impôt spécial remboursable – « impôt de la Partie IV » – peut, dans certains cas, s'appliquer aux dividendes versés à des sociétés, y compris la plupart des dividendes reçus au titre de placements dans des sociétés ouvertes. Le taux de l'impôt de la Partie IV, pour certaines sociétés, est de 33 1/3 %. Comme les dividendes intersociétés peuvent être imposables dans certaines autres circonstances, les conseils d'un professionnel dans ce domaine sont recommandés.

7.1.6 Choix d'être imposé sur les dividendes versés au conjoint

Comme le crédit d'impôt pour dividendes est déductible de l'impôt exigible, il n'a aucune valeur s'il n'y a aucun impôt à payer. Si le revenu de votre conjoint est très faible, gardez à l'esprit que le revenu que votre conjoint gagne au cours de l'année vient réduire dollar pour dollar le montant pour conjoint, et que si le revenu de votre conjoint s'établit à 10 822 $ ou plus, vous n'aurez pas droit à ce montant pour 2012. Par conséquent, tout montant inscrit à la déclaration de votre conjoint à titre de revenu de dividendes peut réduire votre crédit d'impôt pour conjoint. Par ailleurs, puisque votre conjoint n'a aucun impôt à payer, le crédit d'impôt pour dividendes ne lui est d'aucune utilité.

Dans ce cas, vous pouvez choisir de déclarer la totalité du revenu de dividendes de votre conjoint dans votre propre déclaration de revenus. Ce revenu risque alors d'être imposé à un taux d'imposition plus élevé, mais le fait que vous le déclariez vous-même évitera l'érosion du crédit d'impôt pour conjoint. Vous devrez calculer l'impôt selon les deux scénarios, afin de voir lequel est le plus avantageux. Ce choix est fait en incluant les dividendes directement dans l'Annexe 4 (État des revenus de placement) de votre déclaration de revenus et non dans l'Annexe 2 (Montants transférés de votre conjoint). Si vous vivez au Québec, vous n'aurez plus à faire un choix similaire aux fins de l'impôt du Québec. Les contribuables québécois peuvent réclamer la fraction inutilisée des crédits d'impôt non remboursables de leur conjoint, y compris le crédit d'impôt pour dividendes (voir 17.2.1).

> Si vous êtes le conjoint ayant le revenu le plus élevé, envisagez de déclarer le revenu de dividendes de votre conjoint dans votre propre déclaration de revenus.

7.1.7 Plans de réinvestissement de dividendes (« PRID »)

Les plans de réinvestissement de dividendes peuvent constituer une façon rentable de vous constituer un portefeuille de placements. Les PRID offrent aux investisseurs la possibilité de réinvestir automatiquement leurs dividendes en espèces en achetant des actions ou des fractions d'actions additionnelles directement de la société à la date de versement des dividendes. Les actions additionnelles peuvent habituellement être achetées à un prix inférieur à celui du prix courant de l'action et sans frais de courtage.

> Examinez les avantages pouvant découler du fait d'investir dans un plan de réinvestissement de dividendes.

La plupart de ces plans vous permettent d'acheter régulièrement un nombre additionnel d'actions de la société à escompte pour un prix minime ou sans frais. (Selon la nature du plan, l'escompte pourrait donner lieu à un avantage imposable pour l'actionnaire; consultez votre courtier ou l'administrateur du plan afin d'éviter toute surprise.)

Gardez à l'esprit que vous serez quand même assujetti à l'impôt sur les dividendes dans l'année en cours. Étant donné que le revenu de dividendes est réinvesti, vous devrez payer l'impôt au moyen d'autres fonds. De plus, les sommes réinvesties feront augmenter progressivement le prix de base de votre placement, ce qui se répercutera sur le prix moyen des actions aux fins de l'impôt sur les gains en capital lorsque vous les vendrez (voir 6.2.1).

7.2 Revenu en intérêts

Le revenu en intérêts est imposé aux mêmes taux que le revenu d'emploi ou d'entreprise.

7.2.1 Intérêts à échoir

Supposons que vous avez acquis un dépôt à terme de 1 000 $ d'une durée de cinq ans qui, à la fin de cette période, vaudra 1 150 $ (en assumant un taux d'intérêt composé de 3 %). Quand devrez-vous déclarer l'intérêt de 150 $?

Chaque année vous devez déclarer les intérêts courus à la date anniversaire de l'acquisition. Votre institution financière vous remettra un feuillet T5 indiquant l'intérêt couru sur tous les placements à long terme de ce genre, que vous receviez ou non le montant en espèces.

> **Exemple**
>
> En 2007, Christine a prêté 10 000 $ à son cousin, qui fréquentait l'université et qui avait besoin de cette somme pour payer ses frais de scolarité et de logement. Son cousin a consenti par écrit à lui verser un intérêt annuel de 6 % (non composé) sur le prêt, mais a indiqué qu'il ne ferait aucun paiement de capital ni d'intérêt tant qu'il n'aurait pas obtenu son diplôme et déniché un emploi.
>
> Depuis 2008, Christine a été tenue chaque année de déclarer un revenu d'intérêt de 600 $ et de payer de l'impôt sur cette somme. Si, en 2012, son cousin lui verse 13 000 $ en remboursement du prêt et des intérêts, elle n'a que 600 $ de revenu en intérêts à déclarer pour 2012, puisqu'elle a déjà déclaré 2 400 $ au cours des quatre années précédentes.

Ces règles s'appliquent à presque tous les types de placements, y compris les obligations à coupons détachés (voir 7.2.2), les Obligations d'épargne du Canada ainsi que les prêts hypothécaires ou autres prêts qui sont consentis à des tiers ou à des parents et sur lesquels l'intérêt peut courir.

Faites en sorte que des impôts soient reportés en acquérant des titres de placement venant à échéance peu après la fin de l'année.

Une technique fiscale couramment adoptée pour reporter l'impôt consiste à acquérir des placements venant à échéance peu après la fin de l'année plutôt que juste avant. Par exemple, si vous achetez des bons du Trésor le 15 juillet 2012 et que vous avez le choix entre deux dates d'échéance, le 29 décembre 2012 ou le 2 janvier 2013, vous devriez choisir, toutes choses étant égales, le 2 janvier. De cette manière, vous reporterez d'un an le moment de déclarer le revenu et de payer l'impôt. Bien entendu, les considérations d'ordre fiscal ne devraient pas avoir préséance sur les considérations dont il faut habituellement tenir compte en cas de placement, à savoir les taux de rendement possibles et le moment où vous aurez besoin de vos fonds.

7.2.2 Obligations à coupons détachés et coupons détachés

Les obligations à coupons détachés sont des obligations à long terme émises ou garanties par l'État (p. ex., des obligations d'Hydro-Québec), qui rapportent des intérêts lorsque leurs coupons sont encaissés. Une obligation type peut avoir une échéance de 20 ans, avoir une valeur nominale de 100 000 $ et comporter des coupons donnant droit à des intérêts de 2 500 $ encaissables tous les six mois. À la fin de la période de 20 ans, le porteur n'a plus qu'à demander le rachat de l'obligation de 100 000 $.

Les maisons de courtage acquièrent souvent de telles obligations, dont elles détachent les coupons pour les revendre séparément. Dans notre exemple, l'obligation de 100 000 $ venant à échéance dans 20 ans pourrait être vendue pour 10 000 $, alors que les quarante coupons de 2 500 $ seraient vendus à des prix reflétant leur terme à courir.

Aux fins de l'impôt, l'écart entre la valeur actualisée de l'obligation (ou des coupons) et le montant que vous recevez à son rachat est considéré comme de l'intérêt. À cause de la règle de l'imposition annuelle des intérêts, de telles obligations présentent généralement peu d'attrait pour de nombreux contribuables, puisqu'elles obligent à payer chaque année de l'impôt sur des intérêts qui ne seront pas reçus avant un certain temps. Toutefois, elles représentent un excellent placement aux fins des REER autogérés et autres régimes de report d'impôt (voir chapitres 3 et 4).

Vous devez faire preuve de prudence lorsque vous achetez des obligations à coupons détachés ou des coupons détachés – ou, d'ailleurs, toute obligation à long terme. Si vous devez les vendre avant leur échéance, vous constaterez que leur valeur peut varier considérablement en fonction des fluctuations des taux d'intérêt. Si les taux d'intérêt ont grimpé en général, il est probable que la valeur de revente de vos obligations ou coupons aura baissé.

7.2.3 Déductibilité des frais d'intérêt

En principe, les frais d'intérêt ne sont déductibles aux fins de l'impôt que si l'emprunt dont ils découlent a été contracté dans le but de gagner un revenu d'entreprise ou un revenu tiré d'un bien. Ces frais sont également appelés frais financiers.

Si vous empruntez de l'argent pour acheter des actions ordinaires sur le marché boursier ou pour investir dans une entreprise, l'intérêt que vous payez est généralement déductible. Si vous empruntez pour investir dans des actions privilégiées, vous pouvez, en règle générale, déduire vos frais d'intérêt jusqu'à concurrence du dividende sur les actions.

En revanche, si vous empruntez pour acheter un titre de placement assorti d'un taux d'intérêt fixe, vous pouvez, de façon générale, déduire l'intérêt sur l'emprunt s'il est inférieur au taux de rendement de votre placement (autrement, il ne peut y avoir d'attente raisonnable de profit). Par exemple, si vous empruntez au taux de 5 % et utilisez les fonds pour acheter un titre de placement assorti d'un taux de rendement fixe de 6 %, l'intérêt que vous payez est déductible.

Les intérêts ne sont pas déductibles lorsque l'emprunt est contracté dans un autre but que celui de gagner un revenu assujetti à l'impôt. Citons à titre d'exemples :

* les emprunts hypothécaires pour l'achat d'une maison, sauf si vous exploitez une entreprise à domicile (voir 11.2.10);
* les prêts consentis pour l'achat d'une automobile utilisée uniquement à des fins personnelles;
* les cartes de crédit, sauf lorsque les frais sont engagés à titre de dépenses d'entreprise;
* les emprunts contractés pour cotiser à un REER, à un CELI ou à un REEE;
* les intérêts sur paiements tardifs d'impôt ou d'acomptes provisionnels.

Si, par vente ou autrement, vous disposez d'un bien à l'achat duquel vous avez contracté un emprunt, vous pouvez, dans certains cas, continuer à déduire les intérêts même si la source de revenus sous-jacente n'existe plus. Les règles à ce sujet sont complexes et il pourrait être indiqué d'obtenir des conseils professionnels si vous êtes dans cette situation.

Aux fins de l'impôt du Québec, la déductibilité des frais engagés pour gagner un revenu tiré de biens (frais financiers) se limitera au revenu de placement que vous avez gagné durant l'année. Voir 17.2.23.

Dans le cas d'un emprunt contracté pour l'achat d'une automobile utilisée dans le cadre de l'exercice d'un emploi ou de l'exploitation d'une entreprise, l'intérêt déductible est plafonné à 300 $ par mois. Voir 12.3.1.

> Structurez vos placements de façon à ce que les intérêts soient déductibles.

Étant donné que les intérêts sur les prêts à la consommation et les prêts hypothécaires à l'habitation ne sont habituellement pas déductibles, alors que les intérêts sur les emprunts contractés en vue d'acquérir des placements servant à gagner un revenu le sont généralement, vous devriez essayer de faire en sorte que tous les emprunts que vous contractez donnent droit à une déduction de l'intérêt. Par exemple, si vous disposez de fonds et que vous souhaitez rembourser votre emprunt hypothécaire et acheter des placements, vous devriez vous servir des fonds dont vous disposez pour rembourser votre hypothèque et contracter un autre emprunt pour acheter les placements.

L'ARC accorde souvent une attention toute particulière aux déductions relatives aux frais d'intérêt. Il est donc sage de garder dans vos dossiers, avec votre déclaration de revenus, une documentation exacte indiquant le montant de l'emprunt que vous avez contracté, l'utilisation que vous avez faite de cet emprunt et l'intérêt que vous avez payé au cours de l'année, ainsi que les états financiers pertinents et peut-être même une lettre de confirmation de votre établissement financier. Il pourrait être indiqué de présenter ces renseignements avec votre déclaration de revenus si vous avez réclamé une déduction pour vos frais d'intérêt dans l'année courante ou dans l'année précédente.

Aux fins de l'impôt minimum, vous devez rajouter les frais d'intérêt à votre revenu s'ils s'appliquent à des abris fiscaux ou à d'autres déductions « préférentielles ». Voir 7.6.2.

7.3 Autres placements avantageux sur le plan fiscal

7.3.1 Fonds communs de placement

Les fonds communs de placement sont constitués d'actifs mis en commun et investis par des administrateurs professionnels, soit dans des placements en général, soit dans des secteurs d'activité particuliers (comme l'immobilier ou les ressources naturelles). Les investisseurs achètent des parts si le fonds commun de placement est une fiducie ou des actions, s'il s'agit d'une société.

Les fiducies de fonds commun de placement sont des entités intermédiaires aux fins de l'impôt. Le revenu imposable que vous gagnez par le biais de l'entité est considéré comme si vous déteniez le placement directement, plutôt que par l'entremise du fonds. Ainsi, le revenu conserve ses caractéristiques aux fins de l'impôt (p. ex., à titre de revenu de dividendes, de gains en capital ou d'intérêts) lorsqu'il vous est distribué pendant que vous détenez des parts, et il est imposé en conséquence. Des frais de gestion, également connus comme représentant un ratio des frais de gestion, sont prélevés du revenu dégagé par le fonds afin de rémunérer les gestionnaires professionnels du fonds. Bien que les frais représentent un coût pour le fonds en soi, le montant des frais a un impact sur votre taux de rendement.

Lorsque vous rachetez ou vendez des parts ou des actions, le gain en capital qui en résulte, le cas échéant, est assujetti à l'impôt et est soumis au traitement habituellement réservé aux gains en capital expliqué à la section 6.2.1.

7.3.2 Fiducies de revenu

Les fiducies de revenu sont très populaires, puisqu'elles constituent un placement avantageux sur le plan fiscal. Toutefois, le gouvernement a annoncé, le 31 octobre 2006, l'instauration d'un nouveau régime fiscal s'appliquant à ces mécanismes de placement. À la fin de 2010, les nouvelles règles ont éliminé plusieurs des avantages fiscaux actuels pour la plupart des fiducies de revenu existantes.

Les fonds de revenu pouvaient revêtir diverses formes, mais il s'agissait habituellement de fiducies de fonds communs de placement cotées en bourse détenant des entreprises, telles que des biens immobiliers, des avoirs pétroliers, gaziers et miniers et d'autres actifs, qui produisaient généralement des rentrées de fonds fixes. Le fonds faisait régulièrement des distributions à ses investisseurs à même les rentrées de fonds tirées de la société active.

En vertu des anciennes règles, les distributions que le fonds versait aux investisseurs se composaient habituellement de versements de revenus et de capital. Les sommes versées ou à verser à un investisseur à titre de revenu étaient imposées selon les règles qui s'appliquent habituellement aux intérêts, aux dividendes ou aux gains en capital, selon la nature du versement (dans la mesure où le fonds désignait les distributions de façon appropriée). Mais, comme nous le verrons à la section 14.2.5, un montant reçu à titre de versement de capital peut être traité comme un remboursement de fonds initialement utilisés par l'investisseur pour acheter le bien; par conséquent, le versement de capital n'était pas assujetti à l'impôt.

Pour certains fonds de revenu encore en place, les anciennes règles peuvent encore s'appliquer.

Un impôt spécial s'applique aux distributions des fiducies de revenu (et de certaines sociétés en commandite; voir 7.5.3) cotées en bourse qui sont établies après le 31 octobre 2006. Les fiducies qui existaient déjà à cette date ont cessé d'être assujetties à ce nouvel impôt au cours de leur année d'imposition 2011. Dans le cadre de ce nouveau régime, le traitement fiscal des fiducies de revenu se compare davantage à celui des sociétés, et leurs investisseurs sont imposés comme si les distributions étaient des dividendes.

Les montants reçus à titre de remboursements de capital d'un fonds de revenu viennent réduire le « prix de base rajusté » de votre placement (voir 6.2.1) qui, aux fins de l'établissement de votre gain en capital, est soustrait du produit de la vente de votre placement. Bien que vous n'ayez pas à payer d'impôt pour l'année en cours sur une tranche du revenu de placement que vous aurez reçu au cours de l'année, vous pourrez éventuellement payer de l'impôt sur un gain en capital plus important découlant du placement lorsque vous vendrez vos parts de fonds de revenu.

Les investisseurs des fonds de revenu doivent aussi être au fait de l'application éventuelle de l'impôt minimum (voir 7.6).

7.3.3 Polices d'assurance-vie exonérées

Le secteur de l'assurance-vie a mis sur le marché des produits très sophistiqués qui peuvent vous aider à répondre en même temps à deux objectifs de planification : vous procurer une protection d'assurance-vie et fournir des revenus de retraite à l'abri de l'impôt.

> Envisagez la possibilité de souscrire une police d'assurance-vie exonérée.

Ces polices vous permettent de payer des primes d'assurance et d'effectuer en même temps des dépôts dans un compte de placement à l'abri de l'impôt. Vous pouvez choisir entre des placements plus sûrs, comme les CPG, ou des placements à risque plus élevé, tels que les valeurs mobilières. À l'opposé des cotisations à un REER, qui sont versées en dollars avant impôt, les primes d'assurance ne sont pas déductibles. Dans les deux cas, le revenu gagné est à l'abri de l'impôt jusqu'à l'échéance de la police ou la fin du régime. Les fonds retirés de la police au cours de votre vie sont imposables dans la mesure où le montant retiré excède son prix de base rajusté. Au décès, le montant en entier (soit le montant d'assurance initial plus la valeur en espèces accumulée) est reçu en franchise d'impôt à titre de prestation de décès. Par ailleurs, les fonds retirés peuvent être traités comme un emprunt sur votre police, lequel est remboursé à partir des prestations de décès.

Si vous avez versé les cotisations maximales à votre REER et votre CELI, ce type de police d'assurance-vie peut vous procurer une autre occasion de mettre vos économies à l'abri de l'impôt.

Avant de souscrire une telle police, il convient d'examiner plusieurs aspects de la question, dont les frais de décès et les frais d'administration sous-jacents, le taux de rendement minimum garanti, le taux de rendement comparatif d'un placement qui ne serait pas à l'abri de l'impôt, le montant d'assurance-vie dont vous avez besoin, vos objectifs en matière de revenu, les frais de gestion des placements, les réserves financières et la solidité de la société d'assurance, et ainsi de suite. Vous devez absolument obtenir l'avis d'un professionnel pour évaluer le bien-fondé de ce type de « placement ». Les polices d'assurance représentent toutefois une possibilité pour les personnes qui ne peuvent pas par ailleurs trouver d'autres modes de report de l'impôt.

Pour de plus amples renseignements sur l'assurance-vie, voir la section 21.7.

7.4 Règles spéciales concernant les placements dans des biens étrangers

Au cours des dernières années, de nouvelles règles fiscales ont été prescrites pour faire suite à la perception du gouvernement voulant que de nombreux Canadiens éludent l'impôt fédéral en transférant leurs biens et leur revenu à l'étranger. Certaines de ces règles sont abordées ci-après.

Les règles fiscales dans ce domaine sont complexes et les pénalités pour non-respect peuvent être sévères. Si vous détenez des placements à l'extérieur du Canada, vous devriez consulter un fiscaliste pour vous assurer que vous vous acquittez de vos obligations fiscales canadiennes.

Si vous détenez des actifs ou d'autres biens aux États-Unis, veuillez vous reporter au chapitre 19. Si vous contribuez à une fiducie résidant à l'extérieur du Canada ou si vous en êtes bénéficiaire, veuillez vous reporter à la section 7.4.3.

7.4.1 Règles concernant la déclaration de biens étrangers

Si vous possédez des biens étrangers ou détenez une participation dans des biens étrangers dont le coût global est supérieur à 100 000 $ à un moment quelconque durant l'année, vous devrez produire tous les ans une déclaration de renseignements auprès de l'ARC. Aux termes des règles concernant les informations à fournir, les biens étrangers comprennent :

- les fonds dans des comptes en banque à l'étranger;
- les biens de location situés à l'étranger;
- les titres de sociétés canadiennes détenus à l'étranger;
- les placements dans des sociétés, des fiducies, des sociétés de personnes ou autres entités étrangères.

Les règles ne visent pas les participations dans des sociétés étrangères affiliées (voir ci-dessous), les biens utilisés dans une entreprise exploitée activement, les biens détenus dans des RPA, des REER et des FERR, et les biens à usage personnel comme les résidences secondaires.

Sur le formulaire T1135, « Bilan de vérification du revenu étranger », que vous devrez produire en même temps que votre déclaration de revenus, vous devrez décrire chaque bien étranger, en déclarer le coût (entre deux niveaux) et indiquer si vous en avez tiré un revenu au cours de l'année. (Les nouveaux immigrants ne sont pas tenus de produire ce formulaire dans l'année au cours de laquelle ils deviennent résidents du Canada.)

Des règles analogues s'appliquent si vous possédez (avec des personnes liées) une participation d'au moins 10 % dans une société étrangère, si vous cédez ou prêtez un bien à une fiducie non résidente (ou à une société contrôlée par cette fiducie), et si vous recevez des distributions d'une fiducie non résidente ou avez une dette envers elle.

Les informations requises sont nombreuses et les pénalités pour non-respect sont sévères. Vous devriez demander l'aide d'un fiscaliste si vous possédez un bien étranger de ce type ou si vous y détenez une participation.

7.4.2 Entités de placement étrangères

Si vous détenez certains types de placements étrangers, vous pourriez avoir été touché par les règles fiscales proposées qui s'appliquent aux entités de placement étrangères (EPE) et que le gouvernement avait initialement annoncées en 1999. L'objectif général de ces règles proposées est de devancer le moment où l'impôt canadien est payable entre les mains des contribuables détenant une participation dans une entité répondant à la définition d'EPE.

Ces règles proposées ont suscité une forte controverse ces 10 dernières années, jusqu'à ce que le gouvernement en annonce l'élimination dans le budget fédéral de 2010. Le gouvernement a plutôt proposé d'apporter certaines améliorations aux règles actuelles de la *Loi de l'impôt sur le revenu* qui s'appliquent aux fonds de placement étrangers. En règle générale, ces modifications s'appliquent à l'année 2010 et aux années ultérieures.

Si vous vous êtes volontairement conformé aux règles proposées relatives aux EPE au cours des années précédentes, vous pouvez choisir de faire en sorte que ces années fassent l'objet d'une nouvelle cotisation. Si vous ne souhaitez pas qu'une nouvelle cotisation soit établie pour ces années et que vous aviez un revenu plus élevé que ce qu'il aurait été en vertu des règles actuelles, vous pourriez avoir droit à une déduction du revenu excédentaire pour l'année d'imposition 2010.

Si vous détenez une participation dans un quelconque type d'entité non résidente, vous devriez consulter votre conseiller fiscal pour déterminer si les modifications récentes apportées aux règles existantes s'appliquent à vos placements étrangers lorsqu'elles entreront en vigueur.

7.4.3 Fiducies résidant à l'extérieur du Canada

Si vous êtes un résident canadien disposant d'une fiducie non résidente ou un résident canadien bénéficiaire d'une fiducie non résidente, les règles concernant l'imposition du revenu provenant des fiducies non résidentes pourraient considérablement accroître votre charge fiscale.

De manière générale, ces règles s'appliquent aux fiducies non résidentes dont le disposant est un résident canadien, ou bien à un bénéficiaire canadien et un disposant ayant des liens importants au Canada.

Des propositions de modifications qui sont en suspens depuis de nombreuses années auraient, entre autres choses, élargi la gamme des fiducies non résidentes auxquelles les règles relatives à la résidence réputée s'appliqueraient. Dans le budget fédéral de 2010, le gouvernement a proposé de simplifier ces propositions.

Si les règles s'appliquent, la fiducie sera réputée être une résidente canadienne et sera imposée au Canada sur son revenu et ses gains en capital ayant un lien avec le Canada.

Si vous détenez une participation dans une fiducie non résidente ou si vous y êtes lié d'une quelconque façon, communiquez avec un fiscaliste qui vous aidera à déterminer l'incidence éventuelle de ces règles. (Pour une analyse générale de l'imposition des fiducies, reportez-vous à la section 21.5.)

7.5 Abris fiscaux

Dans le cadre de la planification fiscale, les abris fiscaux n'ont plus autant d'importance maintenant qu'ils en avaient il y a quelques années. Pour diverses raisons, il y a relativement peu de mécanismes de placement qui soient maintenant offerts au public pour lui permettre de mettre son revenu ordinaire à l'abri de l'impôt.

Contrairement à l'opinion générale, les abris fiscaux ne constituent habituellement pas des « failles » du régime fiscal. Si certains types de placements reçoivent un traitement préférentiel, c'est que le gouvernement a délibérément pris des mesures pour stimuler l'activité économique dans un secteur particulier. Qu'il s'agisse de placements dans des sociétés exploitant une petite entreprise, de recherche scientifique, d'exploration pétrolière et gazière ou de logiciels, les crédits et les allègements particuliers prévus dans la *Loi de l'impôt sur le revenu* y ont été intégrés dans le but d'inciter les investisseurs à investir dans un secteur d'activité précis.

Ne laissez pas des considérations d'ordre fiscal dicter votre décision de faire un placement dans un abri fiscal.

Vous ne devriez investir dans un abri fiscal que si, compte tenu des avantages fiscaux qu'il offre, vous pouvez raisonnablement espérer en tirer un profit. L'ARC remet très énergiquement en question les déductions relatives à des abris fiscaux. Vos décisions de placement ne devraient pas être prises uniquement en raison des avantages fiscaux disponibles.

Les règles strictes en vigueur ont rendu bon nombre d'abris fiscaux inintéressants. Par exemple, les règles concernant la « fraction à risques » vous empêchent de déduire plus que le coût initial de votre placement (dans les cas où une société de personnes en commandite sert d'abri fiscal – voir 7.5.3). D'autres règles visent certains types de placements qui servent d'abris fiscaux et qui donnent droit à un revenu futur, notamment les structures de sociétés de personnes en commandite relatives à des sociétés de personnes en commandite de fonds communs de placement et à des services de réalisation d'œuvres cinématographiques. Les modifications ont pour effet de réduire les avantages fiscaux afférents à ces placements.

Lorsque vous investissez dans des abris fiscaux, sachez qu'il est possible que vous deveniez assujetti à l'impôt minimum (voir 7.6). Enfin, vous devez toujours être conscient du risque que s'applique la règle générale anti-évitement, dont il a été question à la section 5.2.6.

Les chapitres 3 et 4 traitent en détail des REER et autres régimes donnant droit à un allègement fiscal.

7.5.1 Numéro d'inscription de l'abri fiscal

Quiconque vend une participation dans un abri fiscal doit obtenir de l'ARC (et de Revenu Québec, dans certains cas) un numéro d'inscription qu'il doit inscrire sur tous les documents et états financiers relatifs à cet abri fiscal. *En l'absence du numéro d'inscription ou si le promoteur n'a pas encore payé une quelconque pénalité ayant été imposée en rapport avec son numéro d'inscription, vous ne pourrez réclamer l'avantage rattaché à l'abri fiscal.*

L'existence d'un numéro d'inscription ne signifie pas que l'ARC ou Revenu Québec approuve les avantages proposés. Cela signifie simplement que l'abri fiscal est agréé à des fins d'ordre administratif, ce qui simplifie la tâche du fisc dans les cas où, advenant qu'il décide de refuser tout ou partie des avantages fiscaux réclamés, il voudrait vérifier des déclarations et émettre de nouveaux avis de cotisation.

> Avant de faire un placement dans un abri fiscal, obtenez son numéro d'inscription.

7.5.2 Régime de déclaration de renseignements concernant les planifications fiscales agressives

En plus des règles précitées qui visent l'inscription des abris fiscaux, le gouvernement a proposé d'instaurer de nouvelles exigences en matière de déclaration d'opérations de planification fiscale agressive. Une fois ces règles en vigueur, vous pourriez être tenu de déclarer toute opération qui remplit au moins deux des trois conditions suivantes :

*   le promoteur ou le conseiller fiscal relativement à l'opération a droit à une rémunération conditionnelle;
*   le promoteur ou le conseiller fiscal invoque un droit à la confidentialité relativement à l'opération;
*   vous vous prévalez d'une protection contractuelle à l'égard de l'opération.

Ce nouveau régime entre en vigueur après 2010.

Il existe au Québec un régime de déclaration de renseignements semblable en ce qui concerne les planifications fiscales agressives.

7.5.3 Abris fiscaux faisant appel à des sociétés de personnes en commandite

Au fil des ans, le gouvernement a apporté aux lois des modifications qui ont eu pour effet de réduire les avantages inhérents aux abris fiscaux qui faisaient intervenir l'acquisition d'une participation dans une société de personnes en commandite.

Une société de personnes en commandite est, comme son nom le dit, une société de personnes, en ce sens que vous partagez les bénéfices de l'entreprise avec d'autres associés et que vous déclarez directement, dans votre revenu, un pourcentage du revenu (ou de la perte) de la société de personnes – que vous ayez reçu ou non une part de ses bénéfices. Les bénéfices d'une société de personnes ne sont donc pas traités comme ceux d'une société par actions, que vous ne déclarez que lorsqu'ils vous sont distribués sous forme de dividendes, comme nous l'avons vu à la section 7.1.2. Cependant, la société de personnes en commandite et la société par actions présentent pour vous un point commun : dans l'une comme dans l'autre, vous n'avez qu'une responsabilité limitée – vous ne pouvez pas être poursuivi par les créanciers de la société. En règle générale, vous ne pouvez perdre que votre mise de fonds initiale.

Étant donné que vous pouvez déclarer dans votre propre déclaration de revenus les pertes subies par une société de personnes, une société de personnes en commandite représenterait un placement attrayant si elle devait essuyer des pertes au cours de ses premières années d'exploitation (soit des pertes réelles découlant des frais de démarrage, soit des pertes découlant d'importantes déductions pouvant être réclamées aux fins de l'impôt en rapport avec certains types de placements).

Cependant, il n'est pas possible de réclamer une déduction supérieure au coût initial de votre placement. Les dispositions de la *Loi de l'impôt sur le revenu* qui concernent la « fraction à risques » ne permettent pas au contribuable de déduire un montant supérieur à sa fraction à risques dans une société de personnes en commandite. D'autres règles limitent sérieusement l'utilisation de sociétés de personnes dans le but de créer des pertes dans le cas de dettes « sans recours » (par exemple, bien que la société de personnes puisse exiger que vous versiez certaines contributions, elle ne peut vous obliger à les puiser à même vos fonds, seulement à même les bénéfices de votre participation).

Aux fins de l'impôt minimum, un contribuable doit inclure dans son revenu les pertes de sociétés en commandite qu'il aurait déduites par ailleurs. Voir 7.6.2.

Le nouvel impôt instauré à l'égard des fiducies de revenu (voir 7.3.2) s'applique également à certaines sociétés en commandite cotées en bourse établies après le 31 octobre 2006. Quant à celles qui existaient déjà à cette date, elles sont assujetties à ce nouvel impôt pour leur année d'imposition 2011.

7.6 Impôt minimum

7.6.1 Qu'entend-on par impôt minimum?

L'impôt minimum a été adopté en guise de solution politique à l'opinion couramment répandue voulant que de nombreux contribuables à revenu élevé paient peu d'impôt grâce aux abris fiscaux et autres prétendus éléments fiscaux préférentiels. L'application de l'impôt minimum est toutefois restreinte, car celui-ci ne porte que sur certains abris fiscaux et crédits.

L'impôt minimum est le résultat d'un calcul parallèle et indépendant. Vous devez calculer l'impôt régulier et l'impôt minimum, et payer le plus élevé des deux montants.

En termes simples, l'impôt minimum se calcule à partir du revenu imposable, auquel sont rajoutés les déductions au titre d'abris fiscaux non préférentiels (par exemple, les déductions relatives aux pertes au titre des ressources et les abris fiscaux) et 60 % de la moitié non imposable des gains en capital, en utilisant une exonération de 40 000 $ et en calculant ensuite l'impôt fédéral au taux de 15 % pour 2012. La plupart des crédits personnels, mais non le crédit d'impôt pour dividendes ou les crédits d'impôt à l'investissement, sont alors accordés, comme pour le calcul de l'impôt régulier.

Un calcul semblable est requis au palier provincial, avec des taux d'impôt minimum provincial (sauf pour ce qui est du Québec) allant de 33,7 % à 57,5 % de l'impôt minimum fédéral (avec rajustements possibles pour tenir compte des crédits provinciaux et des surtaxes provinciales, selon la province). En général, l'impôt minimum du Québec reflète le régime fédéral, mais il comporte des règles et des calculs qui lui sont propres. Le taux d'impôt minimum du Québec s'établit à 16 %.

L'impôt minimum payé peut être recouvré au cours des sept prochaines années dans la mesure où votre impôt régulier excède votre impôt minimum (voir 7.6.2). L'impôt minimum ne s'applique pas à l'année du décès du contribuable.

7.6.2 Calcul de l'impôt

Présenté d'une façon simplifiée, l'impôt minimum se calcule de la façon suivante :

1. **Commencez par établir votre revenu imposable** (après avoir soustrait toutes les déductions permises aux fins de l'impôt régulier).

2. **Rajoutez les déductions non permises** aux fins de l'impôt minimum :

   • pertes découlant de tout placement qui constitue un abri fiscal requérant un numéro d'identification (voir 7.5.1);

   • pertes subies dans une société de personnes dans laquelle vous êtes commanditaire ou associé passif (voir 7.5.3);

   • certaines déductions relatives à des ressources;

- frais financiers, tels que les frais d'intérêt, se rapportant à tout ce qui précède (voir 7.2.3);
- déduction relative à un prêt consenti pour la réinstallation d'un employé (voir 10.3);
- 60 % des montants réclamés aux termes des déductions relatives aux options d'achat d'actions accordées aux employés (voir 10.4.1 – 10.4.3).

Ces déductions sont parfois désignées comme étant des déductions non préférentielles, étant donné que vous ne pouvez pas les déduire aux fins de l'impôt minimum.

3. **Ajoutez 60 % de la moitié non imposable de tous les gains en capital**, que le solde des gains soit admissible ou non à la déduction pour gains en capital. (La déduction est encore permise aux fins de l'impôt minimum.)

4. **Déduisez le montant de la majoration des dividendes** (voir 7.1.2). Étant donné que le crédit d'impôt pour dividendes n'est pas accordé aux fins de l'impôt minimum, l'impôt n'est exigible que sur le montant de dividendes réellement reçu et non sur le montant majoré.

5. **Déduisez 40 000 $** au titre de l'exemption de base de l'impôt minimum.

6. **Calculez l'impôt fédéral au taux de 15 % pour 2012.**

7. **Déduisez vos crédits personnels** (voir chapitre 2), soit : crédit de base, crédit pour personnes à charge, crédit en raison de l'âge, crédit pour personne handicapée (pour vous-même ou pour votre conjoint seulement), cotisations au RPC/RRQ, primes d'assurance-emploi, frais de scolarité, études, soins médicaux et dons de bienfaisance. Ne déduisez pas les crédits d'impôt à l'investissement (11.2.14), les crédits pour contribution politique (2.7.2), les crédits pour revenu de pension (20.3.5), le transfert de crédits d'impôt inutilisés du conjoint (2.1.3), les crédits pour frais de scolarité et pour études transférés d'un enfant (2.4.4), les crédits d'impôt pour dividendes (7.1.2) ou les crédits relatifs aux sociétés à capital de risque de travailleurs (3.3.5).

8. Si le résultat vous donne un impôt plus élevé que votre impôt fédéral autrement calculé, vous devrez **payer l'impôt minimum**.

L'impôt minimum provincial est ensuite calculé, en général, en multipliant le montant d'impôt minimum fédéral par le taux d'impôt minimum provincial qui s'applique.

Si vous devez payer l'impôt minimum pour une année donnée, l'excédent de cet impôt sur votre impôt régulier représente un « report d'impôt minimum » dont vous pourrez vous prévaloir au cours des sept années suivantes.

Au cours d'une année future, vous pourrez bénéficier du report de cet impôt minimum si votre impôt régulier excède votre impôt minimum.

Exemple

L'impôt fédéral régulier de Richard pour 2012 est de 30 000 $ et son impôt minimum (fédéral) pour cette même année s'élève à 35 000 $.

Richard doit payer l'impôt de 35 000 $ et l'impôt provincial (un total d'environ 53 000 $). Cependant, il dispose d'un report de l'impôt minimum fédéral de 5 000 $. Si, en 2013, son impôt fédéral régulier est de 32 000 $ et son impôt minimum fédéral de 22 000 $, Richard peut alors déduire l'impôt minimum reporté de son impôt fédéral régulier et ne payer ainsi que 27 000 $ d'impôt fédéral de base (avant le calcul de l'impôt provincial).

7.6.3 Conseils visant à réduire l'impôt minimum

Gains en capital exonérés

L'impôt minimum peut avoir une forte incidence sur les gains en capital, particulièrement dans le cas où l'exonération de 750 000 $ pour gains en capital vous permettrait autrement d'éviter totalement l'impôt régulier.

> Soyez au fait de l'incidence possible de l'impôt minimum sur les gains en capital par ailleurs exempts d'impôt.

Exemple

En vendant les actions de sa société exploitant une petite entreprise, Félix réalise un gain en capital de 480 000 $, entièrement exonéré aux termes de l'exonération de 750 000 $ des gains en capital (voir 6.3.1). Félix n'a aucun autre revenu en 2012.

Félix ne paiera aucun impôt régulier. Cependant, aux fins de l'impôt minimum, son revenu imposable modifié sera d'environ 144 000 $ (soit la moitié de 480 000 $ x 60 %), dont il déduira l'exemption de base de 40 000 $. Son impôt minimum fédéral s'élèvera donc à 15 % de 104 000 $, soit 15 600 $. L'impôt minimum fédéral de 15 600 $ (moins les crédits d'impôt personnels) peut être reporté prospectivement sur une période de sept ans et être déduit de l'impôt fédéral régulier exigible ces années-là.

Frais d'intérêt et pertes d'entreprise

Deux importantes déductions ne sont pas touchées par l'impôt minimum. La première est la déduction pour frais d'intérêt (voir 7.2.3) payés sur des emprunts qui n'ont pas servi à acheter un abri fiscal. La deuxième se rapporte aux pertes d'entreprise et aux reports de pertes prospectifs (voir 11.4) autres que les reports de pertes prospectifs attribuables aux abris fiscaux non préférentiels (voir 7.6.1). Lorsque de telles déductions répondent à des besoins réels de votre entreprise, vous pouvez en tirer parti sans que cela entraîne la levée d'un impôt minimum exigible. Cependant, n'oubliez pas que les frais d'intérêt élevés peuvent avoir une incidence importante sur la perte nette cumulative sur placements (voir 6.3.3), ce qui vous empêcherait d'utiliser l'exonération des gains en capital, dans la mesure où vous auriez voulu autrement l'utiliser (voir 6.3.1 et 6.3.2).

Déductions relatives à des abris fiscaux

Prenez garde à l'impôt minimum lorsque vous planifiez d'importantes déductions relatives à des abris fiscaux, particulièrement à l'égard des investissements dans des ressources, tels que des investissements dans des activités de forage et les actions accréditives. Les frais relatifs à des ressources excédant votre revenu total provenant de ces investissements (et qui sont par conséquent déclarés comme pertes) doivent être inclus dans le calcul de l'impôt minimum.

La part des reports prospectifs de pertes d'années antérieures attribuable à des abris fiscaux non préférentiels doit également être incluse dans votre revenu imposable aux fins de l'impôt minimum.

7.7 Documents de référence

Vous pouvez obtenir un exemplaire des publications techniques suivantes en téléphonant ou en vous présentant à votre bureau des services fiscaux de l'ARC. Vous pouvez trouver plus d'informations, y compris des guides et des formulaires, sur le site Internet de l'ARC à l'adresse *www.cra-arc.gc.ca.*

Bulletin d'interprétation IT-66R6, « Dividendes en capital »

Bulletin d'interprétation IT-67R3, « Dividendes imposables reçus de corporations résidant au Canada »

Bulletin d'interprétation IT-232R3, « Déductibilité des pertes dans l'année de la perte ou dans d'autres années »

Bulletin d'interprétation IT-295R4, « Dividendes imposables reçus après 1987 par un conjoint »

Bulletin d'interprétation IT-396R, « Revenu en intérêts »

Bulletin d'interprétation IT-533, « Déductibilité de l'intérêt et questions connexes »

Dons de bienfaisance

- Regroupez les dons de bienfaisance de deux années ou plus dans une seule déclaration (8.1)
- Si vous avez un conjoint, regroupez vos dons de bienfaisance et réclamez-les dans la déclaration du conjoint ayant le revenu le plus élevé (8.1)
- Envisagez de faire don de titres cotés en bourse et d'autres actifs à une œuvre de bienfaisance (8.1)
- Planifiez vos dons et legs de bienfaisance (8.2)
- Envisagez de faire des dons de titres cotés en bourse plutôt que des dons en espèces (8.3.3)

Le régime fiscal canadien offre de généreux incitatifs fiscaux afin d'inciter les Canadiens à faire des dons de bienfaisance. Dans le présent chapitre, nous ferons un survol de ces incitatifs et traiterons de la façon de structurer vos dons pour que vous puissiez mettre à profit les avantages fiscaux disponibles.

8.1   Crédit d'impôt pour dons de bienfaisance

Les dons de bienfaisance vous donnent droit à un crédit qui se calcule en deux étapes. La première tranche de 200 $ du montant total des dons que vous avez faits à tout organisme de bienfaisance, dans l'année, vous donne droit à un crédit d'impôt fédéral de 15 %, qui a une valeur d'environ 25 % lorsque l'impôt provincial est pris en compte. Tous les dons qui dépassent cette première tranche donnent droit à un crédit d'impôt fédéral de 29 % ayant une valeur d'environ 45 % lorsque l'on tient compte de l'impôt provincial (reportez-vous à la section 17.2.9 si vous résidez au Québec).

Au fédéral, dans le cas des contribuables dont le revenu se situe dans la tranche d'imposition fédérale la plus élevée (revenu imposable pour 2012 de 132 000 $ et plus), les dons de bienfaisance qui dépassent 200 $ pour l'année reçoivent le même traitement que s'ils étaient déductibles. Par contre, si votre revenu se situe dans une tranche d'imposition moins élevée et si le montant des dons est important, le crédit disponible est alors beaucoup plus avantageux que la déduction.

Pour déduire vos dons de bienfaisance, vous devez produire des reçus officiels indiquant le numéro d'enregistrement de l'organisme de bienfaisance bénéficiaire. Une politique administrative de l'ARC vous permet de déduire des dons attestés par des reçus établis soit à votre nom, soit à celui de votre conjoint.

> Regroupez les dons de bienfaisance de deux années ou plus dans une seule déclaration.

Le montant des dons que vous pouvez réclamer au cours d'une année ne peut excéder 75 % de votre revenu net. Si vous avez des reçus pour un montant supérieur ou si, pour toute autre raison, vous avez choisi de ne pas déduire un don au cours de l'année où vous l'effectuez, vous pouvez conserver les reçus et réclamer le crédit dans l'une ou l'autre des cinq années subséquentes.

La limite annuelle des dons dans l'année du décès et dans l'année précédant le décès (y compris les legs) est de 100 % du revenu net de l'année (veuillez vous reporter à la section 8.2 ci-dessous pour de plus amples détails sur la façon de faire des legs de bienfaisance dans votre testament).

> Si vous avez un conjoint, regroupez vos dons de bienfaisance et réclamez-les dans la déclaration du conjoint ayant le revenu le plus élevé.

Si vous ne faites que de modestes dons au cours de l'année, envisagez de réclamer en une seule fois, dans une année donnée, les dons que vous avez faits sur une période de deux ans ou plus, afin de dépasser le seuil de 200 $. Une fois ce seuil annuel de 200 $ franchi, un don additionnel de 100 $ ne vous coûte qu'environ 55 $ comparativement à 75 $ si vous êtes sous le seuil de 200 $.

Si vos dons dépassent 200 $, envisagez la possibilité de faire tout don supplémentaire en décembre, plutôt qu'au début de la nouvelle année. Vous pourrez ainsi jouir un an plus tôt de l'économie d'impôt que vous réaliserez en raison du crédit pour dons de bienfaisance.

Si votre conjoint et vous-même faites des dons distincts, vous devriez regrouper vos reçus et les déduire tous ensemble dans une seule déclaration (l'ARC autorise cette pratique), afin d'éviter que ne s'applique deux fois le taux inférieur du crédit consenti dans le cas des dons de 200 $ ou moins. Si votre province prélève une surtaxe sur les revenus élevés (voir 2.1.3), le conjoint ayant le revenu le plus élevé devrait déduire tous les dons.

En vertu d'une politique administrative de l'ARC, un don fait par un conjoint peut également être fractionné entre les deux conjoints dans la proportion qu'ils désirent. De plus, chaque conjoint peut réclamer la tranche inutilisée des reports prospectifs de dons de bienfaisance d'une année antérieure de l'autre conjoint.

> Envisagez de faire don de titres cotés en bourse et d'autres actifs à une œuvre de bienfaisance.

Au lieu de faire des dons en argent, vous devriez également tenir compte des avantages éventuels que vous pourriez tirer des dons de biens tels que les titres cotés en bourse, les options d'achat d'actions des employés, les œuvres d'art ou les biens immobiliers. Le traitement fiscal de dons de biens ou « dons en nature » est plus complexe, mais peut vous permettre de réaliser de plus grandes économies d'impôt et d'augmenter la valeur de votre don de bienfaisance. Vous trouverez de plus amples détails sur les dons en nature à la section 8.3.2.

8.2 Legs de bienfaisance

Vous pouvez faire des dons de bienfaisance par testament. Ceux-ci sont traités comme un don que vous auriez fait au cours de l'année de votre décès, et l'on pourra en réclamer le crédit dans votre déclaration de revenus finale. Tout don pour lequel aucun crédit n'a

Planifiez vos dons et legs de bienfaisance.

été réclamé dans votre déclaration de revenus finale peut être reporté rétrospectivement et réclamé dans l'année qui précède le décès. La limite au titre des dons de bienfaisance que vous pouvez déduire pour l'année du décès et l'année précédant immédiatement le décès est égale à 100 % du « revenu net » de la personne décédée.

Si vous nommez un organisme de bienfaisance à titre de bénéficiaire de votre police d'assurance-vie (ou de votre REER ou FERR), votre succession pourra réclamer la prestation consécutive au décès (ou la valeur de votre REER ou FERR au moment du décès) à titre de don de bienfaisance sur votre déclaration de revenus finale ou sur celle de l'année précédente. Cette stratégie peut permettre d'économiser les frais d'homologation (voir 21.4) s'appliquant à la valeur de la police (ou du REER ou FERR), dans la mesure où le produit serait autrement versé à votre succession.

Il est possible que des legs importants dans votre testament (ou des dons importants faits durant votre vie) soient inutilisables aux fins de l'impôt s'ils excèdent de beaucoup la limite permise. Vous voudrez peut-être envisager d'autres options, de manière à maximiser à la fois les crédits d'impôt et les fonds disponibles pour vos bénéficiaires – les membres de votre famille aussi bien que les organismes de bienfaisance.

La planification judicieuse de votre testament vous permet de vous assurer que votre legs est fait selon votre volonté, tout en procurant des économies fiscales substantielles à votre succession.

Une planification judicieuse conjuguée à un conseiller avisé vous permettra de vous assurer que vos objectifs philanthropiques sont réalisés et que vous pouvez bénéficier d'économies fiscales au moment où vous en avez le plus besoin.

8.3 Types de dons de bienfaisance

Dans la présente section, nous examinerons un certain nombre de façons de structurer vos dons de bienfaisance, que ce soit durant votre vie ou par testament, de manière à favoriser vos objectifs philanthropiques ou vos objectifs en matière de planification successorale et à bénéficier le plus possible des crédits d'impôt offerts. Les options sont bien plus nombreuses que le simple fait de faire un don en espèces ou de léguer une somme d'argent à un organisme de bienfaisance par voie de testament.

Il existe de nombreuses façons de faire des dons à des organismes de bienfaisance, y compris des dons en nature (tels que des valeurs mobilières, des œuvres d'art, des biens immobiliers), de l'assurance-vie et des rentes, comportant des avantages fiscaux importants. Ces avantages dépendent du type de don, du moment auquel le don est fait et de la nature de l'organisme de bienfaisance.

Un don fait aujourd'hui peut vous faire réaliser des économies d'impôt dans l'année courante; une rente achetée auprès d'un organisme de bienfaisance (voir 8.3.6 et 8.3.7) ou un don sous forme d'intérêt résiduel dans une fiducie ou un bien (voir 8.3.8) vous permettront aussi de continuer à utiliser le bien ou d'en tirer un revenu.

8.3.1 Dons à l'État

La limite fédérale au titre des réclamations pour les dons faits aux gouvernements fédéral et provinciaux (« dons à l'État ») est de 75 % du revenu net, soit la même limite que celle qui s'applique aux dons faits aux autres organismes de bienfaisance.

8.3.2 Dons en nature

Durant votre vie ou à la suite de votre décès, vous pouvez, au lieu d'effectuer un don en argent, donner des biens à un organisme de bienfaisance. Le don d'un bien constitue un don en nature; ce peut être, par exemple, des œuvres d'art, des actions, des biens immobiliers, ainsi que certains dons hors du commun, que nous exposons ci-dessous, comme une police d'assurance-vie ou un intérêt résiduel dans un bien immobilier. (Cependant, vous ne pouvez pas « donner » des services, seulement des biens.)

La valeur d'un don en nature est habituellement déterminée selon sa juste valeur marchande. Aux fins du calcul du crédit d'impôt, votre don sera considéré comme un don en espèces. Ainsi, en règle générale, le crédit d'impôt vaudra environ 45 % de la valeur du bien. Toutefois, au moment où vous faites le don, vous êtes réputé avoir cédé le bien à sa juste valeur marchande, ce qui signifie que vous devez déclarer tout gain en capital ou revenu qui en découle, comme si vous aviez vendu le bien à ce prix.

Si vous réalisez d'importants gains en capital sur d'autres transferts ou ventes au cours d'une année donnée, les dons qui génèrent des gains importants pourraient vous assujettir à l'impôt minimum de remplacement (voir 7.6). Avant de faire un tel don, faites tous vos calculs afin d'avoir la certitude de ne pas être assujetti à l'impôt minimum.

Aux fins du crédit d'impôt, la limite de 75 % du revenu net passe en fait à 100 % du revenu net à l'égard des dons suivants :

- les dons de terres écosensibles à des municipalités et à certains organismes de bienfaisance (sans inclusion de revenu découlant de la réalisation de gains en capital – voir 8.3.4);
- les dons de « biens culturels certifiés » (les gains en capital réalisés sur de tels biens peuvent ne pas être imposables – voir 8.3.4).

En ce qui concerne les dons d'un bien en immobilisation qui donnent lieu à des gains en capital imposables et les dons de biens amortissables qui entraînent la récupération de la déduction pour amortissement (voir 11.2.7), un mécanisme a été mis en œuvre pour augmenter la limite de 75 % du revenu net de façon que la totalité du gain en capital imposable et de la récupération de la déduction pour amortissement soit incluse dans la limite du don.

Les particuliers et les sociétés faisant don de titres cotés à des bourses prescrites, de fonds communs de placement et de fonds réservés de compagnies d'assurance-vie à des organismes de bienfaisance ne sont pas tenus d'inclure dans leur revenu la moindre portion du gain en capital réalisé.

Ces règles s'appliquent aux dons de titres à une fondation privée ainsi qu'à un organisme public de bienfaisance, bien que les fondations privées soient soumises à certaines restrictions quant à la quantité d'actions d'une société qu'elles peuvent détenir.

Dans le même ordre d'idées, si vous levez une option d'achat d'actions et faites don de ces actions (ou de ces parts de fonds communs de placement), vous n'êtes tenu d'inclure dans votre revenu aucun montant de l'avantage réalisé. Pour pouvoir bénéficier de ce traitement fiscal, les actions doivent être admissibles à la déduction au titre des options d'achat d'actions des employés dont il est question à la section 10.4.1 et remplir les conditions concernant les dons de titres cotés à des bourses prescrites dont il est question ci-dessus. Vous devez faire don des actions durant l'année et dans les 30 jours suivant la levée de l'option. Si la valeur des actions diminue entre la date de levée de l'option et la date à laquelle vous faites don des actions, le montant de votre déduction au titre des options d'achat d'actions des employés sera réduit en conséquence.

Si votre société fait don de titres, la tranche non imposable (ou la totalité) du gain en capital viendra augmenter son compte de dividende en capital (voir 14.2.4); ce montant peut par la suite être versé aux actionnaires de la société en franchise d'impôt. (Si vous habitez au Québec, voir aussi la section 17.2.9.)

Des règles particulières limitent les avantages fiscaux découlant des dons d'actions accréditives cotées en bourse qui sont assujetties aux règles transitoires dans le cas de certains arrangements conclus avant le 22 mars 2011.

Si vous faites don d'une immobilisation, vous pouvez joindre à votre déclaration de revenus un formulaire indiquant que vous exercez le choix d'utiliser un montant inférieur à la juste valeur marchande, aux fins de la détermination du produit de disposition du bien et de la valeur de votre don. Vous pouvez choisir tout montant se situant entre le prix de base rajusté (voir 6.2.1) et la juste valeur marchande réelle.

Afin de déterminer s'il est utile d'exercer ce choix, il faut tenir compte d'un certain nombre de facteurs, notamment votre tranche d'imposition, vos autres sources de revenu, les autres déductions auxquelles vous pouvez avoir droit ainsi que vos revenus prévus dans les années à venir, en fonction desquels seront utilisés les crédits relatifs aux reports prospectifs de dons de bienfaisance.

Les artistes peuvent aussi se prévaloir du choix décrit ci-dessus s'ils désirent faire don d'œuvres qu'ils ont créées (lesquelles sont considérées comme des articles en stock et non comme des immobilisations).

8.3.3 Titres ou espèces provenant de la vente d'actions – Lesquels devraient faire l'objet d'un don?

Envisagez de faire des dons de titres cotés en bourse plutôt que des dons en espèces.

Supposons que vous désirez faire un don de 2 000 $ au bénéfice d'une cause qui vous tient à cœur, et que vous possédez des titres cotés en bourse que vous avez achetés au prix de 1 000 $ et dont la valeur actuelle est de 2 000 $. Devriez-vous vendre les titres et faire don du produit ou devriez-vous simplement faire don des titres? En supposant que votre revenu est imposé au taux marginal le plus élevé d'environ 45 %, et que vous ayez déjà fait don de 200 $ au cours de l'année, les incidences fiscales dans les deux cas sont les suivantes :

- Si vous vendez les actions que vous détenez et faites don du produit avant impôt, vous réaliserez un gain en capital de 1 000 $ à la vente des titres. Vous devrez alors payer 225 $ d'impôt sur la tranche imposable de votre gain en capital (la moitié de 1 000 $ X un taux d'imposition présumé de 45 %). Votre don de 2 000 $ vous donnera droit à un crédit d'impôt de 900 $ (45 % X 2 000 $). Le don vous fera ainsi réaliser une économie d'impôt nette de 675 $ (le crédit d'impôt de 900 $ moins l'impôt sur le gain en capital de 225 $).

- Si vous faites plutôt don des actions directement, l'organisme de bienfaisance recevra quand même la totalité de la valeur des actions, soit 2 000 $. La tranche imposable du gain en capital de 1 000 $ sera nulle, et vous bénéficierez du même crédit d'impôt au titre du don, ce qui vous permettra de réaliser une économie d'impôt nette de 900 $ (45 % de 2 000 $).

Comme vous pouvez le constater, vous aurez tout à gagner si vous faites don des titres directement. Vous cédez des biens de la même valeur, mais vos économies d'impôt sont de 225 $ plus élevées (900 $ par rapport à 675 $) qu'elles l'auraient été si vous aviez vendu les titres et fait don du produit.

8.3.4 Dons de biens culturels et de terres écosensibles

Les dons de « biens culturels » à certains organismes publics ou institutions (tels que des musées) peuvent aussi donner droit à des allègements fiscaux, si ces biens sont reconnus comme ayant une importance culturelle pour le Canada. La valeur du don correspondra à la juste valeur marchande du bien aux fins du crédit, mais n'entraînera aucun gain en capital imposable. Les pertes en capital en découlant peuvent être déductibles dans certaines circonstances.

Le même traitement s'applique aux dons de terres écosensibles faits aux gouvernements fédéral ou provinciaux canadiens, aux municipalités ou à des organismes de bienfaisance agréés.

8.3.5 Dons de polices d'assurance-vie

Si vous êtes titulaire d'une police d'assurance-vie « permanente » (voir 21.7), telle qu'une police d'assurance-vie entière ou universelle, vous pouvez en faire don à un organisme de bienfaisance en lui transférant la propriété de la police et en le désignant comme bénéficiaire. La valeur de votre don aux fins de l'impôt sera égale à la valeur de rachat nette de la police, majorée de tout dividende et de tout intérêt accumulés qui sont aussi cédés, moins tout prêt sur police non remboursé. Cependant, dans la mesure où la juste valeur marchande excède le coût de la police, vous devez en déclarer l'excédent à titre de revenu, tout comme si vous aviez racheté la police.

Une fois la police d'assurance cédée sous forme de don à l'organisme de bienfaisance, si vous continuez à payer les primes, chacun des paiements que vous effectuerez à ce titre sera considéré comme un don de bienfaisance supplémentaire vous donnant droit à un crédit d'impôt.

Si vous nommez l'organisme de bienfaisance à titre de bénéficiaire d'une police d'assurance-vie que vous continuez à détenir, le paiement des prestations de décès à l'organisme de bienfaisance est considéré comme un don que vous effectuez immédiatement avant votre décès. Le crédit d'impôt pour le don peut être réclamé sur votre déclaration de revenus finale ou sur celle de l'année précédente.

8.3.6 Acquisition d'une rente auprès d'un organisme de bienfaisance

Vous pouvez acheter une rente auprès d'un organisme de bienfaisance en lui donnant une certaine somme d'argent, par suite de quoi cet organisme vous verse une rente annuelle fixe tout le reste de votre vie. Cette stratégie de planification n'est pas aussi efficace sur le plan fiscal que par le passé, étant donné que les règles fiscales dans ce domaine ont changé considérablement en 2002.

Pour les rentes contractées après le 20 décembre 2002, vous aurez droit à un crédit d'impôt pour dons de bienfaisance si le montant que vous avez donné à l'organisme de bienfaisance est supérieur au prix du marché que vous auriez eu par ailleurs à payer pour acheter une rente offrant le même revenu annuel d'une compagnie d'assurance-vie. Vous pourriez devoir payer de l'impôt sur une partie du montant de la rente annuelle que vous versera l'organisme de bienfaisance.

Si la somme des versements que vous prévoyez recevoir de l'organisme de bienfaisance est supérieure au prix du marché, vous devrez inclure la différence dans votre revenu imposable sur la durée prévue de votre espérance de vie.

8.3.7 Rente garantie en faveur d'un organisme de bienfaisance

Une autre stratégie consiste à constituer une « rente garantie en faveur d'un organisme de bienfaisance ». Vous achetez une rente auprès d'une compagnie d'assurance-vie et prenez une partie des versements mensuels pour payer les primes d'une police d'assurance-vie dont un organisme de bienfaisance est désigné comme propriétaire et bénéficiaire. Ainsi, vous touchez un revenu continu durant votre vie (de la rente) et bénéficiez de crédits d'impôt pour dons pour les primes d'assurance que vous payez. À votre décès, l'organisme de bienfaisance touche le produit d'assurance.

8.3.8 Fiducies avec participation au capital réversible à un organisme de bienfaisance

Si vous avez des biens que vous aimeriez léguer à un organisme de bienfaisance, mais que, votre vie durant, vous avez besoin du revenu découlant de ces biens, envisagez de faire don d'une participation « résiduelle » dans les biens. Vous pouvez constituer une « fiducie avec participation au capital réversible à un organisme de bienfaisance ». Il s'agit d'une fiducie (voir 21.5) en vertu de laquelle vous touchez le revenu votre vie durant, tandis que l'organisme de bienfaisance reçoit le *capital* à la suite de votre décès. Dans certains cas, vous pouvez transférer la participation résiduelle dans des biens (p. ex., des biens immeubles) directement, sans avoir à constituer une fiducie.

La valeur actualisée constitue la valeur du don de la participation résiduelle dans le bien. Cette valeur dépendra de certains facteurs comme la juste valeur marchande actuelle du bien, les taux d'intérêt courants et votre espérance de vie. Le montant du don vous donne droit au crédit d'impôt habituel au titre des dons de bienfaisance. Si vous faites en sorte de recevoir de la fiducie (ou du bien) un revenu moins élevé que celui auquel vous auriez autrement droit, la valeur de votre don pourrait être plus élevée.

Un tel don présente plusieurs attraits. Premièrement, l'organisme de bienfaisance obtient immédiatement un droit acquis dans le bien et n'a pas à se soucier de savoir si vous allez lui léguer le bien par testament (ou si votre testament sera contesté). Deuxièmement, vous obtenez immédiatement un crédit d'impôt fondé sur le montant de votre don (la valeur résiduelle). Enfin, vous continuez à tirer un revenu du bien (ou à vous en servir) tout le reste de votre vie.

En règle générale, vous serez réputé avoir vendu le bien cédé à la fiducie à sa juste valeur marchande, sauf si la fiducie résiduaire de bienfaisance est considérée comme une fiducie en faveur de soi-même ou une fiducie mixte au profit du conjoint (voir 21.5.5). Une cession à la juste valeur marchande peut mener à l'inclusion d'un gain en capital et un revenu aux fins de l'impôt, et majorer la limite de votre crédit pour dons de bienfaisance de sorte que 100 % du gain en capital imposable et de la récupération d'amortissement sont inclus dans la limite des dons (voir 8.3.2). En outre, la fiducie devra produire une déclaration de revenus annuelle (voir 21.5.3), bien qu'elle n'ait normalement aucun impôt à payer, étant donné que vous toucherez tous les revenus qui en découleront.

8.4 Documents de référence

L'ARC publie les publications techniques suivantes dont vous pouvez obtenir un exemplaire en téléphonant ou en vous présentant à votre bureau des services fiscaux de l'ARC. Ces publications, de même que les guides et formulaires de l'ARC, sont également disponibles sur le site Internet de l'ARC à l'adresse *www.cra-arc.gc.ca*.

Bulletin d'interprétation IT-226R, « Don à un organisme de charité d'une participation résiduelle dans un bien immeuble ou d'une participation au capital d'une fiducie »

Bulletin d'interprétation IT-244R3, « Dons par des particuliers de polices d'assurance-vie comme dons de charité »

Bulletin d'interprétation IT-288R2, « Dons d'immobilisations à des organismes de bienfaisance et à d'autres entités »

Bulletin d'interprétation IT-297R2, « Dons en nature à une œuvre de charité et autres »

Bulletin d'interprétation IT-407R4, « Dispositions de biens culturels au profit d'établissements ou d'administration désignés situés au Canada »

C H A P I T R E *9*

Vos relations avec les percepteurs des impôts

- Produisez votre déclaration à temps même si vous êtes incapable de payer les impôts que vous devez (9.1.1)

- Payez vos impôts au plus tard le 30 avril même si vous produisez une déclaration après cette date (9.1.1)

- Produisez votre déclaration à l'aide d'IMPÔTNET ou de la TED pour obtenir un remboursement plus rapide (9.1.2)

- Envisagez de verser des acomptes provisionnels avant qu'ils ne soient exigibles afin de réduire les frais liés à ceux qui sont en retard (9.2.2)

- Soyez conscient des taux d'intérêt de l'ARC et du calcul de l'intérêt composé (9.3)

- Si vous savez que vous aurez à payer des intérêts en raison d'acomptes provisionnels tardifs ou insuffisants, faites une estimation du montant et envoyez-le avec votre paiement d'impôt final (9.3)

- Ne signez une renonciation que si nécessaire (9.4.3)

- Si vous avez fait défaut de produire vos déclarations, de déclarer un revenu ou de payer de l'impôt, envisagez de faire une divulgation volontaire pour rétablir votre situation (9.4.5.)

- Produisez un avis d'opposition pour préserver votre droit d'interjeter appel (9.5.1)

- Envisagez de demander des modifications à votre déclaration lorsque celle-ci est rouverte par suite d'un avis de nouvelle cotisation (9.5.1)

- Assurez-vous de bien comprendre les points juridiques en litige lors d'un appel (9.5.2)

- Envisagez de payer le montant dû même si vous avez l'intention de produire un avis d'opposition (9.5.4)

Le présent chapitre traite de l'aspect administratif du régime fiscal, soit la façon dont l'impôt est perçu et votre cotisation calculée ainsi que les recours dont vous disposez si vous êtes en désaccord avec l'Agence du revenu du Canada ou Revenu Québec quant au montant d'impôt à payer.

9.1 Déclarations de revenus

9.1.1 Production de votre déclaration

La plupart des particuliers doivent produire leurs déclarations de revenus fédérale et du Québec au plus tard le 30 avril de chaque année. La date d'échéance pour la production de la déclaration de revenus des particuliers et de leur conjoint (y compris les conjoints de fait et les conjoints de même sexe – voir 2.2.1) qui ont un revenu d'entreprise est le 15 juin. Bien que la déclaration de revenus puisse être produite jusqu'au 15 juin, le solde d'impôt exigible pour l'année doit tout de même être payé au plus tard le 30 avril.

Si vous n'avez aucun impôt à payer pour l'année (par opposition à aucun solde dû en avril), il n'est pas nécessaire de produire une déclaration à moins que vous n'ayez disposé d'un bien en immobilisation ou réalisé un gain en capital au cours de l'année ou à moins que l'ARC ou Revenu Québec ne l'exige.

Dans toutes les provinces, à l'exception du Québec, une seule déclaration auprès de l'ARC couvre les impôts aux échelons fédéral et provincial. Les particuliers résidant au Québec ainsi que les contribuables qui ont un revenu d'entreprise provenant d'activités exercées au Québec doivent également produire une déclaration de revenus distincte pour le Québec (voir chapitre 17).

La déclaration de revenus doit être affranchie ou produite par voie électronique au plus tard à la date d'échéance. Le particulier dont la déclaration est en retard sera assujetti automatiquement à une pénalité représentant 5 % de tout solde d'impôt impayé. Cette pénalité est majorée de 1 % de l'impôt impayé pour chaque mois complet de retard, jusqu'à concurrence de 12 mois. Des remises tardives répétées de déclarations entraînent des pénalités plus importantes.

> Produisez votre déclaration à temps même si vous êtes incapable de payer les impôts que vous devez.

Pour éviter la pénalité de 5 %, produisez votre déclaration de revenus à temps même si vous êtes incapable de payer le solde dû. L'intérêt courra sur le solde impayé, mais la pénalité ne sera pas appliquée.

> Payez vos impôts au plus tard le 30 avril même si vous produisez une déclaration après cette date.

Inversement, si vous êtes dans l'impossibilité de produire votre déclaration à temps (ou si votre déclaration n'est pas exigible avant le 15 juin), mais que vous avez une idée du montant que vous devez, il est bon de verser ce montant à l'ARC et à Revenu Québec au plus tard le 30 avril. Assurez-vous que le montant soit crédité à l'année d'imposition appropriée (et non comme acompte provisionnel de l'année suivante, par exemple).

9.1.2 Transmission électronique des déclarations de revenus

L'ARC offre à la plupart des contribuables deux options pour produire leur déclaration de revenus par voie électronique, soit les programmes IMPÔTNET et TED. IMPÔTNET (lequel est également offert par Revenu Québec) vous permet de produire par le biais d'Internet une déclaration préparée sur votre ordinateur personnel. Pour ce faire, vous devrez utiliser un logiciel de préparation des déclarations certifié par l'ARC, un navigateur Web qui réponde aux normes de sécurité de l'ARC et un code d'accès que vous devriez recevoir par la poste avec vos formulaires de déclarations de revenus de 2012. (Vous pouvez également obtenir votre code d'accès IMPÔTNET en vous rendant sur le site Web de l'ARC (voir 9.6) ou en appelant le Bureau d'aide des services électroniques de l'ARC, au 1-800-714-7257.)

Le système TED permet aux personnes autorisées à préparer ou à transmettre des déclarations de revenus de les envoyer directement à l'ARC à l'aide d'un logiciel de préparation et de transmission de déclarations. La plupart des spécialistes en préparation de déclarations de revenus offrent ce service en plus de la préparation de la déclaration comme telle. Si vous préparez vous-même votre déclaration, la plupart des spécialistes n'exigeront qu'une somme minime pour transmettre votre déclaration par le biais du système TED. Le gouvernement du Québec offre également le mode de transmission électronique des déclarations de revenus.

Auparavant, grâce au programme IMPÔTEL de l'ARC, certains employés, étudiants ou personnes âgées pouvaient produire leur déclaration de revenus par téléphone. À compter de 2012, l'ARC mettra fin à ce programme pour les déclarations de revenus des particuliers.

Le principal avantage de ces options de transmission des déclarations par voie électronique est qu'elles offrent aux contribuables la possibilité de faire traiter leur déclaration et d'obtenir leur remboursement dans un délai aussi court que deux à trois semaines, comparativement à un délai sensiblement plus long lorsque la méthode traditionnelle de production sur papier est utilisée. Si vous prévoyez obtenir un remboursement, ce mode de transmission devrait accélérer le traitement de votre déclaration ainsi que le versement ou le dépôt électronique de votre remboursement.

> Produisez votre déclaration à l'aide d'IMPÔTNET ou de la TED pour obtenir un remboursement plus rapide.

De plus, il n'est pas nécessaire de produire de déclaration papier ou de reçus lors de la transmission de la déclaration. (Cependant, les reçus et autres documents connexes doivent toujours être conservés en cas de vérification ultérieure par l'ARC.) L'utilisation du système TED contribue à réduire la « paperasse » pour vous-même et pour les autorités fiscales.

Si la question d'une vérification ultérieure de votre déclaration vous inquiète, sachez que la transmission électronique de celle-ci augmentera habituellement la rapidité de son traitement et fera que la période de trois ans prévue pour l'établissement d'une nouvelle cotisation (voir 9.4) commencera plus tôt.

Si vous avez un solde à rembourser, vous pouvez utiliser les programmes IMPÔTNET ou TED avant l'échéance mais vous avez jusqu'au 30 avril pour poster votre paiement. (Vous pourriez également avoir la possibilité de payer vos impôts par voie électronique – voir 9.2.3.)

9.2 Paiement des impôts

9.2.1 Retenues à la source

Les impôts sont retenus à la source et versés à l'ARC et à Revenu Québec par les employeurs et d'autres personnes. Les retenues d'impôt sur un paiement qui vous est fait sont considérées comme un paiement que vous effectuez vous-même aux autorités fiscales, et ce, même si votre employeur n'en fait jamais le versement. Le paiement est également réputé vous avoir été versé au sens où il fait partie de votre revenu.

Les retenues à la source s'appliquent, entre autres, aux catégories de paiements suivantes :

- revenus d'emploi;
- prestations de retraite;
- prestations d'assurance-emploi;
- retraits d'un REER;
- paiements de rentes;
- prestations de sécurité de la vieillesse;
- versements de revenus de placement à des non-résidents (intérêts, dividendes, loyers, redevances, etc.);
- acquisition de biens immobiliers d'un non-résident (à moins que celui-ci n'ait un certificat de l'ARC et de Revenu Québec, s'il y a lieu).

Notez qu'aucune retenue d'impôt n'est effectuée sur les versements d'intérêts, de dividendes, de loyers ou de redevances à des résidents canadiens. Les revenus d'un travail indépendant, tels des honoraires de consultation (voir 11.1), sont également touchés sans faire l'objet de retenues à la source.

9.2.2 Acomptes provisionnels

Vous devez verser des acomptes provisionnels si l'écart entre l'impôt à payer (incluant l'impôt provincial, sauf l'impôt du Québec) et le montant des retenues à la source est supérieur à 3 000 $ pour l'année en cours et l'une ou l'autre des deux années précédentes. Pour les résidents du Québec, ce seuil est de 1 800 $ au titre de l'impôt fédéral, l'impôt provincial n'étant pas perçu par l'ARC – voir 17.7.24.

Les acomptes provisionnels trimestriels doivent être versés le 15ᵉ jour des mois de mars, juin, septembre et décembre.

Il existe quatre méthodes pour déterminer vos obligations en matière d'acomptes provisionnels.

Selon la première méthode, le total de vos acomptes provisionnels, payés en quatre versements égaux, doit correspondre à l'impôt exigible sur les sources de revenu de l'année courante pour lesquelles aucun impôt n'a été retenu. En d'autres mots, vos acomptes provisionnels doivent correspondre au solde exigible à la fin de l'année.

Selon la deuxième méthode, vos acomptes provisionnels trimestriels doivent correspondre à l'impôt exigible sur les sources de revenu de l'année précédente pour lesquelles aucun impôt n'a été retenu. En d'autres mots, prenez le solde que vous deviez payer l'année dernière après avoir soustrait les retenues à la source et payez ce montant pendant l'année, sous forme d'acomptes provisionnels.

La première méthode vous demande d'évaluer votre revenu pour l'année courante. Si votre évaluation est trop basse, les montants de vos acomptes provisionnels risquent de ne pas être assez élevés. La deuxième méthode vous permet d'utiliser le revenu de l'année précédente, mais le 15 mars, date à laquelle vous devez verser le premier acompte, vous n'aurez peut-être pas encore calculé le total de votre impôt pour l'année précédente. C'est la raison pour laquelle la troisième méthode a été instaurée.

En vertu de cette troisième méthode, chacun de vos acomptes provisionnels de mars et de juin doit s'élever au quart du montant total d'impôt exigible sur les sources de revenu pour lesquelles aucun impôt n'a été retenu lors de la deuxième année précédente. Le *total* de vos acomptes provisionnels pour l'année doit néanmoins toujours correspondre au total du montant de l'année précédente, comme c'est le cas pour la deuxième méthode. Par conséquent, les acomptes de septembre et de décembre doivent suffire à atteindre ce total.

Quant à la quatrième méthode, elle consiste simplement à payer le montant indiqué, pour le trimestre, sur le rappel d'acompte provisionnel que l'ARC et Revenu Québec vous envoient par la poste deux fois par année.

Alexandre est un travailleur autonome qui travaille comme consultant. Son impôt à payer (combiné fédéral et provincial) s'élevait à 20 000 $ en 2011 et à 24 000 $ en 2012. Il prévoit payer 27 000 $ d'impôt en 2013.

En 2013, Alexandre devra verser des acomptes trimestriels les 15 mars, 15 juin, 15 septembre et 15 décembre, totalisant 24 000 $, soit le montant de son impôt à payer de l'année précédente. Il peut, s'il le veut, verser quatre acomptes provisionnels de 6 000 $ chacun.

Cependant, l'ARC avisera Alexandre, en février 2013, que les versements pour mars et juin devraient être de 5 000 $ chacun, c'est-à-dire le quart de son impôt à payer pour 2011, puisqu'il ne dispose pas encore des chiffres de 2012. S'il effectue les paiements qui lui sont demandés, et s'il verse ensuite des acomptes de 7 000 $ le 15 septembre et le 15 décembre, il aura ainsi versé les 24 000 $ requis pour s'acquitter de ses obligations au titre des acomptes provisionnels, en vertu de la « troisième méthode ».

Le solde de 3 000 $ (en supposant qu'Alexandre a correctement évalué son revenu pour 2012) sera alors exigible le 30 avril 2014, même si Alexandre aura jusqu'au 15 juin 2014 pour produire sa déclaration de revenus pour 2013.

Exemple

Envisagez de verser des acomptes provisionnels avant qu'ils ne soient exigibles afin de réduire les frais liés à ceux qui sont en retard.

Si les versements sont effectués aux dates prévues et s'ils sont suffisants, selon l'une ou l'autre des trois méthodes ou selon les avis de rappel de l'ARC, aucun intérêt ne sera réclamé. Si les versements ne sont pas effectués aux dates prévues ou s'ils sont insuffisants, l'ARC et Revenu Québec imposeront des intérêts calculés selon leur « taux prescrit » composé quotidiennement, soit le taux « élevé » décrit à la section 9.3.

Les versements anticipés ne permettent pas de *gagner* des intérêts, mais ils donnent droit à un « contre-intérêt » au même taux qui s'applique dans le cas des versements tardifs, ce qui permet de compenser les intérêts autrement exigibles sur un versement tardif. Si vous avez pris du retard dans vos acomptes provisionnels, vous pouvez effectuer un versement supplémentaire ou anticipé afin de compenser l'intérêt (non déductible) qui, autrement, vous sera réclamé.

Alexandre, de l'exemple précédent, ne verse aucun acompte pour 2013 avant le 15 juin 2013. À cette date, il fait un versement unique de 15 000 $, suivi d'un versement de 2 000 $ le 15 septembre 2013 et d'un versement de 7 000 $ le 15 décembre 2013. À cette date, il aura versé les 24 000 $ requis pour s'acquitter de ses obligations au titre des acomptes provisionnels, soit le montant de son impôt à payer pour 2012.

Alexandre ne devrait pas avoir à payer beaucoup d'intérêt sur ses versements, en supposant que le taux d'intérêt prescrit demeure constant pendant toute l'année 2013. Son versement du 15 juin peut être divisé en trois tranches : l'une de 5 000 $ due en mars, versée avec trois mois de retard; une deuxième de 5 000 $ payée à la date requise; et une troisième de 5 000 $ sur les 7 000 $ exigibles en septembre, payée trois mois d'avance. La tranche versée par anticipation donnera lieu à un « contre-intérêt » qui compensera l'intérêt qu'Alexandre aurait été tenu de payer en raison du règlement tardif de la tranche due en mars 2013.

Au fédéral, si l'intérêt exigible sur des versements tardifs excède 1 000 $, une pénalité additionnelle allant jusqu'à 50 % de l'intérêt peut être exigée.

9.2.3 Paiements et remboursements d'impôt par voie électronique

Le gouvernement fédéral offre un service de « dépôt direct », selon lequel vous pouvez maintenant faire déposer directement dans votre compte à un établissement financier canadien les remboursements d'impôt, les crédits pour la taxe sur les produits et services et la prestation fiscale pour enfants auxquels vous avez droit. Grâce à ce service, les remboursements et autres paiements d'impôt vous parviennent plus rapidement du fait qu'il permet de gagner le temps consacré à l'impression et à la mise à la poste des chèques et d'éviter le problème des chèques perdus dans le courrier.

Pour bénéficier du service, il s'agit de remplir la section « Dépôt direct – Demander ou modifier » à la dernière page de la déclaration de revenus T1 générale. Vous pouvez également en faire la demande en ligne, sur le site Web de l'ARC (voir 9.6), en remplissant le formulaire T1-DD ou, si vous produisez une déclaration par mode de transmission électronique, le formulaire T183. En ce qui concerne les autres paiements du gouvernement, tels les chèques de pension de sécurité de la vieillesse ou du Régime de pensions du Canada (ou du RRQ), veuillez communiquer avec votre établissement financier pour obtenir les formulaires appropriés.

Vous pourriez être en mesure de payer vos impôts par voie électronique en ayant recours aux services téléphoniques et bancaires sur Internet de votre institution financière. Communiquez avec votre institution financière pour obtenir des informations sur ses services de paiement par voie électronique.

9.3 Intérêts

Le taux d'intérêt sur les paiements d'impôt ou les acomptes provisionnels tardifs et sur les remboursements est calculé à un taux prescrit qui varie trimestriellement en fonction du rendement moyen des bons du Trésor à 90 jours du gouvernement du Canada. Le nouveau taux en vigueur pour chaque trimestre est annoncé par l'ARC dans un communiqué publié environ trois semaines avant le début du trimestre.

Soyez conscient des taux d'intérêt de l'ARC et du calcul de l'intérêt composé.

Chaque trimestre, il existe trois différents taux d'intérêt « prescrits ». Le taux le plus faible, qui correspond à peu près au taux pratiqué par la Banque du Canada au trimestre précédent, s'applique aux fins des règles d'attribution (voir 5.2.2) et des règles portant sur les prêts consentis aux employés et aux actionnaires (voir 10.3 et 14.2.6). Le taux moyen, qui est plus élevé de deux pour cent, s'applique aux remboursements versés par l'ARC. Le taux le plus élevé, qui correspond à deux pour cent de plus que le taux moyen, s'applique aux paiements tardifs d'impôt et d'acomptes provisionnels dus par les contribuables.

Bien qu'il soit exprimé en termes de taux d'intérêt annuel, le taux est en fait composé quotidiennement, de sorte que le taux réel est un peu plus élevé que le taux indiqué. Ainsi, un taux d'intérêt de 5 %, par exemple, équivaut à un taux d'intérêt simple annuel d'environ 5,13 %.

Le montant des intérêts que vous devez sur les paiements en retard est calculé à partir de la date d'exigibilité du versement d'impôt. En règle générale, l'intérêt sur les remboursements commence à courir 30 jours après la date d'exigibilité de la déclaration ou à compter de la date à laquelle la déclaration de revenus est produite, selon la plus tardive de ces deux dates. Cependant, si votre date d'échéance est le 15 juin parce que vous avez des revenus d'un travail indépendant (voir 11.2.1), l'intérêt ne commencera à être payé que 30 jours après le 30 avril ou 30 jours après la date à laquelle la déclaration est produite, selon la plus tardive de ces deux dates.

Les intérêts que vous êtes tenu de payer à l'ARC, par exemple sur les paiements d'impôt ou les acomptes provisionnels tardifs, ne sont pas déductibles aux fins de l'impôt.

Les intérêts qui vous sont versés à l'égard d'un remboursement sont imposables dans l'année au cours de laquelle vous les recevez. Par conséquent, si vous produisez votre déclaration de revenus de 2012 en avril 2013, soit à la date d'échéance, et que vous recevez un remboursement par chèque en août 2013, vous devez déclarer dans votre déclaration de 2013 l'intérêt calculé à compter du 30 mai 2013 qui est compris dans ce chèque.

Si vous devez verser un montant d'impôt le 30 avril et savez que vous aurez à payer des intérêts en raison d'acomptes provisionnels insuffisants ou tardifs, envisagez d'envoyer avec votre paiement d'impôt du 30 avril un montant estimatif au titre des intérêts courus afin d'empêcher que ceux-ci ne s'accumulent davantage.

> Si vous savez que vous aurez à payer des intérêts en raison d'acomptes provisionnels tardifs ou insuffisants, faites une estimation du montant et envoyez-le avec votre paiement d'impôt final.

Les taux d'intérêt prescrits par le gouvernement fédéral à compter d'avril 2010 jusqu'au moment de mettre sous presse étaient les suivants :

Taux d'intérêt prescrits	Avril 2011 – 30 juin 2012
Taux faible	1 %
Taux moyen	3 %
Taux élevé	5 %

Tel qu'il est noté, le taux élevé s'applique aux paiements d'impôt et d'acomptes provisionnels tardifs et le taux moyen, aux remboursements. Le taux faible s'applique aux fins des règles d'attribution et aux prêts aux employés et aux actionnaires.

Aux fins de l'impôt sur le revenu du Québec, le taux d'intérêt faible est le même que le taux fédéral, et le taux d'intérêt moyen est légèrement inférieur (de sorte que l'intérêt qui vous est versé à l'égard d'un remboursement est moindre). Pour ce qui est des paiements d'impôt tardifs, le taux d'intérêt élevé du Québec est plus élevé que celui du fédéral et un taux de 10 % de plus s'applique pour les acomptes provisionnels tardifs.

9.4 Avis de cotisation, vérification et avis de nouvelle cotisation

9.4.1 Avis de cotisation initial

La déclaration de revenus produite de la manière habituelle (sur papier) est généralement traitée dans les trois à six semaines suivant son dépôt, après quoi un « avis de cotisation » est envoyé au contribuable ainsi que tout remboursement qui lui est dû. L'étude de la déclaration comprend la révision des montants qui y figurent afin d'en vérifier l'exactitude (par exemple, pour s'assurer que les calculs sont justes et que les montants inscrits sur la déclaration correspondent aux montants inscrits sur les reçus et autres feuillets de renseignements à l'appui).

La plupart des utilisateurs de la TED et d'IMPÔTNET peuvent s'attendre à ce que le délai consacré au traitement de leur déclaration soit de deux ou trois semaines.

L'avis de cotisation ne se fonde habituellement sur aucune enquête au-delà des renseignements donnés sur la déclaration. Il s'agit d'un avis de cotisation que l'on pourrait qualifier d'« initial ». Le fait qu'une déduction particulière soit accordée à cette étape ne signifie pas que l'ARC ou Revenu Québec « permettent » de la réclamer; c'est tout simplement que l'ARC ne s'est pas penchée sur cette question dans les moindres détails.

En ce qui concerne une société de personnes, les autorités fiscales peuvent émettre une détermination relative au revenu qu'elle a gagné ou à la perte qu'elle a subie, détermination qui constitue un avis de cotisation de la quote-part de chacun des associés au titre du revenu ou de la perte. Voir 11.3.6.

9.4.2   Vérification

Il se peut qu'un certain temps après l'émission du premier avis de cotisation, la déclaration d'un contribuable soit choisie aux fins d'une vérification. La plupart des vérifications de dossiers de particuliers (par opposition aux sociétés) sont des « vérifications au bureau », au cours desquelles le vérificateur demandera au contribuable de présenter des documents à l'appui de ses réclamations. Quelquefois, il s'agit de vérifications « sur place »; le vérificateur se rend alors à votre établissement pour vérifier vos registres.

Si vous avez recours à une des trois options par voie électronique, vous n'avez pas à joindre de reçus à votre déclaration. Il se peut toutefois que l'ARC ou Revenu Québec procèdent ultérieurement à une vérification au hasard afin de vérifier certains montants, tels des dons, des cotisations à un REER ou des frais de scolarité. Il s'agit habituellement d'une simple formalité destinée à assurer l'intégrité des systèmes de transmission électronique des déclarations.

Il importe que vous soyez au courant de vos droits relativement à une vérification. Le vérificateur n'est pas autorisé à fouiller « à l'aveuglette » dans vos registres. Il peut vous demander certains renseignements précis et vous avez le droit de demander pourquoi ces renseignements sont exigés. Si vous craignez de faire face à des problèmes, songez à demander la collaboration de vos conseillers professionnels.

Si votre famille et vous êtes fortunés, votre société et vos activités de placement pourraient faire l'objet d'une vérification de la part de l'ARC, dans le cadre d'un récent projet ciblant les personnes fortunées. L'ARC semble diriger son attention sur les personnes ayant des affaires complexes pouvant contrôler un grand nombre d'entités, telles que des sociétés, des fiducies, des sociétés de personnes et des fondations privées, ou avoir dans celles-ci des participations au sens large. Si vous êtes ciblé par ce programme, il se pourrait que vous ne disposiez que d'un délai relativement court pour recueillir une grande quantité d'informations concernant votre entreprise et vos participations dans des placements.

À moins que vous ne soyez engagé dans des opérations d'évasion fiscale, vous ne devriez pas vous inquiéter outre mesure d'une vérification.

9.4.3   Avis de nouvelle cotisation

Si la vérification (ou une vérification visant un tiers) révèle que votre impôt à payer diffère de la somme indiquée sur le premier avis de cotisation, l'ARC émettra alors un avis de nouvelle cotisation. Lorsque cet avis doit entraîner un versement supplémentaire d'impôt de votre part, vous serez normalement consulté au préalable et aurez la possibilité d'expliquer votre situation.

Un avis de nouvelle cotisation ne peut normalement être émis plus de trois ans après l'émission de l'avis de cotisation initial. Cependant, dans les cas de fraude ou de présentation erronée des faits par « négligence, inattention ou omission volontaire », un avis de nouvelle cotisation peut être émis en tout temps.

Plusieurs autres cas échappent à la règle de trois ans, dont le plus important est lorsque vous avez produit une renonciation auprès des autorités fiscales. La renonciation, qui porte généralement sur une question précise faisant l'objet d'un différend, permettra à l'ARC de réviser en tout temps votre cotisation à l'égard de cette question. Vous pouvez toutefois annuler une renonciation au moyen d'un avis de six mois à l'ARC. Une façon courante de restreindre le délai additionnel de l'ARC consiste à signer une renonciation ainsi qu'un avis de révocation d'une renonciation, et d'agrafer l'avis de révocation à la renonciation elle-même. La révocation entrera en vigueur six mois après la date de la signature.

> Ne signez une renonciation que dans la mesure nécessaire.

Si un vérificateur de l'ARC vous demande de signer une renonciation, étudiez la demande attentivement et n'acceptez pas avant d'avoir obtenu les conseils d'un professionnel.

Pensez d'abord aux mesures de rechange dont dispose le vérificateur si vous ne signez pas la renonciation. Vous n'avez pas à signer un tel document juste pour faciliter la vie du vérificateur. Si le délai de trois ans pour l'établissement d'une nouvelle cotisation tire à sa fin et que le vérificateur ne dispose pas de tous les renseignements nécessaires pour justifier une nouvelle cotisation, il peut être à votre avantage de ne pas signer la renonciation. N'oubliez pas que le système interne de l'ARC rend le processus d'établissement d'une nouvelle cotisation assez lent, bien que certains dossiers soient parfois traités en quelques jours dans les cas extrêmes.

Assurez-vous ensuite que la renonciation est très précise et n'élimine la période de trois ans qu'à l'égard des seules questions qui font l'objet d'une enquête ou d'un litige.

Les règles sont semblables aux fins de l'impôt du Québec.

9.4.4 Demandes d'allègement pour les contribuables

Qu'arrive-t-il lorsque vous ne pouvez payer vos impôts ou produire votre déclaration de revenus à temps en raison d'une catastrophe naturelle ou imputable à l'homme, d'une maladie sévère ou d'un accident? Les règles d'allègement pour les contribuables (également connues comme les règles d'« équité ») prévues dans la *Loi de l'impôt sur le revenu* donnent à l'ARC la discrétion de renoncer aux pénalités et aux intérêts sur les impôts impayés lorsque vous étiez incapable de payer vos impôts à temps en raison de circonstances indépendantes de votre volonté. (Dans le cas de catastrophes naturelles telles que des inondations, l'ARC peut proroger les échéances liées aux impôts pour chaque personne résidant dans la région touchée.)

En vertu de ces règles d'allègement, l'ARC peut également effectuer des remboursements d'impôt même lorsque la déclaration est produite après le délai de production tardive (soit, en général, trois ans suivant la date d'échéance initiale) et accepter des choix tardifs, ou vous permettre de modifier ou d'abroger un choix une fois passée la date d'échéance pertinente.

Mis à part les catastrophes naturelles ou les malchances personnelles, les règles d'allègement pour les contribuables peuvent s'appliquer si vous n'avez pu effectuer votre paiement d'impôt ou faire un choix à temps pour des raisons plus banales telles que des renseignements incorrects fournis par écrit par l'ARC ou des interruptions de service occasionnées par une grève. Mais si vous avez simplement été négligent ou que vous ignoriez les règles, vous devrez payer les pénalités et les intérêts habituels sur vos impôts impayés.

Lors de son examen de votre demande, il se pourrait que l'ARC tienne compte de votre dossier de conformité antérieur et de votre diligence à porter la question à l'attention de l'ARC.

9.4.5 Divulgations volontaires

Si vous avez fait défaut de produire votre déclaration de revenus et si vous avez des impôts à payer en suspens, envisagez d'avoir recours au Programme de divulgations volontaires de l'ARC. Aux termes de ce programme d'allègement, vous pouvez procéder à une divulgation afin de corriger des renseignements inexacts ou incomplets ou de fournir des renseignements qui n'avaient pas été déclarés. En dépit du fait

> Si vous avez fait défaut de produire vos déclarations, de déclarer un revenu ou de payer de l'impôt, envisagez de faire une divulgation volontaire pour rétablir votre situation.

que vous serez tenu de payer les impôts exigibles, plus les intérêts, il est possible qu'aucune pénalité ne vous soit imposée et que vous ne fassiez pas l'objet de poursuites.

Afin que cet allègement vous soit accordé, votre divulgation doit être complète, elle doit contenir des renseignements dont la production est en retard d'au moins un an, et elle doit comprendre une pénalité (si ce n'est pas le cas, l'ARC traitera les nouveaux renseignements comme toute autre demande de redressement). De plus, vous devez effectuer votre divulgation avant que l'ARC n'ait entrepris de vérification, d'enquête ou une autre mesure d'exécution.

Si vous n'êtes pas certain de vouloir procéder à une divulgation volontaire, vous ou votre représentant avez le droit de discuter de votre situation de façon anonyme avec un agent responsable des divulgations volontaires de l'ARC.

Des divulgations volontaires peuvent également être effectuées à l'égard du non-respect d'autres exigences fiscales, telles que le versement des retenues à la source, la déclaration de la TPS et les obligations de paiement.

9.5 Oppositions et appels

9.5.1 Avis d'opposition

Si vous n'arrivez pas à une entente avec le vérificateur et recevez un avis de nouvelle cotisation, ou si vous êtes en désaccord avec l'avis de cotisation initial, vous pouvez produire un avis d'opposition. Il suffit alors d'écrire au chef des Appels du bureau de district d'impôt de votre région. Débutera alors le processus d'appel formel. L'avis d'opposition doit exposer le ou les points précis sur lesquels porte l'opposition.

Lorsque vous déposez un avis d'opposition, l'opposition est étudiée par un agent des Appels de l'ARC. Cet agent est indépendant de la direction de la vérification et devrait étudier le dossier d'une façon impartiale et objective.

Pour être valide, l'avis d'opposition doit être déposé soit dans les 90 jours suivant la date de l'avis de cotisation ou de nouvelle cotisation auquel vous vous opposez, soit au plus tard un an suivant la date d'exigibilité de production initiale de la déclaration de revenus, selon la plus tardive de ces deux dates. Par exemple, vous pouvez vous opposer à l'avis de cotisation de votre déclaration de 2012 en déposant un avis d'opposition soit au plus tard le 30 avril 2014 ou dans les 90 jours suivant l'avis de cotisation ou de nouvelle cotisation auquel vous vous opposez, selon la plus tardive de ces deux dates. Les mêmes délais s'appliquent aux fins de l'impôt sur le revenu du Québec.

Produisez un avis d'opposition pour préserver votre droit d'interjeter appel.

Il vous faut absolument produire votre avis d'opposition avant la fin du délai accordé, même si vous en êtes encore à débattre votre cas avec l'ARC et même si l'on vous a assuré qu'un avis de nouvelle cotisation serait émis en votre faveur. Autrement, vous perdrez votre droit découlant de la loi d'interjeter appel, et l'ARC aura tout le loisir d'émettre un avis de nouvelle cotisation.

Même si la période d'opposition est expirée, vous pouvez demander un nouvel examen de votre déclaration. Quoique vous ne puissiez pas légalement forcer l'ARC à procéder à ce nouvel examen, un avis de nouvelle cotisation est quand même émis dans bien des cas. L'ARC accepte de procéder à un nouvel examen pour l'une ou l'autre des 10 années précédentes, à condition que la demande soit conforme aux règles d'allègement pour le contribuable prescrites par le gouvernement (voir 9.4.4).

Dans certains cas, vous pouvez également soumettre une demande à l'ARC ou à la Cour canadienne de l'impôt en vue d'obtenir la prolongation du délai accordé pour la production d'un avis d'opposition.

Envisagez de demander des modifications à votre déclaration lorsque celle-ci est rouverte par suite d'un avis de nouvelle cotisation.

Si, pour quelque raison, l'ARC émet un avis de nouvelle cotisation après l'expiration de votre droit d'exiger un nouvel examen de votre déclaration, rappelez-vous que votre déclaration est « ouverte » pour une période de 90 jours. Si cette situation se produit et que vous souhaitez contester ou changer d'autres points, vous pouvez les soulever dans la période de 90 jours allouée en déposant un avis d'opposition qui préservera votre droit d'appel. Cependant, vous ne pourrez le faire si la déclaration a été ouverte de nouveau pour certaines raisons spéciales (p. ex., le report rétrospectif de pertes d'une année subséquente).

Des règles semblables et les mêmes délais s'appliquent de façon générale aux fins de l'impôt du Québec.

9.5.2 Appel devant la Cour canadienne de l'impôt

L'agent des Appels de l'ARC est habituellement le dernier recours en appel auprès de ce ministère. Si vous désirez poursuivre les démarches, vous devez interjeter appel auprès de la Cour canadienne de l'impôt (ou de la cour provinciale pertinente, s'il s'agit d'impôts provinciaux).

Vous pouvez choisir d'interjeter appel selon la procédure « générale » ou « informelle » de la Cour.

La procédure générale requiert habituellement les services d'un avocat, et elle est semblable à la procédure des cours supérieures provinciales. Si le montant d'impôt en cause pour une année d'imposition donnée est supérieur à 12 000 $ au palier fédéral (environ 19 000 $ en tenant compte de l'impôt provincial autre que celui du Québec), la procédure générale doit alors être adoptée. Dans certains litiges destinés à faire « jurisprudence », l'ARC peut également imposer l'application de la « procédure générale » même si les sommes en cause sont moindres, auquel cas elle sera tenue de vous rembourser la plupart ou la totalité des frais juridiques.

Quant à la procédure informelle, elle est, comme son nom l'indique, beaucoup moins complexe. Vous pouvez vous présenter seul ou accompagné de quelqu'un pour vous aider (p. ex., un avocat, un comptable, un conseiller ou un ami). Il n'est pas nécessaire de remplir de formulaire particulier pour entreprendre les démarches. Les règles formelles de la preuve qui s'appliquent habituellement dans le cadre des procès ne s'appliqueront pas nécessairement dans ce cas. Aux termes de la procédure « informelle », la cause est généralement entendue assez rapidement et la décision, rendue dans l'année qui suit. Cette décision ne lie pas le tribunal en ce qui concerne des litiges ultérieurs, qu'il s'agisse du vôtre ou de celui d'un tiers.

Si vous décidez d'interjeter appel auprès de la Cour canadienne de l'impôt, soyez sûr de bien comprendre les points juridiques en litige. Même si vous avez l'intention de plaider votre cause vous-même ou de vous faire représenter par un ami ou un parent, consultez quand même un fiscaliste. Pour de nombreuses questions relevant du droit fiscal, il existe des réponses sur lesquelles tous les conseillers (et le juge!) s'entendent, mais qui ne sont pas nécessairement évidentes pour le non-initié.

> Assurez-vous de bien comprendre les points juridiques en litige lors d'un appel.

9.5.3 Instances supérieures d'appel

Une décision rendue par la Cour canadienne de l'impôt selon la procédure informelle peut faire l'objet d'un appel, dans les seuls cas où elle porte sur une question de droit, par la voie d'une « révision judiciaire » effectuée par la Cour fédérale d'appel. Une décision rendue selon la procédure « générale » peut faire l'objet d'un appel directement devant la Cour fédérale d'appel. Dans l'un ou l'autre cas, vous devrez recourir aux services d'un avocat afin d'interjeter appel et patienter pendant environ deux ans, depuis la date de la demande jusqu'au jour où la décision est rendue. On appellera d'un jugement d'ordre provincial devant la cour d'appel provinciale pertinente.

Une fois que la Cour fédérale d'appel ou la cour d'appel provinciale pertinente a rendu sa décision, vous-même ou les autorités fiscales pouvez demander la « permission » d'interjeter appel auprès de la Cour suprême du Canada. L'appel ne pourra être interjeté que si la demande est autorisée par un groupe composé de trois juges de la Cour suprême. Celle-ci n'accorde que rarement ce droit pour des litiges de nature fiscale; en général, seuls trois ou quatre de ces litiges parviennent à la Cour suprême chaque année.

9.5.4 Devriez-vous payer les montants en litige?

Supposons que vous contestez un montant de 20 000 $, mais que vous n'avez aucune idée de l'issue de l'affaire. Bien que vous ayez décidé de produire un avis d'opposition ou, encore, d'interjeter appel, vous continuez de recevoir des avis de l'ARC qui vous enjoint de payer votre impôt, même si aucune mesure de recouvrement ne peut être entreprise tant et aussi longtemps que votre avis d'opposition ou votre appel ne sera pas réglé.

Envisagez de payer le montant dû même si vous avez l'intention de produire un avis d'opposition.

Il pourrait néanmoins être sage de payer le solde dû quand même. Le taux d'intérêt exigé pour les paiements tardifs (voir 9.3) risque d'être plus élevé que celui que vous pourriez autrement gagner avec votre argent ou qui pourrait s'appliquer sur un emprunt contracté auprès d'une banque. Si l'appel est tranché en votre faveur, tous les fonds que vous aurez versés vous seront remboursés, plus des intérêts (au taux moyen indiqué à la section 9.3).

Notez également qu'après avoir reçu un avis de l'ARC, vous disposez normalement de 20 jours pour payer sans frais d'intérêt additionnels. Si vous devez payer de toute façon, vous avez avantage à tirer parti de cette période « sans intérêt » et à payer le solde le vingtième jour.

Les contribuables pensent parfois qu'ils ne devraient pas payer un montant en litige puisque cela reviendrait à « admettre leur culpabilité » ou parce que l'ARC n'aurait ensuite aucun intérêt à régler l'affaire. Il n'y a pas lieu de penser ainsi. Le fait de payer votre impôt ne peut nuire à votre cause puisque vos droits légaux ne sont aucunement déterminés en fonction du fait que vous avez ou non payé l'impôt.

Le seul cas où il serait préférable de ne pas avoir payé votre compte serait celui où, invoquant le fait que vous êtes dans « l'impossibilité de payer », vous auriez demandé à l'ARC de renoncer aux intérêts et aux pénalités. Une fois votre compte payé, il sera difficile de prétendre que vous ne pouvez trouver l'argent nécessaire et que vous exigez une renonciation aux intérêts pour être en mesure d'honorer vos obligations.

9.6 Documents de référence

Vous pouvez obtenir un exemplaire des publications techniques suivantes en téléphonant ou en vous présentant à votre bureau des services fiscaux de l'ARC. Ces publications, de même que les guides, formulaires et informations de l'ARC relatifs aux options de paiement et à la transmission électronique, sont également disponibles sur le site Internet de l'ARC à l'adresse *www.cra-arc.gc.ca*.

Circulaire d'information 75-7R3, « Nouvelle cotisation relative à une déclaration de revenus »

Circulaire d'information 07-1, « Dispositions d'allègement pour les contribuables »

Circulaire d'information 00-1R2, « Programme des divulgations volontaires »

Si vous êtes salarié

- Faites des démarches pour recevoir des avantages qui ne sont pas imposables (10.1.1)
- Demandez une réduction de vos retenues d'impôt à la source, dans la mesure du possible (10.2)
- Si votre employeur vous a consenti un prêt, versez-lui l'intérêt au plus tard le 30 janvier de l'année suivante (10.3)
- Envisagez de participer à un régime de participation des employés aux bénéfices afin d'accroître vos liquidités (10.5.2)
- Transférez vos allocations de retraite à un REER (10.6)
- Réclamez le crédit d'impôt pour emploi afin de vous aider à couvrir vos dépenses liées à l'emploi (10.7.1)
- Gens de métier salariés, demandez la déduction au titre du coût des outils neufs (10.8.8)
- Demandez un remboursement de la TPS/TVH payée sur les dépenses déductibles de votre revenu d'emploi (10.9)

Selon un principe d'application générale, tous les revenus (y compris les pourboires) et tous les avantages qui sont liés à votre emploi sont imposables, à moins que, de façon expresse, les règles fiscales fédérales et du Québec n'en disposent autrement. Selon un autre principe d'application générale, vous ne pouvez demander aucune déduction de votre revenu d'emploi en dehors de celles que le régime fiscal autorise expressément. Il existe cependant plusieurs règles spéciales; nous traitons de certaines d'entre elles dans le présent chapitre.

10.1 Avantages liés à un emploi

10.1.1 Avantages non imposables

Certains avantages liés à un emploi ne sont pas imposables, même si bon nombre d'entre eux constituent des dépenses déductibles pour l'employeur. Le gouvernement offre donc aux employeurs un incitatif pour qu'ils fournissent de tels avantages, le rendement après impôt étant plus élevé que celui qui découle des salaires. Les avantages non imposables comprennent ce qui suit :

- les cotisations à un régime de pension agréé (le revenu de pension est imposable à sa réception – voir 3.5.1);
- les cotisations à un régime d'assurance collective contre la maladie ou les accidents;

- les cotisations à un « régime privé d'assurance-maladie », par exemple un régime couvrant les médicaments, les frais médicaux et les frais hospitaliers non couverts par un régime public d'assurance-maladie, ainsi que les frais afférents aux services dentaires (sauf pour les résidents du Québec – voir 17.2.17);
- les frais, en totalité ou en partie, liés aux services scolaires gratuits ou subventionnés pour vos enfants (par exemple, si les services sont offerts dans une région éloignée);
- les cotisations à un régime de prestations supplémentaires de chômage;
- les cotisations à un régime de participation différée aux bénéfices;
- une allocation de déménagement allant jusqu'à 650 $ non soumise à une justification (voir 13.1.3);
- le remboursement de certains frais de déménagement à l'occasion d'un changement de lieu de travail (voir 13.1.3; cependant, tout remboursement ou indemnité visant à aider à financer la nouvelle résidence est exclu – voir 13.1.4);
- le paiement des cotisations à des clubs, si le fait d'en être membre est principalement avantageux pour l'entreprise de l'employeur (cependant, ces droits ne sont normalement pas déductibles pour l'employeur);
- les escomptes qui sont accordés à un employé, s'ils sont couramment offerts aux autres employés (à condition que le prix après escompte ne soit pas inférieur au prix coûtant pour l'employeur);
- les cadeaux non monétaires accordés à un employé sans lien de dépendance, dont la valeur combinée n'excède pas 500 $ par année, qui sont offerts pour souligner une fête, un anniversaire et autres occasions spéciales (la valeur totale qui excède le montant de 500 $ est imposable);
- une récompense non monétaire accordée à un employé sans lien de dépendance, d'une valeur pouvant atteindre 500 $ par année, qui est accordée pour souligner les années de service ou pour souligner un anniversaire;
- la valeur des points de fidélisation de la clientèle versés sur des cartes de crédit personnelles offertes par des tiers dans le cadre de voyages d'affaires remboursés par l'employeur ou d'autres dépenses de l'employeur, à la condition que les points ne soient pas convertis en espèces et que le programme ne constitue pas une forme de rémunération ni une mesure d'évitement fiscal;
- les ordinateurs à domicile, pourvu qu'ils soient utilisés principalement pour le compte de votre employeur et que ces ordinateurs soient mis à la disposition de tous les employés (ou employés d'une même catégorie);

- les frais de scolarité pour des cours que vous suivez pour maintenir ou améliorer vos habiletés dans un domaine lié à vos responsabilités actuelles ou futures dans le cadre de votre emploi;
- les coûts d'autres cours liés à l'entreprise, tels que la gestion du stress, l'équité en matière d'emploi et les aptitudes linguistiques;
- les bourses d'études versées à vos enfants relativement à des cours dans un établissement d'enseignement postsecondaire;
- les services d'aide concernant la santé physique ou mentale, la cessation d'emploi ou la retraite;
- les repas subventionnés, dans la mesure où vous êtes tenu de payer des frais raisonnables couvrant le coût de la nourriture;
- les uniformes ou vêtements spéciaux que votre travail vous oblige à porter;
- le transport au lieu de travail dans certaines circonstances, si ce service est fourni directement par l'employeur;
- le coût de la pension, du logement et du transport à un « chantier particulier » où vous accomplissez un travail de nature temporaire, ou à un « endroit éloigné » de toute agglomération;
- l'utilisation des installations récréatives de votre employeur;
- les laissez-passer accordés aux employés de sociétés de transport par autobus, chemin de fer ou avion, sauf aux employés de lignes aériennes qui ont réservé leur place et obtenu confirmation de leur réservation;
- les frais de transport et de stationnement, que votre employeur paye lui-même ou qu'il vous rembourse, si vous êtes aveugle ou si vous souffrez d'un handicap moteur;
- les frais engagés relativement à un préposé qui vous aide à exercer vos fonctions d'emploi, si vous souffrez d'une invalidité;
- les articles dont la valeur est nominale, notamment le café, les tee-shirts comportant le logo de votre employeur, les grandes tasses, les plaques et les trophées.

Vous observerez que, si votre employeur déduit ses cotisations à un régime d'assurance contre la maladie ou les accidents, à un régime d'assurance-invalidité ou à un régime d'assurance de sécurité du revenu, le total des montants que vous recevez en vertu de l'un ou l'autre de ces régimes est imposable (mais est réduit du montant des cotisations que vous avez vous-même versées dans le cadre du régime).

Demandez à votre employeur de vous octroyer, dans la mesure du possible, les avantages non imposables énoncés ci-dessus. Si vous partagez avec lui les coûts liés à un régime d'avantages sociaux, tentez de faire en sorte que les coûts soient redistribués de façon à ce qu'il assume tous les frais afférents aux avantages non imposables et que vous assumiez vous-même les coûts afférents aux avantages qui sont imposables si votre employeur en assume les coûts. Dans plusieurs cas, vous pouvez ainsi réduire votre fardeau fiscal, sans coût additionnel pour votre employeur.

> **Faites des démarches pour recevoir des avantages qui ne sont pas imposables.**

On oublie souvent de tenir compte de l'avantage non imposable relié aux frais de pension et de logement dans un « chantier particulier ». À l'opposé d'un « endroit éloigné », un chantier particulier n'a pas à être éloigné d'une communauté établie; dans la mesure où le travail que vous y accomplissez est de nature temporaire et que vous maintenez ailleurs une autre résidence, les frais d'hébergement et de restauration qu'assume l'employeur constituent un avantage non imposable. Cette mesure s'applique, par exemple, si vous passez plusieurs mois dans une autre ville à travailler à un projet, au service de votre employeur.

L'ARC ne considérera plus comme un avantage imposable les repas ou les allocations raisonnables fournis par l'employeur pendant les heures supplémentaires si :

- la valeur du repas ou de l'allocation de repas est inférieure à 17 $;
- l'employé effectue au moins deux heures de travail supplémentaires immédiatement avant ou immédiatement après son horaire de travail normal;
- les heures supplémentaires sont peu fréquentes et sont occasionnelles (habituellement moins de trois fois par semaine, mais quelquefois plus fréquemment lorsque le travail est nécessaire afin de répondre à une demande ponctuelle, comme les réparations majeures ou l'établissement périodique de rapports financiers).

Si les heures supplémentaires sont effectuées régulièrement, l'ARC estime que les allocations pour les repas constituent un avantage imposable, parce qu'elles prennent plutôt la forme d'une rémunération déguisée.

10.1.2 Avantages imposables

En général, les avantages liés à un emploi (sauf ceux qui sont mentionnés ci-dessus) sont imposés au même titre que si vous aviez reçu un revenu d'un montant équivalent. Ces avantages comprennent notamment les suivants :

- les pourboires que vous recevez des clients;
- la pension et le logement, ou le logement gratuit ou à loyer peu élevé (sauf certaines exceptions dans le cas des chantiers particuliers ou des endroits éloignés);

- vos frais de voyage à des fins personnelles, y compris les frais de voyage de votre conjoint qui vous accompagne dans un voyage d'affaires, à moins que, au cours du voyage, ce dernier se soit adonné principalement à des activités pour le compte de votre employeur;
- l'utilisation d'une automobile de l'employeur à des fins personnelles (voir 12.2);
- les cadeaux, sauf si, comme il est indiqué ci-dessus, il s'agit de deux cadeaux en nature dont la valeur combinée ne dépasse pas 500 $ par année (si la valeur totale des cadeaux excède 500 $, la valeur globale est imposable, et non pas seulement la valeur en excédent de 500 $; toutefois, aux fins de l'impôt du Québec, seul le montant supérieur à 500 $ est imposable);
- l'utilisation, par vous-même et (ou) votre famille, d'un lieu de villégiature de l'employeur;
- les voyages de vacances, les prix et les primes d'intéressement;
- les coûts engagés par l'employeur pour des cours que vous suivez par intérêt personnel ou pour acquérir des habiletés techniques qui ne sont pas requises par votre emploi;
- le paiement des cotisations aux régimes provinciaux (publics) d'assurance-maladie (la plupart des provinces ont cessé de percevoir de telles cotisations);
- les primes d'assurance-vie;
- le remboursement du coût des outils utilisés dans le cadre de votre travail;
- les prêts consentis aux employés (voir 10.3);
- les paiements de compensation fiscale versés aux employés mutés afin de compenser les impôts plus élevés en vigueur à leur nouvel emplacement de travail;
- les régimes d'options d'achat d'actions (voir 10.4.1);
- les frais d'établissement des déclarations de revenus et les conseils financiers (sauf les conseils concernant la retraite ou le réemploi);
- les bourses d'études versées à vos enfants relativement à des cours dans un établissement d'enseignement primaire ou secondaire.

En général, lorsque l'employeur paie la taxe de vente sur des produits et services qu'il vous fournit ensuite à titre d'avantage imposable, le montant de cet avantage imposable est augmenté de 5 % pour tenir compte de la TPS. Cela s'applique, par exemple, aux avantages imposables afférents à l'utilisation d'une automobile. Si vous résidez dans une province qui applique la TVH, le taux de la TVH de votre province s'applique (voir 11.2.5); pour le Québec, l'avantage est augmenté au titre de la TPS et de la TVQ.

10.2 Réduction des retenues d'impôt à la source

Comme nous l'avons vu à la section 9.2.1, votre employeur et d'autres personnes sont tenus de faire des retenues d'impôt à la source et de les remettre à l'ARC. En règle générale, les mêmes règles s'appliquent aux fins de l'impôt du Québec.

> Demandez une réduction de vos retenues d'impôt à la source, dans la mesure du possible.

Si vous prévoyez recevoir un remboursement d'impôt une fois que vous aurez soumis votre déclaration de revenus (en raison de vos crédits d'impôt personnels, des cotisations déductibles que vous aurez versées à un REER, de frais médicaux ou de dons de bienfaisance, et de paiements de pension alimentaire), vous devriez revoir le formulaire TD1 (et MR-19 en ce qui concerne le Québec) que vous avez remis à votre employeur de manière à obtenir une réduction de vos retenues à la source. Vous pouvez aussi demander à l'ARC et à Revenu Québec d'accorder à votre employeur l'autorisation de réduire vos retenues à la source en ce qui concerne des déductions qui ne figurent normalement pas sur les formulaires TD1 et MR-19, comme les cotisations à un REER et les paiements de pension alimentaire.

Cependant, dans le cas où il retient sur votre rémunération une somme relative à des cotisations à un REER (jusqu'à concurrence de vos droits de cotisation disponibles – voir 3.1.3), à des cotisations syndicales et à des cotisations à des associations professionnelles, ou à des paiements de pension alimentaire afin de les verser directement au destinataire concerné, votre employeur peut tenir compte de ces retenues, aux fins du calcul de vos retenues d'impôt à la source, sans devoir demander l'autorisation préalable de l'ARC ou de Revenu Québec.

Si votre employeur vous a consenti un prêt et qu'un intérêt implicite est inscrit en tant qu'avantage imposable (voir 10.3), vos retenues d'impôt à la source tiendront compte de cet avantage imposable. Si, par contre, vous utilisez ce prêt à des fins qui vous donnent droit à une déduction compensatoire, vous pouvez écrire à l'ARC et à Revenu Québec pour leur exposer la situation et leur demander que votre employeur soit autorisé à réduire les retenues à la source. Cela pourrait se faire, par exemple, lorsque le prêt consenti par votre employeur vous sert à faire des placements.

De nombreux contribuables souhaitent recevoir un remboursement d'impôt, mais le fait de chercher à en obtenir un ne relève pas d'une bonne planification fiscale. Si vous recevez un remboursement, cela signifie que l'ARC et (ou) Revenu Québec ont pendant plusieurs mois détenu des fonds qui vous revenaient, sans vous verser d'intérêts. Or, même si vous devez faire preuve de responsabilité fiscale en vous assurant de payer vos impôts lorsqu'ils deviennent exigibles, il serait préférable de n'expédier vos chèques aux autorités fiscales que lorsque vous produisez vos déclarations de revenus puisque, tant que vous n'envoyez pas cet argent au fisc, vous pouvez l'investir ou vous en servir à quelque autre fin. Cependant, comme il a été mentionné à la section 9.2.2, vous devez verser des acomptes provisionnels si la différence entre votre impôt à payer et les montants retenus à la source est supérieure à 3 000 $ ou, pour les résidents du Québec, à 1 800 $ (voir 17.2.24), à la fois pour l'année en cours et pour l'une ou l'autre des deux années précédentes.

Veuillez noter que, pour les 30 premiers jours de traitement des déclarations de revenus après l'échéance du 30 avril, c'est-à-dire jusqu'au 30 mai pour la plupart des salariés, les montants qui doivent vous être remboursés ne portent pas intérêt. Si votre date d'échéance est le 15 juin en raison du fait que vous tirez vos revenus d'un travail indépendant (voir 9.1.1), les montants qui doivent vous être remboursés commenceront à porter intérêt 30 jours après le 30 avril ou 30 jours après la date à laquelle vous aurez produit votre déclaration de revenus, selon la plus éloignée de ces deux dates (voir 9.1.1 et 9.3).

10.3 Prêts consentis aux employés

Si vous recevez de votre employeur (ou de votre ancien ou futur employeur) un prêt sans intérêt ou à faible intérêt, vous êtes réputé avoir reçu un avantage lié à votre emploi. L'avantage est calculé au taux d'intérêt courant prescrit par l'ARC (et par Revenu Québec), taux qui varie trimestriellement, déduction faite de tout intérêt que vous versez au cours de l'année ou dans les 30 jours suivant la fin de l'année. Le taux prescrit correspond à celui qui s'applique aux versements tardifs d'impôt, moins 4 % (3 % au Québec) – voir 9.3. (Il pourrait exister une déduction compensatoire de ce montant, comme nous le verrons plus loin.)

Exemple

Le 1er janvier 2012, Amélie reçoit de son employeur un prêt de 10 000 $, sans intérêt, qu'elle doit rembourser un an plus tard. Supposons que le taux prescrit soit de 2 % pendant toute l'année.

Amélie est réputée avoir reçu un avantage de 200 $ lié à son emploi et elle sera tenue d'inclure ce montant dans son revenu d'emploi.

Toutefois, si au lieu de cela le prêt portait intérêt à un taux de 1 % et qu'Amélie payait l'intérêt avant le 30 janvier 2013, son avantage imposable serait calculé à un taux de 1 % (soit le taux prescrit de 2 %, moins le taux de son employeur de 1 %) sur 10 000 $, soit 100 $.

Si votre employeur vous a consenti un prêt portant intérêt, voyez si vous pouvez reporter le paiement de l'intérêt jusqu'au 30 janvier de l'année civile suivante. Vous pourrez ainsi disposer de liquidités additionnelles. Toutefois, assurez-vous de payer sans faute l'intérêt avant cette date.

> Si votre employeur vous a consenti un prêt, versez-lui l'intérêt au plus tard le 30 janvier de l'année suivante.

Exceptions

Un prêt consenti pour l'achat d'une maison est imposé de la même façon que les autres prêts octroyés aux employés, à l'exception du fait que le taux servant au calcul de l'intérêt implicite, pour les cinq premières années, ne peut pas être supérieur au taux prescrit en vigueur au moment où le prêt a été reçu. À la fin de cette période de cinq ans, le solde du prêt est réputé être un nouveau prêt et le taux prescrit à ce moment-là sera le taux maximum applicable pour la période de cinq ans qui suit.

Exemple

L'employeur de Thierry lui accorde un prêt sans intérêt pour l'aider à s'acheter une maison. (Il ne s'agit pas, dans ce cas, d'une réinstallation, mais d'un simple déménagement entre un appartement et une maison.) À ce moment-là, le taux d'intérêt prescrit est de 3 %. Deux ans plus tard, les taux d'intérêt ont augmenté, et le taux prescrit est passé à 6 %.

L'avantage (l'intérêt) sur lequel Thierry devra payer de l'impôt sera néanmoins calculé à seulement 3 % du montant du prêt. Si le taux prescrit était descendu en deçà de 3 %, Thierry aurait payé de l'impôt sur l'intérêt implicite calculé au taux plus bas, tant que ce taux serait resté inférieur à 3 %.

Si, en cas de réinstallation (changement de lieu de travail), vous recevez un prêt pour l'achat d'une nouvelle résidence qui, par rapport à l'ancienne, est d'au moins 40 kilomètres plus proche de votre nouveau lieu de travail, vous avez droit pendant cinq ans, lorsque vous calculez votre revenu imposable, à une déduction spéciale équivalant aux intérêts implicites sur la première tranche de 25 000 $ de ce prêt. Notez que vous devez néanmoins déclarer le montant total des intérêts à titre d'avantage imposable, et ensuite demander la déduction spéciale dans une autre section de votre déclaration de revenus.

Lorsque vous utilisez des fonds empruntés à votre employeur pour faire l'acquisition de placements ou d'une automobile (ou d'un avion) dont vous vous servez dans le cadre de votre emploi, vous pouvez obtenir une déduction compensatoire. Le montant de l'intérêt implicite que vous incluez dans votre revenu, à titre d'avantage imposable, est réputé être *l'intérêt que vous avez payé.* Par conséquent, dans le cas où cet intérêt aurait autrement été déductible, vous pouvez le déduire. (Comme nous l'avons vu à la section 7.2.3, l'intérêt sur les prêts consentis pour l'acquisition de placements est déductible et, comme nous le verrons à la section 12.3.1, l'intérêt sur les prêts consentis pour l'achat d'une automobile est déductible lorsque votre contrat de travail exige que vous en ayez une.) Ainsi, vous éliminez le coût fiscal de l'avantage imposable.

Lorsque vous êtes à la fois actionnaire et employé d'une société, ou lorsqu'un membre de votre famille en est un actionnaire, vous devez être particulièrement prudent. Il est possible que le montant *intégral* du prêt, plutôt que l'intérêt implicite, doive être inclus dans votre revenu aux fins de l'impôt, à moins que des conditions rigoureuses ne soient remplies. En général, vous pouvez être soustrait à l'application de cette règle si le prêt vous est consenti à certaines fins précises et si, au moment de l'octroi du prêt, des arrangements sont conclus en vue d'en assurer le remboursement dans un délai raisonnable, dans la mesure où le prêt a été consenti en raison de votre lien avec l'emploi. Une autre possibilité serait de rembourser le montant total du prêt dans un délai d'un an tout en vous assurant que ce prêt ne fasse pas partie d'une série de prêts et de remboursements (voir 14.2.6).

10.4 Régimes d'options d'achat d'actions

10.4.1 Régimes ordinaires d'options d'achat d'actions

Un régime d'options d'achat d'actions est un mécanisme en vertu duquel une société donne à un employé le droit (une option) d'investir dans ses actions, à un prix déterminé. Ce prix peut être ou ne pas être inférieur au cours du marché au moment de l'octroi de l'option. Par exemple, supposons que vous travaillez pour une société dont le cours des actions est à 20 $. En 2012, vous recevez une option vous permettant d'acheter jusqu'à 1 000 actions à 20 $ chacune, cette option étant valable jusqu'en 2014. Si, en 2013, l'action se négocie à 30 $, vous pouvez lever votre option et acheter 1 000 actions pour un total de 20 000 $; puis, immédiatement après, si vous le désirez, vous pouvez les revendre sur le marché pour 30 000 $.

Les options d'achat d'actions de certaines sociétés privées sous contrôle canadien bénéficient d'un traitement fiscal préférentiel – voir 10.4.3.

Suivant la règle générale, ce n'est pas lorsque l'option vous est octroyée (en 2012, dans notre exemple) que vous êtes réputé avoir reçu un avantage lié à votre emploi, mais plutôt lorsque vous la levez (en 2013). L'avantage imposable est égal à la différence entre le prix que vous payez (20 000 $) pour les actions et la valeur de ces actions lorsque vous levez l'option (30 000 $). Ainsi, votre employeur devra inclure un avantage imposable de 10 000 $ dans votre revenu d'emploi pour 2013. (Le prix de base rajusté des actions que vous détenez sera de 30 000 $; ainsi, vous ne serez pas imposé une deuxième fois lorsque vous les vendrez.)

Une déduction compensatoire partielle est disponible si certaines conditions sont remplies. Comme première condition, il doit s'agir d'actions ordinaires, et non d'actions privilégiées. La deuxième condition est que le prix de levée de l'option ne doit pas être inférieur à la juste valeur marchande des actions au moment de l'octroi de l'option. (Autrement, vous pourriez simplement lever l'option le jour où elle vous est octroyée, de sorte que l'avantage équivaudrait à un montant en espèces.) La troisième condition exige que vous traitiez sans lien de dépendance avec la société (ce qui veut dire, essentiellement, que vous-même ou des membres de votre famille ne la contrôlez pas). Si ces conditions sont remplies, vous pouvez déduire de votre revenu la moitié du montant de l'avantage imposable. Du fait de cette déduction, l'avantage est imposé au même taux d'inclusion que le sont les gains en capital.

Aux fins de l'impôt du Québec, la déduction se limite généralement à un quart du montant de l'avantage découlant de tout événement lié à une option d'achat d'actions.

Vous pourriez peut-être discuter avec votre employeur de la possibilité qu'il établisse, à titre d'avantage lié à l'emploi, un régime d'options d'achat d'actions. Ce régime pourrait lui coûter bien peu et pourrait même lui procurer des fonds de placement dans la société. (Le coût réside dans la dilution des participations des actionnaires existants.)

10.4.2 Allègement fiscal concernant les options d'achat d'actions hors du cours

Si vous avez fait l'acquisition d'actions aux termes d'une convention d'options d'achat d'actions avant le 4 mars 2010, si vous avez reporté l'avantage imposable et si vous n'avez pas vendu immédiatement les actions, les résultats pourraient se révéler défavorables si la valeur des actions diminuait après l'acquisition. Vous seriez quand même astreint à payer les impôts sur l'écart entre le prix de levée et la valeur de l'action lors de l'acquisition, même si vous ne réalisiez aucun gain monétaire réel jusqu'au moment de la vente des actions.

De plus, la perte en capital découlant de la vente ne pourrait être utilisée pour contrebalancer l'avantage lié à l'emploi inclus dans le revenu. En dépit de la perte de valeur, vous devriez quand même payer les impôts sur l'avantage.

Afin d'offrir un certain allègement aux employés qui détiennent des options d'achat d'actions hors du cours, il est permis à ces derniers de faire un choix spécial aux fins de l'impôt fédéral s'ils veulent s'assurer que tout impôt à payer sur l'avantage relatif à une option d'achat d'actions reporté, lorsqu'il est réalisé, ne dépasse pas le produit de disposition des actions.

En effet, ce choix, si vous l'exercez, permettra de faire en sorte que l'avantage imposable lié à l'emploi ne soit plus considéré comme un revenu mais plutôt comme un gain en capital imposable réputé. En retour, vous payez un impôt spécial d'un montant égal au produit réel que vous obtenez de la vente des actions. En faisant ce choix, vous portez la perte en capital réalisée à la disposition des actions en diminution du gain en capital imposable réputé, utilisant de ce fait les pertes en capital déductibles qui doivent autrement être portées en diminution des gains en capital imposables.

Par conséquent, si vous avez reporté l'avantage imposable au moment de l'exercice d'une option d'achat d'actions et disposez des actions en réalisant un produit inférieur à l'avantage imposable, vous pouvez choisir de payer un montant d'impôt égal au produit de disposition au lieu de payer de l'impôt sur l'avantage imposable. Afin de faire ce choix, vous devez vendre les actions avant 2015.

Avant d'envisager de profiter de cet allègement spécial, vous devriez tenir compte du fait que l'exercice de ce choix fera en sorte de réduire la possibilité que vous puissiez bénéficier de l'allègement fiscal résultant de l'application des pertes en capital sur les actions hors du cours en réduction des gains en capital réalisés à la disposition d'autres biens.

Les employés peuvent faire ces choix pour les 10 années antérieures (ce qui remonte plus loin que la période de cotisation normale de trois ans). Il peut donc vous être possible de remonter jusqu'en 2001 afin d'obtenir un allègement pour un avantage lié à l'emploi reporté réalisé sur des actions vendues avant le 4 mars 2010.

Afin de profiter de cet allègement fiscal pour ce qui est des dispositions effectuées après 2010 mais avant 2015, vous devez faire le choix spécial au plus tard à la date limite de production de votre déclaration de revenus pour l'année de la disposition.

Au Québec, un choix semblable est offert, bien que les règles divergent quelque peu des règles fédérales.

10.4.3 Options d'achat d'actions de sociétés privées sous contrôle canadien

Si votre employeur est une société privée sous contrôle canadien (SPCC) avec laquelle vous traitez sans lien de dépendance, vous déclarez l'avantage imposable tiré des options d'achat d'actions de la société de votre employeur lorsque vous vendez les actions, plutôt que lorsque vous levez l'option vous permettant de les acquérir. En outre, si vous déteniez ces actions depuis au moins deux ans au moment de la vente, vous pouvez, lorsque vous calculez votre revenu imposable, demander une déduction équivalant à la moitié de l'avantage réalisé dans l'année au cours de laquelle vous avez vendu les actions, à la condition que vous traitiez sans lien de dépendance avec la société à titre d'employé. Cette exception vise à inciter les employés de petites entreprises à investir dans celles-ci. De plus, elle tient compte du fait qu'il peut être difficile d'évaluer les actions d'une société privée lorsque vient le temps de lever une option.

Faites attention de ne pas trop faire reposer votre avenir sur le fait que vous possédez des actions d'une SPCC. En effet, les actions de sociétés privées ne constituent pas des titres liquides et peuvent même perdre très rapidement toute valeur si la société se heurte à des difficultés.

Si, par le biais d'un régime d'options d'achat d'actions, vous recevez des actions d'une SPCC, envisagez d'en transférer un certain nombre à votre REER ou à votre CELI à titre de cotisation, pourvu qu'elles soient admissibles à cette fin. (Voir 3.1.6.)

10.4.4 Droits à la plus-value des actions

Les dispositions de certains régimes d'options d'achat d'actions peuvent vous permettre de recevoir un paiement en espèces équivalant à la valeur des options plutôt qu'à celle des actions. Lorsque vous recevez un droit à la plus-value d'actions, le paiement en espèces pourrait être assujetti aux mêmes répercussions fiscales que s'il s'agissait d'une émission d'actions, c'est-à-dire que l'avantage lié à l'emploi est inclus dans votre revenu et que la déduction de 50 % connexe est accordée si les conditions requises sont remplies. Veuillez noter que vous ne pourrez demander la déduction de la moitié de l'avantage lié à l'emploi que si votre employeur fait le choix de renoncer à la déduction au titre du paiement en espèces.

Si votre employeur ne fait pas ce choix, il sera admissible à une déduction au titre de l'impôt des sociétés pour ce paiement, mais vous devrez payer de l'impôt sur la valeur intégrale de l'avantage lié à l'emploi. Cette règle s'applique à toutes les options d'achat d'actions encaissées après le 4 mars 2010, sans égard à la date d'octroi des options.

Si votre employeur décide d'effectuer plutôt un paiement en espèces, les règles visant les options d'achat d'actions ne s'appliqueront pas et le paiement en espèces sera imposable à titre de revenu d'emploi ordinaire.

10.4.5 Régimes d'achat d'actions

Le régime d'achat d'actions constitue une solution de rechange possible au régime d'options d'achat d'actions. Dans le cadre d'un régime d'achat d'actions typique, un groupe défini d'employés (pouvant comprendre tous les employés) peut acheter un nombre limité d'actions de la société à leur juste valeur marchande ou à un léger escompte. Le régime est habituellement administré par une fiducie. Vous cotisez une partie de votre salaire à la fiducie et, dans de nombreux cas, votre employeur versera une cotisation correspondante. La fiducie utilise ensuite les fonds pour acheter les actions à leur juste valeur marchande courante.

Comme votre cotisation est versée avec des dollars après impôt, elle n'occasionne aucun impôt supplémentaire. Si votre société ne cotise pas au régime et que vos cotisations ne servent qu'à acheter les actions, aucune incidence fiscale n'en découlera. Toutefois, si les actions sont émises à escompte, l'écart entre le prix d'achat des actions et leur juste valeur marchande deviendra un avantage imposable.

Si votre société cotise au régime, les conséquences fiscales sur votre revenu dépendront de la façon dont les actions ont été achetées. S'il s'agit de nouvelles actions, les règles visant les options d'achat d'actions s'appliqueront. Si les actions sont achetées sur le marché libre, l'avantage imposable sera égal à la valeur des actions au moment où elles vous sont dévolues.

10.4.6   Régimes de primes d'actionnariat

Les régimes de primes d'actionnariat visent à récompenser les employés au moyen d'octroi d'actions de la société plutôt que de paiements en espèces. Dans la plupart des cas, les règles qui s'appliquent sont les mêmes que celles qui visent les options d'achat d'actions dont il est question à la section 10.4.1.

10.4.7   Régimes d'achat d'actions fictives

Un régime d'achat d'actions fictives vous soustrait à l'obligation d'acquérir des actions de la société et peut donc, pour cette raison, présenter plus d'attraits pour les actionnaires qui la contrôlent. Aux termes d'un tel régime, vous recevez des gratifications déterminées en fonction de la hausse de la valeur des actions de votre employeur. De telles gratifications sont imposées simplement à titre de revenu d'emploi lorsqu'elles vous sont payées. Si elles ne vous sont pas versées de façon régulière, vous devrez déterminer si elles constituent une entente d'échelonnement du traitement (voir 10.5.1), auquel cas elles seront imposées à votre nom, même si vous ne les avez pas reçues. Ce type de régime vous permet de bénéficier d'une augmentation éventuelle de la valeur des actions de votre société sans qu'il y ait de décaissement ni risque de subir une perte découlant d'une baisse de la valeur des actions.

10.5   Rémunération différée

Diverses techniques ont été mises à l'essai, au fil des années, pour éviter de payer l'impôt afférent à un revenu d'emploi en reportant une partie de ce revenu, d'une façon ou d'une autre. (En général, le revenu d'emploi est imposé lorsqu'il est reçu.)

Les régimes de pension agréés et les régimes de participation différée aux bénéfices ont fait l'objet des sections 3.5 et 3.6. Ils constituent des mécanismes acceptés de report du revenu d'emploi.

10.5.1 Ententes d'échelonnement du traitement

Les règles régissant les ententes d'échelonnement du traitement couvrent la plupart des arrangements de rémunération différée. Par exemple, si vous convenez avec votre employeur que votre salaire sera de 80 000 $ pour 2012, auquel s'ajoutera une somme supplémentaire de 20 000 $ qui vous sera versée en 2016, vous serez néanmoins imposé sur 100 000 $ en 2012. Vous ne pouvez habituellement échapper à l'imposition que s'il existe une forte probabilité que ce revenu ne vous sera pas versé dans l'avenir.

Les règles afférentes aux ententes d'échelonnement du traitement comportent certaines exceptions. L'une d'entre elles concerne les programmes de congés autofinancés auxquels des enseignants, des universitaires ou d'autres personnes recourent parfois pour financer leurs congés sabbatiques. Si vous répondez à toutes les conditions, vous pouvez conclure avec votre employeur ou avec un fiduciaire un arrangement en vertu duquel il retiendrait chaque année une tranche de votre salaire, pendant six ans au plus; dans ce cas, vous ne déclarerez pas chaque année cette tranche de salaire comme revenu d'emploi et vous ne paierez de l'impôt sur ce revenu que lorsque vous le toucherez pendant votre année sabbatique. Une autre exception est un arrangement aux termes duquel vous avez le droit de recevoir une prime devant être versée dans une période de trois ans.

10.5.2 Régimes de participation des employés aux bénéfices

Envisagez de participer à un régime de participation des employés aux bénéfices afin d'accroître vos liquidités.

Les régimes de participation des employés aux bénéfices ne permettent pas de reporter l'impôt sur le revenu d'emploi. Les cotisations sont versées par l'employeur en fonction des bénéfices réalisés pour l'année et, bien qu'elles soient versées au régime, elles sont traitées à titre de revenu de l'employé aux fins de l'impôt sur le revenu. Ces régimes peuvent par conséquent fonctionner comme des régimes d'épargne forcée en ce qui concerne les primes. Le revenu (comme le revenu d'intérêt) réalisé au sein du régime doit être réparti à des employés désignés, qui payent l'impôt sur ce revenu au moment où il est réparti (même s'il ne leur est pas versé).

Bien que ces régimes ne soient pas couramment utilisés, l'un des avantages fiscaux qu'ils présentent est qu'aucune retenue à la source n'est prélevée sur les montants versés au régime, ni sur les montants qui sont versés à partir du régime. Lorsque le moment choisi pour le versement des cotisations et des paiements faits à partir du régime est approprié, vous pouvez bénéficier de meilleurs flux de trésorerie que si la prime vous était versée directement.

Si vous recevez des paiements de l'un de ces régimes et si vous ou des membres de votre famille êtes des actionnaires importants de la société, vous pourriez être assujettis à un nouvel impôt spécial si les cotisations que la société verse pour vous excèdent 20 % de votre salaire annuel. Ce nouvel impôt s'applique à la plupart des cotisations au régime qui sont versées après le 28 mars 2012.

10.5.3 Régimes de retraite supplémentaires

Les régimes de retraite supplémentaires sont habituellement conçus de façon à procurer des prestations de retraite semblables à celles qui sont offertes aux termes des régimes de pension agréés (voir 3.5), mais ils ne sont pas assujettis aux mêmes limites de cotisation. Par conséquent, ils sont souvent utilisés pour mettre en valeur les conventions de retraite des cadres et employés à revenu élevé (c'est pourquoi ils sont désignés comme étant supplémentaires). Les régimes supplémentaires peuvent être capitalisés ou non. S'ils sont capitalisés, ils seront traités comme des conventions de retraite (voir 10.5.4).

Aux termes du type de régime de retraite supplémentaire non capitalisé le plus courant, l'employeur fait la promesse, par lettre ou dans le cadre d'une entente plus formelle, de verser un montant supplémentaire à l'employé au moment de sa retraite. Comme aucun montant n'est physiquement mis de côté, il n'existe pas d'obligation fiscale immédiate, ni pour l'employeur ni pour l'employé. Toutefois, du fait que les prestations de retraite ne sont pas garanties, leur paiement sera ultimement tributaire de la capacité de l'employeur à les verser à la retraite de l'employé.

Si des dispositions sont prises pour que les paiements versés à partir du régime de retraite supplémentaire soient admissibles à titre de paiements d'allocation de retraite (voir 10.6), vous pourriez être en mesure de transférer une partie ou la totalité des paiements à votre REER.

10.5.4 Conventions de retraite

Les conventions de retraite sont des arrangements qui n'entrent pas dans le cadre général régissant les régimes de pension agréés. En vertu d'une telle convention, un dépositaire reçoit des fonds d'un employeur et verse des paiements à un employé quelconque, après le départ à la retraite ou la cessation d'emploi de ce dernier. L'employeur reçoit une déduction pour les cotisations versées à de tels régimes, mais un impôt remboursable de 50 % s'applique aux sommes versées au dépositaire. L'impôt doit être remis à l'ARC lorsque la cotisation est effectuée et il est remboursé lorsque les paiements sont versés à l'employé, qui ne les déclare aux fins de l'impôt qu'au moment où il les reçoit du dépositaire.

De nouvelles restrictions pourraient s'appliquer aux remboursements d'impôt accordés au titre de conventions de retraite s'il y a eu une baisse de la valeur des biens détenus en vertu d'une convention de retraite. Ces restrictions visent l'impôt sur les cotisations versées aux termes d'une convention de retraite après le 28 mars 2012.

Les conventions de retraite peuvent être capitalisées au moyen d'une lettre de crédit ou d'une police d'assurance-vie. Les dispositions de la lettre de crédit prévoient habituellement qu'on puisse y avoir recours si l'employeur remplit ses obligations aux termes de la convention. La cotisation à la convention de retraite est égale au montant que l'institution financière demande pour émettre une lettre de crédit. Une lettre de crédit est souvent perçue comme un compromis entre une convention non garantie et une convention de retraite entièrement capitalisée.

Au cours des dernières années, une variété de nouvelles méthodes ont été mises au point pour capitaliser les régimes de retraite supplémentaires au moyen de produits d'assurance-vie exonérés d'impôt (voir 7.3.3).

Si vous êtes le bénéficiaire d'une convention de retraite et si vous ou les membres de votre famille détenez au moins 10 % des actions de la société, la convention de retraite ne sera plus autorisée à investir dans votre société ou dans d'autres sociétés liées. Cette nouvelle règle s'applique aux placements faits après le 28 mars 2012 et pourrait également s'appliquer aux placements déjà détenus en vertu de la convention de retraite à cette date.

10.6 Allocations de retraite, paiements pour renvoi injustifié et indemnités de cessation d'emploi

L'expression « allocation de retraite », au sens fiscal, englobe ce que nous appelons normalement l'indemnité de cessation d'emploi ou l'indemnité de départ, ainsi que les montants versés en application d'une entente ou d'une décision d'un tribunal par suite d'un renvoi injustifié. Elle englobe aussi, bien sûr, une prime de longs états de service qu'un employeur verserait à un employé à sa retraite.

Tout comme le revenu d'emploi ordinaire, l'allocation de retraite est incluse dans votre revenu dans l'année au cours de laquelle vous la recevez. Si vous recevez votre allocation de retraite au cours d'une année ultérieure à celle où vous avez mis fin à votre emploi, vous pouvez demander à l'ARC de déterminer s'il est plus avantageux pour vous de recalculer les impôts sur ce revenu comme si vous l'aviez reçu au cours de l'année antérieure à laquelle le paiement s'appliquait. Cette option vise à diminuer la charge d'impôts plus élevée qui découlerait de l'imposition de la totalité de la somme forfaitaire au cours de l'année de son encaissement, plutôt qu'à chaque année où le droit d'encaissement devient acquis. Les paiements admissibles doivent totaliser au moins 3 000 $ dans l'année et comprendre les prestations de pension ou de retraite (autres que des prestations non périodiques), les paiements pour renvoi injustifié et autres paiements liés à l'emploi découlant d'une ordonnance d'un tribunal ou autre jugement semblable, et certains autres montants.

Bien que les dommages-intérêts versés pour renvoi injustifié soient habituellement imposables à titre d'allocation de retraite, ils pourraient être exempts d'impôt si le règlement englobe des dommages-intérêts au titre de la souffrance morale, de l'humiliation, des offenses ou de la perte de dignité subies au travail plutôt qu'en conséquence de la perte de l'emploi. Si vous intentez une poursuite pour renvoi injustifié qui comprend des dommages-intérêts pour souffrance morale, assurez-vous que le règlement, quel qu'il soit, comprend une ventilation détaillée de ses composantes afin de démontrer qu'il comprend des dommages-intérêts généraux non imposables.

Comme nous l'avons vu à la section 3.3.2, l'allocation de retraite peut être transférée en totalité ou en partie à un REER et, ainsi, ne pas être assujettie à l'impôt dans l'immédiat. Le montant qui peut être transféré est de 2 000 $ par année (ou partie d'année) civile de service antérieure à 1996, plus 1 500 $ pour chaque année (ou partie d'année) qui est antérieure à 1989 et à l'égard de laquelle vous n'avez pas acquis les droits correspondant aux cotisations que votre employeur a versées à votre régime de retraite. (Les droits acquis sont ceux qui vous appartiennent à votre retraite ou à votre cessation d'emploi. Voir 3.5.1.)

Transférez vos allocations de retraite à un REER.

Les frais juridiques engagés en vue de la détermination de votre allocation de retraite sont déductibles de l'allocation de retraite – voir 10.8.5. Les frais juridiques peuvent être reportés prospectivement sur une période maximale de sept ans, et être déduits de l'« allocation de retraite » alors incluse dans votre revenu. Notez que, si vous avez engagé des frais juridiques en vue d'obtenir un paiement pour renvoi injustifié (et même si le litige a été réglé sans qu'il ait été nécessaire de recourir aux tribunaux), vous ne devriez probablement pas transférer le montant maximum de votre allocation de retraite à un REER. Si vous transférez toute votre allocation de retraite à un REER, les frais juridiques ne seront jamais déductibles puisqu'il ne reste aucune allocation de laquelle les déduire. (Lorsque vous retirez ces fonds de votre REER, ils ne sont plus considérés comme une « allocation de retraite ».) Cependant, si vous envisagez de laisser ces fonds s'accroître pendant de nombreuses années dans votre REER, à l'abri de l'impôt, il pourrait néanmoins être avantageux de transférer le maximum.

10.7 Crédits d'impôt destinés aux employés

10.7.1 Crédit d'impôt pour emploi

Réclamez le nouveau crédit d'impôt pour emploi afin de vous aider à couvrir vos dépenses liées à l'emploi.

Les employés peuvent réclamer un crédit d'impôt de 15 % afin d'aider à couvrir leurs dépenses liées à l'emploi. Ce crédit est fondé sur votre revenu d'emploi pour l'année, jusqu'à concurrence de 1 095 $ pour 2012. Un crédit d'impôt au titre de la Prestation fiscale pour le revenu de travail est également offert aux employés à faible revenu.

Aux fins de l'impôt du Québec, les employés peuvent demander une déduction allant jusqu'à 1 075 $ pour 2012.

10.7.2 Crédit d'impôt pour emploi à l'étranger

Si vous êtes un résident du Canada et que vous travaillez à l'extérieur du pays pendant au moins six mois, vous pouvez avoir droit à un crédit d'impôt spécial au palier fédéral (veuillez aussi vous reporter à la section 17.2.19 si vous habitez au Québec). Pour y être admissible, vous devez être au service d'un employeur canadien (ou de sa filiale étrangère) et travailler à certains types de projets dans des domaines d'activité tels que l'exploration ou l'exploitation minière, pétrolière et gazière, l'agriculture, la construction ou l'ingénierie.

Le crédit vous permet d'éliminer annuellement l'impôt à payer sur un maximum de 100 000 $ de revenu d'emploi à l'étranger, mais il est limité à 80 % de ce revenu. Les détails sont fort complexes; nous vous invitons donc à consulter les documents de référence qui sont énumérés à la section 10.10.

Ce crédit sera éliminé progressivement à compter de 2013, de sorte qu'il ne sera plus offert pour 2016 et les années ultérieures.

10.7.3 Crédit d'impôt pour les pompiers volontaires

Si vous êtes un pompier volontaire, vous pourriez vous prévaloir d'un crédit d'impôt de 15 % fondé sur un montant de 3 000 $ (d'une valeur de 450 $). Pour y être admissible, vous devez avoir effectué au moins 200 heures de services admissibles de pompier volontaire au cours de l'année. Ces services consistent essentiellement à intervenir et être disponible en permanence en cas d'incendie ou de situations d'urgence connexes, ainsi qu'à assister à des réunions et à suivre la formation requise.

10.8 Déductions du revenu d'emploi

Les seules déductions admises sont celles que prévoient expressément les règles fiscales fédérales et du Québec. Nous traitons ci-dessous de certaines d'entre elles.

10.8.1 Frais et allocations de déplacement

Les frais de déplacement que vous devez engager dans l'exercice de vos fonctions sont déductibles. Les frais de stationnement et le coût des déplacements en taxi ou en train en sont des exemples. Vous ne pouvez déduire les frais de déplacement entre votre résidence et votre lieu de travail. Si vous utilisez votre propre automobile pour des déplacements liés à votre emploi, reportez-vous à la section 12.2.

Si vous voyagez pour une société de transport (p. ex., à titre de chauffeur d'autobus ou de camion ou comme agent de bord), vous pouvez aussi déduire vos frais de repas et d'hébergement dans la mesure où vous n'avez pas droit à un remboursement. La déduction pour les repas est limitée à 50 % de leur coût (voir 11.2.9). Pour les conducteurs de grand routier admissibles, la proportion maximale des frais de repas déductibles est de 80 %.

Pour les déplacements qui ne sont pas liés à l'emploi (le transport entre le domicile et le lieu de travail, par exemple), vous pouvez réclamer le crédit d'impôt au titre du coût des laissez-passer de transport en commun admissibles (voir 2.7.3).

10.8.2 Dépenses des vendeurs à commission

Si vous êtes employé en qualité de vendeur aux termes d'un contrat stipulant que vous devez payer vos propres dépenses, et que vous gagnez un revenu sous forme de commissions, vous pourriez être en mesure de déduire les frais afférents à votre emploi – le même genre de frais que vous pourriez déduire si vous étiez un travailleur autonome (voir 11.2.2). Vous pouvez déduire ces dépenses si votre contrat d'emploi stipule que vous devez les payer vous-même et si vous exercez habituellement les fonctions de votre emploi à l'extérieur du lieu d'affaires de votre employeur. Le montant total des dépenses que vous pouvez ainsi déduire ne peut dépasser le montant total de votre revenu de commission.

10.8.3 Fournitures, salaires d'un adjoint et bureau à domicile

Si votre contrat d'emploi stipule que vous devez assumer vous-même le coût des fournitures dont vous avez besoin ou le salaire d'un adjoint ou d'un remplaçant, ces coûts sont déductibles.

Dans certains cas, vous pouvez également déduire les dépenses relatives à un bureau à domicile. D'abord, votre contrat de travail doit stipuler que vous devez tenir un bureau à domicile, et votre employeur doit signer et vous remettre un certificat (le formulaire T2200 au fédéral, que vous devez conserver pour vos registres, et le formulaire TP-64.3 au Québec, que vous devez joindre à votre déclaration de revenus du Québec). Ensuite, la déduction ne sera autorisée que si le bureau à domicile constitue le lieu où vous « exercez principalement les fonctions de votre emploi » ou que vous l'utilisez de façon régulière et continue pour *rencontrer des gens* (comme les clients de votre employeur) dans le cours normal de votre emploi. Cette deuxième restriction est semblable à celle qui s'applique dans le cas des travailleurs autonomes, question dont la section 11.2.10 traite plus en détail. En conséquence, très peu de salariés ont la possibilité d'obtenir cette déduction. Seuls sont ordinairement en mesure de demander cette déduction les particuliers qui travaillent plus longtemps à leur domicile que dans les locaux de leur employeur.

10.8.4   Cotisations syndicales et cotisations à des associations professionnelles

Les cotisations syndicales sont déductibles aux fins de l'impôt fédéral (veuillez vous reporter à la section 17.2.18 si vous résidez au Québec). Elles sont normalement retenues à la source et inscrites sur le feuillet T4 et le Relevé 1 du Québec que vous recevez de votre employeur.

Les cotisations que vous devez verser pour conserver un statut professionnel reconnu par la loi sont déductibles, même si vous n'avez pas à conserver ce statut pour pouvoir exercer votre emploi actuel. Votre titre d'avocat, d'ingénieur, de comptable, de médecin, d'architecte, d'infirmier, de dentiste, etc., est admissible à cette fin. Les cotisations volontaires que vous versez à des associations ne sont pas déductibles, à moins que vous ne soyez un travailleur autonome (voir 11.2.2).

10.8.5   Frais juridiques

Les frais juridiques que vous engagez pour recouvrer un salaire ou un traitement impayé sont déductibles.

Les frais juridiques que vous engagez pour établir votre droit à une « allocation de retraite » (expression qui englobe l'indemnité de cessation d'emploi) ou aux prestations d'un régime privé de pension sont déductibles. Aux termes des règles en vigueur, les frais juridiques peuvent uniquement être déduits *du revenu d'allocation ou de prestations de retraite reçu dans l'année*. Dans la mesure où vous n'avez pas reçu ce revenu, vous pouvez « reporter prospectivement » les dépenses sur sept ans et les déduire de votre revenu de ces années ultérieures. (Pour ce qui est du transfert de l'allocation de retraite à un REER, se reporter à la section 10.6.)

Denis a été congédié en 2010. Il a fait appel aux services d'un avocat et il a poursuivi son ancien employeur pour renvoi injustifié. Ses frais juridiques se sont élevés à 3 000 $ en 2010 et à 5 000 $ en 2011. En 2012, une décision a été rendue et son employeur s'est vu dans l'obligation de lui verser 50 000 $.

Ce n'est qu'en 2012 que Denis pourra déduire ses frais juridiques de 8 000 $. Ces frais seront déduits de son revenu « d'allocation de retraite » de 50 000 $. Denis ne déclarera donc qu'un revenu de 42 000 $ pour cette année.

Denis pourrait demander à l'ARC de recalculer son impôt sur le revenu d'allocation de retraite comme s'il l'avait reçu au cours de l'année à laquelle le paiement se rapporte – voir 10.6.

Se reporter également à la section 2.8.1, qui traite de la déductibilité des frais juridiques qui ne sont pas engagés en rapport avec un emploi.

10.8.6 Instruments des musiciens

Si vous êtes employé comme musicien et que vous devez fournir votre propre instrument de musique, vous pouvez déduire tous les frais d'entretien, de location et d'assurance que vous devez assumer. Si vous avez acheté l'instrument, vous pouvez demander une déduction pour amortissement au taux de 10 % pour la première année et de 20 % du solde non amorti au cours de chaque année subséquente. Toutes ces déductions peuvent uniquement être retranchées de votre revenu d'emploi en qualité de musicien, et non de vos revenus d'autres sources.

10.8.7 Dépenses d'un artiste

Si vous êtes employé comme artiste (p. ex., peintre, sculpteur, dramaturge, écrivain, compositeur, comédien, danseur, chanteur ou musicien), vous pouvez déduire jusqu'à 1 000 $ au titre des dépenses que vous engagez réellement en vue de gagner un revenu de l'une de ces activités. La déduction est cependant limitée à 20 % de votre revenu d'emploi lié à une activité artistique, et le plafond de 1 000 $ est réduit du montant de la déduction que vous demandez en rapport avec l'utilisation d'une automobile (voir 12.3.1) et en rapport avec vos instruments de musique (10.8.6). (Aucune déduction similaire n'est accordée aux fins de l'impôt du Québec.)

Bien entendu, si le revenu que vous gagnez du fait de votre activité artistique n'est pas un revenu d'emploi, vous entrez dans la catégorie des travailleurs autonomes, auquel cas toutes vos dépenses sont normalement déductibles (voir 11.2.2).

10.8.8   Outils des gens de métier

Gens de métiers salariés, réclamez la déduction au titre du coût des outils neufs.

Si vous êtes une personne de métier salariée et que vous devez fournir vos propres outils dans le cadre de votre emploi, vous pouvez déduire la tranche du coût des outils neufs qui dépasse 1 095 $ pour 2012, jusqu'à concurrence de 500 $.

Vous pouvez également demander un remboursement de la TPS/TVH (voir 10.9) payée sur la tranche déductible du prix d'achat des outils neufs.

Votre employeur devra attester que l'achat de ces outils est une condition de votre emploi. Les ordinateurs, les téléphones cellulaires et les autres dispositifs électroniques de communication et les appareils électroniques de traitement des données ne sont pas des outils admissibles aux fins de ce crédit.

10.8.9   Employés travaillant dans des régions nordiques

Si votre employeur paie votre voyage de vacances avec ou sans votre famille, le montant de cet avantage imposable est inclus dans votre revenu (voir 10.1.2). Si vous habitez dans une région nordique du Canada, vous avez droit, au fédéral, à une déduction qui permet de compenser une partie ou la totalité de cet avantage imposable (vous avez droit à une déduction similaire aux fins de l'impôt du Québec). Pourvu que vous répondiez à certaines exigences en matière de résidence, la déduction pourrait éliminer l'avantage imposable découlant d'au plus deux voyages par année, correspondant au coût du transport aérien aller-retour entre le lieu de votre résidence et la grande ville canadienne qui en est la plus proche. (Toutefois, il n'existe aucune restriction quant au nombre de voyages que vous devez entreprendre afin d'obtenir des services médicaux qui ne sont pas dispensés dans votre lieu de résidence.)

Veuillez vous reporter à la section 2.8.2 en ce qui concerne les déductions spéciales qui sont offertes aux résidents des régions nordiques du Canada, et à la section 10.1.1, qui porte sur la non-imposition des avantages relatifs à un endroit éloigné.

10.9   Remboursement de la TPS/TVH pour les employés

Demandez un remboursement de la TPS/TVH payée sur les dépenses déductibles de votre revenu d'emploi.

En règle générale, si vous pouvez déduire des dépenses de votre revenu d'emploi, telles que celles qui sont mentionnées à la section 10.8, vous pouvez également demander un remboursement de la TPS ou de la TVH payée sur de telles dépenses. Les contribuables québécois ont aussi droit à un remboursement de la TVQ. Il importe toutefois de conserver les documents pour appuyer les remboursements demandés. La demande de remboursement doit être produite en même temps que votre déclaration de revenus. Le remboursement sera considéré comme un revenu d'emploi dans l'année où vous l'aurez reçu, sauf dans les cas où il se rapporte à une déduction pour amortissement. Si vous utilisez votre propre automobile pour des déplacements liés à votre emploi, veuillez vous reporter à la section 12.3.1.

10.10 Documents de référence

Vous pouvez obtenir un exemplaire des publications techniques suivantes en téléphonant ou en vous présentant à votre bureau des services fiscaux de l'ARC. Ces publications, ainsi que les guides et formulaires de l'ARC, sont également disponibles sur le site Internet de l'ARC à l'adresse *www.cra-arc.gc.ca.*

Bulletin d'interprétation IT-63R5, « Avantages, y compris les frais pour droit d'usage d'une automobile, qui découlent de l'usage à des fins personnelles d'un véhicule à moteur fourni par l'employeur après 1992 »

Bulletin d'interprétation IT-113R4, « Avantages aux employés – Options d'achat d'actions »

Bulletin d'interprétation IT-148R3, « Biens récréatifs et cotisations à un club »

Bulletin d'interprétation IT-158R2, « Cotisations d'employés qui sont membres d'une association professionnelle »

Bulletin d'interprétation IT-196R2, « Paiements faits par l'employeur à l'employé »

Bulletin d'interprétation IT-337R4, « Allocations de retraite »

Bulletin d'interprétation IT-352R2, « Dépenses d'employé, y compris celles concernant l'espace consacré au travail à domicile »

Bulletin d'interprétation IT-357R2, « Frais de formation »

Bulletin d'interprétation IT-421R2, « Avantages consentis aux particuliers, aux corporations et aux actionnaires sous forme de prêts ou de dettes »

Bulletin d'interprétation IT-470R, « Avantages sociaux des employés »

Bulletin d'interprétation IT-497R4, « Crédit d'impôt pour emploi à l'étranger »

Bulletin d'interprétation IT-508R, « Prestations consécutives au décès »

Bulletin d'interprétation IT-518R, « Frais pour des aliments, des boissons et des divertissements »

Bulletin d'interprétation IT-522R, « Frais afférents à un véhicule à moteur, frais de déplacement et frais de vendeurs engagés ou effectués par les employés »

Bulletin d'interprétation IT-529, « Programmes d'avantages sociaux adaptés aux besoins des employés »

Circulaire d'information 73-21R9, « Déduction des frais de repas et de logement des employés de transport »

Circulaire d'information 77-1R5, « Régimes de participation différée aux bénéfices »

« Guide de l'employeur – Avantages et allocations imposables »

Si vous êtes travailleur autonome

- Essayez de travailler à titre de consultant plutôt qu'à titre d'employé (11.1)

- Recouvrez la TPS (ou la TVH) et la TVQ que vous avez payées en réclamant des crédits de taxe sur intrants pour votre entreprise (11.2.4)

- Si vous possédez des immeubles locatifs, tenez compte de la taxe de vente en établissant le prix des loyers (11.2.4)

- Soyez conscient de vos obligations lorsque vous effectuez des ventes à des clients de provinces appliquant la TVH (11.2.5)

- Réduisez la paperasse en recourant à la méthode de calcul rapide aux fins de la déclaration de la TPS/TVH et de la TVQ (11.2.6)

- Faites l'acquisition de biens amortissables avant la fin de l'année (11.2.7)

- Ne demandez pas toujours la DPA maximale (11.2.7)

- Déduisez les frais de transport en commun, de taxis et autres frais de déplacement engagés pour affaires (11.2.8)

- Documentez et déduisez vos frais de repas et de représentation engagés pour affaires (11.2.9)

- Déduisez les frais admissibles relatifs à un bureau à domicile (11.2.10)

- Si vous êtes un associé, demandez le remboursement de la taxe de vente sur vos dépenses non remboursées par la société de personnes (11.3.7)

- Optimisez l'utilisation de vos reports de pertes (11.4.1)

- Conservez une documentation détaillée pour étayer la déduction des pertes locatives (11.4.2)

- Examinez les avantages éventuels de constituer votre entreprise en société (11.5)

Dans le présent chapitre, nous traitons de quelques-uns des aspects importants de l'imposition du revenu d'entreprise. Si vous êtes un professionnel, reportez-vous au chapitre 16 pour des conseils de planification fiscale additionnels. Si vous êtes membre d'une société de personnes, consultez également la section 16.2. Si vous demeurez au Québec, consultez en plus le chapitre 17. Il va sans dire que quiconque gagne un revenu d'entreprise substantiel devrait obtenir les conseils d'un professionnel en raison des nombreuses occasions de planification fiscale qui existent.

11.1 Employé ou travailleur autonome?

Comme vous le verrez dans le présent chapitre, les travailleurs autonomes exploitant leur propre entreprise possèdent en général une marge de manœuvre beaucoup plus grande que les employés en matière de planification fiscale.

L'exploitation d'une entreprise n'a rien à voir avec la constitution d'une société par actions (voir la section 11.5 et le chapitre 14). N'importe qui peut exploiter une entreprise. Par exemple, si vous lancez une activité de revente de vêtements usagés dans votre sous-sol, vous exploitez une entreprise, et si vous lui donnez un nom (p. ex., « Boutique Rétro XYZ »), il n'en demeure pas moins que c'est vous qui exploitez l'entreprise mais sous une dénomination sociale. Vous n'avez pas créé une nouvelle entité, vous êtes simplement propriétaire d'une entreprise individuelle.

La distinction entre un employé et un travailleur autonome n'est pas toujours claire lorsque vous tirez la totalité ou la quasi-totalité de votre revenu « de travail » d'une seule source. Si vous fournissez des services à un organisme, vous pouvez être classé dans l'un ou l'autre de ces groupes, selon les circonstances.

> **Exemple**
>
> Catherine travaille comme rédactrice technique. Elle élabore des logiciels pour la Société ABC, et elle est rémunérée à un taux horaire. Elle effectue une bonne partie de son travail chez elle, mais elle assiste régulièrement à des réunions dans les bureaux de la société.
>
> Catherine est-elle une employée de la Société ABC ou une consultante indépendante qui exploite une entreprise et dont le principal (sinon le seul) client est la société susmentionnée?

Dans des cas comme celui-ci, il faut examiner tous les faits afin d'établir le statut de la personne. Il n'existe pas de règle simple et immuable. En général, vous êtes susceptible d'être considéré comme un employé si :

- vous travaillez un nombre d'heures fixe par jour;
- vous avez à rendre compte de l'emploi de votre temps à la société;
- l'on vous dicte les tâches à effectuer à chaque étape de votre travail;
- vous adhérez aux régimes de retraite ou aux régimes d'assurance-vie, médicale ou dentaire de la société et bénéficiez d'autres « avantages »;

- vous utilisez le matériel informatique et les fournitures de la société et avez un bureau dans les locaux de la société.

En revanche, il est fort probable que vous soyez considéré comme un travailleur autonome exploitant sa propre entreprise si :

- vous acceptez de prendre en charge le travail, mais vous ne prenez aucun engagement quant au nombre d'heures à y consacrer à une date précise;
- vous travaillez seul et sans encadrement, n'étant tenu qu'à rendre compte périodiquement de l'avancement des travaux;
- vous émettez des factures et recevez des chèques sans déduction à la source aux fins de l'impôt sur le revenu, de l'assurance-emploi, du Régime de pensions du Canada (RPC) ou du Régime de rentes du Québec (RRQ), et ne recevez aucun avantage social;
- vous utilisez votre propre matériel et travaillez à la maison, ne vous rendant aux locaux de la société que pour les réunions de planification;
- vous offrez vos services à plus d'une entreprise.

Ces exemples sont des cas extrêmes et, entre les deux, il existe une zone floue où chaque cas dépend des circonstances qui l'entourent. La *définition* que vous et la société donnez à votre relation d'affaires n'importe pas. Le fait de vous désigner comme un travailleur autonome ne fait pas de vous un entrepreneur indépendant, à moins que les faits n'appuient une telle prétention.

Il existe un cas où la politique administrative de l'ARC est sans équivoque, soit celui des agents immobiliers. Vous serez considéré comme travailleur autonome si vous encaissez la totalité des commissions, et si a) vous ne versez qu'un montant fixe à votre maison de courtage pour les charges d'exploitation et d'administration, ou si b) vous donnez un pourcentage de vos commissions brutes à votre maison de courtage afin de couvrir de telles dépenses et que vous fixez vos propres taux de courtage à l'égard de vos inscriptions.

> Essayez de travailler à titre de consultant plutôt qu'à titre d'employé.

Si vous êtes un employé qui jouit d'un assez bon degré d'indépendance vis-à-vis de son employeur, voyez si vous pouvez changer votre statut pour devenir un consultant indépendant plutôt qu'un employé. Vous aurez à documenter en détail les caractéristiques de cette relation au cas où l'ARC ou Revenu Québec la remettrait en question ultérieurement.

Si vous parvenez à cette indépendance, vous serez en mesure de tirer profit de tous les conseils de planification mentionnés dans le présent chapitre. Vous perdrez cependant certains avantages, dont le droit aux prestations d'assurance-emploi (AE), les cotisations que l'employeur verse au RPC ou au RRQ en votre nom et peut-être même tous les avantages relatifs à votre emploi (régime de retraite, assurance pour les médicaments, etc.). Vous pourriez demander une rémunération accrue pour compenser tous les avantages que vous perdez.

L'ARC dispose d'un questionnaire, le formulaire CPT-1, grâce auquel votre employeur peut fournir les détails de l'entente qu'il a conclue avec vous et demander de déterminer si vous devez être considéré comme employé ou non aux fins du RPC (et, par extension, aux fins de l'impôt sur le revenu). Cependant, rien ne vous oblige à demander une telle décision, et ni vous ni votre employeur/client n'êtes liés par les décisions administratives de l'ARC. Après avoir reçu des conseils de professionnels, si vous vous considérez du point de vue légal comme un travailleur autonome, vous êtes alors tout à fait autorisé à exercer vos activités sur une telle base et à agir en conséquence. (Il va sans dire que votre employeur/client ne voudra peut-être pas prendre le risque de ne pas effectuer de retenues à la source si l'ARC est d'avis que vous êtes un employé.)

11.2 Imposition de l'entreprise

Dans la présente section, nous examinons le mode d'imposition de votre revenu d'entreprise. Si vous êtes un professionnel, veuillez également vous reporter au chapitre 16.

11.2.1 Date de clôture de l'exercice de l'entreprise

Contrairement aux sociétés, tout particulier et toute société de personnes qui comptent comme associés au moins un particulier sont généralement tenus d'utiliser l'année civile pour déclarer leurs revenus.

11.2.2 Revenus et dépenses d'entreprise

En règle générale, le revenu d'entreprise, aux fins de l'impôt, est calculé selon les principes comptables généralement reconnus. (Cela consiste notamment à constater les revenus et les dépenses selon la méthode de la comptabilité d'exercice : vous comptabilisez votre revenu lorsque vous envoyez la facture à vos clients, que vous ayez été payé ou pas.) Toutefois, un bon nombre de rajustements, dont certains sont traités dans les sections ci-après, doivent être apportés aux fins de l'impôt.

Lorsque vous gagnez un revenu d'entreprise, il n'y a normalement aucune retenue d'impôt à la source. Lorsque vous fournissez des services à un seul organisme, et que vous réussissez à faire reconnaître votre relation avec votre client à titre de consultant indépendant plutôt qu'à titre d'employé (voir 11.1), vous devriez soumettre des factures qui seront payées en totalité, sans que l'impôt (ni les primes d'assurance-emploi et les cotisations au RPC ou au RRQ) soit déduit et remis à l'ARC ou à Revenu Québec. Toutefois, vous pouvez être tenu de verser des acomptes provisionnels; ce sujet est traité à la section 9.2.2.

En général, les dépenses sont déductibles lorsqu'elles sont engagées en vue de gagner un revenu d'entreprise et qu'elles sont considérées comme raisonnables dans les circonstances. Il existe toutefois certaines exceptions que nous verrons dans les sections suivantes. Cependant, le principe sous-jacent est l'inverse de celui qui s'applique aux salariés. Les salariés ne peuvent déduire que les dépenses expressément admises par la *Loi de l'impôt sur le revenu*, au niveau fédéral, et par la *Loi sur les impôts* au Québec. Quiconque exploite une entreprise peut déduire toutes les dépenses qui ne sont pas expressément interdites par ces deux lois, à condition que de telles dépenses aient servi à gagner un revenu d'entreprise et qu'elles soient raisonnables dans les circonstances.

11.2.3 Assurance-emploi, RPC/RRQ et autres charges sociales

L'assurance-emploi n'est offerte qu'aux salariés. Si vous exploitez une entreprise pour vous-même, vous n'êtes ni tenu de verser des primes d'assurance-emploi ni autorisé à le faire. Vous pouvez ainsi économiser jusqu'à 2 016 $ en 2012 si l'on tient compte des cotisations versées par l'employé et par l'employeur. Cependant, dans l'éventualité où votre contrat de consultant prendrait fin et que vous vous retrouveriez sans travail, vous ne pourriez toucher des prestations d'assurance-emploi.

Même si vous n'avez pas droit aux prestations régulières d'assurance-emploi, vous pouvez volontairement faire le choix de payer la part des cotisations à l'assurance-emploi de l'employé (maximum de 840 $ pour 2012) afin d'être admissible aux prestations spéciales d'assurance-emploi, comme les prestations parentales, les prestations de maternité, d'adoption, de maladie et de compassion.

Les cotisations au RPC et au RRQ sont divisées en parts égales entre les employés et leur employeur. Si vous êtes un travailleur autonome, vous devez verser, en plus de votre part, la « part de l'employeur » pour compenser ce qui n'est pas versé pour vous. Comme vous n'êtes pas un salarié, aucune cotisation au titre du RPC ou du RRQ n'est déduite de votre revenu. Par conséquent, lorsque vous produirez votre déclaration de revenus personnelle, vous serez tenu de payer des cotisations obligatoires allant jusqu'à 4 613 $ en 2012 pour le RPC/RRQ. Vous pouvez alors déduire de votre revenu imposable la tranche des cotisations au RPC et au RRQ qui représente la part de l'employeur, pour un maximum de 2 307 $ en 2012. Vous pouvez également demander le crédit d'impôt fédéral non remboursable de 15 % pour la tranche des cotisations qui représente la part de l'employé (environ 346 $, selon le montant du crédit pouvant atteindre 2 307 $ pour 2012 – voir 2.9.1). Si cela peut vous consoler, vous aurez le droit de toucher des prestations de retraite au titre du RPC ou du RRQ, lorsque vous atteindrez 65 ans ou même éventuellement, dès l'âge de 60 ans, mais d'un montant moindre (voir 20.3.1).

Certaines provinces appliquent également des charges sociales au revenu d'emploi.

11.2.4   **Obtenez un remboursement de la TPS en réclamant des crédits de taxe sur intrants**

Si vous êtes un travailleur autonome (ou propriétaire exploitant d'une entreprise non constituée en société), votre entreprise peut généralement demander un remboursement (un crédit de taxe sur intrants) de la taxe sur les produits et services (TPS) payée sur la plupart des achats.

La TPS s'applique à un taux de 5 % aux produits et services taxables qui ont été fournis au Canada. La taxe de vente harmonisée (TVH), dont il est question à la section 11.2.5, est une taxe de vente combinée fédérale-provinciale qui s'applique à divers taux en Ontario, en Nouvelle-Écosse, au Nouveau-Brunswick, ainsi qu'à Terre-Neuve-et-Labrador. En Colombie-Britannique, la TVH s'applique jusqu'au 1er avril 2013, date à laquelle la TPS et la taxe de vente provinciale (TVP) seront rétablies dans cette province. À l'Île-du-Prince-Édouard, la TVH commencera à s'appliquer le 1er avril 2013. En règle générale, les commentaires que nous émettons dans cet ouvrage s'appliquent aussi bien à la TVH, à quelques exceptions près.

Afin d'être admissible aux crédits de taxe sur intrants (CTI), vous devez généralement vous inscrire auprès de l'ARC pour être en mesure de percevoir la TPS. Vous êtes tenu de vous inscrire si le total de vos revenus imposables est supérieur à 30 000 $ au cours des quatre derniers trimestres consécutifs ou au cours d'un seul trimestre. Si vos revenus sont inférieurs à ce seuil, vous pouvez quand même vous inscrire volontairement. Une fois inscrit, vous devez exiger la TPS sur toutes vos ventes taxables, même si vos ventes s'élèvent à moins de 30 000 $. Bien qu'il soit possible, si vous le préférez ainsi, de l'inclure dans vos prix, vous devez prévenir vos clients que la vente est assujettie à la TPS/TVH (p. ex., sur les factures). De façon générale, vous devriez remettre à vos clients de la documentation à l'appui de leurs propres demandes de crédits de taxe sur intrants (voir ci-dessous). Comme c'est le cas aux fins de l'impôt sur le revenu, les « frais personnels ou de subsistance » ne donnent pas droit à des crédits de taxe sur intrants.

Assurez-vous de tenir une comptabilité précise, de manière à pouvoir réclamer tous les crédits de taxe sur intrants auxquels vous avez droit. Il convient de garder les factures ou toute autre pièce justificative de la TPS payée pour appuyer les demandes de crédits de taxe sur intrants. Elles ne doivent pas accompagner les déclarations de TPS mais plutôt être versées au dossier en cas de vérification.

> Recouvrez la TPS (ou la TVH) et la TVQ que vous avez payées en réclamant des crédits de taxe sur intrants pour votre entreprise.

Les renseignements devant figurer sur la facture sont le nom du vendeur, la date (ou, dans le cas d'un contrat, la date à laquelle le paiement est dû) et le montant total à payer. Lorsque le total de la facture (taxes incluses) est d'au moins 30 $, il faut également fournir les renseignements suivants :

- le montant de la TPS ou une déclaration attestant que la TPS est comprise dans le montant total, ainsi qu'une indication précise des articles qui sont taxables;
- le numéro d'inscription aux fins de la TPS du vendeur (neuf chiffres).

Lorsque le total de la facture est d'au moins 150 $, il faut ajouter les renseignements suivants :

- le nom de l'acheteur;
- les modalités de paiement;
- une description suffisante pour permettre de désigner chaque article fourni.

L'omission de satisfaire à ces exigences en matière de renseignements entraînera habituellement, si la déclaration est vérifiée, une nouvelle cotisation de toute demande de déduction au titre des crédits de taxe sur intrants.

Les crédits de taxe sur intrants ne peuvent être réclamés qu'à l'égard des dépenses engagées pour fournir des produits ou des services « taxables ». En effet, une entreprise qui fournit des produits ou des services « exonérés » – tels les médecins, les dentistes, les agents d'assurance-vie ou les institutions financières – ne peut réclamer de crédits de taxe sur intrants au titre des dépenses relatives à la réalisation de ce type de fourniture.

Si vous louez des immeubles résidentiels (qu'il s'agisse d'une maison ou d'un immeuble d'habitation), aucune TPS ne sera perçue au titre de la location, car il s'agit d'une fourniture exonérée. Par conséquent, vous ne pourrez réclamer de crédits de taxe sur intrants afin de récupérer la TPS payée à l'égard des services publics, des frais de gestion de l'immeuble et d'autres frais. Vous devez fixer le prix des loyers de façon à couvrir vos frais. (Les baux commerciaux sont assujettis à la TPS.)

Au Québec, des règles similaires sont appliquées aux fins de la taxe de vente du Québec (TVQ). Des règles spéciales s'appliquent aux fournisseurs de services financiers.

11.2.5 Taxe de vente harmonisée (TVH)

Quel que soit l'endroit où votre entreprise est établie au Canada, vous devez être parfaitement au courant des obligations auxquelles vous devez vous soumettre sous le régime de la TVH, ainsi que des taxes de vente harmonisées fédérales-provinciales de l'Ontario, de la Nouvelle-Écosse, du Nouveau-Brunswick et de Terre-Neuve-et-Labrador. En Colombie-Britannique, la TVH s'applique jusqu'au 31 mars 2013. Le 1er avril 2013, la TVP seront rétablies dans cette province. À l'Île-du-Prince-Édouard, la TVH commencera à s'appliquer le 1er avril 2013.

Les taux de la TVH dans ces provinces comprennent la partie du fédéral, qui est de 5 %, et celle du provincial, qui varie selon la province (voir le tableau ci-dessous).

Une différence importante réside dans le fait que la TVH est établie au taux de la TVH provinciale sur les produits et services fournis dans les provinces qui appliquent la TVH, plutôt qu'au taux de 5 % de la TPS et des autres taxes de vente (p. ex., la TVQ) qui s'appliquent dans d'autres provinces. Tel qu'il est mentionné à la section 11.2.4, les remarques que nous faisons dans le présent guide à propos de la TPS valent également pour la TVH, bien qu'il y ait certaines exceptions.

Tous les inscrits aux fins de la TPS doivent percevoir la TVH sur les ventes de fournitures taxables faites dans les provinces qui appliquent la TVH. Si vous êtes inscrit aux fins de la TPS, vous êtes aussi inscrit aux fins de la TVH. La TVH est perçue, déclarée et remise par l'intermédiaire de l'ARC de la même manière que pour la TPS, sauf quelques exceptions.

La TVH pourrait compliquer votre tenue de livres et la déclaration de la taxe de vente si vous effectuez des ventes taxables à des clients tant à l'intérieur qu'à l'extérieur des provinces qui appliquent la TVH. Selon la province où les produits ou services sont livrés, vous aurez à déterminer si vous devez facturer la TPS ou la TVH, la TVQ ou la TVP et à quel taux. Des règles spéciales s'appliquent afin de déterminer si les biens ou les services sont fournis (c'est-à-dire livrés) dans l'une de ces provinces.

Le tableau ci-dessous indique les taux des diverses taxes indirectes qui s'appliquent au Canada en date du 1er janvier 2012.

Taux des taxes indirectes en vigueur le 1er janvier 2012		
	Taux de la TPS ou TVH	Taux de la TVP ou TVQ
Colombie-Britannique	TVH de 12 % (5 % pour la composante fédérale et 7 % pour la composante provinciale)[1]	
Alberta	TPS de 5 %	
Saskatchewan	TPS de 5 %	TVP de 5 %
Manitoba	TPS de 5 %	TVP de 7 %
Ontario	TVH de 13 % (5 % pour la composante fédérale et 8 % pour la composante provinciale)	
Québec	TPS de 5 %	TVQ[2] de 9,5 % sur le prix incluant la TPS
Nouveau-Brunswick	TVH de 13 % (5 % pour la composante fédérale et 8 % pour la composante provinciale)	
Nouvelle-Écosse	TVH de 15 % (5 % pour la composante fédérale et 10 % pour la composante provinciale)	
Île-du-Prince-Édouard	TPS de 5 %	TVP de 10 % sur le prix incluant la TPS[3]
Terre-Neuve-et-Labrador	TVH de 13 % (5 % pour la composante fédérale et 8 % pour la composante provinciale)	

[1] En C.-B., la TVP de 7 % et la TPS de 5 % seront rétablies le 1er avril 2013.

[2] Le taux de la TVQ passera à 9,975 % le 1er janvier 2013 et s'appliquera au prix avant la TPS.

[3] À l'Î.-P.-É., la TVP sera éliminée et la TVH sera mise en application le 1er avril 2013.

11.2.6 TPS – « Méthode rapide » et méthode simplifiée de comptabilisation des CTI

Les travailleurs autonomes et les petites entreprises peuvent choisir d'utiliser la « méthode rapide » en vue de simplifier la façon dont ils tiennent compte de la TPS. Cette méthode s'adresse à de nombreuses entreprises dont les ventes annuelles (taxes comprises), y compris les ventes de sociétés associées, totalisent moins de 200 000 $ (à l'exception des services financiers, des biens immeubles, des immobilisations et de certains autres biens). Le seuil des ventes annuelles sera porté à 400 000 $ pour les périodes devant s'ouvrir après 2012.

La méthode rapide peut s'avérer particulièrement intéressante pour certains consultants. Cependant, les personnes qui offrent des services juridiques, comptables, actuariels, de tenue de livres, de consultation financière, de consultation fiscale ou de préparation de déclarations de revenus ne peuvent l'utiliser.

> Réduisez la paperasse en recourant à la méthode de calcul rapide aux fins de la déclaration de la TPS/TVH et de la TVQ.

Selon la méthode rapide, l'entreprise doit toujours exiger et recouvrer la taxe aux taux habituels, mais au lieu de verser le montant total de la TPS perçue moins la TPS payée comme elle serait tenue de le faire selon la méthode habituelle, l'entreprise verse à l'ARC un pourcentage fixe du total de ses ventes (TPS/TVH comprises). Les pourcentages varient selon que votre entreprise exerce ses activités exclusivement à l'extérieur des provinces qui appliquent la TVH, exclusivement dans ces provinces, ou à la fois à l'intérieur et à l'extérieur de ces provinces. Les taux varient également selon que votre entreprise vend essentiellement des produits ou des services. Il est possible qu'une entreprise doive utiliser plus d'un taux, selon sa situation.

Des crédits de taxe sur les intrants peuvent toujours être accordés au titre des biens immeubles ou des immobilisations acquis pour être utilisés dans le cadre d'activités taxables. Vous êtes encore tenu de remettre le montant total de l'impôt perçu sur des fournitures qui ne sont pas admissibles pour le calcul selon la méthode rapide, comme les biens immeubles et les immobilisations.

Dans le cas des entreprises dont l'activité principale est de fournir, exclusivement à l'extérieur des provinces qui appliquent la TVH, des services plutôt que des produits, le taux uniforme de TPS est de 3,6 %. Dans le cas des fournisseurs de produits admissibles dont les coûts, TPS/TVH comprises, engagés pour l'achat de biens personnels taxables destinés à la revente (à l'exception des produits d'épicerie de base et d'autres produits sur lesquels aucune taxe n'est payée) constituent au moins 40 % de leurs ventes taxables (y compris la TPS/TVH, mais à l'exception des produits d'épicerie de base et de certains autres articles), le taux uniforme est de 1,8 %. Seuls les achats d'immobilisations peuvent faire l'objet d'une demande de crédit de taxe sur les intrants.

Dans le cas des entreprises exerçant leurs activités exclusivement dans des provinces qui appliquent la TVH, le taux varie selon la province.

Pour les entreprises qui exercent leurs activités tant à l'intérieur qu'à l'extérieur des provinces où la TVH s'applique, les règles sont plus complexes; il est donc recommandé d'avoir recours aux conseils d'un professionnel spécialisé en taxes de vente.

Selon la méthode de calcul rapide, une entreprise peut généralement réclamer un crédit de 1 % à l'égard de la première tranche de 30 000 $ (y compris la TPS/TVH) de fournitures admissibles sur laquelle une TPS et une TVH ont été perçues à chaque année d'imposition.

Exemple

Justin est consultant en informatique et ne travaille qu'en Alberta. En mai 2012, ses honoraires de consultation s'élèvent à 50 000 $, plus 2 500 $ de TPS. Étant donné qu'il est en mesure d'utiliser le matériel et les installations de ses clients, les coûts afférents à ses activités de consultation sont très bas. Durant une année, il verse un total de 50 $ de TPS pour 1 000 $ de dépenses.

Justin devrait normalement verser à l'ARC le montant de la TPS perçue moins la TPS payée pour l'année, soit 2 500 $ moins 50 $, c'est-à-dire 2 450 $.

Par contre, en optant pour la méthode de calcul rapide, Justin ne sera tenu de verser que 1 890 $ (un pourcentage réglementaire de 3,6 % du total des ventes qu'il a réalisées, lesquelles s'élèvent à 52 500 $), moins un crédit de 300 $ (1 % de 30 000 $). Par conséquent, il ne doit verser que 1 590 $ au lieu de 2 450 $.

Justin sera assujetti à l'impôt sur le revenu sur l'écart de 860 $ (soit 2 450 $ moins 1 590 $).

Comme vous pouvez le constater, la méthode de calcul rapide est utile aux entreprises admissibles dont les dépenses taxables sont peu élevées. Cependant, si les dépenses taxables de l'entreprise sont élevées, l'avantage de verser un pourcentage réduit en utilisant la méthode rapide pourrait être annulé par l'impossibilité de pouvoir réclamer des crédits de taxe sur les intrants.

Comme solution de rechange à la méthode de calcul rapide, la méthode simplifiée de comptabilisation des crédits d'impôt vous permet de regrouper vos achats sur lesquels s'applique la TPS, en incluant les montants de TPS, de la TVP, des pénalités sur paiements tardifs et des pourboires, et de réclamer 5/105 du total des achats lorsque la TPS de 5 % est payée aux fins du CTI (il existe différents taux de remboursement dans les provinces qui appliquent la TVH). Pour pouvoir vous prévaloir de cette méthode, vous devez respecter certaines conditions; entre autres, les ventes annuelles de votre entreprise (y compris celles des entreprises associées) ne doivent généralement pas excéder 500 000 $, et les achats taxables ne doivent pas dépasser 2 millions de dollars. Pour les périodes devant s'ouvrir après 2012, le seuil annuel des ventes taxables sera porté à 1 million de dollars et le seuil annuel des achats taxables passera à 4 millions de dollars.

En plus de faciliter la comptabilité relative aux CTI, la méthode simplifiée peut permettre de réclamer un montant un peu plus important que le total des montants individuels de TPS versés.

Aux fins de la déclaration de la TVQ au Québec, vous pouvez utiliser une méthode analogue de calcul rapide et de comptabilisation simplifiée (mais les taux sous le régime de la TVQ sont quelque peu différents).

11.2.7 Déduction pour amortissement

Une des principales différences entre le calcul du revenu d'entreprise selon les principes comptables et le calcul du revenu aux fins de l'impôt réside dans le traitement des dépenses en immobilisations. Dans les deux cas toutefois, vous ne pouvez pas simplement déduire le coût d'acquisition des immobilisations majeures (mobilier, locaux, ordinateurs, automobiles, etc.); vous devez l'étaler sur plusieurs années.

Aux fins de la comptabilité (et non de l'impôt), le propriétaire d'entreprise, avec l'aide d'un professionnel, fera appel à son jugement pour établir l'amortissement approprié à déduire. Diverses méthodes d'amortissement peuvent être utilisées.

Aux fins de l'impôt, puisqu'il réduit votre revenu (et, par conséquent, l'impôt que vous payez), l'amortissement est assujetti à des limites et à des règles strictes. Le traitement fiscal applicable à l'amortissement a pour nom déduction pour amortissement (DPA) et ses règles sont nombreuses et complexes.

En termes généraux, vos immobilisations sont groupées en catégories, et la déduction pour amortissement peut être demandée chaque année pour chacune des catégories. La méthode du « solde dégressif » est utilisée pour la plupart des catégories et le maximum que vous pouvez déduire pour chacune est un pourcentage fixe du « coût en capital non amorti ». Ce que vous déduisez réduit alors ce solde, lequel sera utilisé pour calculer la déduction de l'année suivante.

Quelques exemples de taux de DPA	
Automobiles (catégorie 10 ou 10.1)	30 %
Immeubles non résidentiels :	
acquis après le 18 mars 2007 (catégorie 1)	6 %
acquis après le 18 mars 2007 et utilisés	
dans le cadre d'activités de fabrication	
et de transformation (catégorie 1)	10 %
acquis après 1987 et avant le	
19 mars 2007 (catégorie 1)	4 %
Matériel informatique :	
acquis au plus tard le 18 mars 2007 (catégorie 45)	45 %
acquis après le 18 mars 2007 (catégorie 50)	55 %
acquis après le 27 janvier 2009 et avant	
février 2011 (catégorie 52)	100 %
La plupart des logiciels (catégorie 12)	100 %
Mobilier et agencements (catégorie 8)	20 %
Outils admissibles coûtant moins de 500 $	
acquis après le 1ᵉʳ mai 2006 (catégorie 12)	100 %

Pour la plupart des acquisitions, seule la moitié de la DPA que vous pourriez autrement déduire pour un bien sera déductible dans l'année d'acquisition. Par conséquent, l'acquisition d'un bien juste avant la fin de l'année accélérera la demande de la déduction fiscale, alors que l'acquisition d'un bien au début de l'année retardera la déduction au titre de la DPA. Les biens doivent normalement être prêts à être mis en service dans l'entreprise et non pas simplement inscrits « dans les livres » afin d'être admissibles à la DPA, à moins que vous ne les ayez acquis depuis plus de deux ans. (Vu la complexité et la particularité de la définition de l'expression « prêts à être mis en service », il convient de consulter un professionnel si vous avez des doutes quant à la façon dont elle s'applique dans votre cas.)

Faites l'acquisition de biens amortissables avant la fin de l'année.

Veuillez prendre note que vous n'êtes jamais tenu de demander la DPA maximale. Vous pouvez, au cours d'une année, réclamer un montant moindre que le maximum ou même ne rien réclamer du tout pour toute catégorie de biens donnée. Le coût en capital non amorti pour cette catégorie demeurera intact et vous pourrez donc demander la DPA ultérieurement en fonction de ce solde reporté.

Dans certaines circonstances, vous pourriez vouloir demander une DPA moindre que celle à laquelle vous avez droit. Par exemple, si vous avez des pertes autres qu'en capital ou des crédits d'impôt à l'investissement d'années antérieures qui expireront prochainement, il est préférable de ne pas demander la DPA, et d'utiliser ces pertes ou ces crédits, de façon à réserver les soldes de votre « coût en capital non amorti » pour d'éventuelles demandes de la DPA au cours d'années ultérieures.

Ne demandez pas toujours la DPA maximale.

Vous pouvez également choisir de ne pas demander la DPA pour une année où votre revenu est peu élevé, si vous prévoyez qu'il sera beaucoup plus élevé (et donc imposé à des taux marginaux plus élevés) au cours d'années futures. Une telle décision ne devrait être prise qu'après une analyse méticuleuse de la valeur actualisée des économies d'impôt futures, y compris de son incidence sur votre capacité à verser une cotisation à votre REER pour l'année subséquente.

11.2.8 Frais de transport divers

En règle générale, si vous utilisez un autre mode de transport que l'automobile pour vos déplacements d'affaires, vous pouvez déduire les frais afférents. Tenez un registre de tous ces déplacements d'affaires et déduisez les frais de transport en commun, de taxis, etc., qui conviennent. (Si vous utilisez votre propre automobile, veuillez vous reporter à la section 12.3.)

Déduisez les frais de transport en commun, de taxis et autres frais de déplacement engagés pour affaires.

Vous ne pouvez déclarer comme dépense d'entreprise les frais de déplacement que vous engagez pour vous rendre de votre résidence à votre lieu de travail et en revenir. Toutefois, si vous avez un bureau à domicile et que vous devez vous déplacer de votre domicile pour vous rendre chez votre principal client (qui pourrait vous avoir réservé un bureau dans ses locaux), ce déplacement sera réputé avoir été effectué à des fins d'affaires.

Pour les déplacements qui ne sont pas liés à l'emploi (le transport entre le domicile et le lieu de travail, par exemple), vous pouvez réclamer le crédit d'impôt au titre du coût des laissez-passer de transport en commun admissibles (voir 2.7.3).

11.2.9 Frais de repas et de représentation

Si vous invitez un client ou un client éventuel (ou un groupe de clients) au restaurant, vous pouvez habituellement considérer le coût du repas comme une dépense d'entreprise. Les règles fiscales limitent le montant que vous pouvez déduire à 50 % du montant versé afin de refuser la fraction de l'avantage personnel que vous en retirez (puisque vous deviez vous nourrir de toute façon). Le même plafond de 50 % s'applique aux frais de divertissement, tels ceux engagés lorsque vous invitez un client à une manifestation sportive. (Si vous payez l'impôt du Québec, reportez-vous à la section 17.2.20.)

Documentez et déduisez vos frais de repas et de représentation engagés pour affaires.

De même, si vous êtes inscrit aux fins de la TPS, vous pouvez seulement réclamer des crédits de taxe sur les intrants pour la moitié de la TPS payée pour de telles dépenses (voir 11.2.4).

Assurez-vous de déduire tous les frais de repas dont le lien avec votre entreprise peut être justifié. En prévision d'une éventuelle vérification, vous devriez noter sur votre reçu le nom de la ou des personnes invitées et la raison de la rencontre.

11.2.10 Dépenses d'un bureau à domicile

Si vous avez un bureau à votre résidence, vous pouvez déduire une fraction des frais courants engagés pour votre résidence comme dépense d'entreprise, sous réserve des restrictions énumérées ci-dessous. Cette fraction sera normalement calculée en fonction de la superficie qu'occupe votre bureau dans votre résidence (vous pouvez normalement exclure les superficies communes, tels les corridors, la cuisine et les toilettes, lorsque vous effectuez ce calcul).

Exemple

Marise est conceptrice de logiciels et travaille à titre de consultante pour diverses sociétés. Elle travaille chez elle et la pièce réservée à son bureau couvre 200 pieds carrés (18,5 mètres carrés). La superficie totale des pièces de sa maison (chambres à coucher, salon, salle à dîner et bureau) est de 2 000 pieds carrés (186 mètres carrés).

Dans la mesure où son bureau à domicile répond aux critères énoncés ci-après, Marise peut déduire, à titre de dépenses aux fins fiscales, 10 % de ses frais tels que les intérêts hypothécaires, les impôts fonciers, l'assurance résidentielle et les services publics.

Les dépenses que vous pouvez déduire sont les suivantes :

- le loyer, si vous êtes locataire;
- les intérêts sur votre prêt hypothécaire (mais non la partie du capital des paiements d'hypothèque mixtes);
- les impôts fonciers;
- les services publics tels que l'eau, l'électricité, le chauffage et le gaz;
- les frais de téléphone (si vous avez un téléphone d'affaires distinct pour votre entreprise, il est entièrement déductible; voyez si vous utilisez également votre téléphone personnel à des fins d'affaires);
- l'assurance résidentielle.

De plus, prenez soin de déduire la fraction pour affaires de certaines dépenses moins courantes, telles les dépenses pour l'entretien de la pelouse, l'enlèvement de la neige et les réparations mineures. Il vous faudra conserver les reçus appropriés et ne pas vous contenter de faire une simple estimation de ces dépenses.

Déduisez les frais admissibles relatifs à un bureau à domicile.

Vous pouvez aussi demander la déduction pour amortissement concernant la fraction appropriée de votre résidence, mais cela est déconseillé dans bien des cas. Si vous demandez la DPA, l'ARC conclura que cette fraction ne fait pas partie de votre résidence principale et refusera que vous vous prévaliez de votre exonération pour résidence principale (voir 6.5.2) à l'égard de cette superficie. Toute DPA que vous demandez peut aussi être « récupérée » et ajoutée à votre revenu lorsque vous vendez votre maison. (Cependant, si vous avez acheté votre maison alors que le marché immobilier était à son plus haut niveau et que vous ne prévoyez pas recouvrer la somme que vous avez dépensée lorsque vous vendrez, il pourrait être avantageux de demander la DPA.)

Les dépenses de votre bureau à domicile sont assujetties à des restrictions. D'abord, vous ne pouvez déduire ces dépenses que du revenu que vous tirez de l'entreprise. Par conséquent, vous ne pouvez utiliser les dépenses de votre bureau à domicile pour créer une perte qui sera déduite d'autres revenus. Cependant, toute perte refusée aux termes de cette règle peut être reportée prospectivement et déduite du revenu tiré de la même entreprise au cours de toute autre année ultérieure.

En second lieu, la déduction pour bureau à domicile ne sera admissible que si vous répondez à l'une ou l'autre des conditions suivantes :

- votre domicile est votre principal lieu d'affaires, ce qui veut dire que vous n'avez aucun autre bureau ailleurs (si vous avez un client principal qui met à votre disposition un bureau dans ses locaux, ce bureau appartient néanmoins à votre client et n'entraînera pas le refus de votre déduction pour un bureau à domicile);

- votre bureau à domicile est utilisé exclusivement pour votre entreprise, « de façon régulière et continue », pour rencontrer des clients ou des patients.

> **Exemple**
>
> Luc est optométriste et possède un bureau à l'extérieur de sa résidence. De plus, il s'est aménagé un bureau dans son sous-sol où il exécute des tâches administratives et reçoit à l'occasion des patients (habituellement des voisins qui viennent au cours de la soirée pour des traitements).
>
> Luc ne pourra déduire aucune dépense au titre de son bureau à domicile à moins de pouvoir démontrer qu'il l'utilise « de façon régulière et continue » pour y recevoir des patients.

Bien entendu, les fournitures qui ont trait exclusivement à votre bureau à domicile sont entièrement déductibles et ne sont pas soumises aux règles qui précèdent. Les dépenses entièrement déductibles englobent habituellement une ligne téléphonique commerciale distincte, le papier d'impression, les cartouches pour imprimantes au laser ou les cartouches de toner, les réparations du matériel informatique (en tenant pour acquis que votre ordinateur n'est utilisé que pour votre activité commerciale), etc.

Si vous payez des impôts du Québec, reportez-vous également à la section 17.2.21.

11.2.11 Primes de soins médicaux et de soins dentaires

Les travailleurs autonomes peuvent porter en déduction de leur revenu d'entreprise les primes qu'ils ont payées pour obtenir une couverture de soins médicaux supplémentaire. Pour que les primes soient déductibles, la couverture ne doit pas excéder les avantages versés aux employés sans lien de dépendance. Si vous n'avez pas d'employés sans lien de dépendance à votre service, vos primes déductibles sont plafonnées à 1 500 $ pour vous-même, à 1 500 $ pour votre conjoint et à 750 $ pour chaque enfant.

11.2.12 Dépenses relatives à un congrès

L'ARC vous permet de déduire les frais engagés pour assister à deux congrès par année dans le cadre de votre entreprise ou profession. Une partie de vos dépenses peut être assujettie au plafond fixé pour la déductibilité des frais de repas et de représentation dont il est question à la section 11.2.9.

Pour que les frais puissent être déduits, le congrès doit se tenir à un endroit qui peut raisonnablement être considéré comme étant dans les limites du territoire sur lequel l'entreprise hôte exerce son activité. Par exemple, si le promoteur du congrès est une entreprise ou un organisme professionnel œuvrant à l'échelle provinciale, le congrès doit se tenir dans cette province. Aux termes de la convention fiscale entre le Canada et les États-Unis, les frais engagés pour assister à un congrès parrainé par une entreprise canadienne et qui se tient aux États-Unis sont déductibles, mais seulement dans la mesure où l'entreprise canadienne a un caractère national. (L'ARC ne vous permettra pas de déduire les frais engagés pour assister à un congrès tenu au cours d'une croisière en mer, sans égard à l'entreprise ou l'organisme qui le parraine.)

11.2.13 Gains en capital

Tous les gains en capital que vous réalisez sont pris en compte directement par le biais du régime d'imposition des gains en capital décrit au chapitre 6. Ils ne sont pas inclus dans le revenu d'entreprise.

11.2.14 Crédits d'impôt à l'investissement

Des crédits d'impôt fédéraux à l'investissement (CII) sont offerts pour des investissements faits dans certaines régions du pays (p. ex., dans certains secteurs des Maritimes) et pour la recherche scientifique et le développement expérimental.

Les CII peuvent être réclamés dans la déclaration de l'année civile au cours de laquelle ils ont été gagnés. Les crédits inutilisés gagnés en 2006 et au cours des années subséquentes peuvent être reportés rétrospectivement sur trois ans ou prospectivement sur 20 ans au maximum.

11.3 Sociétés de personnes

Si vous vous associez avec une ou plusieurs personnes, y compris votre conjoint, pour exploiter votre entreprise, vous serez associé dans le cadre d'une société de personnes tout en étant, aux fins de l'impôt, encore engagé dans l'exploitation d'une entreprise. (En plus du texte ci-dessous, veuillez également voir la section 16.2 dans laquelle il est question de certaines règles spéciales s'appliquant aux sociétés de personnes.)

11.3.1 Comment est imposé le revenu d'une société de personnes

Les sociétés de personnes ne paient pas d'impôt. Les sociétés de personnes sont tenues de produire auprès de l'ARC des « déclarations de renseignements » dans lesquelles est indiqué le revenu de la société de personnes, mais ces déclarations ne constituent pas des déclarations de revenus. Certaines sociétés de personnes ne sont pas tenues de produire ces déclarations en fonction d'une exigence fondée sur leurs activités financières ou du type de sociétés de personnes.

Les associés doivent tous déclarer séparément leur quote-part du revenu (ou de la perte) de la société de personnes, *qu'ils aient retiré ou non quelque partie que ce soit du bénéfice de la société de personnes.* La société de personnes est généralement tenue de déclarer son revenu sur la base d'un exercice se terminant le 31 décembre. (Les allocations au titre des ressources et certaines autres dépenses relatives aux ressources sont réclamées par l'associé plutôt que par la société.)

Veuillez prendre note qu'une société de personnes ne peut verser de « salaire » à un associé. Même si vous recevez, en tant qu'associé, un montant qui est désigné sous le vocable « salaire », il s'agit en réalité de prélèvements (c'est-à-dire un retrait des bénéfices ou du capital de la société de personnes). Vous n'êtes pas imposé sur vos prélèvements, mais sur votre part du revenu de la société, ce qui peut être très différent.

Si la société de personnes subit des pertes, vous pouvez normalement déduire votre part de ces pertes de vos autres sources de revenu (ce qui pourrait ne pas être le cas lorsque la société de personnes est une société en commandite).

11.3.2 Rajustement de l'attribution du revenu de la société de personnes

Les modalités de répartition du revenu (ou des pertes) de la société de personnes entre les associés relèvent généralement de ces derniers. Toutefois, si vous procédez à une répartition déraisonnable à des fins de fractionnement du revenu (voir chapitre 5), l'ARC pourrait refuser cette attribution et la remplacer par une qui soit raisonnable.

Par exemple, si votre conjoint et vous êtes en partenariat ensemble et que vous fournissez la totalité du capital et effectuez la quasi-totalité du travail dans votre entreprise, tandis que la contribution de votre conjoint est minime, l'ARC pourrait refuser une répartition en parts égales du revenu de la société entre vous deux.

11.3.3 Gains en capital

Les gains en capital réalisés ou les pertes en capital subies par une société de personnes sont attribués à chacun des associés à la fin de l'année d'imposition de celle-ci.

11.3.4 Répartition des crédits d'impôt à l'investissement

Les crédits d'impôt à l'investissement (voir 11.2.14) gagnés par une société de personnes sont répartis entre les associés et réclamés dans l'année au cours de laquelle se termine l'exercice de la société.

11.3.5 Gain ou perte au titre d'une participation dans une société

À titre de membre d'une société de personnes, vous détenez une « participation dans une société de personnes » qui a un prix de base rajusté aux fins du calcul des gains en capital (voir 6.2.1). Si vous vendez votre participation (ou si vous êtes réputé en disposer à la juste valeur marchande pour cause de décès ou d'émigration – voir 6.4.4 et 13.3.2), le prix de base rajusté déterminera si vous réalisez un gain ou subissez une perte en capital.

Le capital que vous investissez dans la société de personnes constitue le prix de base initial de votre participation dans celle-ci. La tranche du revenu qui vous revient de la société et que vous déclarez chaque année comme revenu aux fins de l'impôt est ajoutée à votre prix de base (comme vous avez déjà été imposé sur cette tranche, vous ne devriez pas l'être à nouveau si vous vendez votre participation sans en avoir retiré les bénéfices). Lorsque vous retirez les bénéfices de la société de personnes (voir 11.3.1), votre prix de base rajusté est réduit du montant du retrait. En d'autres mots, votre apport en capital, plus tous les bénéfices de la société de personnes, moins toutes ses pertes ainsi que vos retraits, constituent votre prix de base rajusté de votre participation dans la société de personnes. (Bien que les détails soient beaucoup plus complexes et qu'il existe de nombreuses autres règles à ce sujet, cette explication représente l'essentiel de cette notion.)

11.3.6 Cotisation de la société de personnes

L'ARC est en mesure d'émettre une « détermination » du revenu ou de la perte d'une société de personnes. Cette « détermination » sera analogue à la cotisation de l'impôt d'un contribuable (voir 9.4.1), en ce qu'elle aura pour effet de lier les associés à moins qu'ils ne produisent un avis d'opposition. La société de personnes désignera un associé qui sera chargé de produire l'avis d'opposition, s'il y a lieu, et les autres associés ne seront pas en mesure de s'opposer directement à la détermination.

11.3.7 Remboursement de la taxe de vente pour les associés

Si vous êtes un associé, demandez le remboursement de la taxe de vente sur vos dépenses non remboursées par la société de personnes.

Tout comme c'est le cas avec les salariés, les associés qui ne sont pas inscrits aux fins de la TPS et qui engagent des dépenses qui ne sont pas remboursées par la société de personnes mais qui peuvent être déduites aux fins de l'impôt sur le revenu (comme les frais d'utilisation d'une automobile) peuvent généralement demander un remboursement au titre de la TPS, de la TVQ ou de la TVH payée sur ces dépenses (voir 12.3.2 pour un exemple).

Assurez-vous de tenir des registres pendant toute l'année et d'obtenir des factures qui indiquent le montant de la taxe qui a été payée. Ici encore, la demande de remboursement se fait en même temps que la déclaration de revenus.

11.4 Pertes

11.4.1 Pertes d'entreprise

Si vos dépenses d'entreprise déduites aux fins de l'impôt excèdent le revenu tiré de l'entreprise, vous subissez une perte. Vous essuyez également une perte aux fins de l'impôt si vous partagez une partie de la perte d'une société de personnes.

Une perte d'entreprise ou une perte provenant d'une société en commandite ne peut être déduite d'autres revenus que si votre entreprise exerce des activités manifestement commerciales et qui sont menées dans le but de réaliser un profit. Si les activités comportent un élément personnel ou semblent s'apparenter à un loisir, tel que l'élevage de chevaux de course, on considérera que votre entreprise a pour but de réaliser un profit si elle exerce des activités manifestement commerciales.

Une perte d'entreprise doit d'abord être utilisée dans l'année où elle survient et être déduite du revenu d'autres entreprises et d'autres sources de revenus, tels que le revenu d'emploi, les intérêts, les dividendes (majorés) et les gains en capital imposables. Vous n'avez pas le choix : même si votre revenu de dividendes, par exemple, peut être compensé par le crédit d'impôt pour dividendes, vous devez déduire vos pertes d'entreprise de tout revenu que vous avez gagné cette année-là.

Toute perte d'entreprise qui n'est pas déduite dans l'année où elle est subie est considérée comme une perte autre qu'en capital et peut être déduite du revenu d'autres années. Elle peut, en fait, être reportée rétrospectivement sur une période maximale de trois ans et, pour les années d'imposition se terminant en 2006 et par la suite, elle peut être reportée prospectivement sur une période maximale de 20 ans (10 ans pour les années d'imposition terminées après le 22 mars 2004, et sept ans pour les années d'imposition antérieures). Elle peut être appliquée en déduction de toute source de revenu au cours de ces années. Toutes ces déductions sont facultatives.

Optimisez l'utilisation de vos reports de pertes.

Exemple

Judith n'a gagné aucun revenu en 2009, mais elle a gagné un revenu d'emploi de 40 000 $ en 2010 et de 50 000 $ en 2011 à titre d'employée. En 2012, elle s'installe à son compte. Pour l'exercice 2012, son entreprise subit une perte aux fins de l'impôt de 100 000 $.

Judith peut produire un formulaire au moyen duquel elle demande que sa perte autre qu'en capital pour 2012 soit déduite de ses revenus de 2010 et de 2011, et recevoir ainsi un remboursement de l'impôt versé au cours de ces années. Dans la mesure où la totalité de ses revenus de 2010 et de 2011 est effacée par le report, il restera une perte autre qu'en capital de 10 000 $ qui pourra être reportée prospectivement sur des années ultérieures.

Cependant, Judith ne devrait pas utiliser 90 000 $ de sa perte, mais juste ce qu'il faut pour ramener ses revenus de 2010 et de 2011 à un niveau assez bas pour ne pas payer d'impôt (environ 10 382 $ pour 2010 et 10 527 $ pour 2011). Il lui est même loisible de déduire un montant de perte encore moindre et de laisser une partie de ses revenus de 2010 et de 2011 imposée à des taux relativement bas.

Cet exemple souligne la nécessité de faire bien attention à l'utilisation des pertes autres qu'en capital. Lorsque vous déduisez de votre revenu d'une année donnée des pertes autres qu'en capital, envisagez de garder une partie du revenu imposée à un faible taux. Par exemple, si vous avez, en 2012, une perte que vous reportez rétrospectivement à 2011, tenez compte du fait que tout revenu imposable inférieur à 41 545 $ en 2011 a été imposé au taux d'environ 24 % seulement. Si vous prévoyez gagner un revenu élevé au cours des prochaines années, et ainsi pouvoir déduire vos pertes de ce revenu futur qui sera autrement imposé à un taux d'environ 45 %, il vaudrait peut-être mieux ne pas ramener votre revenu imposable de 2011 sous la limite de 41 545 $.

Bien entendu, vous ne devriez jamais vous prévaloir des reports de pertes pour réduire votre revenu imposable sous le seuil pour lequel aucun impôt n'est exigible de toute façon (soit environ 10 527 $ pour 2011, ou plus, selon les crédits que vous pouvez réclamer – voir chapitre 2).

11.4.2 Pertes locatives

Si vous êtes locateur d'un immeuble d'habitation, les pertes découlant de votre bien locatif sont déductibles de la même façon que les autres pertes d'entreprise dans la mesure où vos activités de location satisfont aux exigences générales de la législation fiscale portant sur les déductions d'entreprise. L'ARC accorde une grande attention aux déductions de pertes locatives; vous devriez donc vous assurer d'avoir sous la main les documents justificatifs venant à l'appui de vos déductions de pertes locatives.

Conservez une documentation détaillée pour étayer la déduction des pertes locatives.

L'ARC remettra vraisemblablement en question vos pertes locatives si la propriété est utilisée à des fins personnelles, par exemple si vous ou un membre de votre famille y habitez sans payer de loyer, ou si vous prévoyez y vivre dans l'avenir. L'ARC pourrait vous demander des documents détaillés, tels qu'un plan d'étage de l'immeuble indiquant les emplacements que vous utilisez, que vous louez et que vous partagez avec vos locataires. Vous devriez également pouvoir indiquer les dépenses qui se rapportent à la propriété dans son ensemble par opposition à la partie locative seulement. Si vous louez à un membre de votre famille, la déduction de vos pertes pourrait être refusée si vous lui demandez un loyer inférieur à celui que vous demanderiez à un locataire qui ne fait pas partie de votre famille.

Assurez-vous de pouvoir prouver la nature commerciale de vos activités de location. Dans la mesure du possible, conservez des registres complets pour montrer que vous avez effectué des recherches approfondies sur les biens locatifs avant d'en acheter un, ainsi que des registres complets de l'information qui vous a porté à croire que votre bien locatif constituerait un placement rentable. Les tribunaux ont statué que les activités de location pouvaient prendre plusieurs années – jusqu'à huit ans dans un cas – pour dégager un profit. Une explication de vos pertes et une description des mesures prises pour accroître les revenus ou diminuer les dépenses pourraient également venir à l'appui de votre cas.

La Cour suprême a statué que le système fiscal ne devrait pas pénaliser les contribuables pour leur manque de sens aigu des affaires. Même si vous n'avez pas effectué de projections détaillées du bénéfice ni de recherche de marché, vous devriez consulter des professionnels en fiscalité si l'ARC conteste vos pertes locatives.

11.5 Devriez-vous constituer votre petite entreprise en société?

Si vous possédez une entreprise sans personnalité morale, vous pourriez envisager de la constituer en société pour épargner de l'impôt. Toutefois, les avantages fiscaux que la constitution en société peut vous procurer, à vous ou à votre entreprise, dépendront de vos propres besoins en liquidités, des taux d'impôt des particuliers et des sociétés dans votre province et de la situation de votre entreprise. (Si vous envisagez de mettre sur pied une société dans le seul but de détenir vos placements, voir 14.6.)

Si tous les bénéfices de l'entreprise servent à répondre à vos besoins personnels en liquidités, la constitution en société pourrait ne pas se révéler une bonne idée – le coût de la mise sur pied et de maintien de la société pourrait être supérieur aux avantages fiscaux. Mais si vous pouvez laisser certains bénéfices dans la société afin de les réinvestir, la constitution en société pourrait entraîner d'importantes économies d'impôt.

L'imposition des sociétés est traitée à la section 14.1. En général, lorsque vous gagnez un revenu par l'entremise d'une société, le revenu est imposé au niveau de la société, puis encore une fois au niveau individuel lorsque la société vous distribue à titre d'actionnaire son bénéfice après impôt sous forme de dividendes. En théorie, le total de l'impôt sur les sociétés et de l'impôt personnel occasionnés par le fait d'utiliser une société pour gagner un revenu devrait équivaloir à l'impôt personnel qu'aurait à payer un particulier qui aurait gagné le revenu directement et qui est imposé au taux maximal le plus élevé. En pratique, cela peut toutefois ne pas être le cas. Avant de constituer votre entreprise en société, demandez les conseils d'un fiscaliste qui vous aidera à comparer le montant total d'impôt que vous aurez à payer si vous gagnez votre revenu d'entreprise directement ou par l'entremise d'une société.

Examinez les avantages éventuels de constituer votre entreprise en société.

Certains avantages pouvant découler de la constitution de votre entreprise en société comprennent ce qui suit :

Protection de vos biens personnels – La constitution en société peut limiter votre responsabilité en faisant une distinction entre vos biens personnels et les biens de la société. Toutefois, comme les banques demandent souvent aux propriétaires de petites entreprises de fournir des garanties personnelles avant d'accorder du financement, il se pourrait que la constitution en société ne vous protège pas contre tous les créanciers.

Report des dépenses – La constitution en société peut vous permettre de reporter certaines dépenses. Par exemple, si vous déclarez une prime aux fins de l'impôt sur le revenu, vous n'êtes pas tenu de verser l'argent à l'employé avant six mois.

Souplesse à l'égard de la date de fin d'exercice – Comme nous l'avons vu à la section 11.2.1, une entreprise non constituée en société doit utiliser l'année civile pour déclarer ses revenus aux fins de l'impôt sur le revenu. L'entreprise constituée en société peut choisir une autre date de fin d'exercice, ce qui pourrait convenir davantage à vos besoins. Si la date de fin d'exercice se trouve dans la deuxième moitié de l'année civile, le paiement d'une prime six mois après la fin de l'exercice porterait le paiement à l'année civile suivante.

Admissibilité à la déduction accordée aux petites entreprises – En tant que société, vous pourriez tirer parti des taux d'impôt spéciaux plus faibles accordés pour la première tranche de 500 000 $ (de 400 000 $ pour 2008 et les années antérieures) du revenu tiré d'une petite « société privée sous contrôle canadien » (voir 14.1).

Fractionnement du revenu – Si votre conjoint et vos enfants majeurs sont actionnaires de la société, tout dividende qu'ils recevront sera imposé à leur nom. Votre société peut également embaucher les membres de votre famille dans la mesure où le montant qui leur est payé est raisonnable eu égard au travail accompli (voir 5.3.2). De plus, n'oubliez pas l'impôt sur le fractionnement du revenu visant certains types de revenu reçu par des enfants mineurs (voir 5.2.4).

Exemption pour gains en capital – Si votre société est une société exploitant une petite entreprise admissible, vous pouvez vous prévaloir de l'exemption pour gains en capital de 750 000 $, dont il est question à la section 6.3.1, pour protéger les gains que vous et chacun des membres de votre famille réaliserez sur les actions de la société quand elles seront vendues ou transférées par le biais d'un testament.

Assurance collective et prestations de retraite – Lorsque votre entreprise est constituée en société, vous pouvez créer un régime de pension agréé et obtenir une assurance-vie et une assurance-maladie collectives déductibles d'impôt pour vous-même et vos employés, lesquelles pourraient couvrir les membres de votre famille. (Les entreprises non constituées en société peuvent également déduire les primes d'assurance-maladie collective dans la mesure où certaines conditions sont remplies et dans le respect de certaines limites – voir 11.2.11.)

À l'encontre de ces avantages éventuels, vous devrez soupeser les frais juridiques et administratifs liés à la mise sur pied et au maintien d'une société, à la tenue de registres distincts et à la production de déclarations de revenus des sociétés aux paliers fédéral et provincial. Gardez également à l'esprit que, lorsque votre entreprise sera constituée en société, vous ne pourrez plus porter les pertes d'entreprise et les pertes en capital de la société en déduction de vos autres sources de revenu. Vous devriez demander l'avis d'un professionnel avant de prendre la décision de constituer ou non votre entreprise en société.

11.6 Documents de référence

Vous pouvez vous procurer les publications techniques suivantes en vous présentant ou en téléphonant à votre bureau des services fiscaux de l'ARC. Vous pouvez également trouver ces publications, ainsi que les guides et formulaires de l'ARC, sur le site Internet de l'ARC à l'adresse *www.cra-arc.gc.ca.*

Bulletin d'interprétation IT-79R3, « Déduction pour amortissement – Immeubles et autres structures »

Bulletin d'interprétation IT-131R2, « Dépenses relatives à un congrès »

Bulletin d'interprétation IT-232R3, « Déductibilité des pertes dans l'année de la perte ou dans d'autres années »

Bulletin d'interprétation IT-364, « Début de l'exploitation d'une entreprise »

Bulletin d'interprétation IT-514, « Frais de local de travail à domicile »

Bulletin d'interprétation IT-518R, « Frais pour des aliments, des boissons et des divertissements »

Bulletin d'interprétation IT-521R, « Frais de véhicule à moteur déduits par des travailleurs indépendants »

Bulletin d'interprétation IT-525R, « Artistes de la scène »

Bulletin d'interprétation IT-533, « Déductibilité de l'intérêt et questions connexes »

Guide, « Revenus d'entreprise ou de profession libérale »

Guide, « Employé ou travailleur indépendant? »

C H A P I T R E   12

Si vous utilisez une automobile à des fins d'affaires

- Tenez un registre de votre utilisation d'une automobile à des fins d'affaires et optimisez cette utilisation (12.1, 12.2.1, 12.3.1)

- Vérifiez si vous êtes admissible à la réduction des frais pour droit d'usage (12.2.1)

- Réduisez le temps pendant lequel une automobile appartenant à l'entreprise est mise à votre disposition pour votre usage personnel (12.2.1)

- Évitez les automobiles qui sont fournies par l'employeur et dont le coût excède 30 000 $ (12.2.1)

- Réduisez au minimum l'avantage imposable relatif aux frais de fonctionnement d'une automobile (12.2.2)

- Demandez un remboursement de la TPS/TVH payée sur les dépenses déductibles de votre revenu d'emploi (12.3.2)

Si votre employeur vous fournit une automobile, il se peut que l'ARC vous attribue un avantage imposable pour votre usage personnel de l'automobile. Si vous utilisez votre propre automobile dans le cadre de votre travail ou de votre entreprise, vous pourriez être en mesure de déduire de votre revenu d'emploi ou de votre revenu d'entreprise les coûts de l'automobile se rapportant à votre travail. Dans le présent chapitre, nous expliquons les règles complexes qu'utilise l'ARC pour déterminer votre avantage imposable ou votre déduction à l'égard de l'utilisation d'une automobile et fournissons quelques conseils pour économiser de l'impôt.

12.1 Tenue d'un registre

Lorsque vous conduisez une automobile fournie par votre employeur ou votre propre automobile dans le cadre de votre travail, tenez un registre de la distance que vous parcourez aux fins de votre travail en vue de vérifier vos réclamations liées à l'utilisation d'une automobile auprès de l'ARC. Vous pourriez conserver un carnet de bord sur votre tableau de bord, ou inscrire les données dans votre agenda quotidien. Le registre devrait indiquer le nombre total de kilomètres parcourus et le nombre total de kilomètres parcourus à des fins d'affaires pour l'année. Il devrait également inclure la date, la destination et la distance parcourue pour chaque déplacement d'affaires.

Tenez un registre de votre utilisation d'une automobile à des fins d'affaires et optimisez cette utilisation.

Si vous êtes propriétaire d'une entreprise, vous pouvez utiliser un registre simplifié aux fins de déclaration à l'ARC de vos voyages d'affaires. Après avoir tenu ce registre pendant une année complète afin de déterminer l'année de base, vous pouvez ensuite choisir d'utiliser le registre pour une période représentative de trois mois, afin d'extrapoler l'utilisation du véhicule à des fins d'affaires pour l'année complète, si l'utilisation se trouve dans la même échelle (plus ou moins 10 %) que les résultats de l'année de base. Vous devez pouvoir démontrer que l'utilisation du véhicule au cours de l'année de base demeure représentative de l'utilisation normale du véhicule.

Les employés travaillant au Québec qui utilisent une automobile fournie par leur employeur sont tenus de remettre à leur employeur un exemplaire de leur carnet de bord dans les 10 jours suivant soit la fin de l'année, soit la fin de la période pendant laquelle l'automobile a été mise à leur disposition, à défaut de quoi ils pourraient écoper d'une pénalité de 200 $.

12.2 Utilisation d'une automobile fournie par l'employeur

Des règles spéciales s'appliquent lorsqu'il s'agit de déterminer l'avantage imposable dont vous bénéficiez lorsque votre employeur met une voiture à votre disposition. (Si vous utilisez votre propre voiture à des fins d'affaires, veuillez vous reporter à la section 12.3.1.)

Les deux éléments de l'avantage qui doivent être déclarés aux fins fiscales sont les suivants : les frais pour droit d'usage d'une automobile et l'avantage relatif aux frais de fonctionnement. Sur le feuillet T4 (et le Relevé 1 pour le Québec) que vous remet votre employeur, ces frais sont normalement inscrits en un seul montant et sont inclus dans votre « revenu d'emploi » total aux fins de l'impôt.

12.2.1 Frais pour droit d'usage

Les frais pour droit d'usage d'une automobile s'élèvent essentiellement à 2 % du coût initial de la voiture pour chaque mois au cours duquel elle est à votre disposition, soit 24 % par année. (Pour les vendeurs d'automobiles, le taux mensuel peut plutôt être de 1,5 % du coût moyen des automobiles du concessionnaire acquises au cours de l'année.)

Vous pouvez réduire vos frais pour droit d'usage si vous remplissez les deux conditions suivantes :

- l'usage pour affaires représente au moins 50 % du nombre total de kilomètres parcourus, et
- le nombre de kilomètres parcourus à des fins personnelles est inférieur à 1 667 km par mois, ou 20 000 km au total pour l'année.

Si vous remplissez ces conditions, votre employeur peut ramener vos frais reportés pour droit d'usage à un pourcentage égal au nombre de kilomètres parcourus à des fins personnelles divisé par 20 000 (en supposant que vous ayez pu utiliser l'automobile pendant douze mois complets). Par exemple, si vous parcourez 25 000 km à des fins d'affaires et 15 000 km à des fins personnelles avec une automobile fournie par votre employeur, vos frais pour droit d'usage peuvent être réduits pour s'établir à 75 % (15 000 divisé par 20 000) des frais pour droit d'usage habituels.

Vérifiez si vous êtes admissible à la réduction des frais pour droit d'usage.

N'oubliez pas que, normalement, les déplacements entre votre domicile et votre lieu de travail ne sont *pas* considérés comme un usage pour affaires (sauf si vous remplissez certaines conditions – voir 12.2.4). Il pourrait donc être très difficile de satisfaire aux conditions susmentionnées et de pouvoir ainsi bénéficier d'une réduction des frais pour droit d'usage.

Lorsque l'automobile est louée, les frais pour droit d'usage s'élèvent aux deux tiers des frais de location mensuels, plutôt qu'à 2 % du prix d'achat. Aux fins du calcul, les frais forfaitaires de location (soit les paiements forfaitaires) qui sont versés au début du bail sont imputés au prorata sur la durée du contrat de location.

Les frais de résiliation du contrat de location sont habituellement considérés comme un paiement de location au cours de l'année de leur paiement. Si vous en convenez avec votre employeur, le paiement de résiliation de contrat de location peut être échelonné rétroactivement sur la durée du bail aux fins des frais pour droit d'usage, dans la mesure où les années ne sont pas frappées de prescription et où votre employeur produit des feuillets T4 (Relevés 1 pour le Québec) modifiés à l'égard de ces années. De façon générale, cela s'avérera avantageux si votre revenu de l'année au cours de laquelle le contrat de location est résilié est imposé à un taux supérieur à celui des années antérieures, en dépit du fait que vous devrez tenir compte de l'intérêt non déductible que vous devrez payer sur l'augmentation de vos impôts des années antérieures.

Les frais pour droit d'usage d'une automobile sont calculés en fonction du nombre de périodes de 30 jours dans l'année au cours desquelles l'automobile de l'employeur est « mise à votre disposition » ou à celle des membres de votre famille. Toutefois, le calcul est actuellement fondé sur le nombre de jours au cours desquels l'automobile est à votre disposition. Ce nombre est divisé par 30 et le résultat est arrondi au chiffre entier le plus proche ou au chiffre entier inférieur s'il se trouve exactement à mi-chemin de deux chiffres entiers.

Si vous pouvez ramener à 345 le nombre de jours de « disponibilité », ce qui représente 11,5 périodes de 30 jours, les frais pour droit d'usage seront réduits pour être portés à 11 fois 2 % du coût de l'automobile, plutôt que de s'élever à 12 fois 2 % de ce coût.

Réduisez le temps pendant lequel une automobile appartenant à l'entreprise est mise à votre disposition pour votre usage personnel.

Si, au cours de l'année, vous vous absentez pendant au moins trois semaines pour prendre des vacances ou faire un voyage d'affaires, laissez l'automobile à votre lieu de travail pendant ce temps. Si vous ramenez à 345 le nombre de jours de « disponibilité » d'une automobile qui a coûté 30 000 $ à l'état neuf en 2012, vous pourrez, pour l'année, réduire de 600 $ votre revenu imposable (et ainsi réaliser une économie d'impôt de 270 $ si votre revenu se situe dans la tranche d'imposition supérieure). Cependant, rappelez-vous que, selon l'ARC, l'automobile reste à votre disposition même pendant votre période d'absence, à moins que vous n'ayez *l'obligation* de rendre la voiture à votre employeur et de lui laisser le droit d'en déterminer l'usage. Vous pourriez peut-être faire en sorte que votre employeur vous impose cette obligation.

Évitez les automobiles qui sont fournies par l'employeur et dont le coût excède 30 000 $.

Comme nous le verrons à la section 12.3.1, le coût en capital des automobiles est assujetti à un plafond aux fins de la déduction pour amortissement. Par exemple, si vous utilisez une automobile que votre employeur a achetée en 2012, et si le coût de cette automobile excède le plafond de 30 000 $ (plus la TPS/TVH et la TVP), il y a un élément de double imposition. Votre avantage imposable au titre des « frais pour droit d'usage d'une automobile » est de 2 % par mois du coût réel de l'automobile, alors que votre employeur ne peut réclamer (au fil du temps) qu'un montant de 30 000 $ (plus la TPS/TVH et la TVP) au titre de la déduction pour amortissement. Ainsi, il pourrait être plus économique pour vous d'acheter vous-même une automobile et de négocier une augmentation de salaire appropriée avec votre employeur.

12.2.2 Avantage au titre des frais de fonctionnement

Pour 2012, l'avantage imposable au titre des frais de fonctionnement est de 0,26 $/km en ce qui concerne l'utilisation à des fins personnelles. Dès que votre employeur paie une part quelconque des frais de fonctionnement de l'année (et si vous n'avez pas remboursé à votre employeur la totalité des frais qu'il a payés avant le 14 février suivant), le taux de 0,26 $ s'applique. Si vous travaillez principalement dans le domaine de la vente ou de la location d'automobiles, le taux est de 0,23 $/km.

Dans le cas d'une automobile dont l'usage pour affaires excède 50 %, on peut utiliser une autre méthode de calcul des frais de fonctionnement. Si, *au plus tard le 31 décembre*, vous donnez à votre employeur un avis écrit suivant lequel vous souhaitez appliquer cette méthode de calcul, l'avantage au titre des frais de fonctionnement sera calculé selon un taux uniforme correspondant à 50 % des frais pour droit d'usage de l'automobile.

Si vous êtes admissible à une réduction des frais pour droit d'usage (voir 12.2.1), vous devriez examiner s'il serait avantageux pour vous d'utiliser une autre méthode de calcul des frais de fonctionnement. L'avantage équivalant à la moitié des frais pour droit d'usage est plus grand pour vous si le coût de l'automobile est relativement faible (comme dans le cas d'une petite voiture ou d'une voiture d'occasion) et que vous parcourez à des fins personnelles un nombre relativement élevé de kilomètres, même si ceux-ci représentent moins de 50 % de l'utilisation à des fins personnelles.

Si votre employeur n'assume qu'une partie des frais de fonctionnement d'une automobile qu'il met à votre disposition et dont il est le propriétaire, le coût, pour vous, de l'avantage imposable relatif aux frais de fonctionnement peut être plus élevé que le montant pris en charge par votre employeur. Parfois, l'employeur ne paye que les assurances et l'employé paye le carburant et les réparations ou, encore, l'employeur ne paye pas la plupart des frais de fonctionnement, mais peut, à l'occasion, assumer le coût des réparations importantes.

> Réduisez au minimum l'avantage imposable relatif aux frais de fonctionnement d'une automobile.

Prenons l'exemple suivant : pour votre usage personnel (y compris l'aller-retour entre votre résidence et votre lieu de travail), vous parcourez 20 000 kilomètres dans l'année avec l'automobile fournie par l'employeur. Votre employeur paye les assurances (800 $ par année) et vous assumez le reste des frais de fonctionnement. L'avantage imposable au titre de ces frais est de 0,26 $ par kilomètre que vous parcourez à des fins personnelles, soit 5 200 $, ce qui vous coûtera environ 2 340 $ en impôt si votre revenu se situe dans la tranche d'imposition supérieure. Le fait que l'employeur paye les assurances est donc très désavantageux.

Dans ce cas, vous devriez rembourser les 800 $ à votre employeur au plus tard le 14 février de l'année suivante, de sorte que la règle des « 0,26 $/km » ne s'applique pas. Bien entendu, votre employeur peut vous verser un salaire additionnel assez élevé pour que le montant après impôt soit suffisant pour compenser votre remboursement des frais d'assurance.

12.2.3 Allocations et avances au titre des frais d'automobile

Si vous recevez une allocation raisonnable au titre de vos frais d'automobile, vous ne serez pas tenu de l'inclure dans votre revenu si elle se fonde *uniquement* sur le nombre de kilomètres que vous parcourez dans l'exercice des fonctions de votre emploi. Si l'allocation prend la forme d'un montant uniforme qui n'est pas calculé en fonction du nombre de kilomètres parcourus aux fins de votre emploi, elle est imposable (il se peut cependant que vous puissiez demander une déduction compensatoire pour frais d'automobile – voir 12.3.1).

L'ARC acceptera de considérer un montant périodique fixe comme étant une avance à justifier (plutôt qu'une allocation imposable) si vous convenez avec votre employeur, au début de l'année, que vous recevrez un certain montant raisonnable pour chaque kilomètre parcouru pour votre emploi et qu'à la fin de l'année, aux fins du règlement, vous établissez avec votre employeur l'écart entre les kilomètres réellement parcourus pour votre emploi et le montant reçu.

Pour 2012, l'ARC et Revenu Québec considèrent comme « raisonnable » une allocation de 0,52 $/km pour la première tranche de 5 000 kilomètres et de 0,46 $ pour chaque kilomètre additionnel parcouru (0,04 $ de plus dans le territoire du Yukon et dans les Territoires du Nord-Ouest). Dans certains cas, il se pourrait que vous puissiez établir qu'un montant supérieur est néanmoins « raisonnable ».

Si vous recevez de votre employeur une allocation qui constitue une combinaison d'un montant uniforme et d'une allocation raisonnable par kilomètre pour la même utilisation de la voiture, l'allocation combinée totale est imposable à titre d'avantage social.

12.2.4 Retour d'un véhicule fourni par l'employeur à votre domicile le soir

Comme il a été indiqué, un déplacement effectué dans un véhicule à moteur fourni par l'employeur entre le domicile et le lieu de travail est généralement considéré comme un usage personnel du véhicule. Cependant, dans des cas particuliers, votre employeur pourrait exiger que vous rameniez le véhicule le soir à votre domicile si, par exemple, vous devez vous rendre disponible afin de répondre à des urgences ou s'il existe des préoccupations quant à la sécurité des outils et de l'équipement s'ils étaient laissés sur un chantier ou sur les lieux de votre employeur le soir.

Bien que le déplacement effectué entre le lieu de travail et le domicile soit toujours considéré comme un avantage imposable dans ces situations, l'avantage est réduit pour les véhicules fournis par l'employeur (exception faite des automobiles standard) qui sont conçus ou aménagés particulièrement aux fins de l'entreprise ou du métier de l'employeur et qui sont essentiels à l'exercice des fonctions de l'employé. Peuvent être mentionnés parmi les exemples les taxis, les ambulances, les corbillards ainsi que les camions et les fourgonnettes adaptés pour le transport ou le rangement d'outils, de matériel ou de biens.

Dans le cas de ces véhicules, l'avantage est réduit au taux de l'avantage de fonctionnement qui est de 0,26 $ le kilomètre pour 2012, à la condition que le véhicule n'ait pas été utilisé pour tout autre usage personnel que le transport entre le domicile et le lieu de travail et que l'employeur ait des motifs d'affaires réels pour exiger de l'employé qu'il ramène le véhicule à moteur à son domicile le soir.

L'utilisation de ces véhicules est considérée comme étant à des fins d'affaires si l'employé se rend directement de son domicile au lieu de destination (c.-à-d. le lieu de l'urgence) ou retourne à son domicile à partir du lieu de destination.

12.3 Utilisation de votre propre automobile à des fins d'affaires

12.3.1 Déduction des frais d'automobile pour les employés

Si vous devez, en vertu de vos conditions d'emploi, utiliser votre propre automobile et que vous ne recevez pas une allocation raisonnable (non imposable) fondée sur le nombre de kilomètres que vous parcourez dans l'exercice des fonctions de votre emploi (voir 12.2.3), vous pouvez déduire de votre revenu d'emploi une fraction de vos frais d'automobile. (Votre employeur doit attester que vous étiez tenu d'utiliser votre propre automobile pour votre travail par le biais du formulaire fédéral T2200, que vous devez garder pour vos registres, et du formulaire TP-64.3 pour le Québec, que vous devez joindre à votre déclaration de revenus du Québec.)

Vous pouvez déduire les frais de fonctionnement tels que le coût du carburant, les frais de réparation et les frais de lavage de votre automobile, dans la mesure où ils se rapportent à votre emploi. Tel qu'il a été mentionné à la section 12.1, vous devez tenir un registre détaillé du kilométrage parcouru, de telle façon que vous puissiez faire la distinction entre l'usage de l'automobile aux fins de votre emploi et son usage à des fins personnelles.

Vous pouvez également inscrire une déduction pour amortissement ou déduire vos paiements de location mensuels en fonction de la fraction de l'usage que vous faites de l'automobile aux fins de votre emploi. Le taux admissible de la DPA est de 15 % pour l'année d'acquisition de l'automobile, puis, chaque année subséquente, de 30 % du solde non amorti. Cependant, aux fins de cette déduction, le coût de l'automobile est assujetti à un plafond, comme il est indiqué dans le tableau ci-après :

Année d'achat de l'automobile	Limite
1998-1999	26 000 $*
2000	27 000 $*
2001-2012	30 000 $*

* Plus la TPS/TVH et la TVP sur ce montant

Exemple

En juillet 2012, Michèle achète, en Ontario, une automobile neuve de 35 000 $ (plus la TVH de 13 %). Au cours de l'année, elle doit parcourir 10 000 kilomètres aux fins de son emploi. Elle parcourt également 10 000 kilomètres à des fins personnelles.

Étant donné que la moitié de la distance parcourue est liée à son travail, Michèle peut réclamer la moitié de la déduction pour amortissement qui est normalement allouée dans le cas d'une automobile. Bien que Michèle ait payé son automobile 35 000 $, le plafond, aux fins fiscales, est de 30 000 $, plus la TVH de 3 900 $ (total de 33 900 $). Pour l'année d'acquisition, le maximum de la déduction pour amortissement est de 15 % de 33 900 $, soit 5 085 $. Michèle peut donc demander la moitié de ce montant, soit 2 543 $, comme déduction de son revenu d'emploi pour 2012.

De plus, étant donné qu'elle utilise en partie son automobile dans le cadre de son travail, Michèle, en 2012, peut demander à l'ARC un remboursement de TVH correspondant à 13/113 de la déduction pour amortissement allouée pour son automobile (voir 12.3.2).

Vous pouvez également déduire l'intérêt sur tout emprunt contracté en vue de l'achat de l'automobile (y compris le financement de l'achat lui-même, aux termes duquel vous effectuez des versements mensuels mixtes de capital et d'intérêt). L'intérêt mensuel est plafonné à 300 $ pour les voitures achetées entre 2001 et 2012.

Exemple

Jean-François a acheté une voiture neuve de 60 000 $ en janvier 2012, et il rembourse son prêt-auto à raison de 1 100 $ par mois. Il a fait un versement initial de 5 000 $, et le prêt porte intérêt au taux de 7 %. La moitié de ses déplacements se rapporte à son emploi.

Les calculs montrent que Jean-François verse 320 $ d'intérêt le premier mois, et un peu moins les mois suivants. Aux fins fiscales, ses frais d'intérêt se limiteront à 3 600 $ pour l'année, ou 300 $ par mois. Jean-François peut déduire la moitié de ce montant, soit 1 800 $, proportion qui correspond à l'utilisation de son automobile aux fins de son emploi.

Si vous louez l'automobile, la déduction à laquelle vous avez droit relativement aux frais de location est limitée à un montant qui correspond au plafond prévu dans le cas de l'achat d'une automobile :

Année de signature du contrat de location	Limite
1998-1999	650 $*
2000	700 $*
2001-2012	800 $*

* Plus la TPS/TVH et la TVP sur ce montant

Le montant maximum de frais de location mensuels que vous pouvez déduire est le moindre de la limite de location maximum indiquée ci-dessus et d'un montant déterminé au moyen d'une formule complexe qui tient compte de vos frais de location et des paiements cumulatifs, du prix courant suggéré par le fabricant, de la limite d'achat prescrite aux fins de la DPA et des dépôts remboursables.

Si vous louez la voiture et que vous faites un paiement forfaitaire initial, l'ARC considérera habituellement que le montant fait partie de vos frais normaux de location pour l'année du paiement, et votre déduction pourrait être restreinte par la limite appliquée à la déduction pour location. Toutefois, le montant entier du paiement forfaitaire pourrait être déductible si la somme

- du montant du paiement forfaitaire divisé par le nombre de mois couvrant la durée du contrat de location, et
- de votre paiement mensuel de location

n'excède pas votre limite maximale mensuelle de déduction.

Si votre employeur vous rembourse les frais d'utilisation de votre automobile aux fins de votre emploi, les remboursements ne sont pas imposés. Bien entendu, si vos dépenses sont remboursées, vous ne pouvez pas les déduire.

Le fait que vous utilisiez l'automobile pour vous rendre à votre travail et en revenir constitue un usage à des fins personnelles, et non un usage pour affaires. Cependant, si vous vous rendez directement de la maison à un rendez-vous d'affaires (chez un client ou un fournisseur, par exemple), cela constitue un usage pour affaires. Vous pouvez maximiser l'utilisation aux fins de votre emploi en faisant tous vos déplacements pour affaires en début ou en fin de journée, avant de vous rendre au travail ou après avoir quitté votre bureau. Ainsi, la distance parcourue de votre résidence à votre lieu de travail pourra être considérée comme un usage à des fins d'affaires.

12.3.2   Remboursement de la TPS/TVH pour les employés

Demandez un remboursement de la TPS/TVH payée sur les dépenses déductibles de votre revenu d'emploi.

Lorsque vous pouvez déduire des dépenses de votre revenu d'emploi, vous pouvez également, en général, demander un remboursement de la TPS ou de la TVH payée sur ces dépenses (voir 10.9). Si vous déduisez des frais d'automobile de votre revenu d'emploi, vous pourriez avoir droit à un remboursement de la TPS ou de la TVH, comme l'exemple qui suit l'illustre.

Exemple

Pour reprendre le premier exemple de la section 12.3.1, Michèle doit, au cours d'une année, parcourir 10 000 kilomètres en voiture dans le cadre de son emploi. Elle parcourt également 10 000 kilomètres durant l'année pour son usage personnel. Au cours de l'année, les frais de fonctionnement de sa voiture, l'essence et les réparations totalisent 2 260 $ (y compris la TVH à un taux de 13 %), et son employeur ne lui verse aucune indemnité pour ces dépenses. Toutes les dépenses ont été payées en Ontario.

Comme la moitié des frais d'automobile engagés par Michèle sont liés à son emploi, elle peut réclamer 1 130 $ au titre d'une déduction de son revenu d'emploi. De plus, cette somme comprend un montant de 130 $ de TVH payé sur l'essence et les réparations, à l'égard duquel Michèle peut demander un remboursement en remplissant un formulaire qu'elle produira en même temps que sa déclaration de revenus. Le remboursement de 130 $ est toutefois imposable dans l'année au cours de laquelle il est reçu.

De plus, étant donné qu'elle utilise en partie son automobile dans le cadre de son travail, en 2012, Michèle peut demander à l'ARC un remboursement de TVH correspondant à 13/113 de la déduction pour amortissement allouée pour son automobile; Michèle peut donc réclamer un remboursement équivalant à 13/113 de 2 543 $ ou une remise de 293 $. Ce montant de 293 $ est déduit de la fraction non amortie du coût en capital de l'automobile au début de 2013.

Dans l'exemple qui précède, nous supposons que l'employeur de Michèle est inscrit aux fins de la TPS et n'est pas une institution financière. Si son employeur était une institution financière ou n'était pas inscrit aux fins de la TPS, elle ne serait pas admissible au remboursement de TPS/TVH accordé à l'employé.

Nous avons également supposé que Michèle n'avait pas reçu de son employeur une allocation pour les kilomètres qu'elle avait parcourus. Si tel avait été le cas, elle n'aurait eu droit à aucun remboursement de TPS/TVH au titre des frais engagés pour son automobile, à moins que l'employeur n'ait attesté sur le formulaire GST 370 que l'allocation était « déraisonnable » et à condition qu'il ne réclame pas le crédit pour TPS/TVH sur les intrants à l'égard de son allocation. Cependant, dans le cas peu probable où l'employeur de Michèle aurait attesté que l'allocation par kilomètre *était* déraisonnable, le montant aurait été inclus dans son revenu et son employeur aurait dû effectuer des retenues d'impôt et d'autres déductions à la source sur ce montant.

Il importe toutefois de souligner que ce remboursement est offert uniquement si la TPS/TVH a été payée au moment de l'achat en question. Michèle ne peut recevoir de remboursement de TPS/TVH pour la portion de la déduction relative à son assurance-automobile, car celle-ci n'est pas assujettie à la TPS/TVH. De même, aucun remboursement de TPS/TVH ne sera versé à l'égard de l'essence achetée aux États-Unis, étant donné qu'aucun montant de TPS/TVH n'est compris dans le prix de l'essence sur le territoire américain.

En dernier lieu, prenez note que le remboursement au taux de 13/113 n'est utilisé que dans les provinces qui imposent la TVH au taux de 13 % (soit l'Ontario, le Nouveau-Brunswick et Terre-Neuve-et-Labrador). Si Michèle avait engagé ces frais dans une province qui applique uniquement la TPS au taux de 5 % ou en Nouvelle-Écosse (TVH de 15 %) ou en Colombie-Britannique (TVH de 12 % jusqu'au 1er avril 2013), elle aurait généralement été admissible à recevoir un remboursement calculé en conséquence (c'est-à-dire un remboursement au taux de 5/105, 15/115 ou 12/112 du prix comprenant la TPS/TVH). (Des remboursements de TPS ou de TVH sont également disponibles pour les membres de sociétés de personnes – voir 11.3.7.) Le 1er avril 2013, la TPS et la TVP seront rétablies en Colombie-Britannique (voir 11.2.5).

12.3.3 Déduction des frais d'automobile pour les travailleurs autonomes

En règle générale, si vous êtes un travailleur autonome, vous pouvez déduire la fraction des frais d'automobile reliée à l'usage à des fins d'affaires de votre véhicule, usage normalement calculé en fonction du nombre de kilomètres parcourus.

Si la moitié de la distance parcourue représente l'usage que vous en faites à des fins d'affaires (à l'exclusion de l'aller-retour entre votre entreprise et votre résidence) et l'autre moitié, votre usage personnel du véhicule, vous pouvez déduire pour une année donnée la moitié des frais engagés pour cette voiture. Les frais comprennent le carburant, les lavages d'auto, les réparations, l'assurance, l'intérêt sur le financement du véhicule, les frais de location si la voiture est louée et la déduction pour amortissement si elle vous appartient.

Cependant, il existe des plafonds à l'égard du coût du véhicule donnant lieu à une DPA. En effet, vos déductions au titre de la DPA et des frais de location seront calculées suivant un coût maximal :

Année d'achat de la voiture	Plafond du coût d'achat	Plafond du coût de location
1998-1999	26 000 $*	650 $*
2000	27 000 $*	700 $*
2001-2012	30 000 $*	800 $*

* Plus la TPS/TVH et la TVP sur ce montant (dans la mesure où elles ne peuvent être recouvrées)

Si vous avez contracté un emprunt pour l'achat d'une voiture, vos frais d'intérêt mensuels avant le calcul de la fraction de l'usage à des fins d'affaires ne pourront excéder 300 $ pour les voitures achetées entre 2001 et 2012 inclusivement.

L'ARC considère que les paiements de résiliation d'un contrat de location sont des paiements de location normaux pour l'année où ils sont versés; ainsi, le montant que vous pouvez déduire est également assujetti à votre limite fixée pour la location pour l'année. Toutefois, à votre demande, l'ARC effectuera le rajustement sur la durée du contrat de location (plutôt que pour l'année de la vente), dans la mesure où aucune des années devant faire l'objet du rajustement n'est frappée de prescription.

Le plafond de 30 000 $ fixé pour l'achat s'applique également aux fins du calcul des crédits de taxe sur intrants au titre de la TPS/TVH (voir 11.2.4) et des remboursements de la TVQ.

Veuillez vous reporter aux conseils de planification donnés pour les employés à la section 12.3.1. Les mêmes considérations s'appliquent à l'utilisation de votre automobile à des fins d'affaires.

12.4 Documents de référence

Vous pouvez obtenir un exemplaire des publications techniques suivantes en téléphonant ou en vous présentant à votre bureau des services fiscaux de l'ARC. Les guides, formulaires et bulletins d'interprétation sont également disponibles sur le site Internet de l'ARC à l'adresse *www.cra-arc.gc.ca.*

Bulletin d'interprétation IT-63R5, « Avantages, y compris les frais pour droit d'usage d'une automobile, qui découlent de l'usage à des fins personnelles d'un véhicule à moteur fourni par l'employeur après 1992 »

Bulletin d'interprétation IT-521R, « Frais de véhicule à moteur déduits par des travailleurs indépendants »

Bulletin d'interprétation IT-522R, « Frais afférents à un véhicule à moteur, frais de déplacement et frais de vendeurs engagés ou effectués par les employés »

C H A P I T R E 13

Si vous déménagez

- Si vous prévoyez un déménagement, tentez de répondre aux critères permettant de déduire les frais qui en découlent (13.1.1)

- Tentez d'éviter, dans la mesure du possible, que les frais de déménagement payés par votre employeur soient considérés comme un avantage imposable (13.1.3)

- Avant de déménager au Canada, envisagez de constituer une fiducie étrangère qui détiendrait vos placements non canadiens (13.2)

- Prenez des mesures pour cesser d'être résident du Canada si vous déménagez à l'étranger (13.3.1)

- Prenez garde à l'impôt de départ canadien qui s'applique au moment de l'émigration (13.3.2)

- Obtenez un certificat de conformité de l'ARC si vous vendez votre résidence au Canada après avoir émigré (13.3.5)

- Si vous désirez liquider votre REER, attendez de ne plus être résident (13.3.6)

- Remboursez les prélèvements faits en vertu du Régime d'accession à la propriété et du Régime d'encouragement à l'éducation permanente dans les 60 jours suivant la date où vous devenez un non-résident (13.3.6)

La déduction des frais de déménagement est souvent oubliée. Selon les circonstances, bon nombre de vos dépenses peuvent être déductibles d'impôt si vous déménagez au sein du Canada pour commencer un nouvel emploi, mettre sur pied une entreprise ou suivre des cours dans un établissement d'enseignement. Si vous immigrez au Canada ou en émigrez, vous devrez tenir compte des nombreuses règles fiscales en la matière avant et après votre déménagement. Dans le présent chapitre, nous abordons le traitement fiscal des frais de déménagement et d'autres règles fiscales s'appliquant au déménagement, y compris certaines occasions de planification qui vous aideront à planifier votre déménagement de la façon la plus avantageuse possible sur le plan fiscal.

13.1 Déménager au sein du Canada

13.1.1 Frais d'un déménagement lié au travail

Lorsque vous changez de lieu de travail ou commencez à exploiter une entreprise et que vous déménagez dans une résidence qui, par rapport à l'ancienne, vous rapproche d'au moins 40 kilomètres de votre nouveau lieu de travail, vous pouvez déduire des montants substantiels aux fins fiscales. La distance de 40 kilomètres est calculée en fonction de l'itinéraire normal le plus court, notamment les routes, ponts et traversiers empruntés, plutôt qu'« à vol d'oiseau ».

Les frais que vous engagez lorsque vous déménagez d'un pays étranger pour venir vous installer au Canada, ou lorsque vous déménagez du Canada pour aller vous installer dans un autre pays, ne sont pas déductibles aux fins de l'impôt canadien, sauf pour les étudiants qui bénéficient d'une bourse d'études ou d'une subvention (voir 13.1.2) ou pour les résidents réputés du Canada. (Si votre employeur rembourse vos frais de déménagement au Canada ou à l'extérieur du Canada, ce remboursement n'est pas imposable, à condition que les frais remboursés figurent dans la liste des frais de déménagement qui se trouve à la section 13.1.3.)

Dans la mesure où ils ne vous sont pas remboursés par votre employeur, vous pouvez déduire les frais suivants si vous déménagez au Canada :

- les frais raisonnables de déplacement, y compris les frais de repas et de logement pour vous-même et les membres de votre famille, lors du déménagement à votre nouvelle résidence;
- les frais de transport et d'entreposage de vos meubles;
- les frais de repas et de logement que vous engagez près de votre ancienne résidence ou de votre nouvelle résidence;
- les frais de résiliation d'un bail;
- les frais de modification de documents juridiques qui sont exigés pour l'inscription d'une nouvelle adresse, le remplacement d'un permis de conduire et le branchement ou le débranchement de services publics;
- les frais de vente de l'ancienne résidence, y compris les commissions des courtiers en immeubles;
- lorsque vous vendez votre ancienne résidence, les frais de notaire ainsi que les droits de mutation relatifs à l'achat d'une nouvelle résidence (sauf la TPS/TVH et la TVQ);
- les frais d'intérêts hypothécaires, les impôts fonciers, les primes d'assurance et les frais de services publics de l'ancienne résidence (pourvu que celle-ci ne soit pas habitée), jusqu'à concurrence des coûts réels engagés durant une période au cours de laquelle des efforts raisonnables ont été effectués pour vendre la maison ou 5 000 $, selon le moins élevé de ces deux montants.

À elles seules, les commissions des courtiers en immeubles peuvent s'élever à plusieurs milliers de dollars.

Si vous prévoyez un déménagement, tentez de répondre aux critères permettant de déduire les frais qui en découlent.

Ainsi, lorsque vous envisagez de déménager, assurez-vous, dans la mesure du possible, que ce déménagement coïncide avec un changement de lieu d'emploi ou d'exploitation d'une entreprise et qu'il réponde au critère de la distance de 40 kilomètres.

Plutôt que de fournir les reçus détaillés des frais de repas et d'utilisation d'un véhicule engagés dans le cadre de votre déménagement, vous pouvez avoir recours à une méthode simplifiée pour déterminer ces frais. Vous pouvez également adopter cette solution pour calculer vos frais d'utilisation d'un véhicule si vous vous êtes servi de votre propre véhicule pour transporter vos meubles de votre ancienne résidence à votre nouvelle résidence. Si vous optez pour la méthode simplifiée, vous n'avez pas à soumettre de reçus.

En ce qui a trait aux repas, la méthode simplifiée vous permet de réclamer un taux fixe de 17 $ par repas, jusqu'à concurrence de 51 $ par jour (taux au moment de la rédaction).

Pour ce qui est des frais d'utilisation d'un véhicule, vous devez tenir un registre du nombre de kilomètres parcourus tout au long de votre déménagement. Le montant que vous pouvez réclamer au titre des frais d'utilisation d'un véhicule est obtenu en multipliant le nombre de kilomètres parcourus au cours du déménagement par un taux fixe par kilomètre qui varie de 47,5 ¢ à 63,5 ¢ (taux au moment de mettre sous presse), selon la province ou le territoire où votre déplacement a commencé.

Vous pouvez obtenir les taux courants par repas et par kilomètre en téléphonant au Système électronique de renseignements par téléphone de l'ARC au 1-800-267-6999 ou en consultant le site Web de l'ARC à l'adresse *www.cra-arc.gc.ca/travelcosts/*.

13.1.2   Frais de déménagement engagés par les étudiants

Si vous êtes un étudiant et que vous déménagez pour occuper un emploi (y compris un emploi d'été) ou pour lancer une entreprise, vous pouvez aussi déduire des frais de déménagement. Si vous déménagez pour suivre des cours à temps plein dans un établissement d'enseignement postsecondaire (au Canada ou ailleurs), vous pouvez aussi déduire vos frais de déménagement, mais seulement jusqu'à concurrence de votre revenu de bourses d'études ou de subventions à la recherche.

13.1.3   Indemnités de déménagement et remboursements payés par l'employeur

Si votre employeur rembourse vos frais de déménagement, les paiements qu'il vous verse pourraient, selon la façon dont ils sont structurés, être considérés comme un avantage imposable. De façon générale, si votre employeur vous verse une indemnité au titre des frais de mutation que vous avez engagés sans vous demander d'en justifier l'usage, l'ARC considérera cette indemnité comme un avantage imposable, mais vous pourriez être en mesure de déduire vos frais admissibles réels (dont la liste figure à la section 13.1.1) si vous déménagez au Canada. Si votre employeur vous rembourse des frais que vous justifiez ou qu'il vous accorde une avance dont vous devez par la suite justifier l'utilisation, ces paiements ne sont habituellement pas considérés comme un avantage imposable. Votre employeur peut vous rembourser certains frais de déménagement que vous et votre famille avez engagés, dont les suivants, sans que les paiements soient considérés comme un avantage imposable :

- le coût des déplacements effectués pour la recherche d'un logement au nouveau lieu, y compris les frais de garde d'enfants ou d'animaux de compagnie engagés pendant votre absence;
- les frais de déplacement, y compris les dépenses pour repas et logement, que vous et les membres de votre maisonnée engagez pendant le déménagement de l'ancienne résidence à la nouvelle résidence;
- les frais de transport et d'entreposage de vos meubles et autres biens personnels, tels que les autos et bateaux, engagés pendant le déménagement de l'ancienne résidence à la nouvelle résidence;
- les frais de modification de documents juridiques qui sont exigés pour l'inscription d'une nouvelle adresse, le remplacement d'un permis de conduire et le branchement ou le débranchement de services publics;
- les frais relatifs à la vente de l'ancienne résidence (publicité, frais juridiques, commissions de courtage et remboursement anticipé de l'hypothèque ou frais de quittance);
- lorsque l'ancienne résidence a été vendue, les frais juridiques liés à l'achat de la nouvelle résidence et tout droit de mutation sur le transfert ou l'enregistrement du droit de propriété de la nouvelle résidence;
- les intérêts hypothécaires, les impôts fonciers, les primes d'assurance et les coûts liés aux services publics de l'ancienne résidence (pourvu que celle-ci ne soit pas habitée), jusqu'à concurrence des coûts réels engagés durant une période au cours de laquelle des efforts raisonnables ont été effectués pour vendre la maison ou 5 000 $, selon le moindre de ces deux montants.

Votre employeur peut vous verser jusqu'à concurrence de 650 $ à titre d'indemnité de déménagement générale dont l'utilisation exacte n'a pas à être justifiée sans que celle-ci soit considérée comme un avantage imposable, dans la mesure où vous certifiez par écrit que vous avez utilisé cette indemnité pour payer vos frais de déménagement. Tout montant de plus de 650 $ versé à titre d'indemnité non soumise à une justification au titre des frais de déménagement est considéré comme un avantage imposable, et vous pourriez être en mesure de déduire vos frais de déménagement réels.

Dans la mesure du possible, tentez d'éviter l'avantage imposable en prenant une entente avec votre employeur pour qu'il vous rembourse vos frais de déménagement ou qu'il vous paye une avance soumise à une justification ou une indemnité de déménagement non soumise à une justification qui n'excède pas 650 $, plutôt qu'une indemnité non soumise à une justification excédant 650 $.

> Tentez d'éviter, dans la mesure du possible, que les frais de déménagement payés par votre employeur soient considérés comme un avantage imposable.

Les indemnités de déménagement sont traitées différemment aux fins de l'impôt du Québec. Si vous êtes muté par votre employeur et recevez une indemnité de déménagement, celle-ci est exempte d'impôt au Québec jusqu'à concurrence d'un montant équivalent à deux semaines de salaire (fondé sur votre nouveau salaire après la mutation).

Si vous êtes muté et que votre employeur vous consent un prêt pour l'achat d'une maison, vous avez droit à une déduction spéciale pour les intérêts implicites sur l'emprunt – voir 10.3.

13.1.4 Autres indemnités de mutation

Votre employeur peut vous verser certains types de paiement de mutation pour vous aider à acquitter les frais de financement plus élevés à l'égard de votre nouvelle résidence. La plupart des paiements directs et indirects de soutien financier sont considérés comme des avantages imposables. Ces paiements incluent notamment :

- *Les indemnités pour intérêts hypothécaires* versées par votre employeur en vue de vous dédommager si le taux d'intérêt de la nouvelle hypothèque est plus élevé que celui de l'ancienne.
- *Le versement de subventions hypothécaires* en vue de compenser les versements d'intérêts hypothécaires plus élevés en raison de l'augmentation de la dette hypothécaire découlant du prix plus élevé des résidences dans le nouveau lieu, pour des résidences de taille similaire à celle de l'ancienne résidence.
- *La moitié de la tranche supérieure* aux 15 000 $ qui sont versés pour compenser la perte subie à l'égard d'une ancienne résidence, calculée comme étant l'écart entre le coût de la maison pour l'employé et le prix de vente, ou l'écart entre le prix de vente de la maison et sa juste valeur marchande, selon les calculs d'un évaluateur indépendant.

- *Les paiements de péréquation fiscale et les indemnités pour augmentation du coût de la vie* qui sont versés pour compenser les impôts et le coût de la vie plus élevés dans le nouveau lieu.

13.2 Déménagement au Canada

Lorsque vous immigrez au Canada, vous êtes réputé avoir acquis la plupart de vos biens à leur juste valeur marchande, à la date d'immigration (exclusion faite des biens immeubles canadiens, des régimes de retraite, des options d'achat d'actions et de certains autres biens). Cela signifie que vous ne serez imposable, au Canada, que sur les gains en capital qui s'accumuleront alors que vous serez résident du Canada.

Si vous déménagez au Canada pour vous y établir de façon permanente pour la première fois, ou si vous venez au Canada pour occuper un poste temporaire pour une période de plus de trois ans, vous pouvez apporter vos effets personnels et mobiliers en franchise de droits et d'impôt dans la mesure où ils vous appartenaient et que vous les utilisiez avant d'arriver au Canada (les biens loués sont assujettis aux droits ordinaires). Toutefois, si vous vendez ou donnez les biens au cours de la première année, les droits et impôts s'appliqueront.

Avant de déménager au Canada, envisagez de constituer une fiducie étrangère qui détiendrait vos placements non canadiens.

Si vous détenez d'importants placements ailleurs qu'au Canada, cela pourrait valoir la peine de constituer une fiducie étrangère avant de devenir résident du Canada. Une fiducie étrangère peut être exonérée d'impôt au Canada durant une période pouvant aller jusqu'à cinq ans après que vous serez devenu résident. (Voir la section 7.4 pour une analyse de certaines règles canadiennes spéciales concernant les placements dans des biens à l'extérieur du Canada.)

Si vous déménagez au Canada, vous devriez obtenir l'avis de professionnels au sujet des stratégies permettant de réduire au minimum votre fardeau fiscal. Certaines mesures doivent être prises avant que vous n'arriviez au Canada.

13.3 Émigration du Canada

13.3.1 Cesser d'être résident canadien

En général, le Canada impose les revenus de source mondiale de ses résidents, alors que les non-résidents ne sont imposés que sur les revenus de source canadienne. Le fait que vous soyez considéré comme un résident canadien peut donc faire une grande différence quant à votre charge fiscale éventuelle après que vous aurez émigré.

Si vous déménagez dans un autre pays, vous pourriez continuer d'être considéré comme un résident canadien aux fins de l'impôt si vous conservez certains liens avec le Canada, comme le maintien d'une résidence, d'un abonnement à des clubs, de cartes de crédit ou de régimes médicaux, ou si votre conjoint ou des personnes à votre charge demeurent au Canada. Si vous déménagez dans un autre pays de façon permanente ou pour une longue période, envisagez de prendre des mesures pour cesser d'être résident canadien.

La *Loi de l'impôt sur le revenu* ne contient aucune règle pour établir la résidence. L'ARC évalue chaque situation selon les circonstances qui lui sont propres. En général, vous serez considéré comme un non-résident du Canada si votre séjour à l'étranger revêt un aspect permanent, si vous coupez vos liens résidentiels avec le Canada et constituez d'autres liens ailleurs, si vous êtes considéré comme un résident d'un autre pays et si les visites que vous faites au Canada après votre départ sont de nature occasionnelle et sporadique.

Prenez des mesures pour cesser d'être résident du Canada si vous déménagez à l'étranger.

À compter du moment de votre départ, la durée de vos séjours au Canada devrait être de beaucoup inférieure à 183 jours par année. Les journées incomplètes passées physiquement au Canada comptent pour des journées entières.

Les autres démarches qui fourniront la preuve que vous avez cessé d'être résident canadien comprennent entre autres les suivantes :

- vendre votre résidence au Canada ou la louer à une personne avec laquelle vous n'avez aucun lien de dépendance, aux termes d'un bail de longue durée;
- vendre vos biens personnels tels que le mobilier ou l'automobile ou les apporter avec vous dans votre nouveau pays;
- annuler ou interrompre vos abonnements à des clubs;
- annuler votre permis de conduire et votre plaque d'immatriculation au Canada (vous voudrez peut-être attendre d'obtenir votre permis de conduire dans le nouveau pays avant d'annuler votre permis canadien);
- fermer vos comptes bancaires canadiens ou les faire identifier comme appartenant à un non-résident;
- annuler les cartes de crédit délivrées au Canada et les faire produire dans votre nouveau pays;
- changer votre adresse postale pour toute votre correspondance;
- annuler vos régimes médicaux canadiens et en établir de nouveaux dans l'autre pays;
- situer votre principal lieu d'affaires à l'extérieur du Canada.

Si vous déménagez dans un pays signataire d'une convention fiscale conclue avec le Canada, cette convention peut servir à résoudre les questions liées à votre résidence lorsque les éléments susmentionnés ne sont pas déterminants.

En tant que non-résident du Canada, vous serez encore assujetti à l'impôt canadien en tout temps au cours d'une année civile si :

- vous avez un emploi ou procurez des services au Canada;
- vous exploitez une entreprise au Canada;
- vous vendez des biens qui ne sont pas assujettis à l'impôt de départ du Canada (voir 13.3.2), tels que des biens immeubles locatifs;
- vous cédez des actions d'une société fermée ou des participations dans certaines sociétés de personnes qui tirent leur valeur de biens immeubles;
- vous recevez un revenu de fiducies canadiennes;
- vous recevez un revenu de dividendes de source canadienne; ou
- vous tirez un revenu de location de biens locatifs situés au Canada.

Une convention fiscale conclue entre le Canada et votre nouveau pays pourrait réduire ou éliminer votre charge fiscale au Canada dans de nombreuses circonstances.

13.3.2 Impôt de départ canadien

Si vous quittez le Canada et que vous devenez un non-résident, vous serez réputé avoir vendu la plupart de vos biens à leur juste valeur marchande et vous aurez à déclarer tout gain en capital qui en résulte. L'éventail des biens réputés avoir été vendus à leur juste valeur marchande au moment de l'émigration comprend tous les biens, à quelques exceptions près, notamment :

- les biens immeubles canadiens;
- les biens que vous possédiez déjà au moment où vous êtes devenu résident du Canada ou dont vous avez hérité pendant que vous étiez au Canada, si vous avez été résident du Canada pour une période n'excédant pas cinq ans au cours des dix dernières années;
- les droits à pension, y compris un REER ou un FERR;
- les biens utilisés dans une entreprise au Canada;
- certaines options d'achat d'actions et d'autres types de rémunération à base d'actions;
- certaines participations dans des fiducies canadiennes;
- les comptes à impôt différé, y compris les REEE, les CELI, les REEI et les RPDB.

Pour ce qui est des autres biens, leur aliénation réputée pourrait entraîner immédiatement une charge fiscale à l'égard du gain en découlant, quoique l'ARC puisse vous autoriser à reporter le paiement de l'impôt sur le gain si vous lui fournissez une garantie acceptable. Il pourrait s'agir d'une lettre de crédit, d'une hypothèque ou d'une garantie bancaire. Vous n'aurez pas à affecter de garantie pour la première tranche de 100 000 $ des gains en capital. L'impôt sera encore exigible à l'égard des gains auxquels vous avez affecté une garantie ou qui sont admissibles à l'exonération de 100 000 $, mais pas avant que les biens soient vendus.

> Prenez garde à l'impôt de départ canadien qui s'applique au moment de l'émigration.

Si vous optez pour la garantie, aucun intérêt ne sera exigé durant la période allant jusqu'à la vente réelle des biens ou jusqu'au décès du propriétaire (selon le premier de ces deux événements). Si la garantie devient par la suite insuffisante (par exemple, si les biens auxquels vous avez affecté une garantie perdent de la valeur), vous disposerez de 90 jours, après avoir été avisé par l'ARC, pour combler la différence.

Si, à tout moment, vous retournez au Canada et possédez encore les biens auxquels vous avez affecté une garantie, vous pouvez vous soustraire à la disposition réputée et la traiter comme si elle n'avait pas eu lieu. Par conséquent, si vous prévoyez retourner au Canada avant de vendre les biens, il pourrait s'avérer avantageux pour vous d'utiliser la garantie réputée sur une tranche de 100 000 $ des gains en capital.

Les gains accumulés pendant que vous êtes un non-résident sur certains biens appelés « biens canadiens imposables » continuent d'être imposables au Canada au moment de leur vente, par exemple, dans le cas d'actions de sociétés privées canadiennes dont au moins 50 % de la valeur provient de biens immeubles, d'avoirs miniers ou d'avoirs forestiers canadiens. Si moins de 50 % de la valeur de ces actions provient de ces types de biens, n'oubliez pas que ces actions pourraient quand même être des biens canadiens imposables, sauf si moins de 50 % de leur valeur provenait de ces types de biens pendant la période de cinq ans ayant immédiatement précédé leur vente.

Les gains accumulés sur certains autres biens pendant que vous êtes un non-résident, par exemple des titres négociables, ne sont pas imposables au Canada, même si vous y retournez; cependant, vous ne pouvez déclarer, aux fins de l'impôt du Canada, de pertes accumulées sur ces biens pendant que vous êtes un non-résident. Lorsque vous retournez au Canada, le prix de base des biens est ajusté afin d'assurer que tout gain réalisé avant votre départ est pris en compte ultérieurement et que toute perte réalisée pendant que vous étiez un non-résident n'est pas disponible en vue de réduire le gain.

Vous devez déclarer tous vos biens assujettis à la disposition réputée sur le formulaire T1243, « Disposition réputée de biens par un émigrant du Canada ».

Si vous êtes un associé actif ou retraité d'une société de services professionnels et si vous quittez le Canada, veuillez vous reporter à la section 16.2.5.

Garantie pour les actions d'une société privée canadienne

Si vous êtes actionnaire d'une société privée canadienne et que vous cessez d'être un résident canadien mais conservez vos actions, l'application des règles pourrait donner lieu à des problèmes d'évaluation et de financement dans le cas où la valeur de vos actions s'est appréciée de façon importante. Par exemple, vous aurez probablement besoin d'une aide professionnelle pour déterminer la juste valeur marchande de vos actions, ce qui donnerait lieu à des frais d'évaluation. Si vous ne faites pas évaluer vos actions, c'est l'ARC qui en déterminera la valeur. Le financement de votre obligation fiscale peut également poser un problème s'il ne vous est pas conseillé ou s'il vous est impossible d'utiliser les facilités bancaires de l'entreprise et que vous ne disposez pas d'autres liquidités pour satisfaire la dette.

Par le passé, l'ARC n'acceptait habituellement pas d'actifs non liquides, tels que les actions de sociétés privées, à titre de garantie pour des obligations fiscales futures. Toutefois, reconnaissant le dilemme auquel de nombreux contribuables devront faire face, les fonctionnaires de l'ARC indiquent qu'ils pourraient accepter ces actions à titre de garantie. Ils agiront comme n'importe quel autre prêteur commercial et s'attendront à ce que les représentations, garanties et engagements habituels répondent de la stabilité de la valeur des actions. Pour satisfaire l'ARC, vous pourriez avoir à changer des ententes de garantie et des conventions d'actionnaires existantes.

13.3.3 Exonération des gains en capital au moment de l'émigration

Une fois que vous serez devenu un non-résident, vous ne pourrez plus vous prévaloir de l'exonération de 750 000 $ pour gains en capital dont il est question à la section 6.3. Par conséquent, si vous n'avez pas entièrement épuisé votre exonération et détenez des biens agricoles ou des biens de pêche admissibles (qui comprennent des biens immeubles canadiens), vous voudrez peut-être prendre des mesures pour « cristalliser » votre gain avant d'émigrer. De cette façon, votre gain sera compensé par l'exonération de 750 000 $, qui ne sera par ailleurs plus disponible une fois que vous aurez émigré, et seule l'augmentation subséquente de la valeur de ces biens par rapport à leur juste valeur marchande actuelle sera imposée au Canada lorsque, en qualité de non-résident, vous en disposerez.

Par ailleurs, si vous réalisez des gains à la disposition réputée de certains biens agricoles ou de pêche admissibles ou d'actions admissibles de petite entreprise, vous voudrez vous assurer d'appliquer tout solde restant de votre exonération de 750 000 $ à ces gains.

13.3.4 Règles concernant les informations à fournir pour les émigrants détenant des biens d'une valeur supérieure à 25 000 $

Si vous émigrez du Canada et que vous possédez des biens d'une valeur totalisant 25 000 $ ou plus, vous êtes tenu de produire un formulaire de renseignements (T1161) énumérant tous vos principaux biens, en même temps que votre déclaration de revenus canadienne pour l'année au cours de laquelle vous émigrez. Vous n'avez pas à tenir compte des biens suivants lorsque vous déterminez si vos biens excèdent le seuil de 25 000 $:

- les liquidités, y compris les dépôts bancaires;
- les REER, les CELI, les REEE, les REEI, les régimes de retraite de sociétés fermées, les FERR, les conventions de retraite (CR), les régimes d'avantages sociaux des employés et les régimes de participation différée aux bénéfices (RPDB);
- les articles destinés à l'usage personnel (tels que les effets mobiliers, les vêtements, les automobiles et les objets de collection), dont la juste valeur marchande est inférieure à 10 000 $;
- les biens que vous possédiez la dernière fois que vous êtes devenu résident du Canada, ou dont vous avez hérité après être devenu résident du Canada la dernière fois, si vous avez été résident du Canada pendant 60 mois ou moins dans les 10 ans précédant votre émigration.

Une pénalité importante est prévue si vous ne produisez pas ce formulaire à temps même si vous n'êtes pas autrement tenu de produire une déclaration de revenus (par exemple, si vous conservez votre maison au Canada et n'avez aucun autre bien).

13.3.5 Si vous vendez ou louez votre résidence au Canada après avoir émigré

Les biens immeubles que vous possédez au Canada ne sont pas assujettis à la règle de vente réputée au moment de l'émigration, dont il est question ci-dessus. Si vous décidez de louer votre propriété, le locataire sera en général tenu de retenir et de payer à l'ARC un impôt de non-résident égal à 25 % de votre revenu de location brut. Si vous engagez des dépenses pour gagner votre revenu de location, vous pouvez produire le formulaire NR6 avant l'échéance de votre premier paiement d'impôt de non-résident, et la retenue d'impôt s'appliquera sur votre revenu de location net. Si vous produisez le formulaire, vous devrez désigner un agent canadien et produire une déclaration de revenus de location au plus tard le 30 juin de chaque année subséquente.

Obtenez un certificat de conformité de l'ARC si vous vendez votre résidence au Canada après avoir émigré.

En général, aucun impôt canadien n'est prélevé sur le gain découlant de la vente d'une résidence principale (voir 6.4.2). Si vous vendez votre ancienne résidence principale après avoir cessé d'être un résident canadien, vous devez aviser l'ARC (et Revenu Québec si la résidence est située au Québec) de l'aliénation et demander un certificat de conformité. Si vous n'obtenez pas ce certificat avant la vente, l'acheteur doit retenir et remettre un quart du produit brut à l'ARC et 12 % à Revenu Québec, s'il y a lieu. Vous devriez produire le formulaire fédéral T2062 (et le formulaire TP-1097 au Québec si la propriété est située au Québec) avant de vendre la propriété ou au plus tard dix jours suivant la vente afin d'obtenir le certificat de conformité.

Si vous vendez votre ancienne résidence principale plus d'un an après l'année de votre départ, seule une partie du gain sera exemptée aux termes de l'exemption pour résidence principale. Comme nous l'avons vu à la section 6.4.2, le calcul de l'exemption pour résidence principale se fonde sur la fraction de un plus le nombre d'années d'imposition se terminant après 1971 pendant lesquelles la propriété était une résidence principale et pendant lesquelles vous étiez un résident canadien sur le nombre total d'années (après 1971) durant lesquelles vous en étiez le propriétaire. Ainsi, pour chaque année additionnelle que vous demeurez propriétaire de votre résidence principale après avoir cessé d'être un résident canadien, le dénominateur s'accroît tandis que le numérateur demeure stable, et la partie du gain qui est exonérée de l'impôt canadien s'amenuise.

Si vous prévoyez louer votre ancienne résidence principale, l'usage de la propriété changera pour passer de personnelle à productrice de revenu. La propriété sera alors assujettie aux règles de changement d'usage et sera réputée vendue à la juste valeur marchande. Tout gain s'accumulant jusqu'à la date du changement d'usage sera imposable, mais les impôts pourraient être réduits ou totalement éliminés par l'exemption pour résidence principale. Les hausses de valeur futures seront imposables à titre de gains en capital, puisque vous ne pouvez plus mettre ces gains à l'abri de l'impôt en réclamant l'exonération pour résidence principale (voir 6.4.2).

Vous pourriez être en mesure de produire un choix pour que les règles de changement d'usage ne s'appliquent pas. Vous ne pourrez toutefois réclamer d'amortissement sur la propriété pendant que le choix est en vigueur. Le choix pourrait se révéler avantageux si vous prévoyez que la valeur de la propriété augmentera de façon importante; en effet, à cause du calcul proportionnel, cela vous permettrait de mettre à l'abri certains des gains en capital consécutifs grâce à l'exemption pour résidence principale.

13.3.6 Si vous avez un REER, un CELI ou un REEE

Comme nous l'avons indiqué à la section 13.3.2, votre REER n'est pas assujetti aux règles de la vente réputée lorsque vous quittez le Canada. Aux fins de l'impôt du Canada, vous pouvez continuer à verser des cotisations déductibles à votre REER tant et aussi longtemps que vous disposez de droits de cotisation. Évidemment, si vos revenus ne sont pas assujettis à l'impôt du Canada, vous ne réaliserez aucune économie d'impôt en versant des cotisations.

Si vous devez liquider votre REER, vous pourriez attendre d'avoir cessé d'être un résident canadien pour le faire. En tant que non-résident, vous serez assujetti à une retenue d'impôt de 25 % sur les produits tirés du régime. De nombreuses conventions fiscales réduisent le taux de retenue d'impôt du Canada si les paiements sont périodiques plutôt que forfaitaires. Si vous liquidez le régime alors que vous êtes un résident canadien, les produits seront imposés à votre taux marginal d'impôt, qui s'élèvera à environ 45 % si vous êtes dans la tranche d'imposition supérieure, selon la province dans laquelle vous vivez.

> Si vous désirez liquider votre REER, attendez de ne plus être résident.

Si vous avez retiré des fonds de votre REER aux termes du Régime d'accession à la propriété (voir 3.3.6) ou du Régime d'encouragement à l'éducation permanente (voir 3.3.7) et que vous devenez un non-résident, vous devriez rembourser le retrait en entier dans les 60 jours suivant la date où vous cessez d'être un résident canadien. Si vous n'effectuez pas le remboursement dans ce délai, le solde impayé sera inclus dans votre revenu sur votre déclaration de revenus du Canada pour l'année de votre départ.

> Remboursez les prélèvements faits en vertu du Régime d'accession à la propriété et du Régime d'encouragement à l'éducation permanente dans les 60 jours suivant la date où vous devenez un non-résident.

Si vous détenez un CELI lorsque vous devenez un non-résident (voir 4.1.4), vous pouvez conserver votre CELI, et votre revenu de placement et vos retraits demeureront exonérés de l'impôt canadien. Cependant, aucun nouveau droit de cotisation ne s'accumulera tant que vous serez un non-résident. Vous devez également examiner les conséquences éventuelles, sur le plan de l'impôt étranger, que pourraient avoir le revenu gagné dans un CELI et les retraits qui y sont effectués.

Si vous détenez un REEE (voir 4.3), sachez que seuls les résidents canadiens peuvent y cotiser. Les cotisations initiales au régime peuvent être versées au bénéficiaire sans incidence fiscale canadienne. Toutefois, si le bénéficiaire n'est pas résident canadien au moment du retrait d'un REEE, toute SCEE versée au régime devra être remboursée au gouvernement fédéral. Le revenu de placement gagné dans le régime peut être versé à un bénéficiaire non résident si celui-ci fréquente un établissement d'enseignement postsecondaire, sauf qu'un impôt de non-résident pourrait être retenu sur les paiements.

13.4 Documents de référence

Vous pouvez obtenir un exemplaire des publications techniques suivantes en téléphonant ou en vous présentant à votre bureau des services fiscaux de l'ARC. Vous pouvez également trouver ces publications, ainsi que les guides et formulaires de l'ARC, sur le site Internet de l'ARC à l'adresse *www.cra-arc.gc.ca.*

Bulletin d'interprétation IT-120R6, « Résidence principale »
Bulletin d'interprétation IT-178R3, « Frais de déménagement »
Bulletin d'interprétation IT-221R3, « Détermination du statut de résident d'un particulier »
Guide T4056, « Les émigrants et l'impôt »
Formulaire T4055, « Nouveaux arrivants au Canada »

Si vous avez votre propre société

- Conservez en tout temps le statut de société exploitant une petite entreprise (14.1)
- Songez à cristalliser votre exonération de 750 000 $ pour gains en capital (14.1)
- Multipliez l'accès à l'exonération pour gains en capital (14.1)
- Reportez un revenu à l'année civile suivante en comptabilisant les gratifications à verser (14.2.2)
- Maximisez le versement de dividendes en capital (14.2.4)
- Envisagez un remboursement de capital exonéré d'impôt (14.2.5)
- Faites les calculs pour déterminer votre combinaison idéale de salaire et de dividendes (14.2.9)
- Évaluez les avantages fiscaux découlant de la création d'une société de portefeuille (14.3)
- Étudiez les avantages éventuels d'une société de personnes composée de sociétés (14.3.1)
- Soupesez les avantages possibles de détenir vos placements par l'intermédiaire d'une société (14.6)
- Faites preuve de prudence lorsque vos placements sont détenus dans une société qui exploite activement une entreprise (14.6)

Dans le présent chapitre, nous proposons un certain nombre de techniques de planification fiscale à la portée des propriétaires exploitants, c'est-à-dire des personnes qui exploitent leur entreprise par le biais d'une société. Nous n'aborderons pas la planification fiscale ayant trait à la société elle-même, sauf pour ce qui est des moyens les plus efficaces vous permettant de toucher les bénéfices. Si vous songez à mettre sur pied une société pour exercer vos activités, veuillez vous reporter à la section 11.5 pour un exposé des avantages et des inconvénients. Les règles fiscales s'appliquant dans ce domaine sont essentiellement les mêmes tant aux fins de l'impôt sur le revenu fédéral qu'aux fins de l'impôt sur le revenu du Québec.

14.1 Régime d'imposition de la société

Une société par actions est une entité juridique distincte et, si vous êtes propriétaire d'une entreprise constituée en société, vous ne pouvez pas tout simplement vous approprier les bénéfices de la société par actions. En votre qualité d'administrateur de la société (même si vous êtes le seul administrateur), vous n'agissez pas au même titre que l'actionnaire que vous êtes de cette société. Juridiquement parlant, votre seul droit, à titre d'actionnaire, est d'élire le conseil d'administration qui décide des mesures précises à prendre au nom de la société.

Pour retirer des fonds d'une société par actions, vous devez suivre l'une des méthodes « appropriées » énoncées à la section 14.2 ci-après. Dans le cas contraire, le régime fiscal vous pénalisera.

Aux fins de l'impôt, la société calcule ses revenus d'entreprise et de placement sensiblement de la même façon que vous. (Voir la section 11.2 pour le calcul du revenu d'entreprise.) Tout comme les particuliers, lorsqu'elle calcule son revenu imposable, la société peut faire certaines déductions (telles que les reports prospectifs de pertes). Le revenu imposable sert à établir l'impôt qu'elle devra payer, tant au niveau fédéral que provincial (dans presque toutes les provinces).

Pour 2012, le taux général d'imposition des sociétés au niveau fédéral est de 15 % pour le revenu tiré d'activités de fabrication et de transformation et le revenu d'une entreprise exploitée activement.

En ce qui a trait aux petites « sociétés privées sous contrôle canadien », pour 2012, le taux fédéral sur la première tranche de 500 000 $ de revenu d'une entreprise exploitée activement est de 11 %. (« Société privée sous contrôle canadien » s'entend d'une société résidant au Canada qui n'est pas contrôlée, de quelque manière que ce soit, par une combinaison de personnes non résidentes ou de sociétés ouvertes.) Le taux général d'imposition des sociétés, qui s'élève à 15 %, s'applique au revenu d'une entreprise exploitée activement qui excède le seuil de 500 000 $. Le revenu de placement d'une société privée sous contrôle canadien est assujetti à 34,7 % (voir 14.6).

Les grandes sociétés ne peuvent pas se prévaloir du taux fédéral d'impôt accordé aux petites entreprises. Elles perdent graduellement l'avantage du taux dès que leur capital et celui de leur groupe associé excèdent 10 millions de dollars.

Le taux général d'impôt provincial des sociétés varie de 10 % à 16 %. Pour 2012, toutes les provinces ont des taux réduits sur la première tranche de 400 000 $ à 500 000 $ de « revenu tiré d'une petite entreprise », selon la province. Le fardeau fiscal combiné fédéral-provincial varie de 11 % à 19 %, environ, du revenu en dessous du seuil fixé pour le revenu tiré d'une petite entreprise. L'excédent est imposé à des taux combinés allant d'environ 25 % à 31 %.

Dans la mesure du possible, assurez-vous que votre société conserve son statut de « société exploitant une petite entreprise » (voir 6.2.3) et que vos actions sont en tout temps des « actions admissibles de petite entreprise » (voir 6.3.1).

> Conservez en tout temps le statut de société exploitant une petite entreprise.

Vous continuerez ainsi de pouvoir déduire les pertes déductibles au titre d'un placement d'entreprise à l'égard de toute perte sur les actions de la société et de vous prévaloir de l'exonération de 750 000 $ pour gains en capital applicable à l'égard de tout gain.

N'oubliez pas, cependant, que vous ne pouvez pas toujours prédire à quel moment, aux fins de l'impôt, la vente des actions sera réputée avoir eu lieu. Au moment du décès de l'un ou l'autre des actionnaires, les actions de cet actionnaire seront réputées avoir été vendues à leur juste valeur marchande, à moins qu'elles ne soient transférées à un conjoint ou à une « fiducie exclusive en faveur du conjoint » (voir 21.5.2).

Une stratégie serait de « cristalliser » votre exonération des gains en capital. « Cristalliser » désigne en fait l'action de provoquer un gain en capital sur vos actions admissibles d'une petite entreprise tout en conservant la propriété de cette entreprise

> Songez à cristalliser votre exonération de 750 000 $ pour gains en capital.

(ou du moins le contrôle de celle-ci). Cela fera que le prix de base rajusté de vos actions sera haussé de façon permanente, et cette hausse supprimera peut-être la nécessité pour votre société de conserver son statut de société exploitant une petite entreprise. Étant donné qu'il existe plusieurs façons de cristalliser l'exonération (par exemple, en vendant des actions à un membre de la famille ou en échangeant des actions existantes contre des actions d'une nouvelle catégorie), il convient de consulter un professionnel à ce sujet.

Afin de protéger vos biens, vous pourriez faire en sorte qu'une fiducie familiale détienne les actions dans la société au lieu que votre conjoint et vos enfants détiennent directement les actions de la société. La fiducie familiale peut être constituée de telle sorte que vous et les membres de votre famille (ou d'autres personnes) soyez les bénéficiaires et que vous soyez fiduciaire (peut-être au côté d'autres fiduciaires). Cette structure vous permet de conserver le contrôle des actions détenues par la fiducie familiale et offre la possibilité de fractionner votre revenu avec les membres de votre famille (voir 21.5).

Si vous prenez des mesures pour que votre conjoint
investisse dans des actions ordinaires de votre
société, vous pouvez effectivement doubler
l'exonération disponible en réclamant 750 000 $
chacun. Les fonds personnels de votre conjoint
doivent être utilisés pour ce placement afin d'éviter l'application des
règles d'attribution dont il a été question à la section 5.2.2. Il se peut
que vous soyez également en mesure de multiplier l'exonération en
transférant des actions à vos enfants adultes. (L'impôt sur le
fractionnement du revenu peut s'appliquer dans le cas d'enfants
mineurs, voir 5.2.4.)

> Multipliez l'accès à l'exonération pour gains en capital.

Au moment du décès, il est possible de doubler l'exonération des gains en
capital disponible en léguant les actions à votre conjoint ou à une fiducie
exclusive en faveur de votre conjoint (voir 22.2.3 et 21.5.2).

14.2 Les façons de retirer des fonds de la société

Puisque d'un point de vue juridique la société est une « personne »
distincte, vous devez suivre l'une des méthodes exposées ci-dessous
pour toucher le revenu de la société.

14.2.1 Les dividendes

Les dividendes représentent les bénéfices qu'une société répartit entre
ses actionnaires. La société ne peut pas déduire les dividendes de son
revenu.

En règle générale, l'imposition des dividendes au Canada est fondée sur
le « principe d'intégration », qui se résume comme suit : si la société
gagne un revenu, paie de l'impôt sur ce revenu et vous remet le reste
sous forme de dividendes, le résultat combiné de l'impôt sur le revenu
de la société et de votre impôt personnel sur les dividendes devrait être
à peu près le même que celui qui aurait été obtenu si vous aviez gagné
le revenu directement.

Afin que le revenu réponde au principe d'intégration, le revenu de
dividendes est majoré. Vous réclamez alors, au fédéral, un crédit
d'impôt compensatoire pour dividendes. Des crédits semblables sont
offerts au palier provincial (voir 7.1.2). Ce système de majoration et de
crédits fait, en théorie, que la société et vous-même devriez payer le
même montant combiné d'impôt que vous auriez eu à payer si vous
aviez gagné le revenu directement.

Il existe deux types de dividendes et ils nécessitent des calculs
différents quant à la majoration et au crédit d'impôt pour dividendes.
Cette différence vise à tenir compte du fait que le revenu de certaines
entreprises exploitées activement puisse être assujetti au taux inférieur
d'imposition des sociétés en raison de la « déduction accordée aux
petites entreprises » et du fait que le revenu d'autres entreprises

exploitées activement puisse être assujetti au taux d'imposition général des sociétés le plus élevé.

Pour ce qui est des sociétés, le revenu cumulatif assujetti au taux d'imposition général des sociétés le plus élevé est indiqué dans le compte de revenu à taux général (« CRTG »). Les dividendes versés à partir du CRTG donnent lieu à un montant moindre d'impôts des particuliers, puisque l'impôt sur le revenu des sociétés à l'égard du revenu sous-jacent a déjà été payé à un taux supérieur. Afin de profiter d'un montant moindre d'impôts des particuliers sur les dividendes versés à partir du CRTG (appelés « dividendes admissibles »), vous auriez intérêt à bien documenter la source du dividende au moment où celui-ci est versé.

Exemple

Pierre détient toutes les actions de Pierre ltée, société privée sous contrôle canadien. L'intégralité du revenu de Pierre ltée est admissible au taux d'imposition des petites entreprises. Le revenu de petite entreprise de Pierre ltée, soit 100 000 $, est imposé à un taux fédéral/provincial combiné de 20 %. Pierre ltée verse à Pierre, sous forme de dividende, un montant de 80 000 $.

Pierre devra « majorer » de un quart le dividende de 80 000 $, soit 20 000 $, et payer de l'impôt sur 100 000 $, montant qui représente, théoriquement, le revenu initial de la société. Pierre aura droit à un crédit d'impôt pour dividendes fédéral/provincial combiné d'environ 20 000 $, ce qui équivaut au montant de l'impôt versé par la société. Par conséquent, Pierre et la société seront conjointement imposés comme si Pierre avait gagné les 100 000 $ à titre de revenu d'emploi.

Le traitement décrit précédemment s'applique aux dividendes payés par les sociétés privées sous contrôle canadien à partir de revenus admissibles au taux d'imposition des petites entreprises. Les dividendes versés par des sociétés ouvertes et par des sociétés privées sous contrôle canadien à partir de revenus assujettis au taux d'imposition général des sociétés le plus élevé sont traités différemment. Pour plus de détails, voir 7.1.2.

Du fait de variations constantes des taux d'imposition fédéraux et provinciaux, l'objectif d'intégration est rarement atteint en entier. Ainsi, les taux réels d'imposition combinés fédéral et provincial des sociétés et des particuliers qui s'appliquent à ce revenu devrait être pris en compte au moment de déterminer le montant du revenu devant être retiré de votre société sous forme de dividendes (voir 14.2.9).

14.2.2 Le salaire

Lorsque la société vous verse un salaire, le montant versé est déductible pour la société et imposable pour vous, à titre de revenu d'emploi. Si la société vous verse la totalité de ses bénéfices sous forme de salaire, vous êtes alors dans la même situation que si vous aviez gagné le revenu directement, sans être propriétaire d'une société.

Bien que votre salaire puisse atteindre un montant fort élevé dans une telle situation, l'ARC a comme politique générale de ne pas le considérer comme une déduction déraisonnable (pour la société) lorsque vous êtes le propriétaire exploitant de la société. Il est habituellement exact de dire que le revenu de la société est le fruit de vos efforts et, par conséquent, qu'un salaire égal à ce revenu est un salaire raisonnable. Bien entendu, vous payez de l'impôt sur le salaire de toute façon.

Reportez un revenu à l'année civile suivante en comptabilisant les gratifications à verser.

Vous pouvez choisir de recevoir un salaire de base, plus une gratification qui vous sera payée après que la société aura calculé son revenu à la fin de l'année. En règle générale, vous êtes imposé sur le revenu d'emploi seulement lorsque vous le recevez, alors que la société peut déclarer et comptabiliser le salaire (ou la gratification) et le déduire dans l'année, même s'il n'est versé qu'après la fin de l'année.

Cependant, tout salaire ou toute gratification déduit par la société doit vous être réellement *versé* au plus tard le 179ᵉ jour suivant la fin de l'année. (L'ARC a pour politique administrative de concéder en réalité 180 jours.) Sinon, le montant n'est déductible par la société que dans l'année au cours de laquelle il est réellement versé.

Si la date de clôture d'exercice de la société est postérieure au début de juillet, la société pourra déclarer une gratification en votre faveur à sa date de clôture, mais attendre jusqu'à 180 jours après pour vous la verser, c'est-à-dire après le 31 décembre. La société pourra ainsi déduire la gratification de son revenu, mais vous ne serez tenu d'inscrire ce revenu dans votre déclaration de revenus personnelle que dans l'année civile suivante.

14.2.3 Versements sur les prêts consentis par des actionnaires

Si vous prêtez des fonds à la société (ou si vous l'avez fait lorsque vous avez constitué l'entreprise), la société peut rembourser toute tranche du prêt sans incidence fiscale. Un tel remboursement ne sera ni déductible pour la société ni imposable pour vous.

Vous pouvez faire en sorte que la société vous verse des intérêts sur votre prêt. L'intérêt versé sera en principe imposable pour vous, à titre de revenu de placement. L'incidence fiscale serait donc à peu près la même que si la société vous avait versé ce montant sous forme de salaire. Cependant, si, en vertu du prêt consenti à la société, celle-ci n'est pas tenue de verser des intérêts ou s'il n'y a pas de contrat de prêt en règle, il n'est pas certain que la société puisse déduire les intérêts, puisqu'elle n'est pas légalement obligée d'en verser. (À l'inverse, si les documents stipulent que l'intérêt doit être versé, vous pourriez être tenu d'inclure l'intérêt dans votre revenu, en vertu de la règle relative aux intérêts courus devant être déclarés chaque année, mentionnée à la section 7.2.1, même durant les années au cours desquelles vous n'en avez pas reçu!)

14.2.4 Dividendes en capital

Nous avons abordé la question des dividendes en capital aux sections 5.3.8 et 7.1.4. Comme nous l'avons mentionné au chapitre 6, seule la moitié des gains en capital est imposée. Lorsqu'une société « privée » (c'est-à-dire non publique) réalise un gain en capital, la tranche qui n'est pas imposée est ajoutée à son « compte de dividendes en capital ». De la même façon, la moitié des pertes en capital vient réduire le compte de dividendes en capital.

Tout montant du compte de dividendes en capital de la société peut être versé à ses actionnaires et être entièrement exonéré d'impôt. Cette mesure permet de sauvegarder l'exemption d'impôt applicable à la fraction appropriée du gain en capital. De cette manière, si la société a réalisé des gains en capital (nets des pertes réalisées), votre premier choix en matière de retrait de fonds de la société devrait être qu'elle vous verse des dividendes en capital.

Maximisez le versement de dividendes en capital.

Exemple

Thomas détient toutes les actions de sa société, Société Thomas inc. En mars 2012, Société Thomas inc. vend des terrains et réalise un gain en capital de 120 000 $, dont la moitié est incluse dans le revenu de Société Thomas inc. et imposée à titre de gain en capital imposable.

Société Thomas inc. peut verser à Thomas un dividende exonéré d'impôt n'excédant pas 60 000 $ (la moitié du gain en capital) en 2012 ou au cours de toute année subséquente, à la condition qu'il choisisse au préalable de verser le dividende sous forme de « dividende en capital » et que Société Thomas inc. ne réalise pas de pertes en capital qui viendraient réduire le compte de dividende en capital. Le dividende en capital sera alors versé à Thomas et sera entièrement exonéré d'impôt. (Bien entendu, comme il s'agit d'un dividende, Société Thomas inc. ne peut pas le déduire.)

Pour que le versement des dividendes puisse constituer une distribution exonérée d'impôt, vous devez produire les formulaires de choix fiscal appropriés et les résolutions des administrateurs auprès de l'ARC avant que le versement des dividendes par la société ne soit déclaré. Si vous n'effectuez pas votre choix fiscal à l'avance, deux types de pénalité pourraient s'appliquer :

- une pénalité de 1 % du montant du dividende en capital, si les formulaires de choix fiscal et les résolutions des administrateurs sont produits en retard;
- une pénalité de 60 % de l'excédent du dividende réel versé sur le solde du compte de dividendes en capital.

Vous pouvez éviter le deuxième type de pénalité en choisissant de traiter le dividende excédentaire en tant que dividende imposable. Compte tenu de ces pénalités applicables, il est recommandé d'obtenir les conseils d'un professionnel avant d'effectuer le versement de dividendes en capital.

Remarquez également que si vous laissez un compte de dividendes en capital s'accumuler à l'intérieur de la société sans verser de dividendes en capital, le compte peut être réduit ou éliminé par des pertes en capital futures. Cependant, une fois que vous aurez versé les dividendes en capital, ils seront à l'abri hors de la société et les pertes en capital subséquentes n'auront aucune incidence sur eux.

14.2.5 Remboursement du capital

Envisagez un
rembousement
de capital
exonéré d'impôt.

Tout montant qui est inférieur au « capital versé » de la société peut être versé aux actionnaires à titre de remboursement de capital, généralement sans incidence fiscale, si ce montant réduit le capital versé.

Le capital versé représente essentiellement l'apport en capital versé à la société en échange de ses actions. Toutefois, aux fins fiscales, le montant peut être rajusté de diverses façons, par suite d'opérations faisant intervenir la société. À ce titre, le capital versé aux fins juridiques peut souvent différer du capital versé aux fins fiscales.

Si la société a été financée initialement au moyen d'un montant de capital substantiel, envisagez de retirer des fonds en réduisant le montant du capital versé de la société. Assurez-vous cependant que la société conserve suffisamment de capitaux pour répondre aux exigences de ses créanciers et de ses banquiers.

La Société ABC a été financée avec 500 000 $, montant que les actionnaires initiaux ont investi lorsqu'ils ont souscrit 1 000 actions ordinaires.

Si les administrateurs de la Société ABC approuvent une réduction du capital versé pour le porter à 200 000 $ et un remboursement simultané de capital de 300 000 $ aux actionnaires, il n'y aura aucune conséquence fiscale défavorable, ni pour la Société ABC, ni pour les actionnaires. Le montant de 300 000 $ est tout simplement retiré en franchise d'impôt. La Société ABC a alors 1 000 actions ordinaires émises dont le capital versé, de même que le prix de base rajusté pour ses actionnaires, est de 200 000 $.

14.2.6 Prêt consenti à un actionnaire

Tous les mécanismes que nous avons vus jusqu'à présent, notamment les dividendes, salaires, remboursements de prêts à un actionnaire, dividendes en capital et remboursements de capital, sont autant de moyens légitimes de retirer les bénéfices ou les fonds de votre société. Nous abordons maintenant les règles conçues en vue de vous empêcher de le faire sans passer par les voies normalement utilisées.

Supposons que la société vous prête simplement ses fonds. Si le prêt n'est pas visé par certaines exceptions, le montant intégral du prêt sera tout simplement inclus dans votre revenu. Il s'agit là d'une pénalité très sévère, car la société ne reçoit aucune déduction pour le montant du prêt et vous ne bénéficiez pas du crédit d'impôt pour dividendes. Les mêmes règles s'appliquent si vous devenez débiteur de la société de quelque autre façon (par exemple, si vous achetez des biens de la société et que vous les payez avec un billet à ordre plutôt qu'au comptant). Toutefois, lorsqu'un prêt a été inclus dans votre revenu et que vous le remboursez par la suite, vous aurez alors droit, aux fins du calcul de votre revenu, à une déduction pour le remboursement.

Afin d'éviter l'application de cette règle, des arrangements concernant le remboursement doivent être conclus de bonne foi au moment où le prêt est accordé, et celui-ci doit être visé par l'une ou l'autre des exceptions suivantes :

- un prêt consenti à un employé (y compris les membres de sa famille) qui détient moins de 10 % des actions d'une catégorie quelconque de la société, lorsque le prêt a été consenti en raison de l'emploi plutôt que de la participation dans la société;

- un prêt consenti à un employé, dans le cas où le prêt a été consenti en raison de l'emploi plutôt que de la participation dans la société, pour l'achat d'une maison, d'actions de l'employeur ou d'une société liée, ou d'une automobile devant être utilisée dans l'exercice de son emploi (veuillez noter que les règles ne précisent pas de seuil pour le pourcentage de la participation détenue dans la société aux fins de la détermination de la raison pour le prêt);
- un prêt remboursé dans un délai de un an suivant la fin de l'année d'imposition de la société au cours de laquelle le prêt a été accordé, et ne faisant pas partie d'une série de prêts et de remboursements.

Si le prêt correspond à l'une des exceptions susmentionnées, mais qu'il est consenti sans intérêt ou à un faible taux d'intérêt, vous serez réputé recevoir de la société un avantage imposable calculé comme étant la différence entre le « taux d'intérêt faible » prescrit par l'ARC (voir 9.3) et le taux que vous versez. Cette règle est exactement la même que celle qui s'applique à l'égard des prêts aux employés et que nous avons examinée à la section 10.3. Comme dans le cas des employés, vous pourriez avoir droit à une déduction compensatoire au titre des frais d'intérêt théoriques (qui influent sur votre droit à l'exonération des gains en capital – voir 6.3.3) si les frais répondent aux exigences des règles portant sur la déductibilité des intérêts.

14.2.7 Dividendes réputés

Certains types d'opérations qui modifient la structure du capital d'une société feront que vous serez réputé avoir reçu un dividende de la société. En règle générale, une telle situation se produit lorsque la société prend des mesures qui autrement vous permettraient de retirer des bénéfices à titre de remboursement de capital.

Par exemple, si la société rachète vos actions, tout montant qu'elle paie en excédent du capital versé sur les actions est réputé être un dividende (et non pas faire partie du produit de disposition aux fins du calcul du gain en capital). Lors du rachat, le remboursement du capital versé est en général libre d'impôt.

14.2.8 Appropriations par les actionnaires

Nous avons couvert tous les moyens « indiqués » permettant de retirer les fonds d'une société. Supposons que vous décidez tout simplement de vous approprier les fonds ou les biens de la société pour les utiliser à des fins personnelles sans tenir compte des formalités légales. Si vous êtes le seul actionnaire, personne ne pourra s'opposer à ce que vous le fassiez.

Dans de telles circonstances, la *Loi de l'impôt sur le revenu* prévoit que tout avantage que la société vous confère doit être inclus dans votre revenu aux fins du calcul de l'impôt. Ainsi, si vous retirez 10 000 $ du compte bancaire de la société sans déclarer un dividende, ce montant sera ajouté à votre revenu (sans que vous puissiez bénéficier du crédit d'impôt pour dividendes).

Puisque le montant de 10 000 $ est imposable à votre nom et que la société n'est pas en mesure de le déduire, il sera donc assujetti à l'impôt tant au niveau de la société que des particuliers. De toute évidence, il est dans votre intérêt de retirer des fonds suivant les modalités appropriées. Dans la section suivante, nous examinerons certains des facteurs qui influeront sur votre décision quant à la combinaison appropriée de salaire, de dividendes et d'autres formes de rémunération pour vous-même.

14.2.9 Calculez votre combinaison de salaire et de dividendes

Le calcul de la combinaison idéale de salaire et de dividendes requiert une analyse attentive qui doit être fondée sur vos besoins de liquidités, le niveau de votre revenu, le niveau du revenu de la société, les charges sociales prélevées sur le salaire, le statut de la société aux fins fiscales et bien d'autres facteurs. Des tables de calcul informatisées et des outils de planification sont disponibles pour vous aider à accomplir cette tâche. En raison de changements importants qui sont survenus ces dernières années quant à l'imposition des dividendes (voir 7.1.2), vous devriez également songer à faire appel aux services d'un professionnel en fiscalité qualifié pour qu'il vous aide dans votre analyse.

> Faites les calculs pour déterminer votre combinaison idéale de salaire et de dividendes.

Auparavant, une bonne stratégie pour une société exploitant une petite entreprise était de verser suffisamment de salaires pour réduire le revenu de la société et le faire passer au niveau du plafond des affaires (à 500 000 $ aux fins de l'impôt fédéral). Cette stratégie permet de maximiser le revenu imposé au taux peu élevé accordé aux petites entreprises, sans que le revenu de la société soit imposé au taux général le plus élevé qui s'applique au revenu excédant le plafond des affaires. Cette stratégie devrait toutefois être remise en question du fait de la réduction du taux d'imposition s'appliquant aux dividendes, dont il est question à la section 7.1.2.

Par ailleurs, vous pourriez vouloir vous verser un salaire suffisant pour vous permettre d'effectuer la cotisation maximale à un REER (voir 3.1.3). La même chose s'applique aux membres de votre famille que vous embauchez à des fins de fractionnement du revenu (voir 5.3.2). Le salaire versé aux actionnaires non actifs doit être raisonnable pour que l'ARC permette à la société de déduire le montant du salaire. Si l'ARC établit que le salaire n'est pas raisonnable, elle ne permettra pas que la société effectue la déduction, mais l'actionnaire demeurera assujetti à l'impôt, de sorte qu'il y aura double imposition. Afin d'éviter cette situation, assurez-vous de conserver les documents à portée de la main en vue de pouvoir justifier le caractère raisonnable des salaires.

Prenez note également que, si vous exploitez une entreprise qui risque d'éprouver des difficultés financières, le versement de salaires substantiels peut vous empêcher d'effectuer dans l'avenir un report rétrospectif de pertes. Supposons, par exemple, que votre entreprise a un revenu de 1 million de dollars en 2012 et que vous vous versez un salaire de 500 000 $, en laissant 500 000 $ comme revenu de l'entreprise. Si l'entreprise subit une perte de 1 million de dollars en 2013, vous n'aurez aucun moyen de porter la perte en diminution de votre revenu personnel de l'année antérieure. Si, par contre, vous aviez laissé les fonds comme revenu d'entreprise et que vous vous étiez plutôt versé des dividendes, la société aurait pu reporter la perte de 2013 à 2012 pour éliminer rétroactivement l'impôt sur le revenu de la société de 2012 et obtenir de l'ARC le remboursement de cet impôt.

14.3 Incidence d'une société de portefeuille

Évaluez les avantages fiscaux découlant de la création d'une société de portefeuille.

Vous pouvez choisir d'interposer une société de portefeuille entre vous-même et votre société pour diverses raisons, dont l'une serait de verser des dividendes de l'entreprise exploitante pour mettre les fonds encore plus à l'abri des créanciers, tout en les gardant assujettis à un niveau d'imposition plus faible que s'ils vous étaient versés personnellement.

Par exemple, vous détenez 100 % des actions de la Société de portefeuille ABC ltée, laquelle détient 100 % des actions de la société Fabricant ABC ltée. En règle générale, les dividendes peuvent être versés par le fabricant à la société de portefeuille, sans incidence fiscale.

Si vos enfants n'ont aucune participation dans l'entreprise, vous pouvez songer à les faire participer à titre d'actionnaires au moment où vous constituez votre société de portefeuille. (Voir l'exemple de planification successorale à la section 21.6.2 qui illustre une façon de le faire.) Il pourrait être souhaitable d'agir de la sorte pour plusieurs raisons, notamment pour fractionner le revenu et planifier votre succession. Cependant, si vos enfants ont moins de 18 ans, vous devez porter une attention particulière aux règles d'attribution et à l'impôt sur le fractionnement du revenu (voir 5.2.3 et 5.2.4).

Lorsque des membres de votre famille, tels que votre conjoint ou vos enfants mineurs, sont actionnaires, assurez-vous de ne pas contrevenir aux règles d'attribution dont il est question au chapitre 5. Certaines de ces règles d'attribution ne s'appliquent pas si la société est une « société exploitant une petite entreprise » (voir 6.2.3). Dans ce cas, il pourrait être avantageux d'établir une structure dans laquelle une société de portefeuille, votre conjoint et vos enfants mineurs sont actionnaires de la société exploitante. Les placements ou les montants en espèces excédentaires peuvent alors être versés sous forme de dividendes à la société de portefeuille, ce qui assure que la société exploitante conserve son statut de société exploitant une petite entreprise. Cette mesure vous permettrait d'éviter les règles d'attribution et pourrait faire en sorte que les actions détenues par les membres de votre famille soient admissibles à l'exonération pour gains en capital de 750 000 $.

Une société de portefeuille est souvent utile lorsque des membres de votre famille détiennent des actions de l'entreprise (peut-être à des fins de fractionnement du revenu) et qu'il existe d'autres actionnaires non liés. Si des membres de votre famille et vous-même détenez des actions dans la société de portefeuille et que celle-ci détient toutes les actions que votre famille détient dans la société exploitante, les autres actionnaires de la société exploitante n'ont pas à se préoccuper des arrangements pris au sein de votre famille.

14.3.1 La société de personnes composée de sociétés

Vous pouvez recourir à une société de personnes composée de sociétés plutôt qu'à une société de portefeuille. Il s'agit d'une association entre votre société et une ou plusieurs autres sociétés (détenues par d'autres personnes).

> Étudiez les avantages éventuels d'une société de personnes composée de sociétés.

Cette structure comporte certains avantages, notamment la souplesse accrue quant à la rémunération. Auparavant, le report d'impôt constituait un avantage important de recourir à une société de personnes composée de sociétés, mais le budget fédéral 2011 l'a éliminé. Il y a lieu d'obtenir les conseils d'un professionnel afin de déterminer si une structure de société de personnes composée de sociétés convient dans votre situation.

14.4 Conventions entre actionnaires

Lorsque plusieurs propriétaires se partagent la propriété d'une société privée, il est normalement préférable d'établir une convention entre actionnaires qui définit les droits et les obligations des actionnaires dans un contexte plus large que celui de la simple détention des actions.

D'habitude, une convention entre actionnaires stipule les conditions entourant la cessation ordonnée des relations entre actionnaires au cas où il y aurait dissension entre eux ou que l'un des principaux actionnaires décéderait ou deviendrait invalide.

Guy et Madeleine forment conjointement une petite entreprise de fabrication. Chacun d'eux détient 50 % des actions de la société. Au fil des ans, l'entreprise devient très prospère, mais Guy et Madeleine n'arrivent plus à s'entendre et finissent par conclure que l'un d'eux doit partir.

Guy et Madeleine ont signé une convention entre actionnaires qui contient une clause « shotgun ». Guy offre maintenant à Madeleine 1 million de dollars pour ses actions dans la société. Si Madeleine refuse, la convention stipule que Madeleine doit acheter les actions de Guy au même prix qu'il les offre (1 million de dollars).

La clause « shotgun » n'est qu'un exemple de disposition pouvant permettre de régler (ou de prévenir) des différends sérieux entre les principaux actionnaires. Les clauses que l'on retrouve le plus souvent dans une convention entre actionnaires portent sur :

- le désir d'un actionnaire de vendre ses actions;
- la dissension entre les actionnaires;
- le décès ou l'invalidité d'un actionnaire;
- l'élection des administrateurs et des dirigeants de la société;
- la façon dont les droits de vote seront exprimés dans des situations particulières;
- les mesures à prendre advenant que les actions de la société soient cédées au conjoint d'un actionnaire principal par suite d'une séparation ou d'un divorce.

Les questions d'ordre fiscal jouent un rôle important dans la préparation des conventions entre actionnaires. Le traitement fiscal des prestations d'assurance-vie, la possibilité de se prévaloir de l'exonération de 750 000 $ pour gains en capital, l'évaluation des actions et bon nombre d'autres points doivent être pris en considération. De toute évidence, les conventions entre actionnaires devraient toujours être rédigées suivant les conseils d'un professionnel afin que les aspects juridiques, commerciaux et fiscaux soient traités de manière appropriée.

14.5 Régimes de retraite pour propriétaires de petites entreprises

La question des régimes de pension agréés a été traitée à la section 3.5.1. Les régimes de pension « à cotisations déterminées » et les régimes de pension « à prestations déterminées » peuvent servir à constituer des prestations pour les principaux actionnaires qui sont des employés. Si vous désirez épargner en vue de votre retraite par des moyens autres que les REER, vous pourriez examiner la possibilité que votre entreprise établisse un régime individuel de pension (voir 3.5.2). Toutefois, étant donné qu'il s'agit d'un domaine complexe et que le budget fédéral 2011 a éliminé bon nombre des avantages liés à ce type de régime, vous devriez recourir aux conseils d'un professionnel en la matière.

Si vous êtes propriétaire d'une petite entreprise et ne désirez pas avoir à administrer un régime de pension, vous pouvez tout simplement vous constituer un REER et vous assurer que votre « revenu gagné » soit suffisant (c.-à-d. un salaire payé par la société) pour vous permettre de verser des cotisations adéquates (voir 3.1.3).

14.6 Revenu de placement gagné par l'intermédiaire d'une société

Il y a plusieurs années, il était en général avantageux que le revenu de placement soit gagné dans une société. Comme le taux d'impôt régulier sur le revenu des sociétés (combiné fédéral et provincial) était substantiellement moins élevé que celui qui s'appliquait aux niveaux de revenu élevés des particuliers, vous pouviez souvent réaliser un report d'impôt important dans l'année en cours, en supposant que vous fussiez déjà imposé au taux maximum d'imposition du revenu des particuliers.

Toutefois, un impôt fédéral remboursable de 6 2/3 % s'applique depuis 1995 aux intérêts et autres revenus de placement gagnés par les sociétés privées sous contrôle canadien. La plupart des dividendes versés par des sociétés ouvertes à des sociétés fermées sont également assujettis à un impôt remboursable de 33 1/3 % (impôt de la Partie IV). La société ne sera remboursée de ces impôts remboursables que lorsqu'elle aura versé suffisamment de dividendes (l'impôt étant alors payé par les actionnaires). Les taux d'imposition fédéral et provinciaux combinés des sociétés se sont donc accrus et varient actuellement de 44,7 % à 50,7 %, selon la province.

En conséquence de cette augmentation et des diminutions du taux d'imposition provincial sur le revenu des particuliers, il ne découle, en règle générale, aucun avantage en matière de report d'impôt à gagner un revenu de placement par le biais d'une société. Dans la plupart des cas, des paiements anticipés d'impôt pourraient même en découler. Le calcul précis dépend de votre province de résidence, de votre niveau de revenu, de votre besoin de retirer les fonds de la société et du moyen que vous utiliserez pour les retirer. Les changements au niveau de l'imposition des dividendes discutés aux sections 7.1.2 et 14.2.1 peuvent également avoir un impact sur ce calcul. Dans certains cas, il serait probablement moins coûteux de détenir vos placements sur une base personnelle.

Soupesez les avantages possibles de détenir vos placements par l'intermédiaire d'une société.

Abstraction faite des avantages éventuels en matière de report d'impôt et des coûts absolus, il existe d'autres avantages pouvant découler du fait de détenir des placements dans une société. Par exemple, le fait que vos placements soient détenus par la société peut vous permettre de mettre vos placements à l'abri des créanciers, de réduire les frais d'homologation lors de votre décès (voir 21.4) et de protéger vos biens de l'impôt successoral américain (voir 19.4). Cela vous permettra également d'exercer un contrôle sur le moment du versement des dividendes et, par conséquent, sur le moment où vous recevez vous-même le revenu. Vous pourrez ainsi :

- maximiser les prestations de sécurité de la vieillesse (si votre revenu de sources autres que de placement en 2012 est inférieur à 69 562 $) (voir 20.3.2);
- réduire l'application de l'impôt minimum de remplacement (voir 7.6);
- planifier le moment du versement des dividendes en vue de gérer le solde de votre perte nette cumulative sur placements (PNCP) (voir 6.3.3);
- augmenter votre revenu gagné et, par conséquent, vos droits de cotisation à un REER (voir 3.1.3) par le paiement de jetons de présence et (ou) de salaires.

À l'encontre des avantages potentiels, vous devrez également soupeser les coûts supplémentaires découlant de la mise sur pied et du maintien de la société, y compris les frais de démarrage et les frais juridiques et administratifs continus importants.

Faites preuve de prudence lorsque vos placements sont détenus dans une société qui exploite activement une entreprise.

Soyez particulièrement vigilant si vous transférez vos placements dans une société qui exploite activement une entreprise. Vous risquez de compromettre l'admissibilité des actions de la société à l'exonération de 750 000 $ pour gains en capital (voir 6.3.1 et 14.1). De plus, les créanciers de l'entreprise exploitée activement auront accès aux placements.

14.7 Vente de l'entreprise

Si vous décidez de vendre votre entreprise constituée en société par actions, deux stratégies peuvent être adoptées : la société peut vendre les actifs de l'entreprise, ou bien vous pouvez vendre les actions de la société.

Si vos actions constituent des « actions admissibles de petite entreprise » (voir 6.3.1), vous serez peut-être en mesure de réclamer une exonération mettant à l'abri de l'impôt jusqu'à 750 000 $ du gain que vous réaliserez au moment de la vente. Aucune exonération des gains en capital n'est accordée si la société vend les actifs. Par conséquent, il peut être plus avantageux pour vous d'adopter la première stratégie et de vendre les actions.

Cependant, l'acheteur de votre entreprise préférera souvent acheter les actifs, entre autres parce que cette opération lui permettra de demander une déduction pour amortissement plus élevée sur le coût des biens amortissables (voir 11.2.7).

Aucune TPS ou autre taxe de vente ne s'applique sur la vente d'actions. La TPS (ou la TVH) et la TVQ s'appliquent normalement sur la vente d'actifs, mais l'acheteur peut les récupérer sous forme de crédit de taxe sur intrants (voir 11.2.4). Cependant, dans de nombreux cas lorsqu'une entreprise est vendue en totalité ou en partie, l'acheteur peut exercer un choix lui évitant d'avoir à payer la TPS (ou la TVH) ou la TVQ. Il faut savoir que ce choix est soumis à de nombreuses conditions. La taxe de vente provinciale s'appliquera généralement à la vente d'actifs corporels autres que du matériel de fabrication, quoique les règles varient selon les provinces.

Inutile d'insister sur l'importance d'obtenir les conseils de spécialistes lors de toute acquisition ou disposition d'une entreprise.

Dans l'éventualité où votre entreprise devient une société ouverte sans que vous vendiez des actions, vous pouvez exercer un choix spécial en vue de « cristalliser » une fraction ou la totalité de vos gains en capital accumulés et de profiter de l'exonération pour gains en capital, comme si vous aviez vendu les actions (voir 6.3).

14.8 Documents de référence

Vous pouvez obtenir un exemplaire des publications techniques suivantes en téléphonant ou en vous présentant à votre bureau des services fiscaux de l'ARC. Vous pouvez également trouver ces publications, ainsi que les guides et formulaires de l'ARC, sur le site Internet de l'ARC à l'adresse *www.cra-arc.gc.ca*.

Bulletin d'interprétation IT-66R6, « Dividendes en capital »

Bulletin d'interprétation IT-67R3, « Dividendes imposables reçus de corporations résidant au Canada »

Bulletin d'interprétation IT-73R6, « Déduction accordée aux petites entreprises »

Bulletin d'interprétation IT-109R2, « Sommes impayées »

Bulletin d'interprétation IT-119R4, « Dettes des actionnaires et de certaines personnes rattachées à un actionnaire »

Bulletin d'interprétation IT-432R2, « Avantages accordés à des actionnaires »

CHAPITRE 15

Exploitations agricoles

- Démontrez que votre entreprise agricole vise uniquement à réaliser un profit (15.1)
- Déclarez l'agriculture comme votre principale source de revenu (15.1)
- Demandez les déductions offertes aux travailleurs autonomes (15.2)
- Songez à utiliser la « méthode de la comptabilité de caisse » en vue de reporter une partie de vos impôts (15.2.1)
- Tirez le maximum de l'exonération de 750 000 $ pour gains en capital applicable aux biens agricoles admissibles (15.4.1)
- Tirez profit des règles de transfert entre générations (15.4.2)

Diverses règles fiscales s'appliquent expressément au domaine de l'agriculture. Certaines de ces règles sont exposées dans le présent chapitre.

15.1 L'exploitation agricole – Est-ce oui ou non une entreprise?

Quelle que soit l'activité que vous choisissez de mener, vous ne pouvez déduire des pertes dans votre déclaration de revenus que si votre entreprise a manifestement été créée dans le but de réaliser un profit (voir 11.4.1). Cette question est régulièrement soulevée dans le cas des agriculteurs à temps partiel.

Aux fins de l'impôt, l'« agriculture » couvre un certain nombre d'activités, allant de la culture des céréales à l'élevage du bétail, l'élevage d'animaux à fourrure, la culture fruitière, l'apiculture et l'élevage de chevaux de course. La *Loi de l'impôt sur le revenu* classe les agriculteurs en trois catégories. La principale différence entre ces trois catégories tient à la mesure dans laquelle les agriculteurs peuvent déduire les frais liés à leurs activités agricoles.

La première catégorie regroupe les agriculteurs à temps plein, dont l'entreprise agricole constitue la **principale source de revenu**. Ces personnes peuvent alors considérer leur entreprise agricole comme étant analogue à toute autre entreprise et, par conséquent, déduire de leurs autres revenus aux fins fiscales les pertes agricoles qu'elles subissent au cours d'une année quelconque (voir 15.3.1).

> Démontrez que votre entreprise agricole vise uniquement à réaliser un profit.

À l'autre extrême, on trouve des personnes dont l'activité agricole est une activité personnelle. Il s'agit en quelque sorte d'agriculteurs « amateurs » pour qui l'agriculture constitue un passe-temps plutôt qu'une source de revenu. Ceux-là ne peuvent déduire les pertes liées à leurs activités agricoles.

Entre ces deux extrêmes se situent les personnes qui exercent des activités agricoles dans le but de réaliser un profit, mais dont la principale source de revenu n'est tirée « ni de l'agriculture ni d'une combinaison de l'agriculture et de quelque autre source », pour citer la *Loi de l'impôt sur le revenu*. Ces personnes ne peuvent déduire que des « **pertes agricoles restreintes** », dont la limite en dollars est fixée à certains montants (voir 15.3.2).

Exemple 1	Jean-Marie vit sur une ferme, où il élève des vaches laitières. Son revenu provient essentiellement de la vente de lait. En 2012, sa production laitière est moins élevée et Jean-Marie perd 30 000 $.
	Jean-Marie pourra déduire ces 30 000 $ de tout autre revenu (tel un revenu de placement) et reporter prospectivement ou rétrospectivement, s'il y a lieu, sa perte sur d'autres années (voir 15.3.1). Sa perte agricole se compare à la perte de toute autre entreprise, telle qu'une entreprise de fabrication ou de vente au détail.

Exemple 2	Benoît est un dentiste qui travaille et vit à Toronto. Il passe ses fins de semaine à son ranch, où il élève des chevaux de course. Au cours des dernières années, les chevaux de Benoît ont gagné un nombre respectable de prix en argent. Cependant, l'année 2012 est difficile et Benoît doit débourser 30 000 $ pour l'entretien de ses chevaux, qui ne lui ont rapporté aucun prix.
	La perte subie par Benoît sera vraisemblablement considérée comme une « perte agricole restreinte » qu'il ne pourra qu'en partie (voir 15.3.2) déduire du revenu de son cabinet de dentiste. Bien que son élevage de chevaux de course (considéré comme une activité agricole aux fins fiscales) soit manifestement une activité commerciale, il ne constitue pas sa principale source de revenu et s'inscrit, par conséquent, dans la catégorie « restreinte ».

Vous devez conserver des pièces justificatives attestant de façon objective que vous exploitez une entreprise agricole à des fins manifestement commerciales. S'il s'avère qu'aucun profit n'a découlé de vos activités pendant de nombreuses années, il se pourrait

> Déclarez l'agriculture comme votre principale source de revenu.

que le tribunal ne fasse pas droit à votre prétention d'avoir exercé une activité manifestement commerciale.

De nombreuses causes disputées devant les tribunaux ont porté sur la question de savoir si l'agriculture, ou la combinaison de l'agriculture et de quelque autre source, constituait la « principale source de revenu ». Il serait peut-être souhaitable de consulter un fiscaliste afin de déterminer quels faits étayeront le mieux la déduction intégrale au titre des pertes agricoles plutôt que celle, de portée plus limitée, au titre des « pertes agricoles restreintes ».

15.2 Calcul du revenu agricole

Si vous exploitez une entreprise agricole – que vos pertes soient ou non « restreintes » comme nous l'avons vu à la section 15.1 –, vous pouvez tirer profit d'un certain nombre de règles spéciales lorsque vous faites votre déclaration de revenus.

En plus d'examiner les règles spéciales qui s'appliquent aux agriculteurs et qui sont expliquées dans le présent chapitre, reportez-vous à la section 11.2 pour avoir une idée des déductions que peuvent demander les travailleurs autonomes. Si vous réussissez à démontrer que vous exploitez une entreprise

> Réclamez les déductions offertes aux travailleurs autonomes.

agricole à des fins commerciales, vous aurez droit à ces déductions.

15.2.1 La méthode de la comptabilité de caisse

Les entreprises sont généralement tenues de comptabiliser leur revenu selon la méthode de la comptabilité d'exercice, qui consiste à inclure dans le calcul du revenu toutes les ventes effectuées dans l'année, même si certaines d'entre elles ne seront encaissées qu'après la clôture de l'exercice de l'entreprise. Les déductions relatives aux dépenses sont demandées suivant la même méthode (voir 11.2.2).

Dans le cas d'une entreprise agricole, vous pouvez choisir d'utiliser plutôt la « méthode de la comptabilité de caisse ». En règle générale, cela signifie que vous comptabiliserez les paiements reçus, plutôt que les ventes, et ne déduirez que les montants que vous avez payés, et non les

> Songez à utiliser la « méthode de la comptabilité de caisse » en vue de reporter une partie de vos impôts.

frais engagés que vous n'avez pas encore acquittés. Cette méthode donne habituellement lieu à un certain montant de revenu reporté et peut se traduire par un montant moindre d'impôt à payer. Une fois que vous avez adopté cette méthode de comptabilisation pour votre entreprise agricole, vous êtes normalement tenu de continuer à l'appliquer les années subséquentes.

Si vous suivez la méthode de la comptabilité de caisse, vous pouvez, si vous le désirez, inclure dans votre revenu la totalité ou une partie de la juste valeur marchande des biens à porter en stocks à la fin de l'année (sous réserve du rajustement obligatoire des stocks dont il est question à la section 15.2.2). Ce montant que vous aurez inclus dans votre revenu sera alors déductible l'année suivante. Il se peut que vous choisissiez de procéder ainsi en 2012 si, par exemple, vous avez gagné un revenu très bas en 2012 et pouvez prévoir, dès le printemps de 2013 (au moment de remplir votre déclaration de revenus), que votre revenu de 2013 sera plus élevé, en fait suffisamment élevé pour vous faire passer à une tranche d'imposition supérieure.

15.2.2   Achat de biens à porter à l'inventaire et frais payés d'avance

De toute évidence, si vous utilisez la méthode de la comptabilité de caisse, il est possible de « créer » une perte aux fins du calcul de l'impôt en achetant un volume élevé de stocks. Toutefois, des règles spéciales ont été édictées afin de mettre un frein à cette pratique et de limiter la perte qui peut être déclarée.

Exemple

Jean-Marie, l'agriculteur de l'exemple de la section 15.1, a acheté des vaches laitières pour 5 000 $ immédiatement avant le 31 décembre 2012, date de la fin de son exercice. Cet achat a été inscrit à titre de dépense dans le calcul de sa perte agricole de 30 000 $. À la fin de l'année, il n'avait fait aucune autre acquisition de stocks. Aux fins de l'impôt, il devra inclure 5 000 $ dans son revenu de 2012 à titre de rajustement obligatoire pour inventaire, ce qui aura pour effet de réduire sa perte agricole pour la ramener à 25 000 $. En 2013, ce rajustement obligatoire de 5 000 $ sera traité comme une dépense d'exploitation agricole.

En règle générale, le fisc refusera que vous déduisiez la partie de la perte attribuable à l'achat de stocks. Néanmoins, vous pouvez déduire une fraction de la perte relative à l'achat de chevaux et de certains bovins enregistrés. En raison de la complexité de ces règles, il y a lieu d'obtenir les conseils d'un spécialiste en la matière.

Les déductions pour frais payés d'avance seront également restreintes si les frais se rapportent à une année survenant deux ans ou plus après l'année de paiement.

15.2.3 Frais de mise en valeur d'un terrain agricole

D'habitude, les frais engagés par une entreprise aux fins de la mise en valeur d'un terrain sont considérés comme des dépenses en immobilisations non déductibles de son revenu. Toutefois, dans le cas d'une entreprise agricole, les frais de défrichement, de nivellement et d'installation d'un système de drainage sont déductibles.

15.2.4 Vente d'animaux dans une région frappée de sécheresse

Si vous exploitez une entreprise agricole dans une région désignée pour l'année comme une « région frappée de sécheresse », vous avez droit à une aide spéciale si vous avez vendu une partie importante de votre troupeau reproducteur. Cette règle a pour but de vous permettre de reporter l'impôt à payer si vous êtes forcé de vendre une partie ou la totalité de votre troupeau en raison de la sécheresse.

Cette règle ne s'applique que si, à la fin de l'année, vous avez vendu (et non remplacé) au moins 15 % de votre « troupeau reproducteur ». Le cas échéant, une partie ou la totalité du produit de la vente des animaux reproducteurs n'est pas comptabilisée dans le calcul de votre revenu, mais est reportée dans une année d'imposition subséquente, lorsque votre région n'est plus désignée comme étant frappée par la sécheresse.

15.2.5 Programmes de gestion des risques de l'entreprise

Le gouvernement fédéral offre un groupe de programmes de gestion des risques de l'entreprise destinés à l'industrie de l'agriculture, de l'agroalimentaire et des produits agro-industriels. Ces nouveaux programmes comprennent Agri-investissement, Agri-stabilité, Agri-relance et Agri-protection.

Le programme Agri-investissement est un compte d'épargne dans lequel les producteurs pourront déposer 1,5 % de leurs ventes nettes annuelles et le gouvernement versera une contribution équivalente.

Le programme Agri-stabilité fournit des avantages fondés sur le déclin de la marge de l'année en cours par rapport à la marge moyenne des années de référence. Le programme Agri-relance vise à fournir une aide rapide en cas de catastrophe.

Le programme d'assurance-récolte Agri-protection a été élargi afin que d'autres produits y soient inclus.

15.3 Pertes agricoles

15.3.1 Pertes agricoles ordinaires

Comme nous l'avons vu à la section 15.1, si votre principale source de revenu est l'agriculture ou « une combinaison de l'agriculture et de quelque autre source de revenu », vous pouvez déduire vos pertes agricoles au même titre que vous le feriez pour une perte d'entreprise.

La période de report disponible au titre de telles pertes est de 20 ans. Les pertes agricoles peuvent également être reportées rétrospectivement et déduites du revenu des trois dernières années.

15.3.2 Pertes agricoles restreintes

Comme nous l'avons vu à la section 15.1, vous ne pouvez déduire la *totalité* d'une perte agricole si l'agriculture ne constitue pas votre « principale source de revenu ». Si tel est votre cas, vous ne pourrez déduire que la première tranche de 2 500 $ de votre perte, plus la moitié des 12 500 $ suivants (soit jusqu'à concurrence de 6 250 $ additionnels).

Exemple

Benoît, le dentiste de l'exemple à la section 15.1, perd 30 000 $ sur ses chevaux de course en 2012.

La « perte agricole restreinte » de Benoît sera donc de 2 500 $, plus la moitié des 12 500 $ suivants. Étant donné que le total de sa perte est supérieur à 15 000 $, il réclame le maximum admissible, soit seulement 8 750 $, qu'il déduira du revenu de son cabinet de dentiste en 2012.

Toute fraction d'une perte ne pouvant être déduite en raison des règles régissant les « pertes agricoles restreintes » peut être reportée rétrospectivement sur trois ans et prospectivement sur 20 ans, mais elle ne peut être déduite que d'un revenu agricole. Pour revenir à notre exemple, Benoît dispose donc de 21 250 $ qu'il pourra déduire du revenu tiré de ses chevaux au cours des années 2009 à 2011 et 2013 à 2032.

15.4 Transfert de biens agricoles

Il existe un certain nombre de règles spéciales, exposées ci-dessous, qui permettent d'alléger le fardeau fiscal lié à la vente ou au transfert d'une ferme et de biens d'une entreprise agricole.

15.4.1 Exonération de 750 000 $ pour gains en capital

Tirez le maximum de l'exonération de 750 000 $ pour gains en capital applicable aux biens agricoles admissibles.

Comme nous l'avons indiqué à la section 6.3.2, l'exonération de 750 000 $ pour gains en capital est disponible en cas de cession de biens agricoles ou biens de pêche admissibles. Si vous vendez des biens agricoles ou des biens de pêche, vérifiez s'ils sont admissibles à l'exonération. De façon générale, les terres agricoles, les actions d'entreprises agricoles et les participations dans des associations agricoles sont admissibles à l'exonération si elles répondent à certains critères; le matériel, les stocks et la plupart des autres biens ne sont pas admissibles. Dans certains cas, il est possible de prendre les mesures nécessaires pour vous donner le temps de réorganiser vos affaires afin de pouvoir bénéficier de cette exonération, notamment en reportant la vente. Vous pouvez également prendre des dispositions en vue d'augmenter le prix de base de vos biens agricoles admissibles afin de réduire les futurs impôts à payer sur la vente de ces biens. Si vous possédez des biens agricoles qui sont admissibles à l'exonération, il y a lieu d'obtenir les conseils d'un fiscaliste en raison de la complexité des règles fiscales dans ce domaine.

15.4.2 Transferts de biens agricoles ou de pêche aux enfants ou petits-enfants

Normalement, lorsque vous vendez ou cédez vos biens à des membres de votre famille autres que votre conjoint, vous êtes réputé les avoir vendus à leur « juste valeur marchande » et devez ainsi déclarer comme gain en capital ou comme revenu la différence entre le coût d'origine de ces biens et leur valeur actuelle.

Si vous transférez des biens utilisés dans une entreprise agricole ou une entreprise de pêche à un enfant, petit-enfant ou arrière-petit-enfant (y compris le conjoint de votre enfant, un enfant de votre conjoint, etc., l'expression « conjoint » incluant les conjoints de fait et les conjoints de même sexe, selon la définition qui en est donnée à la section 2.2.1), vous pouvez éviter l'assujettissement à cette règle. Si vous faites tout simplement don des biens, vous serez réputé les avoir transférés au coût qu'ils représentent pour vous (soit le prix de base rajusté (voir 6.2.1) dans le cas d'immobilisations ou le coût en capital non amorti (voir 11.2.7) dans le cas des biens amortissables). Tout gain sur le bien sera donc reporté.

Tirez profit des règles de transfert entre générations.

Cette règle de « roulement » s'appliquera seulement si les biens étaient utilisés « principalement » dans le cadre d'une entreprise agricole ou de pêche dans laquelle vous-même, votre conjoint, l'un de vos parents ou l'un de vos enfants prenait une part active de façon régulière et continue.

Lorsque la disposition de roulement s'applique, le bénéficiaire (votre enfant, petit-enfant, etc.) est réputé avoir acquis les biens agricoles ou de pêche pour la somme pour laquelle vous êtes réputé les avoir vendus; ainsi, le gain sera imposé tôt ou tard lorsque le bénéficiaire vendra ces biens. Si votre enfant vend les biens au cours des trois années suivant le transfert, le gain résultant de la vente pourrait être imposé à votre nom.

Florence exploite une ferme céréalière en Saskatchewan. En 2012, elle décide de prendre sa retraite et donne sa ferme à son petit-fils Daniel. Florence avait payé sa terre 10 000 $ en 1980 et celle-ci vaut maintenant 150 000 $.

Florence est réputée avoir reçu 10 000 $ pour sa ferme et n'a donc aucun gain en capital. Daniel, quant à lui, est réputé avoir acquis la ferme pour 10 000 $; le jour où il la vendra, cette somme sera traitée comme le coût que ce bien représente pour lui, aux fins du calcul des gains en capital. (Évidemment, Daniel pourra se prévaloir de la règle de transfert le jour où il cédera, le cas échéant, sa ferme à son enfant, si toutefois la règle est toujours en vigueur à ce moment-là.)

Si vous comptez transférer des biens agricoles ou de pêche à un enfant, petit-enfant, etc., vous voudrez peut-être réaliser un gain en capital partiel afin d'utiliser votre exonération de 750 000 $ pour gains en capital, et donner ainsi à votre enfant un prix de base plus élevé pour les biens. Si vous vendez les biens pour un montant se situant entre le coût qu'ils représentent pour vous et leur valeur marchande actuelle, ce montant sera admis aux fins fiscales. Lorsque vous transférez un terrain, n'oubliez pas de tenir compte des droits de mutation éventuels applicables sur le transfert d'un terrain. La TPS, la TVH ou la TVQ pourrait s'appliquer, selon le cas. Le transfert pourrait également entraîner l'application de l'impôt minimum de remplacement (voir 7.6) ou la récupération des prestations de sécurité de la vieillesse (voir 20.3.2).

Prenez note que les règles fiscales ne vous permettent pas de transférer du stock agricole à un enfant en franchise d'impôt. Le don de stock agricole donne lieu à la même inclusion de revenu que si le stock était vendu à sa juste valeur marchande.

15.4.3 Réserve pour gains en capital à la vente d'une ferme ou d'une entreprise de pêche à un enfant

Nous avons brièvement couvert la question des réserves pour gains en capital à la section 6.4.1. Nous y mentionnions entre autres que le gain en capital doit être déclaré à un taux cumulatif de un cinquième chaque année, afin qu'aucune réserve ne puisse subsister plus de quatre ans suivant l'année de la vente.

La réserve allouée est de dix ans plutôt que de cinq ans dans le cas où vous vendez des biens utilisés pour une entreprise agricole ou une entreprise de pêche (y compris le terrain) à un enfant, petit-enfant ou arrière-petit-enfant. Comme dans le cas des règles exposées à la section 15.4.2, le conjoint de votre enfant, petit-enfant ou arrière-petit-enfant, de même qu'un enfant, petit-enfant et arrière-petit-enfant de votre conjoint sont également admissibles. (À cette fin, l'expression « conjoint » comprend les conjoints de fait et les conjoints de même sexe, selon la définition qui en est donnée à la section 2.2.1.)

15.4.4 Société de personnes agricole

L'utilisation d'une structure de société de personnes est commune dans le secteur des entreprises agricoles. Dans certains cas, les contribuables (en général les conjoints) peuvent décider de partager le revenu de l'entreprise en la faisant passer d'une entreprise individuelle à une société de personnes. Si cette opération n'a pas été adéquatement planifiée, une cession des biens agricoles à la juste valeur marchande peut se produire, ce qui peut entraîner des gains en capital, des revenus et une récupération d'amortissement. Vous pouvez éviter de subir ces conséquences en produisant les formulaires de choix appropriés afin de reporter le revenu imposable.

Le fait d'exercer des activités agricoles par l'intermédiaire d'une société de personnes familiale permet de transférer la participation dans la société de personnes à une société et de bénéficier de l'exonération de 750 000 $ pour gains en capital décrite à la section 15.4.1.

15.5 Documents de référence

Vous pouvez obtenir un exemplaire des publications techniques suivantes en téléphonant ou en vous présentant à votre bureau des services fiscaux de l'ARC. Vous pouvez également trouver ces publications, ainsi que les guides et formulaires de l'ARC, sur le site Internet de l'ARC à l'adresse *www.cra-arc.gc.ca*.

Bulletin d'interprétation IT-232R3, « Déductibilité des pertes dans l'année de la perte ou dans d'autres années »

Bulletin d'interprétation IT-268R4, « Transfert entre vifs de biens agricoles en faveur d'un enfant »

Bulletin d'interprétation IT-322R, « Pertes agricoles »

Bulletin d'interprétation IT-349R3, « Transferts au décès de biens agricoles entre générations »

Bulletin d'interprétation IT-373R2, « Boisés »

Bulletin d'interprétation IT-425, « Revenus divers tirés d'une entreprise agricole »

Bulletin d'interprétation IT-427R, « Animaux de ferme »

Bulletin d'interprétation IT-433R, « Agriculture ou pêche – Utilisation de la méthode de comptabilité de caisse »

Bulletin d'interprétation IT-485, « Coût de défrichement ou de nivellement »

Bulletin d'interprétation IT-526, « Entreprise agricole – Méthode de comptabilité de caisse : redressements d'inventaire »

16

Si vous exercez une profession

- Reportez une partie de votre impôt en adoptant la « méthode modifiée de la comptabilité d'exercice » (16.1.1)

- Songez à utiliser une société professionnelle pour fractionner votre revenu entre les membres de votre famille (16.1.2)

- Optimisez la déductibilité des intérêts (16.2.1)

- Versez un paiement de revenu ou de capital à l'associé prenant sa retraite, selon ce qui convient le mieux (16.2.2)

- Si vous êtes un associé, envisagez de faire payer vos cotisations à des clubs par la société (16.2.3)

Dans l'ensemble, la planification fiscale d'un professionnel est semblable à celle d'un travailleur autonome (voir chapitre 11). Après tout, les professionnels travaillant à leur compte exploitent leur propre entreprise. Cependant, un certain nombre de règles particulières s'appliquent dans leur cas, comme celles qui sont exposées à la section 16.1. Étant donné que de nombreux professionnels exercent leur profession dans le cadre d'une société de personnes, la section 16.2 couvre également certaines des règles applicables à cette situation.

16.1 Règles particulières à l'égard des professionnels

16.1.1 Calcul du revenu selon la méthode modifiée de la comptabilité d'exercice

Comme nous l'avons vu aux sections 11.2.2 et 15.2.1, les entreprises autres qu'agricoles sont tenues de déclarer leur revenu selon la méthode de la comptabilité d'exercice. Selon cette méthode, vous devez inclure vos ventes dans votre revenu, même si vous n'en recevrez le paiement qu'après la clôture de votre exercice.

La plupart des entreprises doivent également comptabiliser les travaux en cours, soit les travaux qui ont été effectués mais qui n'ont pas encore été facturés. Toutefois, les comptables, dentistes, avocats, notaires, médecins, vétérinaires et chiropraticiens font exception à cette règle. Par conséquent, si vous exercez l'une de ces professions, vous pouvez effectuer un choix afin d'exclure les travaux en cours du calcul de votre revenu.

Cette méthode de comptabilisation est parfois appelée la « méthode modifiée de la comptabilité d'exercice ». Il ne s'agit pas de la méthode de la comptabilité de caisse étant donné qu'une fois facturé, le montant doit être déclaré comme revenu même s'il n'a pas encore été reçu. Cependant, l'exclusion des

Reportez une partie de votre impôt en adoptant la « méthode modifiée de la comptabilité d'exercice ».

travaux en cours du calcul du revenu est une méthode qui s'écarte quelque peu de la comptabilité d'exercice intégrale.

Exemple

Corinne est avocate et exerce sa profession à son compte. Elle consacre presque tout le mois de décembre 2012 à la préparation d'un important procès en vue de défendre son client. Le procès a lieu en janvier, mais elle n'envoie la facture à son client qu'à la conclusion du procès, soit en janvier 2013.

Si Corinne choisit d'exclure les travaux en cours du calcul de son revenu de 2012, elle n'aura aucun montant lié au travail de préparation du procès à comptabiliser comme revenu avant le 31 décembre 2013, date de clôture de son prochain exercice.

Le fait d'exclure les travaux en cours du calcul de votre revenu peut donner lieu à un report d'impôt substantiel. Si vous exercez une des professions admissibles, vous voudrez probablement choisir cette méthode. Vous pourriez toutefois décider de ne pas adopter cette méthode si vous n'exercez que depuis un an ou deux et si votre revenu est relativement peu élevé. Dans ce cas, vous pourriez vouloir déclarer ce revenu plus tôt, de façon à ce qu'il soit imposé à des taux relativement bas.

Si vous choisissez d'exclure les travaux en cours du calcul de votre revenu, vous devrez, en principe, continuer de le faire pour tous les exercices à venir.

À votre départ à la retraite ou à votre retrait de la société, le reste des travaux en cours est ajouté à votre revenu. Ce revenu est normalement considéré comme un « revenu gagné » aux fins du calcul du plafond de votre cotisation à un REER (voir 3.1.3).

16.1.2 Sociétés professionnelles

La plupart des provinces permettent à certains professionnels de constituer leur pratique en société. Comme ce sont les lois provinciales qui régissent les sociétés professionnelles, les règles applicables varient d'une province à l'autre. Il est recommandé que vous obteniez l'avis d'un professionnel afin de connaître les règles qui s'appliquent dans votre province ainsi que la structure de société la plus appropriée.

Des occasions de fractionner le revenu peuvent exister dans les provinces qui permettent que les membres de la famille soient actionnaires de la société professionnelle du contribuable. Votre conjoint ou vos enfants, s'ils sont actionnaires de votre société professionnelle, peuvent recevoir des dividendes susceptibles d'être imposés à un

taux inférieur au taux qui s'appliquerait si vous touchiez le revenu directement. Toutefois, il est nécessaire de bien planifier afin d'éviter les règles d'attribution (voir 5.2.3) et l'impôt sur le fractionnement du revenu à l'égard de certains revenus gagnés par des enfants mineurs (voir 5.2.4).

Aux fins fiscales, une société professionnelle est généralement traitée comme n'importe quelle autre société exploitant une petite entreprise – voir chapitre 14. Si vous envisagez de constituer votre pratique en société, veuillez vous reporter à la section 11.5 pour obtenir un exposé de certains des avantages et des inconvénients inhérents à la constitution en société.

Les sociétés professionnelles qui sont membres de sociétés de personnes sont tenues de fixer au 31 décembre leur date de fin d'exercice (voir 11.2.1). Les autres sociétés professionnelles peuvent utiliser une autre date de fin d'exercice.

16.2 Règles particulières applicables aux sociétés de personnes

La section 11.3 traite de l'imposition des sociétés de personnes en général. Dans la présente section, nous examinerons certaines règles qui sont applicables aux sociétés de personnes et qui sont particulièrement pertinentes pour les professionnels.

16.2.1 Déductibilité des intérêts payés par la société de personnes

Comme nous l'avons vu à la section 7.2.3, les intérêts sont généralement déductibles si les fonds empruntés sont utilisés pour gagner un revenu d'entreprise ou un revenu tiré d'un bien. Par conséquent, les sociétés de personnes qui empruntent pour accroître leur fonds de roulement peuvent, sans contredit, déduire les intérêts.

Si vous êtes membre d'une société de personnes, voyez si vous pouvez accélérer vos prélèvements ou vous faire rembourser par la société une partie de votre apport en capital. Vous pourriez alors utiliser les fonds pour rembourser une de vos dettes non déductibles (telle qu'un emprunt hypothécaire à l'habitation), tandis que la société de personnes pourra emprunter des fonds pour remplacer cette fraction de son fonds de roulement. Les intérêts seront alors déductibles pour la société de personnes. Comme autre possibilité, vous pourriez emprunter vous-même des fonds en vue de les réinvestir dans la société. Cependant, l'ARC peut remettre en question une telle pratique, en vertu de la disposition générale anti-évitement (dont il est question à la section 5.2.6), si elle considère que cette technique de refinancement constitue un abus aux termes de la *Loi de l'impôt sur le revenu*.

Si la société de personnes emprunte des fonds afin de faire une distribution des bénéfices et (ou) des capitaux entre les associés, les intérêts payés sur de tels emprunts seront normalement déductibles, mais seulement jusqu'à concurrence de « l'avoir net » de la société de personnes, selon les principes comptables généralement reconnus.

16.2.2 Paiements de revenu aux associés retraités

En principe, le paiement que vous versera, lors de votre départ, la société de personnes en contrepartie de votre participation dans la société sera considéré comme un paiement de capital. Ainsi, tout excédent sur le prix de base rajusté de votre participation dans la société sera traité comme un gain en capital et imposé selon le mode décrit au chapitre 6. (Votre prix de base rajusté représente essentiellement la somme de votre apport à la société, plus votre quote-part du bénéfice sur laquelle vous avez été imposé, déduction faite des prélèvements effectués. Voir 11.3.5.)

Vous pouvez toutefois avoir recours à une deuxième option. Si vos associés acceptent de vous verser une part du revenu de la société et de traiter les paiements explicitement comme des paiements de revenu, vous continuerez, aux fins fiscales, d'être considéré comme un associé. Vous serez donc imposé sur ce revenu, mais vos anciens associés paieront effectivement moins d'impôt puisqu'une part de leur revenu de la société de personnes et de l'impôt à payer connexe vous sera allouée.

Versez un paiement de revenu ou de capital à l'associé prenant sa retraite, selon ce qui convient le mieux.

Lorsqu'un associé (vous ou quelqu'un d'autre) décide de se retirer de la société de personnes, il faudrait évaluer le meilleur moyen de rembourser sa participation.

Afin d'éviter toute confusion ou litige, assurez-vous que votre contrat de société de personnes traite expressément du traitement fiscal des paiements versés aux associés retraités.

Exemple

Robert est comptable et a quitté son cabinet pour prendre sa retraite au début de 2012. Les trois autres associés se partagent les bénéfices en parts égales. Le revenu du cabinet s'élève à 600 000 $ en 2012. Les associés acceptent de verser 120 000 $ à Robert au moment de son départ à la retraite, et de considérer cette somme comme une part du revenu de la société (plutôt que comme un remboursement de sa participation au capital).

Robert devra déclarer les 120 000 $ comme revenu. Cependant, chacun des associés aura effectivement droit à une déduction de 40 000 $, car, après avoir versé 120 000 $ à Robert, il ne restera plus que 480 000 $ à diviser en trois. Chaque associé déclarera ainsi 160 000 $ de revenu plutôt que 200 000 $.

16.2.3 Cotisations à des clubs

La plupart des cotisations versées à des clubs ne sont pas admises comme dépenses d'entreprise. De nombreux contrats de sociétés de personnes prévoient donc que ces cotisations doivent être payées par les associés à titre personnel (puisqu'elles ne sont de toute façon pas déductibles du revenu de la société).

Il pourrait être avantageux de faire payer ces cotisations par la société, même si elles ne sont pas déductibles. Les prix de base rajustés des participations des associés dans la société ne sont pas réduits par de telles dépenses non admises, malgré qu'elles soient soustraites de l'actif de la société. (Comme nous l'avons vu ci-dessus, votre prix de base rajusté se compose essentiellement du montant de votre contribution à la société de personnes, plus votre part des bénéfices après impôts, moins vos retraits. Voir la section 11.3.5.) En conséquence, lorsqu'un associé vendra sa participation dans la société, son gain en capital sera moins élevé (ou sa perte en capital sera plus élevée) du fait que la société aura payé ses cotisations à un club.

Si vous êtes un associé, envisagez de faire payer vos cotisations à des clubs par la société.

16.2.4 Plafond de cotisation à un REER

Comme il en est question à la section 3.1.3, le montant que vous pouvez cotiser à un REER se limite généralement au moins élevé de 18 % de votre « revenu gagné » de l'année précédente ou 22 970 $ pour 2012 (moins votre facteur d'équivalence, le cas échéant). Le revenu d'une société de personnes est considéré comme un revenu gagné si l'associé a été en service actif au sein de la société de personnes durant l'année.

Le revenu d'une société de personnes des associés actifs doit être inclus dans le revenu gagné aux fins du calcul du plafond de cotisation à un REER.

Les paiements continus de revenu aux associés retraités ne doivent pas être inclus dans le revenu gagné. Les associés qui prennent leur retraite sont réputés être actifs pour l'ensemble de l'année civile au cours de laquelle ils se retirent de la société de personnes; toutefois, les attributions de revenu d'une société de personnes au cours des années suivantes ne seront pas admissibles aux fins du REER.

Par exemple, si vous vous retirez d'une société de personnes en septembre 2012, le revenu d'une société de personnes que vous déclarez dans votre déclaration de revenus de 2012 sera inclus dans votre revenu gagné aux fins du calcul du plafond de cotisation à votre REER pour 2013. Cependant, le revenu d'une société de personnes déclaré pour 2013 et les années suivantes ne vous donnera pas de nouveaux droits de cotisation à un REER.

16.2.5 Départ du Canada d'un associé

Si vous quittez le Canada, soit comme associé actif, soit comme associé retraité, tout revenu qui vous est attribué par la société de personnes continuera d'être assujetti à l'impôt canadien. Si ce revenu est également imposable dans votre nouveau pays d'accueil, vous devriez être en mesure de réclamer un crédit pour impôt étranger (voir la section 18.2.2) à l'égard de tout impôt payé au Canada, afin d'annuler entièrement ou partiellement les impôts que vous devrez payer dans une compétence fiscale étrangère.

Comme nous l'avons vu à la section 13.3.2, lorsque vous devenez non-résident du Canada, vous êtes réputé avoir vendu la plupart de vos biens à leur juste valeur marchande au moment de l'émigration. Vous aurez alors à payer de l'impôt sur tout revenu ou gain en capital en découlant ou à fournir à l'ARC une garantie acceptable à l'égard de cet impôt. Si vous êtes un associé retraité et décidez de conserver le droit de continuer à recevoir un revenu d'une société de personnes, ce droit pourrait aussi être considéré comme un bien. Au moment de l'émigration, ce droit serait réputé avoir été vendu et l'impôt de départ canadien s'appliquerait à la valeur actuelle de vos droits futurs à un revenu.

Si vous détenez votre participation dans une société de personnes par le biais d'une société professionnelle (voir la section 16.1.2), les actions de cette société seront réputées avoir été vendues au moment de votre émigration, et la valeur des actions devra être déterminée aux fins du calcul de l'impôt de départ canadien que vous aurez à payer. Si ces actions sont des actions d'une société exploitant une petite entreprise admissible, vous pourrez appliquer tout solde restant de votre exonération de 750 000 $ pour gains en capital au gain découlant de la disposition réputée des actions – voir la section 13.3.3. Veuillez noter que si votre société professionnelle conserve le droit de recevoir un revenu d'une société de personnes, l'ARC considère que ce droit n'est pas un revenu actif et, par conséquent, elle pourrait rejeter votre demande à l'égard de l'exonération des actions.

Si vous êtes un associé actif ou retraité qui quitte le Canada, nous vous recommandons fortement d'examiner votre situation avec un fiscaliste avant votre départ du Canada, tant pour planifier les conséquences fiscales de votre départ que pour déterminer celles auxquelles vous devrez faire face dans le pays étranger.

16.2.6   Décès d'un associé

Au moment du décès d'un associé actif ou retraité, l'associé est assujetti aux règles fiscales qui s'appliquent généralement au décès. Comme nous le verrons à la section 22.2.3, les immobilisations, telles que les actions et les biens immeubles, sont réputées, aux fins fiscales, avoir été vendues à leur juste valeur marchande à la date du décès. Tout gain ou toute perte sur ces biens est alors réalisé ou subie à cette date, à moins que vous ne léguiez les biens à votre conjoint ou à une fiducie au profit du conjoint, auquel cas les biens sont transférés à leur prix coûtant (à moins que vous ne fassiez un autre choix – voir la section 22.2.3) et votre conjoint ou la fiducie héritera des impôts à payer.

La participation au capital d'une société de personnes d'un associé décédé est considérée comme une immobilisation si le montant intégral de l'apport de capital de l'associé n'a pas été remboursé à l'associé avant son décès. Cependant, les paiements continus de revenu des associés retraités et les autres droits à un revenu des associés ne sont pas considérés comme des immobilisations. Il existe diverses options pour déclarer ces éléments aux fins fiscales.

La part d'un associé décédé dans le revenu d'une société de personnes peut être incluse dans la déclaration finale de l'associé ou, possiblement, dans une deuxième déclaration de revenus distincte (également connue comme une déclaration de « droits ou biens » – voir 22.2.4). L'avantage de réclamer ce revenu dans une déclaration de revenus distincte est que ce revenu pourrait ainsi être assujetti à des taux d'imposition marginaux moins élevés. De plus, certains des crédits d'impôt personnels qui peuvent être réclamés dans la déclaration finale peuvent également l'être dans la déclaration distincte.

Dans le même ordre d'idées, les paiements continus de revenu des associés retraités peuvent être déclarés dans la déclaration finale ou dans une déclaration de revenus distincte, ou encore, ils peuvent être inclus dans le revenu de la succession ou du bénéficiaire de l'associé à mesure qu'ils reçoivent ces montants.

À la lumière des divers choix possibles pour déclarer des droits à un revenu des associés décédés, vous devriez vous assurer que votre testament donne suffisamment de marge de manœuvre à vos liquidateurs pour qu'ils puissent exercer tout choix fiscal ou produire les déclarations de revenus distinctes nécessaires pour tirer pleinement parti de toute économie d'impôt dans le cadre du règlement de votre succession. (Pour obtenir un aperçu général d'une planification testamentaire avantageuse sur le plan fiscal, voir la section 21.2.3.)

16.3 Documents de référence

Vous pouvez obtenir un exemplaire des publications techniques suivantes en téléphonant ou en vous présentant à votre bureau des services fiscaux de l'ARC. Vous pouvez également trouver ces publications, ainsi que les guides et formulaires de l'ARC, sur le site Internet de l'ARC à l'adresse *www.cra-arc.gc.ca.*

Bulletin d'interprétation IT-90, « Qu'est-ce qu'une société? »

Bulletin d'interprétation IT-242R, « Associés cessant d'être membres d'une société »

Bulletin d'interprétation IT-278R2, « Décès d'un associé ou d'un associé qui s'est retiré de la société de personnes »

Si vous habitez au Québec

- Soyez au courant des différences entre les régimes fiscaux fédéral et québécois (17.2)

- Demandez à Revenu Québec de vous payer votre crédit pour frais de garde d'enfants en versements mensuels anticipés (17.2.2)

- Demandez le crédit d'impôt remboursable si vous adoptez un enfant ou suivez un traitement contre l'infertilité (17.2.3)

- Demandez le crédit remboursable pour aidants naturels d'une personne majeure (17.2.7)

- Augmentez votre déduction pour frais de représentation en vous abonnant à certains événements culturels québécois (17.2.20)

Contrairement aux autres provinces, le Québec gère son propre régime fiscal. Les résidents du Québec doivent donc produire une déclaration de revenus distincte. La Loi sur les impôts du Québec s'inspire grandement de la Loi de l'impôt sur le revenu du Canada, mais elle comporte un certain nombre de différences, comme nous le verrons dans le présent chapitre.

17.1 Taux d'imposition du Québec

17.1.1 Taux d'imposition du Québec pour 2012

Les taux d'imposition du Québec pour 2012 sont présentés à l'annexe I.

Les résidents du Québec peuvent déclarer un abattement du Québec dans leur déclaration de revenus fédérale, ce qui réduit leur impôt fédéral de base de 16,5 %. Ainsi, les crédits d'impôt fédéral non remboursables valent environ 12,5 % pour les résidents du Québec, alors qu'ils sont de 15 % pour les résidents des autres provinces. Étant donné que les crédits d'impôt non remboursables du Québec s'élèvent à 20 %, un montant qui est admissible à un crédit d'impôt aux paliers fédéral et provincial vaut donc en réalité environ 32,5 % du montant auquel il se rapporte.

17.1.2 Paiements de soutien aux enfants

Plutôt que des crédits d'impôt pour enfants mineurs à charge, le gouvernement du Québec offre un paiement non imposable de soutien aux enfants payable en versements trimestriels. Pour 2012, le montant maximum des paiements annuels pour chaque enfant à charge de moins de 18 ans est de 2 263 $ pour le premier enfant, 1 131 $ pour le second et le troisième et 1 696 $ pour chaque enfant additionnel. Un supplément annuel maximal de 793 $ est accordé aux familles monoparentales. Les paiements commencent à être réduits progressivement lorsque le revenu annuel dépasse 45 152 $ pour une famille biparentale (32 856 $ pour une famille monoparentale). Les familles ayant un enfant handicapé reçoivent un supplément mensuel de 179 $.

17.2 Différences entre les régimes fiscaux fédéral et québécois

La présente section traite des principales différences entre les législations fiscales fédérale et québécoise touchant les particuliers.

Soyez au courant des différences entre les régimes fiscaux fédéral et québécois.

Étudiez bien les différences entre les régimes fiscaux fédéral et québécois présentées ci-dessous. Faites attention aux incidences fiscales québécoises que pourraient avoir certaines décisions prises aux fins de l'impôt fédéral.

17.2.1 Crédits de base personnels et familiaux

Le crédit de base du fédéral est présenté à la section 2.2. Le Québec offre un crédit d'impôt personnel de 20 % d'un montant de 10 925 $. La valeur de ce crédit pour 2012 est de 2 185 $ (soit 20 % du montant du crédit, qui s'élève à 10 925 $).

Au lieu du crédit d'impôt pour conjoint, le Québec permet le transfert de la fraction inutilisée des crédits d'impôt non remboursables entre conjoints. En vertu de ce mécanisme, vous ne pouvez demander la déduction découlant du transfert qu'une fois déduits tous les autres crédits non remboursables de votre impôt du Québec payable par ailleurs. Ce mécanisme de transfert s'applique également pour l'année du décès d'un des conjoints dans la déclaration de revenus principale.

Un étudiant inscrit à un programme d'études postsecondaires peut transférer à l'un ou à l'autre de ses parents un montant, appelé « contribution parentale reconnue », relatif à la partie inutilisée du montant de son crédit personnel de base pour l'année. Le montant pouvant être transféré est réduit de 80 % du revenu net de l'étudiant (qui ne comprend pas les bourses d'études, les bourses de perfectionnement et les récompenses reçues au cours de l'année).

Le Québec offre un crédit d'impôt remboursable au titre des cotisations versées dans un REEE (voir 4.3). Chaque année, peut être déposé dans un REEE un crédit correspondant à 10 % des cotisations nettes versées au cours de l'année, à concurrence de 250 $. À compter de 2008, un montant pouvant atteindre 250 $ de tout droit accumulé les années précédentes peut être ajouté au montant de base. Les familles à faible revenu peuvent y ajouter jusqu'à 50 $ de plus chaque année, en fonction de leur revenu familial. Ce crédit s'ajoute aux fonds du régime plutôt que d'être remboursé au contribuable. Le montant cumulatif de ce crédit ne peut dépasser 3 600 $ par bénéficiaire.

Au lieu du crédit pour personne à charge admissible offert par le gouvernement fédéral (voir 2.2.1), le Québec accorde un crédit pour « autres personnes à charge » qui vous sont liées, par lien de parenté direct, par mariage ou par adoption. Pour que vous puissiez demander ce crédit, la personne au cours de l'année doit être âgée de 18 ans ou plus, elle doit être à votre charge et elle doit habituellement vivre avec vous, et vous ne devez pas avoir été le bénéficiaire d'un transfert de la contribution parentale reconnue de la part de cette personne à charge. Pour 2012, le montant donnant droit au crédit est de 2 930 $, ce qui représente un crédit valant au maximum 586 $. Le montant utilisé pour calculer le crédit est d'abord réduit de 80 % du revenu net de la personne à charge (qui ne comprend pas les bourses d'études, les bourses de perfectionnement et les récompenses reçues au cours de l'année), puis il est multiplié par le taux de crédit de 20 %.

Le Québec donne également droit à un crédit d'impôt non remboursable de 256 $ pour une « personne vivant seule ». Pour être admissible, vous devez avoir vécu seul pendant la totalité de l'année civile, dans un établissement domestique autonome, avec nulle autre personne qu'un mineur ou un enfant d'âge adulte inscrit à un programme d'études postsecondaires qui peut se prévaloir du mécanisme de transfert du crédit d'impôt pour étudiant (voir ci-dessus). Si vous vivez avec un enfant d'âge adulte, vous pourriez être en mesure d'ajouter un crédit d'impôt pour famille monoparentale non remboursable de 317 $ à votre crédit pour personne vivant seule.

Si vous êtes séparé et subvenez aux besoins de votre conjoint, vous ne pouvez pas demander ce crédit; cependant, si vous ne versez qu'une pension alimentaire à votre conjoint et que vous la déduisez de votre revenu imposable, votre conjoint et vous-même pouvez tous deux demander ce crédit. Le crédit est réduit de 15 % du revenu familial net du Québec en excédent de 31 695 $, de sorte que le crédit est complètement éliminé si votre revenu familial net s'établit à 40 228 $ ou plus pour l'année en cause.

Le critère du revenu familial net sert en outre à réduire le crédit d'impôt accordé aux personnes vivant seules, le crédit du Québec accordé aux personnes âgées et le crédit pour revenu de pension du Québec (voir 17.2.5). Pour 2012, les montants admissibles à ces trois crédits doivent être additionnés pour ensuite être réduits de 15 % de la part du revenu familial net en excédent de 31 695 $.

17.2.2 Frais de garde d'enfants

En ce qui concerne les frais de garde d'enfants, les règles fiscales québécoises diffèrent passablement des règles fiscales fédérales présentées à la section 2.3.4. Les frais de garde d'enfants donnent lieu au Québec à un crédit d'impôt remboursable plutôt qu'à une déduction.

(Nous traitons des crédits d'impôt non remboursables et de la distinction entre une déduction et un crédit à la section 2.1.2.) Le crédit est établi selon une échelle dégressive, allant de 75 % des frais pour les familles à faible revenu à 26 % pour les familles dont le revenu familial net est supérieur à 146 715 $. Par conséquent, le crédit pour frais de garde d'enfants est plus avantageux pour les familles à faible revenu, comme dans le cas de deux parents qui fréquentent l'école à temps plein.

Demandez à Revenu Québec de vous payer votre crédit pour frais de garde d'enfants en versements mensuels anticipés.

Vous pouvez demander à Revenu Québec de vous payer à l'avance, en versements mensuels, le crédit d'impôt remboursable pour frais de garde d'enfants, si le montant du crédit d'impôt auquel vous estimez avoir droit est de plus de 1 000 $ et si vous avez droit à une prime au travail de plus de 500 $ pour l'année. (Pour en faire la demande, remplissez le formulaire TPZ-1029.8.F.)

À la différence de la déduction fédérale pour frais de garde d'enfants, les frais de garde d'enfants admissibles au crédit d'impôt québécois ne sont pas limités par le revenu gagné de l'un ou l'autre des parents. Les frais admissibles comprennent les frais de garde d'enfants engagés durant une période au cours de laquelle vous ou votre conjoint avez reçu des prestations au titre de l'assurance-emploi ou du régime québécois d'assurance parentale.

Pour que vous soyez admissible, l'enfant doit, à un moment quelconque de l'année, répondre à l'une des conditions suivantes :

- être âgé de 16 ans ou moins et être votre enfant ou celui de votre conjoint;
- être âgé de 16 ans ou moins, être à votre charge ou à celle de votre conjoint et avoir un revenu qui ne dépasse pas 7 200 $;
- être à votre charge ou à celle de votre conjoint, être atteint d'une infirmité et avoir un revenu qui ne dépasse pas 7 200 $.

Pour 2012, au Québec, les demandes pour frais de garde sont plafonnées à 9 000 $ par enfant âgé de moins de sept ans, à 4 000 $ par enfant âgé entre sept et 16 ans et à 10 000 $ pour un enfant, quel que soit son âge, qui souffre d'une déficience mentale ou physique grave et prolongée pour laquelle un crédit pour personne handicapée peut être demandé (voir 2.3.4).

Exemple

Nicole et Daniel ont deux enfants d'âge préscolaire. En 2012, Daniel gagne un revenu annuel de 120 000 $ et Nicole, qui travaille à temps partiel, un revenu de 27 000 $. Ils paient 5 500 $ en frais de garde pour pouvoir travailler tous les deux.

Au fédéral, Nicole peut demander une déduction qui s'élèvera au moindre : a) du montant versé, soit 5 500 $, b) de 7 000 $ par enfant, soit 14 000 $, et c) des deux tiers de son revenu gagné, soit 18 000 $. Nicole peut donc déduire 5 500 $ de son revenu.

Au Québec, le crédit accordé à Nicole sera fondé sur le moindre : a) du montant versé, soit 5 500 $; et b) de 9 000 $ par enfant, soit 18 000 $. Comme le revenu familial net de Nicole et Daniel s'élève à plus de 146 715 $, le crédit sera donc établi à 26 % de 5 500 $, soit 1 430 $.

Dans d'autres cas, la limite hebdomadaire pour frais de garde d'enfants a été fixée à 175 $ par enfant âgé de moins de sept ans, à 250 $ par enfant souffrant d'une déficience mentale ou physique, quel que soit son âge, et à 100 $ par enfant âgé entre sept et 16 ans.

Les frais de garde d'enfants admissibles au crédit d'impôt du Québec ne comprennent pas la cotisation quotidienne de 7 $ que doivent verser les parents d'enfants qui fréquentent des centres de la petite enfance.

17.2.3 Frais d'adoption et de traitement contre l'infertilité

Il est question du crédit d'impôt fédéral pour les frais d'adoption en vigueur à la section 2.3.7. Le gouvernement du Québec offre également un crédit d'impôt remboursable au titre des frais d'adoption pour aider à financer les frais reliés à l'adoption d'enfants à l'étranger, mais ce crédit est également accordé dans le cas des adoptions conclues au pays. Le crédit est égal à 50 % d'un maximum de 20 000 $ de frais admissibles payés par vous ou par vous et votre conjoint, soit un crédit maximum de 10 000 $ par enfant. Les frais d'adoption admissibles comprennent les frais de cour et les honoraires juridiques, les frais de déplacement et les frais de traduction (dans le cas d'une adoption dans un pays étranger), ainsi que les frais exigés par des organismes agréés.

Comme il s'agit d'un crédit remboursable, vous y avez droit même si vous ne payez aucun impôt pour l'année. Vous devrez conserver les documents faisant état de vos dépenses et ne demander que celles qui sont admissibles au crédit.

Demandez le crédit d'impôt remboursable si vous adoptez un enfant ou suivez un traitement contre l'infertilité.

Si vous suivez un traitement contre l'infertilité, vous pourriez demander un crédit remboursable au titre des frais liés à la fécondation *in vitro* payés dans l'année par vous ou par votre conjoint, dans la mesure où ces traitements ne sont pas couverts par le régime d'assurance-maladie du Québec et qu'ils répondent à certaines conditions. Ce crédit est égal à 50 % de l'ensemble des frais admissibles jusqu'à concurrence de 20 000 $, soit un crédit annuel maximum de 10 000 $ par couple.

17.2.4 Frais de scolarité et intérêts sur les prêts étudiants

Les frais de scolarité sont admissibles à un crédit d'impôt non remboursable de 20 % au Québec. Le gouvernement du Québec permet à l'étudiant de transférer, au bénéfice de l'un de ses parents ou grands-parents, les frais de scolarité qu'il n'est pas en mesure de déduire. Les étudiants peuvent reporter prospectivement les frais de scolarité non déduits pour un temps indéfini, et les demander au cours d'années ultérieures.

Au Québec, il n'existe pas de crédit équivalant au montant pour études accordé par le fédéral. Le gouvernement québécois offre plutôt un crédit d'impôt non remboursable de 20 % pour les enfants âgés de moins de 18 ans et qui suivent à temps plein (à temps partiel dans le cas d'une personne atteinte d'une infirmité) un programme de formation professionnelle ou d'études postsecondaires. Ce crédit est basé sur un montant de 2 015 $ pour chaque session terminée, pour un maximum de deux sessions par année. Le montant total de ce crédit est réduit de 80 % du revenu net de l'enfant pour l'année (qui ne comprend pas les bourses d'études, les bourses de perfectionnement et les récompenses reçues au cours de l'année).

Un prêt étudiant reçu en vertu d'un programme fédéral ou québécois de prêts aux étudiants donne droit à un crédit d'impôt non remboursable de 20 % des intérêts versés au cours de l'année relativement à ce prêt. Toute fraction inutilisée de ce crédit peut être reportée à une année ultérieure. Pour obtenir ce crédit, vous devez joindre à votre déclaration un relevé des intérêts versés émis par votre institution financière.

17.2.5 Personnes âgées

Le gouvernement québécois offre un crédit d'impôt non remboursable de 20 % semblable au crédit fédéral accordé aux personnes âgées de 65 ans et plus (voir 20.3.4) et au crédit pour revenu de pension (voir 20.3.5). Pour 2012, le crédit du Québec pour personnes âgées s'élève à un maximum de 470 $ et le crédit pour revenu de pension, à un maximum de 418 $.

Les montants qui peuvent être demandés au titre de chacun de ces crédits et du crédit pour personnes vivant seules sont additionnés pour ensuite être réduits de 15 % de votre revenu familial net en excédent de 31 695 $ (voir 17.2.1).

17.2.6 Maintien à domicile, séjour dans une unité de récupération et matériel visant la sécurité d'une personne âgée

Le gouvernement du Québec offre un crédit remboursable pour le maintien à domicile des personnes âgées de 70 ans ou plus. Dans le cas des personnes âgées qui ne sont pas reconnues comme des personnes à charge, le crédit d'impôt est égal à 30 % des dépenses admissibles, à concurrence de 15 600 $, le crédit maximum remboursable s'élevant à 4 680 $. Dans le cas des personnes âgées qui sont reconnues comme des personnes à charge, il est égal à 30 % des dépenses admissibles, à concurrence de 21 600 $, le crédit maximum remboursable s'élevant à 6 480 $. Si vous et votre conjoint êtes tous les deux admissibles au crédit, seul l'un de vous peut faire la demande de crédit. Le crédit est réduit du revenu familial du demandeur qui excède 53 465 $ pour l'année. Vous ne pouvez demander le même montant aux fins de ce crédit et aux fins du crédit pour frais médicaux décrit à la section 17.2.10; vous devrez donc déterminer quel crédit vous sera le plus avantageux.

À compter de 2012, les personnes âgées de 70 ans ou plus peuvent demander un nouveau crédit d'impôt remboursable correspondant à 20 % des frais engagés à l'égard d'un séjour d'une durée maximale de 60 jours dans une unité de récupération privée ou publique.

Un autre crédit d'impôt remboursable a également été instauré en 2012; il s'agit d'un nouveau crédit équivalant à 20 % de la tranche qui excède 500 $ des montants payés pour l'achat ou la location de matériel admissible utilisé dans le lieu principal de résidence d'une personne âgée de 70 ans ou plus afin d'améliorer la sécurité de cette dernière.

17.2.7 Aidants naturels d'une personne majeure

Vous pourriez avoir droit au crédit d'impôt remboursable pour aidants naturels d'une personne majeure si vous êtes dans l'une des trois situations suivantes :

> Demandez le crédit remboursable pour aidants naturels d'une personne majeure.

- vous hébergez un proche admissible âgé de 70 ans ou plus ou souffrant d'une déficience mentale ou physique grave et prolongée,
- vous cohabitez avec un proche admissible qui est incapable de vivre seul en raison d'une déficience mentale ou physique grave et prolongée,
- vous habitez dans votre maison (autre qu'une résidence pour aînés) avec un conjoint âgé de 70 ans ou plus ou souffrant d'une déficience mentale ou physique grave et prolongée.

Pour 2012, ce crédit pouvant atteindre 1 104 $ par proche admissible est constitué d'un montant de base de 607 $, auquel s'ajoute un supplément de 497 $. Le montant de ce crédit est réduit de 16 % pour chaque dollar de revenu du proche admissible qui excède 22 075 $. Les aidants naturels d'un conjoint âgé n'ont pas droit au supplément, mais peuvent demander un montant de base majoré de 700 $ pour 2012.

Un proche admissible peut être, entre autres, un enfant, un petit-enfant, un frère, une sœur, un neveu, une nièce, un oncle ou une tante.

Les aidants naturels peuvent demander un autre crédit d'impôt remboursable équivalant à 30 % du total des dépenses engagées dans l'année et consacrées à des services de relève pour la garde et la supervision d'une personne admissible, à concurrence de 5 200 $. Le montant maximal du crédit, qui se chiffre à 1 560 $, est réduit de 3 % du revenu familial de l'aidant naturel qui excède 53 465 $ pour l'année. Vous ne pouvez toutefois déclarer ces dépenses au titre de ce crédit si vous les déclarez au titre d'un autre crédit.

17.2.8 Frais juridiques relatifs à l'établissement des paiements de soutien

Le régime fédéral permet la déduction des frais juridiques engagés dans le cadre de l'établissement des paiements de soutien pour enfants ou pour conjoint ou pour faire respecter le droit à ces paiements, ou encore pour les faire augmenter (voir 2.6). Les frais liés à une ordonnance d'un tribunal pour faire augmenter le montant de ces paiements sont déductibles aux termes de la réglementation fiscale québécoise.

Vous pouvez également déduire les frais judiciaires et extrajudiciaires se rapportant au droit initial de recevoir un paiement de soutien ou à l'obligation de le verser, pourvu que ces frais ne vous soient pas remboursés et que vous ne les ayez pas déduits de votre revenu d'une année précédente.

17.2.9 Dons de bienfaisance

Outre le crédit fédéral pour dons de bienfaisance dont il est question à la section 8.1, vous pouvez demander un crédit de 20 % au Québec pour la première tranche de 200 $ de dons de bienfaisance et de 24 % pour les montants supérieurs à 200 $. Le montant des dons de bienfaisance que vous pouvez demander dans votre déclaration pour une année peut atteindre 75 % de votre revenu net du Québec. Dans certains cas, ce montant peut être supérieur si vous faites don d'un bien culturel, d'un bien ayant une valeur écologique ou d'un bien en immobilisation dont la valeur s'est accrue. Pour l'année du décès ou l'année précédente, la limite est portée à 100 % du revenu net du Québec. Il n'y a aucune inclusion de revenu pour les gains en capital découlant de dons de titres négociés en bourse et d'autres biens dont la valeur a augmenté.

Le crédit pour les dons d'œuvres d'art comporte une restriction spéciale au Québec. La valeur du don est limitée au montant que l'organisme de bienfaisance reçoit de la vente de l'œuvre d'art plus 25 % de ce montant, et le crédit ne peut être demandé (par le donateur) que si l'organisme de bienfaisance vend l'œuvre d'art dans les cinq années suivant l'année au cours de laquelle le don a été accepté. Cette règle ne s'applique pas aux dons faits à certains musées et galeries d'art, groupements artistiques reconnus, gouvernements et municipalités.

17.2.10 Frais médicaux

Aux fins de l'impôt québécois, le crédit d'impôt non remboursable pour les frais médicaux est réduit de 3 % du revenu familial du Québec, lequel correspond à la somme du revenu net des deux conjoints. Contrairement à la réduction de 3 % du fédéral, celle du Québec n'est pas plafonnée à 2 109 $. Par conséquent, de nombreux résidents du Québec n'ont pas droit à ce crédit.

Les frais médicaux admissibles sont similaires à ceux du fédéral. Les frais engagés pour des services purement esthétiques (comme la liposuccion, le lissage du visage (*facelift*), les injections de botox et le blanchiment des dents) ne constituent pas des frais médicaux admissibles aux fins de l'impôt québécois. De plus, le montant pouvant être demandé pour des montures de lunettes est limité à 200 $ pour chacun de vous, votre conjoint et toute autre personne à qui vous ou votre conjoint avez acheté des lunettes.

Le gouvernement du Québec offre également un crédit d'impôt remboursable de 25 % pour certains frais médicaux. Le montant maximum offert pour 2012 s'élève à 1 103 $, et est réduit de 5 % du revenu familial qui excède 21 340 $.

En outre, comme nous le verrons à la section 17.2.17, l'avantage imposable que constituent les cotisations d'un employeur à un régime privé d'assurance-maladie est également admissible au crédit pour frais médicaux au Québec.

17.2.11 Crédit pour personnes handicapées

Le gouvernement du Québec accorde un crédit d'impôt non remboursable aux personnes souffrant d'une déficience physique ou mentale grave et prolongée. Ce crédit est semblable au crédit fédéral dont il est question à la section 2.5.1, et vous devez répondre essentiellement aux mêmes critères pour être admissible. Le crédit supplémentaire pour un enfant souffrant d'une déficience n'est pas offert au Québec.

Pour vous prévaloir du crédit du Québec pour la première fois, vous devez remplir le formulaire TP-752.0.14 et le joindre à votre déclaration de revenus du Québec pour cette année-là. Pour 2012, le montant maximal pouvant être admissible au crédit est de 2 485 $, ce qui peut valoir jusqu'à 497 $.

17.2.12 Contributions à des partis politiques

Comme nous l'avons vu à la section 2.7.2, de nombreuses provinces, y compris le Québec, accordent des crédits à l'égard des contributions versées à des partis politiques provinciaux, à des associations de comté ou à des candidats aux élections. Vous pouvez demander un crédit non remboursable au titre de contributions d'un maximum de 310 $. Au Québec, les contributions aux partis politiques municipaux sont également admissibles. Vous pouvez demander un crédit non remboursable à l'égard de contributions aux partis politiques municipaux allant jusqu'à 155 $.

17.2.13 Dividendes

Aux fins de l'impôt du Québec, les dividendes canadiens « déterminés » versés par des sociétés ouvertes et par des sociétés privées sous contrôle canadien à partir de revenus assujettis au taux élevé d'imposition des sociétés (voir 7.1.2) sont majorés de 38 % pour 2012. Le crédit compensatoire offert au Québec pour 2012 correspond à 11,9 % du dividende majoré.

Les dividendes canadiens « non déterminés » sont majorés de 25 %, et le crédit offert au Québec est de 8 % du dividende majoré.

17.2.14 Crédit d'impôt pour la solidarité

Depuis juillet 2011, un nouveau crédit d'impôt pour la solidarité remplace le crédit d'impôt pour la taxe de vente du Québec (TVQ), le remboursement d'impôts fonciers et le crédit d'impôt pour les villages nordiques.

Si vous y êtes admissible, ce crédit vous sera versé mensuellement. Vous devez être inscrit au dépôt direct dans votre compte bancaire.

17.2.15 Crédit d'impôt pour les travailleurs d'expérience

Si vous êtes âgé de 65 ans ou plus et que vous avez un revenu de travail admissible qui excède 5 000 $, vous pourriez demander ce nouveau crédit d'impôt pour les travailleurs d'expérience à compter de 2012. Ce crédit s'appliquera à 3 000 $ de revenu qui excède le seuil de 5 000 $ en 2012. Ce montant augmentera graduellement jusqu'à 10 000 $ en 2016. Le revenu de travail admissible comprend les salaires et les revenus d'entreprise.

17.2.16 Perte nette cumulative sur placements

Comme nous l'avons vu à la section 6.3.3, les frais de placement et les déductions à l'égard d'abris fiscaux créent des pertes nettes cumulatives sur placements (PNCP) qui réduisent votre faculté de demander l'exonération de 750 000 $ au titre des gains en capital.

Aux fins de l'impôt du Québec, certains encouragements spéciaux à l'investissement ne sont *pas* compris dans le calcul de votre PNCP. Par conséquent, ils n'affecteront pas votre faculté de demander l'exonération des gains en capital dans votre déclaration de revenus du Québec.

17.2.17 Régime privé d'assurance-maladie à la charge de l'employeur

Comme nous l'avons vu à la section 10.1.1, les cotisations de l'employeur à un régime privé d'assurance-maladie sont, au palier fédéral, des avantages non imposables pour les employés. Cependant, ces cotisations sont imposables aux fins de l'impôt québécois. Ainsi, si votre employeur paie pour votre régime d'assurance-maladie collective, d'assurance-médicaments ou de soins dentaires, la valeur de l'avantage sera incluse dans votre revenu d'emploi sur votre Relevé 1 et, par conséquent, elle sera imposable au Québec, même si l'information n'apparaît pas sur le T4, aux fins de l'impôt fédéral. Par conséquent, les cotisations de votre employeur au régime d'assurance-maladie auront habituellement pour effet de rendre votre revenu d'emploi aux fins de l'impôt du Québec plus élevé qu'il ne l'est aux fins de l'impôt fédéral. Vous (ou votre conjoint) pouvez toutefois demander l'avantage imposable à titre de frais médicaux aux fins du crédit d'impôt pour frais médicaux dans votre déclaration de revenus du Québec (voir 17.2.10).

17.2.18 Cotisations syndicales et professionnelles

Les cotisations syndicales et professionnelles (sauf l'assurance relative à la responsabilité professionnelle) qui sont déductibles aux fins de l'impôt fédéral (voir 10.8.4) ne sont pas déductibles aux fins de l'impôt du Québec mais donnent droit à un crédit d'impôt non remboursable de 20 %. Cette règle s'applique autant aux employés qu'aux travailleurs autonomes. Les coûts de l'assurance relative à la responsabilité professionnelle sont déductibles aux fins de l'impôt du Québec.

17.2.19 Déduction d'impôt pour emploi à l'étranger

Nous avons vu le crédit d'impôt fédéral pour emploi à l'étranger à la section 10.7.2. La réglementation québécoise atteint essentiellement les mêmes objectifs, soit de ne pas imposer certains revenus gagnés à l'étranger, mais selon une méthode différente.

D'abord, le régime québécois permet la déduction du revenu gagné à l'étranger plutôt que d'accorder un crédit d'impôt sur un pourcentage de ce revenu. Pour chaque période de 30 jours consécutifs pendant laquelle l'employé travaille à l'étranger dans le cadre d'un projet admissible, 1/12 du revenu gagné pendant l'année à l'étranger peut être déduit.

Deuxièmement, les indemnités pour séjour à l'étranger sont entièrement exonérées d'impôt, pourvu qu'elles n'excèdent pas la moitié du revenu gagné à l'étranger.

Troisièmement, les activités reconnues aux fins de la déduction sont plus nombreuses que celles qui le sont dans le cadre du régime fédéral. Outre les projets admissibles aux fins fédérales, l'installation d'ordinateurs ou de systèmes automatisés ou de communication des données pour un bureau ainsi que la prestation de services scientifiques et techniques donnent droit à la déduction aux fins de l'impôt du Québec.

17.2.20 Frais de repas et de représentation

Comme nous l'avons vu à la section 11.2.9 sur la législation fiscale fédérale, si vous êtes un travailleur autonome et que vous invitez un client ou une relation d'affaires à un dîner ou à un divertissement, la déduction pour vos frais à titre de dépense d'entreprise est limitée à 50 % du montant payé, aux fins de l'impôt du Québec.

Aux fins du régime fiscal québécois, les frais de représentation font l'objet de limites supplémentaires :

- 2 % de votre chiffre d'affaires total, s'il s'élève à 32 500 $ ou moins;
- 650 $, si votre chiffre d'affaires total se situe entre 32 500 $ et 52 000 $;
- 1,25 % de votre chiffre d'affaires total, s'il atteint 52 000 $ ou plus.

Certains secteurs peuvent bénéficier de certains assouplissements de ces limites, tels que les secteurs dont les activités exigent des déplacements fréquents et les agences de vente.

Néanmoins, certains frais de représentation reliés à des événements culturels ayant lieu au Québec sont encore déductibles en totalité aux fins de l'impôt québécois. Ces frais comprennent notamment le coût d'un abonnement à des concerts d'un orchestre symphonique ou d'un ensemble de musique classique ou de jazz, à des représentations d'opéra, à des spectacles de danse et de chansons et à des pièces de théâtre. Pour avoir droit à cette déduction spéciale, l'abonnement devra comprendre au moins trois représentations, dans des disciplines admissibles.

17.2.21 Dépenses relatives à un bureau à domicile

Les règles fiscales fédérales régissant les déductions au titre des dépenses relatives à un bureau à domicile sont traitées aux sections 10.8.3 et 11.2.10. Aux fins de l'impôt du Québec, la déduction accordée aux travailleurs autonomes est plafonnée à 50 % si les dépenses ont trait aux frais d'entretien d'une résidence (p. ex., frais d'entretien et de réparation, loyer, hypothèque, impôts fonciers et scolaires, primes d'assurance et dépréciation). Les déclarations de dépenses relatives à un bureau à domicile faites par les employés ne sont pas soumises à cette restriction.

17.2.22 Dépenses relatives aux immeubles locatifs – Documentation

Si vous possédez un immeuble situé au Québec dont vous tirez un revenu de location ou d'entreprise et que, dans votre déclaration de revenus du Québec, vous réclamez des dépenses relativement à la rénovation, l'amélioration, l'entretien ou la réparation d'un immeuble, vous devez joindre à cette déclaration le formulaire TP-1086.R.23.12, où vous inscrivez les renseignements suivants : le nom, l'adresse, le numéro d'assurance sociale (s'il s'agit d'un particulier) et le numéro d'inscription à la TVQ (le cas échéant) de l'entrepreneur ainsi que le montant payé pour les travaux effectués. Cette mesure est conçue afin de contrer l'évasion fiscale qui sévit dans les secteurs de la construction et de la rénovation immobilières.

17.2.23 Limite de la déductibilité des frais de placement

Aux fins de l'impôt du Québec, la déductibilité des frais engagés pour gagner un revenu tiré de biens se limitera au revenu de placement que vous avez gagné durant l'année. Les frais de placement qui ne pourront être déduits au cours d'une année donnée pourront être reportés en déduction du revenu de placement gagné au cours de l'une des trois années d'imposition précédentes et ils peuvent être reportés prospectivement indéfiniment, pourvu que le revenu de placement de l'année en cause excède les frais de placement.

17.2.24 Acomptes provisionnels

Les exigences du Québec en matière d'acomptes provisionnels sont semblables aux exigences fédérales exposées à la section 9.2.2, mais elles comportent certaines différences minimes.

Une pénalité de 10 % s'ajoute aux intérêts sur les acomptes provisionnels tardifs ou insuffisants. Cette pénalité étant beaucoup plus élevée que celle qui est imposée par le fédéral, si vous ne pouvez payer qu'une partie de vos acomptes, il serait préférable de verser d'abord vos acomptes provisionnels du Québec dans le délai imparti.

Les règles qui déterminent quels particuliers doivent effectuer des acomptes provisionnels sont les mêmes qu'aux fins de l'impôt fédéral (voir 9.9.2). Vous devez verser de tels acomptes si votre solde d'impôt québécois à payer à la fin de l'année dépasse 1 800 $ pour l'année courante et l'une ou l'autre des deux années précédentes.

Les résidents du Québec doivent verser au palier *fédéral* des acomptes provisionnels trimestriels si l'impôt dû à ce palier s'élève à 1 800 $ pour l'année courante et pour l'une ou l'autre des deux années d'imposition précédentes. Puisque l'impôt que doit payer un particulier n'est pas le même aux deux paliers d'imposition (en raison de nombreux facteurs, dont ceux qui sont énumérés à la section 17.2), il se peut que vous soyez tenu de verser des acomptes provisionnels aux fins de l'impôt fédéral, mais non provincial, ou vice versa.

17.2.25 Contribution santé du Québec

Si vous êtes un résident du Québec âgé de 18 ans ou plus et avez un revenu supérieur à un certain montant, vous devrez payer une contribution santé du Québec de 200 $ en 2012. Le seuil d'exemption est fonction du revenu familial et est similaire au montant qui est accordé à titre de déduction aux fins du calcul de la prime au Régime public d'assurance-médicaments de la province. Généralement, la contribution santé est payable au plus tard le 30 avril de l'année suivante.

17.2.26 Cotisations au Fonds des services de santé

Le revenu de toutes sources (autre que le revenu d'emploi) est assujetti aux cotisations au Fonds des services de santé (FSS) (c'est-à-dire un autre impôt, distinct de la cotisation dont il est traité à la section 17.2.25). En règle générale, le revenu assujetti aux cotisations équivaut au revenu total indiqué dans la déclaration de revenus, incluant le revenu d'entreprise, le revenu de placement, le revenu de retraite ou de pension et les gains en capital imposables, sauf le revenu d'emploi, les prestations de sécurité de la vieillesse et la pension alimentaire.

Certaines déductions précises sont permises afin d'en arriver au montant de base des cotisations, et une exonération additionnelle de 13 660 $ est accordée. Si votre revenu se situe entre 13 660 $ et 47 490 $, vos cotisations correspondent à 1 % de vos revenus en sus de 13 660 $, jusqu'à un maximum de 150 $. Si votre revenu est supérieur à 47 490 $, vos cotisations s'élèvent à 150 $, plus 1 % des revenus en sus de 47 490 $, jusqu'à un maximum de 1 000 $. Ces cotisations sont ensuite contrebalancées par un crédit d'impôt non remboursable de 20 %.

Si vous êtes tenu de verser des acomptes provisionnels (voir 17.2.24), vous devez également le faire à l'égard de vos cotisations au FSS.

17.2.27 Cotisations au régime d'assurance parentale

Le régime québécois d'assurance parentale (RQAP) offre des prestations à tout travailleur admissible qui prend un congé de maternité, de paternité, d'adoption ou un congé parental.

Les employeurs, les salariés et les travailleurs autonomes devront payer des cotisations obligatoires pouvant atteindre 369 $ pour les salariés, 516 $ par salarié pour les employeurs et 655 $ pour les travailleurs autonomes en 2012. Les cotisations d'un salarié entreront dans le calcul de son crédit personnel non remboursable, tout comme ses cotisations au RRQ, à l'assurance-emploi et au FSS (voir 17.2.1). Les cotisations des employeurs seront déductibles, alors que celles des travailleurs autonomes seront partiellement déductibles.

Les prestations versées en vertu de ce régime seront imposées au cours de l'année de leur réception, et elles feront l'objet d'une retenue d'impôt à la source.

17.2.28 Déduction accordée aux travailleurs autonomes au titre des cotisations au RRQ/RPC ou au RQAP

Les travailleurs autonomes peuvent déduire, dans le calcul de leur revenu net, 50 % des montants payés à titre de cotisations au RRQ/RPC sur les gains d'un travail indépendant donnant droit à une pension et une partie de leurs cotisations payées au RQAP. Le solde des cotisations payées est admissible au crédit d'impôt non remboursable. Cette déduction s'applique également pour déterminer les cotisations de 1 % au FSS (voir 17.2.26).

17.2.29 Rabais à l'achat ou à la location d'un véhicule écologique

Un nouveau programme de rabais remplace le crédit d'impôt remboursable qui pouvait être demandé à l'égard d'un véhicule neuf écoénergétique acquis ou loué selon un contrat de location à long terme signé de janvier 2009 au 1ᵉʳ janvier 2012.

> Réduisez le coût d'une voiture neuve écologique grâce au programme de rabais du Québec pour véhicule neuf écoénergétique.

Ce nouveau programme de rabais porte principalement sur les véhicules électriques hybrides rechargeables et les véhicules entièrement électriques. Le rabais varie de 5 000 à 8 000 $ et est calculé en fonction de la capacité de la batterie en kilowattheures.

17.3 Documents de référence

Revenu Québec publie un grand nombre de documents à l'intention des contribuables, dont le bien connu *Guide – Déclaration de revenus* joint à la déclaration de revenus du Québec. Certains guides, brochures et formulaires relatifs au Québec sont également disponibles en français et en anglais sur le site Internet du gouvernement du Québec à l'adresse *www.revenu.gouv.qc.ca*.

C H A P I T R E 18

Si vous êtes un citoyen américain vivant au Canada

- Envisagez de demander le « *foreign earned income exclusion* », dans la mesure où cela est avantageux (18.2.1)

- Demandez le montant maximum du crédit pour impôt étranger (18.2.2)

- Conservez les pièces justificatives des frais qui sont déductibles dans votre déclaration de revenus américaine (18.3.1)

- Prenez garde aux différences entre les règles canadiennes et américaines régissant les revenus de pension (18.3.3)

- Faites le choix de reporter l'imposition américaine du revenu qui s'accumule dans votre REER et dans vos autres régimes de retraite canadiens (18.3.3)

- Méfiez-vous des régimes de rémunération différée non admissibles (18.3.3)

- Faites attention aux investissements dans des fonds canadiens ou des sociétés canadiennes qui gagnent un revenu de placement (18.3.5)

- Utilisez avec prudence l'exonération de 750 000 $ CA pour gains en capital (18.4.3)

- Revoyez les mécanismes de fractionnement du revenu afin d'éviter une double imposition (18.6.2)

- Si vous êtes marié, produisez une déclaration conjointe, s'il y a lieu (18.7.1)

- Envisagez d'utiliser l'exonération annuelle de l'impôt sur les dons de 13 000 $ US pour transférer de l'argent à vos enfants et à vos petits-enfants (18.8.2)

- Prenez garde aux règles américaines de déclaration portant sur les dons et les fiducies étrangères (18.8.4)

- Envisagez de vous expatrier des États-Unis pour protéger vos biens canadiens de l'impôt américain (18.9)

Dans le présent chapitre, nous abordons la situation fiscale délicate et compliquée d'un citoyen américain qui vit au Canada. Nous ne pouvons ici qu'effleurer le sujet en raison de l'interaction de deux régimes d'imposition complexes soumis à une constante évolution. Nous recommandons à tout citoyen des États-Unis qui réside au Canada d'obtenir les conseils d'un fiscaliste.

18.1 Deux régimes d'imposition

Les régimes d'imposition des États-Unis et du Canada se ressemblent dans leurs caractéristiques générales, mais diffèrent sensiblement dans le détail. Un citoyen américain résidant au Canada doit tenir compte des deux régimes.

Les États-Unis sont l'un des rares pays qui imposent le revenu mondial de leurs citoyens, qu'ils résident ou non aux États-Unis. Le Canada impose le revenu mondial de ses résidents seulement, les non-résidents (même s'ils sont citoyens canadiens) n'étant assujettis à l'impôt canadien que sur le revenu qu'ils tirent de certaines sources canadiennes.

Les citoyens américains vivant au Canada doivent donc produire des déclarations de revenus dans les deux pays, et souvent payer de l'impôt à la fois au fisc canadien et au fisc américain. Des règles ont été instituées afin d'empêcher la double imposition : qui donc pourrait se permettre de payer un fort pourcentage de son revenu en impôt dans chaque pays? Les règles ne sont cependant pas parfaites, comme nous le verrons à la section 18.2. Une grande partie de ce chapitre traite des aspects de l'imposition qui découlent des différences entre les modes de calcul du revenu imposable et de l'impôt à payer de ces deux régimes fiscaux.

De façon générale, les taux d'imposition sont moins élevés aux États-Unis qu'au Canada. L'impôt fédéral américain atteint actuellement un taux maximal de 35 %. L'impôt fédéral canadien atteint 29 %, mais comme résident du Canada, vous devez aussi acquitter un impôt provincial, ce qui entraîne un taux maximal fédéral et provincial d'environ 45 %, selon la province de résidence. En tant que citoyen des États-Unis qui ne réside pas ou n'est pas domicilié dans un État américain, vous n'avez aucun impôt d'État à payer à un État américain, sauf peut-être si vous touchez des revenus dans un État.

Pour les personnes célibataires qui n'ont personne à leur charge et les personnes mariées produisant une déclaration conjointe (voir 18.7.1), les taux d'impôt sur le revenu américains sont les suivants pour 2012 :

Célibataires (voir 18.7.1)	
Revenu imposable	Impôt fédéral
0 $ à 8 700 $	10 %
8 700 $ à 35 350 $	870 $ plus 15 % de l'excédent de 8 700 $
35 350 $ à 85 650 $	4 867,50 $ plus 25 % de l'excédent de 35 350 $
85 650 $ à 178 650 $	17 442,50 $ plus 28 % de l'excédent de 85 650 $
178 650 $ à 388 350 $	43 482,50 $ plus 33 % de l'excédent de 178 650 $
388 350 $ et plus	112 683,50 $ plus 35 % de l'excédent de 388 350 $

Personnes mariées produisant une déclaration conjointe (voir 18.7.1)	
Revenu imposable	**Impôt fédéral**
0 $ à 17 400 $	10 %
17 400 $ à 70 700 $	1 740 $ plus 15 % de l'excédent de 17 400 $
70 700 $ à 142 700 $	9 735 $ plus 25 % de l'excédent de 70 700 $
142 700 $ à 217 450 $	27 735 $ plus 28 % de l'excédent de 142 700 $
217 450 $ à 388 350 $	48 665 $ plus 33 % de l'excédent de 217 450 $
388 350 $ et plus	105 062 $ plus 35 % de l'excédent de 388 350 $

(Les taux diffèrent pour d'autres catégories de contribuables; se reporter à la section 18.7.1 pour une description des autres catégories.)

Le taux marginal d'imposition le plus élevé au palier fédéral est donc de 35 % pour la plupart des contribuables.

Le taux marginal de 35 % s'applique au revenu imposable excédant 388 350 $ US, sans égard au statut de production (« *filing status* »). Toutefois, les personnes mariées qui produisent une déclaration distincte (voir 18.7.1) sont assujetties à ce taux marginal élevé lorsque le revenu imposable excède 194 175 $ US.

18.2 Mécanismes de base pour éviter la double imposition

Il existe trois mécanismes visant à éliminer la double imposition d'un revenu.

18.2.1 Exclusion du revenu gagné à l'étranger (« *foreign earned income exclusion* ») (loi fiscale américaine)

Le moyen le plus simple d'échapper à la double imposition est de se prévaloir de la déduction relative à l'exclusion du revenu gagné à l'étranger (« *foreign earned income exclusion* »). Cette déduction permet d'exclure de votre revenu, dans votre déclaration américaine, jusqu'à 95 100 $ US de « revenu gagné » (salaires ou honoraires) pour services rendus à l'extérieur des États-Unis.

Exemple

Cathy est une citoyenne des États-Unis qui vit à Calgary. Elle a gagné 90 000 $ CA comme comptable en 2012. (Supposons que le dollar CA et le dollar US sont à parité en 2012.) Elle n'a aucun autre revenu.

Sur sa déclaration de revenus américaine, Cathy déclare un revenu d'environ 90 000 $ US, puis choisit de déduire de ce revenu le même montant au titre de l'exclusion du revenu gagné à l'étranger. Aux fins de l'impôt américain, son revenu total est nul, et elle ne paiera donc pas d'impôt aux États-Unis. Le fait qu'elle soit citoyenne américaine ne changera rien à la déclaration qu'elle produira au Canada.

Si vous ne touchez aucun autre revenu que votre salaire ou vos honoraires et que votre revenu annuel est inférieur à 95 100 $ US, cette exclusion suffit à vous abriter complètement de l'impôt américain. Vous devez néanmoins produire une déclaration de revenus aux États-Unis (voir 18.7.2) et réclamer cette exclusion.

Remarquez que, si vous produisez une « déclaration conjointe de personnes mariées » (voir 18.7.1), vous-même et votre conjoint pouvez chacun déduire un montant n'excédant pas 95 100 $ US aux fins de l'exclusion de vos revenus gagnés respectifs, même si votre conjoint n'est pas citoyen américain.

L'exclusion du revenu gagné à l'étranger est d'abord déduite, puis réintégrée dans le revenu imposable afin de calculer un montant approximatif d'impôt exigible. L'impôt est ensuite calculé sur le montant de l'exclusion du revenu gagné à l'étranger comme s'il s'agissait du revenu imposable pour l'année. L'excédent du premier montant par rapport au second correspond au montant d'impôt à payer. Du fait de ce mode de calcul, l'impôt est payé à des taux progressifs plus élevés sur le montant de revenu imposable qui dépasse le montant de l'exclusion du revenu gagné à l'étranger.

Envisagez de demander le « *foreign earned income exclusion* », dans la mesure où cela est avantageux.

Les règlements permettent de demander l'exclusion du revenu gagné à l'étranger même si la déclaration est produite en retard. Si vous êtes admissible à l'exclusion du revenu gagné à l'étranger, vous devriez normalement en profiter. Cependant, dans certaines circonstances (la plupart du temps dans le cas des reports prospectifs de crédits pour impôt étranger – voir 18.2.2), il est plus avantageux de réclamer le crédit pour impôt étranger que l'exclusion. Si vous réclamez cette dernière, puis choisissez au cours d'une année ultérieure de ne pas vous en prévaloir, vous ne pourrez pas en principe vous en prévaloir de nouveau avant cinq ans.

18.2.2 Crédit pour impôt étranger (lois américaine et canadienne)

Le crédit pour impôt étranger est un mécanisme unilatéral offert par de nombreux pays afin d'éviter la double imposition. Il est disponible aux États-Unis et au Canada. Fondamentalement, le concept est le même dans les deux pays, bien qu'il comporte des différences dans les détails.

Voyons, à titre d'exemple, comment fonctionne le crédit américain : si vous êtes assujetti à l'impôt américain (parce que vous êtes citoyen de ce pays), mais que vous en avez déjà payé au Canada sur un revenu de source canadienne, vous pouvez en général demander un crédit pour impôt étranger afin de réduire l'impôt qui est exigible aux États-Unis sur ce revenu. Ce crédit ne peut pas être supérieur à l'impôt que vous avez acquitté au Canada.

> Demandez le montant maximum du crédit pour impôt étranger.

Exemple

Dave, citoyen américain, vit et travaille à Toronto. En 2012, il a gagné 1 000 $ CA (soit environ 1 000 $ US) d'intérêts sur son compte bancaire à Toronto. En plus de toucher un salaire au Canada, Dave gagne également un revenu de placement aux États-Unis.

Dans sa déclaration de revenus américaine, Dave doit inclure dans son revenu les 1 000 $ US d'intérêts (parce qu'il s'agit d'un revenu de placement et non d'un revenu gagné, les intérêts ne donnent pas droit à l'exclusion du revenu gagné à l'étranger). S'il se trouve dans la tranche d'imposition américaine de 28 % (son revenu imposable est inférieur à 178 650 $ US et il est célibataire), il doit verser un impôt additionnel de 280 $ US aux États-Unis. Si, au Canada, il est dans la tranche d'imposition de 45 %, il a déjà acquitté au Canada (et en Ontario) l'équivalent de 450 $ US sur ce revenu; il peut donc demander un crédit pour impôt étranger égal aux 280 $ US dans sa déclaration américaine. Si, par contre, son taux d'imposition canadien avait été plus faible et s'il n'avait payé que 250 $ US au Canada (et en Ontario), son crédit aurait été limité à ce dernier montant.

L'exemple précédent a été simplifié, mais il démontre le résultat final de ce crédit : lorsque vous faites le total des impôts à payer dans les deux pays (y compris l'impôt provincial ou d'un État) et des crédits pour impôt étranger de chacun, vous devriez payer en fin de compte un impôt égal au taux d'imposition le plus élevé des deux pays.

Le crédit pour impôt étranger canadien est calculé d'une façon semblable. Étant donné que le Canada impose ses résidents sur leur revenu mondial, Dave doit inclure dans sa déclaration de revenus canadienne les revenus qu'il tire de ses placements aux États-Unis; il a ensuite droit à un crédit pour l'impôt acquitté aux États-Unis sur ces mêmes revenus de placements américains, crédit qui compensera son impôt à payer au Canada, mais seulement jusqu'à concurrence du montant d'impôt américain qu'il aurait payé s'il n'avait pas été citoyen américain. Le Canada n'accorde des crédits pour impôt étranger que pour le montant d'impôt américain qui serait payable par des personnes qui ne sont pas des citoyens américains.

Aux termes de la convention fiscale entre le Canada et les États-Unis (voir 18.2.3), les États-Unis accorderont alors un crédit supplémentaire, ce que de nombreux contribuables négligent de réclamer. (Remarquez que le crédit pour impôt étranger de chaque pays n'est généralement disponible qu'à l'égard des impôts étrangers exigibles sur des revenus de sources extérieures à ce pays.)

Les règles précises quant à la façon de calculer le crédit pour impôt étranger sont très complexes. Si vous gagnez un revenu pour des services personnels rendus à la fois aux États-Unis et au Canada, il serait bon de garder un registre des journées de travail passées aux États-Unis et au Canada.

Aux États-Unis, un excédent d'impôt étranger (qui ne donne pas droit à un crédit) peut faire l'objet d'un report rétrospectif sur un an et prospectif sur dix ans. Au Canada, un tel excédent peut être déduit du revenu de l'année courante. S'il se rapporte à un revenu d'entreprise, l'excédent d'impôt étranger peut, en général, faire l'objet d'un report rétrospectif sur trois ans et prospectif sur dix ans. L'impôt étranger sur le revenu de placement qui n'est pas utilisé comme un crédit ou une déduction au cours de l'année ne peut être reporté rétrospectivement ou prospectivement au Canada.

Si vos revenus proviennent de plusieurs sources et que vous devez réclamer un crédit pour impôt étranger en vertu de l'un des régimes fiscaux ou des deux, vous avez tout intérêt à consulter un professionnel.

18.2.3 Convention fiscale entre le Canada et les États-Unis

La convention fiscale entre le Canada et les États-Unis (« convention fiscale canado-américaine ») représente la troisième protection contre la double imposition. Le Canada et les États-Unis ont conclu de telles conventions avec de nombreux pays. Une convention fiscale vise un double objectif : éviter la double imposition et réduire l'évasion fiscale en autorisant les échanges de renseignements entre les autorités concernées.

La convention fiscale conclue entre le Canada et les États-Unis ne s'applique pas, en majeure partie, pour limiter l'impôt à payer aux États-Unis par les citoyens américains résidant au Canada, sauf dans des circonstances particulières.

Par exemple, la convention fiscale permet aux citoyens américains qui résident au Canada de reporter l'imposition américaine des sommes qui s'accumulent dans un REER ou dans d'autres régimes de retraite, qui ne sont pas des régimes de report admissibles aux États-Unis. En l'absence de cette disposition, ces sommes, expressément exonérées de l'impôt canadien, seraient assujetties à l'impôt américain (voir 3.1.5 et 18.3.3).

Si vous utilisez la convention afin de réduire votre impôt américain, vous êtes habituellement tenu d'indiquer les détails précis des avantages aux termes de la convention que vous réclamez dans votre déclaration de revenus américaine. Si vous ne le faites pas, ces avantages pourraient vous être refusés.

Aux termes de la convention, si vous êtes citoyen canadien et si vous recevez des prestations sociales américaines, vous n'êtes pas assujetti à l'impôt américain sur ces montants. Toutefois, 85 % du montant reçu est imposable au Canada.

18.3 Différences dans le calcul du revenu

En théorie, le mécanisme du crédit pour impôt étranger vous évite de payer de l'impôt deux fois sur le même revenu. Mais il ne faut pas oublier que la façon de calculer le revenu imposable aux États-Unis et au Canada diffère à bien des égards, et peut donc donner des résultats inattendus.

18.3.1 Déductions fiscales disponibles aux États-Unis mais non au Canada

Dans votre déclaration de revenus américaine, vous pouvez habituellement déduire les intérêts payés sur votre emprunt hypothécaire pour l'achat d'une résidence et les impôts fonciers. Or, ces déductions ne sont pas possibles au Canada, sauf dans la mesure où vous pouvez demander une déduction pour un bureau à domicile (voir 7.2.3 et 11.2.10).

En règle générale, les impôts d'État, qui peuvent être exigés dans la mesure où vous résidez ou gagnez un revenu dans un État américain, sont déductibles aux fins fiscales américaines, tandis que l'impôt provincial n'est pas déductible au Canada.

Certains frais liés à un emploi sont déductibles aux États-Unis, mais non au Canada. Si vous demandez dans votre déclaration de revenus américaine des déductions qui ne sont pas admissible au Canada, assurez-vous de conserver les pièces justificatives pour établir la pertinence de votre réclamation.

> Conservez les pièces justificatives des frais qui sont déductibles dans votre déclaration de revenus américaine.

18.3.2 Déductions fiscales offertes au Canada mais non aux États-Unis

Comme nous l'avons vu à la section 7.2.3, on peut déduire au Canada les intérêts versés sur des emprunts contractés dans le but de gagner un revenu de placement. Aucune exigence stricte ne prévoit que vous deviez réellement gagner un revenu de placement supérieur à ce que vous versez en intérêts.

Aux États-Unis, par contre, la déduction que vous pouvez demander au titre des frais de placements est limitée à votre revenu de placement. Il n'est pas possible de déduire vos frais d'intérêts d'autres revenus, tels les revenus d'emploi ou d'entreprise. Ce principe s'applique aussi, en vertu d'autres règles complexes distinctes, à toutes les déductions relatives à des activités « passives », notamment aux déductions au titre des sociétés en commandite et à la plupart des pertes locatives. Les montants non autorisés à titre de déductions au cours d'une année donnée peuvent être reportés prospectivement et être déduits au cours d'années ultérieures.

D'autres dépenses et déductions autorisées par le fisc canadien, telles que les cotisations versées dans un REER et certains frais de scolarité et de déménagement, ne sont pas permises aux États-Unis.

18.3.3 Régimes de retraite et de participation aux bénéfices

Les citoyens américains peuvent se heurter à des difficultés avec les REER, les CELI, les REEE, les RPA et les RPDB (voir chapitres 3 et 4) étant donné que ces régimes ne bénéficient d'aucun statut particulier aux termes du *Internal Revenue Code* des États-Unis.

> Prenez garde aux différences entre les règles canadiennes et américaines régissant les revenus de pension.

Les cotisations d'employeurs à un régime de pension agréé ou à un régime de participation différée aux bénéfices ne sont pas immédiatement imposables au Canada (voir 10.1.1), le bénéficiaire ne payant de l'impôt qu'au moment où il reçoit des prestations, en général à sa retraite (voir 3.5.1).

Cette exemption n'existe pas actuellement aux États-Unis. Les cotisations versées par votre employeur sont traitées comme un avantage relatif à un emploi et sont imposées dès qu'elles vous sont acquises (c'est-à-dire dès que vous y avez droit même si vous quittez votre emploi). En outre, ces sommes sont expressément exclues de la définition du « revenu gagné à l'étranger » en vertu de la législation fiscale américaine, ce qui vous empêche de bénéficier de l'exclusion correspondante (voir 18.2.1). Dans certaines circonstances et selon le montant inutilisé du report du crédit pour impôt étranger, vous risquez de devoir payer de l'impôt aux États-Unis sur ces cotisations. Les fonds que vous retirerez plus tard ne devraient pas être imposables aux États-Unis.

Vos propres cotisations à un REER ou à un RPA sont déductibles au Canada, mais ne le sont pas aux États-Unis à moins que la convention ne prévoie expressément une déduction.

Les revenus qui s'accumulent dans un REER, un FERR et d'autres régimes de retraite canadiens (voir le chapitre 3) sont normalement imposables aux États-Unis. Cependant, comme nous l'avons signalé à la section 18.2.3, la convention fiscale canado-américaine vous donne la possibilité d'en retarder l'imposition, chaque année, jusqu'à ce que vous touchiez effectivement les fonds de votre régime. Cela a pour effet de vous permettre de reporter l'imposition du revenu à la même année aux fins fiscales canadiennes et américaines, pourvu que vous fassiez, une fois par année, le choix approprié en vertu de la convention fiscale canado-américaine avec votre déclaration de revenus. Les cotisations à un REER, les distributions et les placements sont divulgués sur le formulaire 8891.

> Faites le choix de reporter l'imposition américaine du revenu qui s'accumule dans votre REER et dans vos autres régimes de retraite canadiens.

Le revenu gagné dans votre CELI ou votre REER est imposable aux États-Unis, puisque ces régimes ne jouissent d'aucun statut particulier en vertu de l'*Internal Revenue Code* des États-Unis ou de la convention fiscale entre le Canada et les États-Unis. Il est probable que ces régimes soient considérés comme des fiducies étrangères aux États-Unis, ce qui supposerait que des déclarations annuelles supplémentaires doivent être produites à l'égard de cotisations, de distributions et de revenus (voir 18.7.4). Avant de décider d'investir dans ces régimes, les citoyens américains auraient intérêt à tenir compte des exigences contraignantes en matière de production de déclarations.

Si vous êtes titulaire d'un « *Individual Retirement Account* » ou IRA aux États-Unis, vos cotisations ne sont pas déductibles aux fins de l'impôt canadien. Le revenu qui s'accumule dans un IRA n'est pas imposable au Canada. Lorsque vous retirez les sommes accumulées dans un IRA, le gouvernement canadien impose généralement un montant correspondant à celui qui aurait été imposable pour un résident des États-Unis au moment du retrait des fonds. En dépit du fait que vous pourriez peut-être transférer des paiements forfaitaires de votre IRA à votre REER en franchise de l'impôt canadien, le montant transféré sera soumis à l'impôt américain. Les crédits pour impôt étranger peuvent atténuer le fardeau de la double imposition.

Enfin, les cotisations d'un employeur américain à un régime de rémunération différée des États-Unis peuvent être imposables au Canada à titre d'avantage relatif à un emploi ou en vertu des règles sur les « conventions de retraite » (voir 10.5.4).

La convention fiscale entre le Canada et les États-Unis permet maintenant aux contribuables de demander des déductions dans un pays au titre de certaines cotisations versées à un régime de retraite dans l'autre pays signataire. Ces règles s'appliquent généralement aux frontaliers, aux employés en affectations temporaires, de même qu'aux citoyens américains vivant au Canada.

Les employés qui sont mutés temporairement du Canada aux États-Unis (pour au plus 60 mois au cours des 120 mois précédents) peuvent continuer de cotiser à leur régime canadien admissible et demander une déduction dans leur déclaration de revenus américaine, dans la mesure où ils étaient résidents du Canada et où ils participaient au régime canadien avant le début de leur affectation aux États-Unis. Les mêmes règles s'appliquent aux résidents américains qui sont mutés temporairement au Canada.

Les employés transfrontaliers peuvent cotiser à un régime admissible dans le pays où ils travaillent et demander une déduction dans le pays où ils sont résidents. Les citoyens américains résidents du Canada qui travaillent au Canada et qui cotisent à un régime canadien admissible peuvent demander une déduction dans leur déclaration de revenus américaine.

Méfiez-vous des régimes de rémunération différée non admissibles.

Les conséquences fiscales connexes aux régimes de rémunération différée non admissibles aux États-Unis ne favorisent pas leur utilisation. La rémunération différée survient lorsqu'une personne a le droit de recevoir un montant au cours d'une année donnée, et que ce montant ne lui est pas versé avant une année ultérieure. Ces règles touchent certains régimes d'actions à dividende différé ainsi que certaines primes et autres types de rémunération différée; la plupart des régimes d'options d'achat d'actions et des régimes de droits à la plus-value dont les actions ne sont pas émises à escompte ne sont pas visés.

Aux termes de ces règles, seuls les régimes de rémunération différée qui répondent à des critères de distribution précis permettront à la comptabilisation du revenu d'être différée. De plus, l'employé ou l'administrateur pourrait devoir faire un choix avant l'année où les services sont rendus si l'employé dispose d'une quelconque marge de manœuvre quant au moment des paiements. Si le régime ne satisfait pas à ces critères de distribution, la rémunération « différée » sera entièrement imposable, et une pénalité de 20 % sera applicable.

Si le montant est exposé à un risque important d'abandon, il ne devrait pas être inclus dans le revenu courant jusqu'à ce que ce risque important d'abandon soit éliminé.

Les citoyens américains qui ont un employeur canadien devraient être très prudents à l'égard de ces régimes, car il est possible que leur employeur n'ait pas conçu leur régime de rémunération différée en ayant à l'esprit les règles fiscales américaines.

18.3.4 Dividendes

Comme nous l'avons vu à la section 7.1.2, le régime fiscal canadien utilise un mécanisme de majoration et de crédit d'impôt pour les dividendes de sociétés canadiennes, ce qui allège l'imposition de ce genre de revenu. Aux États-Unis, la plupart des dividendes sont imposés à un taux inférieur en 2012. Le montant réel que vous recevez, et non le montant majoré, est inclus dans votre revenu aux fins fiscales américaines.

18.3.5 Sociétés canadiennes qui gagnent un revenu de placement

Un placement dans une société canadienne qui gagne un revenu de placement peut donner lieu à un impôt à payer imprévu aux États-Unis. Les lois américaines considèrent que, si vous investissez dans une société non américaine dont le revenu provient en grande partie de placements (une société étrangère de placements passifs ou « *passive foreign investment corporation* ») et vendez par la suite les actions ou recevez une distribution « excédentaire », vous pourriez bénéficier d'un certain report, quoique théorique, de l'impôt américain (soit l'impôt qui se serait appliqué si vous aviez reçu directement le revenu de placement). Dans ce genre de situation, des frais d'intérêt peuvent être imputés par les États-Unis sur cet impôt « reporté ».

Pour que ces règles s'appliquent, il n'y a pas de minimum requis en ce qui a trait au pourcentage de participation dans une société canadienne. Les gains en capital seraient traités comme un revenu ordinaire aux fins fiscales américaines, ce qui entraînerait un impôt américain plus élevé. Les dividendes provenant des sociétés étrangères de placements passifs ne sont pas admissibles au taux d'imposition des États-Unis, moins élevé.

> Faites attention aux investissements dans des fonds canadiens ou des sociétés canadiennes qui gagnent un revenu de placement.

Il existe toutefois des moyens d'éviter la charge d'intérêt, par exemple en choisissant chaque année d'inclure dans votre revenu américain votre *quote-part* des gains de la société (ce qui pourrait avoir pour effet de produire un écart entre le revenu canadien et le revenu américain aux fins de l'impôt).

Des règles différentes s'appliquent lorsque le revenu de placement est gagné par une société canadienne dont plus de 50 % des droits de vote ou de la valeur appartiennent à des actionnaires américains qui détiennent chacun plus de 10 % des droits de vote. En pareils cas, les règles visant les sociétés étrangères contrôlées exigent une inclusion annuelle dans le revenu des actionnaires américains si la société gagne un revenu passif.

Les règles visant les sociétés étrangères de placements passifs et les sociétés étrangères contrôlées imposent aux actionnaires américains de lourdes exigences en matière de production de déclarations, et des pénalités importantes pourraient s'appliquer si vous ne produisez pas les formulaires à temps.

18.3.6 Traitement aux fins fiscales américaines des placements dans des fonds de revenu canadiens

La plupart des placements dans des fonds de revenu devraient être considérés comme des sociétés étrangères aux fins fiscales américaines. Les bénéfices distribués (y compris les distributions de gains en capital) sont imposables comme un revenu ordinaire, tandis que les versements de capital (c'est-à-dire le remboursement de capital) ne devraient pas être imposables aux fins fiscales américaines, pour autant que la totalité des bénéfices aient été distribués. (La section 7.3.2 examine le traitement aux fins fiscales canadiennes des placements dans des fonds de revenu.)

Si vous investissez dans des fonds canadiens, y compris des fonds communs de placement, des fiducies d'investissement à participation unitaire ou des fonds négociés en bourse, tenez compte de l'incidence des règles visant les sociétés étrangères de placements passifs sur vos impôts à payer et sur vos obligations de production de déclarations aux États-Unis, y compris les nouvelles obligations de déclaration à l'égard des placements dans des fiducies et des sociétés étrangères.

18.3.7 Dons de bienfaisance

Comme nous l'avons vu à la section 8.1, des dons de bienfaisance jusqu'à concurrence de 75 % de votre revenu net vous donnent droit à un crédit d'impôt pour dons aux fins fiscales fédérales canadiennes et québécoises.

Aux fins de l'impôt canadien, ne sont normalement admissibles que les dons de bienfaisance faits à un organisme de bienfaisance canadien reconnu, sous réserve de certaines exceptions bien définies. La convention fiscale canado-américaine stipule toutefois que les dons faits à des œuvres de bienfaisance américaines sont admissibles jusqu'à concurrence d'un plafond de 75 % du revenu net de source américaine. Vous devrez obtenir des reçus des organismes de bienfaisance américains et les produire avec votre déclaration canadienne.

De même, les dons de bienfaisance sont normalement déductibles aux États-Unis, avec un plafond de 50 % ou 30 % du revenu pour la plupart des organismes de bienfaisance visés par les dons. Mais aux fins fiscales américaines, vos dons à des œuvres de bienfaisance canadiennes ne peuvent être déduits que jusqu'à concurrence de 50 % ou de 30 % de votre revenu brut ajusté (*adjusted gross income*) de *source canadienne*.

18.3.8 Frais de déménagement

Les frais de déménagement payés par votre employeur ne constituent pas des avantages imposables aux fins fiscales canadiennes (voir 13.1.3). Aux fins fiscales américaines, le paiement par votre employeur des frais de déménagement de vos biens ménagers et des frais de déplacement pour vous et votre famille n'entraîne aucun avantage imposable. Si votre employeur paie des montants supplémentaires pour vous, tels que des commissions de courtage immobilier à la vente de votre résidence, ces montants seront inclus dans votre revenu d'emploi imposable aux fins fiscales américaines. De ce fait, votre charge d'impôt américain pourrait être alourdie d'un montant supplémentaire, lequel, dans bien des cas, vous sera remboursé par votre employeur. De tels remboursements sont également considérés comme des avantages imposables.

18.4 Différences dans l'imposition des gains en capital

18.4.1 Calcul de base

C'est dans l'imposition des gains en capital que les différences entre les régimes fiscaux canadien et américain sont les plus frappantes. Non seulement existe-t-il des différences dans les règles particulières, mais les principes de base de l'imposition des gains en capital sont fondamentalement différents, ce qui occasionne des difficultés aux citoyens américains résidant au Canada.

Au Canada, seule la moitié des gains en capital est imposée – voir 6.2.1.

Aux États-Unis, les gains en capital à court terme tirés de biens détenus pendant un an ou moins sont habituellement imposés au même titre que tout autre revenu, à vos taux marginaux d'impôt (voir le tableau présenté à la section 18.1). Cependant, le taux pour les gains en capital à long terme (provenant généralement de biens que l'on possède depuis plus de 12 mois) est limité à 15 %, 5 % ou même 0 %, selon votre tranche d'imposition. Certains gains et la récupération de l'amortissement sont assujettis à un taux maximum de 25 %. Il est prévu que ces taux préférentiels arriveront à échéance à la fin de l'année 2012. Gardez à l'esprit que le taux de change peut avoir une incidence significative sur le total de votre impôt à payer.

Daniel a acheté 100 actions de la Société XYZ à la Bourse de Toronto, lorsque le dollar canadien valait 0,70 $ US. Il a payé 20 $ l'action, commission comprise, soit 2 000 $ CA en tout (1 400 $ US). Il vend ses actions après plusieurs années, lorsque le dollar canadien est au pair avec le dollar américain, à raison de 19 $ l'action (après commission), pour une valeur totale de 1 900 $ CA (1 900 $ US).

Aux fins de l'impôt canadien, Daniel a subi une perte en capital de 100 $, dont la moitié peut être déduite de ses gains en capital imposables. Cependant, aux fins de l'impôt américain, il a réalisé un gain en capital de 500 $ qui est imposable. Comme il ne paie pas d'impôt au Canada sur ce gain, il n'aura droit à aucun crédit pour impôt étranger pour compenser l'impôt (au taux maximal de 15 %) qu'il doit acquitter sur le gain de 500 $ US.

18.4.2 Utilisation des pertes en capital

Aux termes des lois canadiennes, une perte en capital déductible (la moitié de votre perte en capital) peut servir uniquement à réduire des gains en capital imposables, bien que ces pertes en capital puissent faire l'objet d'un report rétrospectif sur trois ans ou prospectif sur une période indéfinie (voir 6.2.2). Il existe une exception dans le cas des pertes déductibles au titre d'un placement d'entreprise (sur des actions ou des créances de sociétés exploitant une petite entreprise), lesquelles peuvent être déduites de tout autre revenu (voir 6.2.3).

Aux États-Unis, les pertes en capital peuvent seulement être déduites des gains en capital. Toutefois, un montant de 3 000 $ US de pertes en capital peut être déduit d'autres revenus (1 500 $ US pour les personnes mariées qui produisent des déclarations distinctes). Les pertes en capital inutilisées peuvent faire l'objet d'un report prospectif (mais non d'un report rétrospectif) et être déduites des gains en capital ou d'autres revenus (jusqu'à concurrence de 3 000 $ US par année dans le dernier cas) au cours de n'importe quelle année ultérieure. Sachez que, lorsque des pertes en capital font l'objet d'un report rétrospectif au Canada, l'impôt canadien qui est admissible en tant que crédit pour impôt étranger dans votre déclaration de revenus américaine sera réduit pour l'année du report rétrospectif.

18.4.3 Déduction pour gains en capital au Canada

Une exonération de 750 000 $ CA pour gains en capital est disponible au Canada pour certaines actions admissibles de petite entreprise, de même que pour certains biens agricoles et certains biens de pêche (voir 6.3.1 et 6.3.2). Il n'existe aucune exonération de ce genre dans le régime fiscal américain.

Si vous vendez des actions admissibles de petite entreprise ou des biens agricoles, l'exonération de 750 000 $ CA pour gains en capital ne vous dispensera pas de payer l'impôt américain sur le gain, même si vous n'êtes pas assujetti à l'impôt canadien. En règle générale, vous devriez éviter de suivre les idées de planification exposées à la section 14.1 pour « cristalliser » vos gains et utiliser votre exonération.

> Utilisez avec prudence l'exonération de 750 000 $ CA pour gains en capital.

18.4.4 Gains ou pertes de change

Lorsque vous vendez un bien canadien, vous devez, aux fins fiscales américaines, calculer votre gain en convertissant le coût d'acquisition du bien en dollars américains, au taux de change en vigueur à la date à laquelle vous l'avez acheté. Les produits de disposition sont convertis au taux de change en vigueur à la date de la vente. Il peut donc en résulter un gain ou une perte de change qui n'a rien à voir avec le gain ou la perte (en dollars canadiens) que vous avez réalisé ou subie sur le bien.

De même, lorsque vous vendez des biens américains, votre gain aux fins de l'impôt canadien doit être calculé en dollars canadiens.

18.4.5 Biens acquis avant 1972

Comme nous l'avons vu à la section 6.4.4, le Canada n'impose que les gains en capital accumulés depuis 1972. Une telle règle n'existe pas aux États-Unis. Si vous êtes citoyen américain et que vous possédez un bien depuis une date antérieure à 1972, il se pourrait que votre gain, aux fins fiscales américaines, soit de loin supérieur à votre gain aux fins fiscales canadiennes.

18.4.6 Résidence principale

Comme nous l'avons vu à la section 6.4.2, un gain réalisé à la vente d'une « résidence principale » est en général totalement exonéré d'impôt au Canada. Les règles américaines portant sur les ventes d'une résidence principale sont très différentes de celles qui existent au Canada, et beaucoup plus restrictives.

Aux termes des règles américaines, vous pouvez exclure de votre revenu le gain réalisé à la vente de votre résidence principale jusqu'à concurrence de 250 000 $ US. Le montant de l'exclusion passe à un montant maximal de 500 000 $ US pour les conjoints qui produisent une déclaration conjointe.

Certaines conditions s'appliquent à la demande d'exclusion. Par exemple, vous et votre conjoint devez avoir occupé votre résidence pendant au moins deux des cinq dernières années, et ni vous ni votre conjoint ne devez avoir déjà demandé cette exclusion dans les deux dernières années. Des exceptions aux exigences relatives à la période de détention peuvent s'appliquer dans les cas de changement du lieu de travail, de problèmes de santé ou d'imprévus.

Si vous et votre conjoint produisez une déclaration conjointe mais ne partagez pas une résidence principale, vous avez droit à l'exclusion de 250 000 $ US pour la vente d'une des résidences principales. De même, vous pouvez demander l'exclusion de 250 000 $ US si vous épousez quelqu'un qui s'est prévalu de l'exclusion au cours des deux dernières années.

Soyez vigilant si vous et votre conjoint vendez plus d'une résidence dans le délai de deux ans. Vous aurez à payer de l'impôt sur tout gain réalisé sur l'une des résidences.

Enfin, en ce qui concerne l'exonération relative à la résidence principale, une autre différence se trouve dans la définition que donnent le Canada et les États-Unis à cette expression. Comme nous l'avons vu à la section 6.4.2, une résidence secondaire (comme un chalet) est généralement admissible à l'exonération aux fins fiscales canadiennes, bien que vous n'ayez le droit de désigner qu'une seule résidence principale chaque année. Aux États-Unis, une résidence n'est admissible à une exonération que si vous y « résidez régulièrement ».

Les nouvelles règles fiscales américaines prévoient que le gain ne sera pas exclu si le bien a fait l'objet d'une utilisation non admissible (par exemple, vous ne vous en êtes pas servi comme résidence principale) après le 31 décembre 2008, certaines exceptions s'appliquant pour ce qui est des absences temporaires.

18.4.7 Autres différences au titre des gains en capital

Sur le plan fiscal, le Canada et les États-Unis ne traitent pas du tout de la même façon le transfert d'immobilisations à une société ou à une société de personnes, les réorganisations d'entreprises, les gels successoraux, les fusions, les liquidations, les restructurations du capital, les remises de dettes, etc. Les placements dans des sociétés à responsabilité limitée et dans des « sociétés S » américaines donnent également lieu à des écarts entre le Canada et les États-Unis sur le plan de la constatation des revenus, et ils entraînent une hausse des taux d'imposition réels. Si vous êtes engagé dans une opération de ce genre, il est essentiel de consulter un spécialiste, principalement du fait que les deux régimes changent continuellement.

18.5 Impôt minimum

L'impôt minimum canadien a été abordé à la section 7.6. Aux États-Unis, l'impôt minimum de remplacement (IMR) possède la même structure générale, mais comporte un certain nombre de différences majeures.

Premièrement, l'exemption de base au titre de l'IMR américain pour 2012 est probablement de 45 000 $ US pour les contribuables mariés produisant une déclaration conjointe (ou pour un conjoint survivant) et de 33 750 $ US pour un célibataire. De plus, l'exemption américaine est éliminée progressivement pour les personnes mariées qui produisent une déclaration conjointe et dont le revenu imposable rajusté aux fins de l'IMR excède 150 000 $ US (112 500 $ US dans le cas des contribuables produisant des déclarations distinctes).

Deuxièmement, le taux de l'IMR américain est calculé selon deux taux. Un taux de 26 % s'applique à la première tranche de 175 000 $ US de revenu imposable, calculé aux fins de l'IMR, qui excède l'exemption de base, et un taux de 28 % s'applique sur le revenu imposable qui excède 175 000 $ US. Pour les personnes mariées produisant des déclarations distinctes, le taux de 28 % s'applique sur le revenu imposable, aux fins de l'IMR, excédant 87 500 $ US. Pour les gains en capital à long terme, le taux maximum de l'IMR est abaissé à 15 %.

Troisièmement, la liste des « rajustements » qui sont réintégrés dans le revenu aux fins du calcul de l'IMR n'est évidemment pas la même dans les deux pays. Aux États-Unis, cette liste comprend la déduction forfaitaire « *standard deduction* », les impôts fonciers spécifiques (« *itemized* ») et d'État payés, les frais de forage de puits de pétrole et de gaz, les frais d'exploration et de mise en valeur des ressources minières, une fraction de l'amortissement accéléré, certains avantages tirés d'options d'achat d'actions et diverses autres déductions précises.

Les citoyens américains mariés qui produisent une déclaration distincte et qui demandent d'importantes déductions spécifiques (« *itemized deductions* ») doivent souvent payer de l'IMR dans leur déclaration de revenus américaine, étant donné que le mode de calcul de l'IMR qui s'applique aux couples mariés produisant une déclaration distincte nécessite qu'un montant « fantôme » soit ajouté au revenu calculé aux fins de l'IMR.

18.6 Revenu gagné par un enfant

18.6.1 Incidence sur le crédit pour personnes à charge

Si vous demandez une déduction pour enfant à charge (3 800 $ US) sur votre déclaration américaine, celui-ci ne peut réclamer l'exemption personnelle régulière dans sa propre déclaration de revenus. Il s'ensuit que tout revenu gagné par l'enfant est imposé.

Pour 2012, un crédit fédéral de 2 191 $ CA est octroyé au Canada pour les enfants à charge âgés de moins de 18 ans. Le revenu gagné par vos enfants n'aura pas d'incidence sur l'impôt que vous payez (sauf si vous payez l'impôt provincial du Québec – voir 17.2.1).

18.6.2 Règles d'attribution

Nous avons déjà parlé des règles d'attribution canadiennes à la section 5.2.3 à propos des enfants mineurs. Rappelons-en le principe de base : si vous donnez ou prêtez des fonds à votre enfant, c'est vous-même, et non lui, qui devrez déclarer les revenus gagnés sur ces fonds (mais non les gains en capital) jusqu'à l'année où l'enfant atteint l'âge de 18 ans.

> Revoyez les mécanismes de fractionnement du revenu afin d'éviter une double imposition.

Le régime fiscal américain cherche, lui aussi, à éviter ce genre de fractionnement du revenu, mais d'une tout autre façon; l'enfant est imposé sur ce revenu, mais celui-ci peut être imposé en partie au taux marginal d'impôt du parent.

La première tranche de 950 $ US de revenu non gagné (notion à peu près équivalente à celle de « revenu tiré d'un bien » au Canada) d'un enfant de moins de 18 ans n'est pas imposée, mais la tranche suivante de 950 $ US l'est comme son revenu propre. Au-delà de 1 900 $ US, si l'enfant n'a pas de *revenu gagné* (rémunération pour services rendus), tout autre revenu non gagné sera imposé au taux du parent qui a le revenu imposable le plus élevé. Par conséquent, il n'est pas avantageux sur le plan fiscal américain de faire gagner à un enfant de moins de 18 ans un revenu de placement supérieur à 1 900 $ US.

Cet « impôt sur le revenu fractionné » s'applique aussi aux enfants âgés de 18 à 23 ans qui étudient à temps plein et dont le revenu gagné est inférieur à la moitié du soutien annuel qu'ils reçoivent.

Sous réserve de certaines conditions, le parent dont le revenu imposable sert au calcul du taux d'imposition de l'enfant peut choisir d'inclure le revenu de celui-ci directement. Cela évite d'avoir à produire une déclaration fiscale pour l'enfant et favorise un meilleur rapprochement des revenus entre les régimes fiscaux canadien et américain.

Les mécanismes de fractionnement du revenu mis en place aux fins de l'impôt canadien peuvent donner lieu à une double imposition. Supposons, par exemple, que votre fils de 13 ans, qui est citoyen américain comme vous, n'a aucun revenu et que vous lui prêtez de l'argent dans l'intention de lui constituer, au fil des années, un revenu « dérivé » qui ne vous sera pas attribué (voir 5.3.5). Le revenu gagné sur les fonds prêtés sera imposable pour vous au Canada, mais imposable pour votre fils aux États-Unis (bien qu'à votre taux marginal, s'il a moins de 18 ans). Comme ce sont des contribuables différents qui paieront l'impôt, vous n'aurez droit à aucun crédit pour impôt étranger et vous acquitterez l'impôt deux fois sur le même revenu.

Dans cet exemple, vous pouvez choisir d'inclure son revenu non gagné dans votre déclaration de revenus américaine. Cela devrait résoudre le problème de la double imposition puisque ce revenu sera imposable pour vous en vertu des deux régimes fiscaux.

Gardez à l'esprit que, dans certains cas, les règles d'attribution peuvent causer des problèmes si vous et votre conjoint ne produisez pas une déclaration conjointe aux États-Unis (voir 18.7.1). Par exemple, si vous donnez à votre conjoint une somme de 100 000 $ CA à investir, et que le placement génère un revenu de dividende de source canadienne de 10 000 $ CA, vous devrez payer l'impôt sur le revenu canadien, alors que votre conjoint devra payer l'impôt américain. Si vous et votre conjoint produisez une déclaration conjointe aux États-Unis, vos impôts canadiens seront regroupés aux fins du crédit pour impôt étranger. Mais si vous produisez chacun une déclaration aux États-Unis, vous n'aurez droit à aucun crédit pour impôt étranger du fait que ce n'est pas le même contribuable qui est imposé sur le revenu.

En outre, si le revenu gagné par votre conjoint est un revenu de source américaine, votre conjoint serait imposé sur le revenu aux États-Unis, et vous seriez imposé sur le revenu au Canada. Le Canada ne vous accorderait aucun crédit d'impôt étranger au titre de l'impôt américain payé par votre conjoint, ce qui se traduirait par une double imposition.

18.7 Exigences en matière de production de déclarations aux États-Unis

18.7.1 Déclaration conjointe ou distincte?

Aux fins fiscales canadiennes, chaque contribuable est considéré comme un contribuable distinct et doit produire sa propre déclaration. Le revenu combiné de deux conjoints n'est pris en considération que dans certains buts précis, comme l'admissibilité à la prestation fiscale pour enfants (voir 2.3.2) et au crédit pour TPS/TVH (voir 2.9.3).

Aux États-Unis, les conjoints peuvent choisir de produire une déclaration conjointe de revenus. Si l'un des deux ne gagne aucun revenu ou gagne un revenu très faible, cette formule est en général plus avantageuse que si vous choisissez de produire une « déclaration distincte de personne mariée ».

> Si vous êtes marié, produisez une déclaration conjointe, s'il y a lieu.

Cette déclaration conjointe est par ailleurs obligatoire (si vous êtes marié) dès que vous voulez vous prévaloir de certaines déductions et de certains crédits, par exemple du crédit pour garde d'enfants ou de la déduction pour perte de 25 000 $ US que peut demander un propriétaire exploitant activement un bien immeuble locatif.

Si vous n'avez pas de conjoint, vous êtes considéré, selon le cas, comme célibataire (« *single* »), chef de ménage (« *head of household* ») ou conjoint survivant (« *surviving spouse* »), trois statuts qui ont tous des répercussions fiscales différentes aux États-Unis.

Le choix de produire une déclaration conjointe peut se faire chaque année si votre conjoint est un citoyen américain. Cependant, cette décision ne peut être prise qu'une seule fois si votre conjoint n'est pas citoyen américain.

Dans le cas où votre conjoint n'est pas un citoyen américain et n'a aucun revenu de source américaine, auquel cas il n'est pas tenu de payer de l'impôt aux États-Unis, envisagez de produire une « déclaration distincte de personne mariée »; le revenu de votre conjoint canadien ne sera pas pris en compte aux fins de l'impôt américain puisque votre conjoint sera considéré comme un « *non-resident alien* ». Par contre, si le revenu mondial de votre conjoint est peu élevé, alors que vous-même payez de l'impôt aux États-Unis, vous pourriez choisir d'inclure le revenu de votre conjoint dans une déclaration conjointe, ce qui, dans ce cas, pourrait s'avérer avantageux car vous auriez droit à des déductions plus importantes et à des tranches d'imposition plus larges aux taux inférieurs.

Prenez note également que, si vous décidez de produire une déclaration conjointe avec un conjoint « *non-resident alien* », vous devez continuer d'agir ainsi jusqu'à ce que vous ayez révoqué ce choix, auquel cas vous ne pourrez plus refaire ce choix (sauf si vous avez un nouveau conjoint).

18.7.2 Dates limites de production des déclarations

Les exigences relatives à la production des déclarations de revenus canadiennes ont été abordées à la section 9.1.

Les déclarations fiscales américaines doivent normalement être postées au plus tard le 15 avril, le cachet de la poste en faisant foi.

Pour un citoyen américain dont le « domicile fiscal » (« *tax home* ») (lieu d'emploi) et la « résidence » (« *abode* ») (lieu de résidence) sont *tous deux* situés en dehors des États-Unis, l'échéance de production est prolongée d'office chaque année jusqu'au 15 juin. Si vous êtes dans ce cas, vous devez joindre à votre déclaration fiscale américaine un formulaire dans lequel vous établissez votre admissibilité à cette prolongation.

Si vous n'êtes pas en mesure de respecter la date limite aux États-Unis, vous pouvez demander un report de la date au 15 octobre. Ce délai vous sera accordé automatiquement.

Mais même si vous avez le droit de n'envoyer votre déclaration qu'en juin ou octobre, vous devez payer le solde exigible au plus tard le 15 avril. Les intérêts sur un solde d'impôt à payer courront dès le 15 avril.

18.7.3 Impôts estimatifs

Nous avons parlé des acomptes provisionnels canadiens à la section 9.2.2. Les États-Unis ont un système équivalent qui prévoit le versement d'« impôts estimatifs ».

Les versements d'impôts estimatifs sont dus chaque trimestre, soit les 15 avril, 15 juin et 15 septembre de l'année en cours, et le 15 janvier de l'année suivante. Comme au Canada, vous pouvez généralement choisir comme base de calcul pour vos versements d'impôts estimatifs soit l'impôt que vous avez réellement payé l'année précédente, soit l'impôt total que vous prévoyez payer pour l'année en cours.

Si vous choisissez comme base de calcul l'impôt que vous prévoyez payer pour l'année en cours, vous n'avez à acquitter que 90 % de l'impôt exigible (impôt régulier ou IMR) sous forme de versements d'impôts estimatifs, soit 22,5 % chaque trimestre. Si vous choisissez comme base de calcul l'impôt que vous avez payé l'année précédente, vous devez normalement verser un montant égal à 25 % de ce montant chaque trimestre (ou 27,5 % chaque trimestre si votre revenu brut rajusté de l'année précédente était supérieur à 150 000 $ US). Si vous voulez utiliser l'impôt que vous avez payé l'année précédente, vous devez avoir produit une déclaration dans l'année précédente et elle doit couvrir une période de 12 mois.

Dans un cas comme dans l'autre, tout solde encore exigible doit être versé lorsque vous produisez votre déclaration de revenus. Si le total de l'impôt à payer pour l'année est inférieur à 1 000 $ US, vous n'êtes pas tenu d'effectuer des versements d'impôts estimatifs.

Si vous ne faites pas vos versements à temps, le fisc vous imposera des pénalités non déductibles d'impôt.

18.7.4 Obligations en matière de divulgation

En vertu des lois américaines, vous êtes tenu non seulement de produire une déclaration de revenus, mais aussi de divulguer une quantité appréciable d'informations financières.

D'abord, vous devez indiquer les participations que certains membres de votre famille et vous détenez dans toutes les sociétés non américaines que vous contrôlez directement ou indirectement, ou dans lesquelles vous avez accru ou diminué votre participation. Vous devez fournir cette information pour chaque société étrangère en produisant un formulaire distinct Form 5471, « Information Return of U.S. Persons with Respect to Certain Foreign Corporations ». L'IRS utilise cette information en partie pour déterminer votre assujettissement à l'impôt sur le revenu non distribué de sociétés étrangères à participation restreinte qui gagnent un revenu passif.

Des règles similaires de présentation de l'information sont désormais en vigueur pour ce qui est des placements dans des sociétés de personnes étrangères et des entreprises individuelles étrangères. Pour présenter ces informations, il suffit de remplir les formulaires suivants : Form 8865, « Return of U.S. Persons with Respect to Certain Foreign Partnerships », et Form 8858, « Information Return of U.S. Persons with Respect to Foreign Disregarded Entities ».

Dans certains cas, l'exercice financier d'une société canadienne doit coïncider avec l'année civile, aux fins fiscales américaines.

Ensuite, vous avez l'obligation de produire chaque année auprès du Trésor des États-Unis un « rapport sur vos comptes bancaires et financiers à l'étranger ». Ce formulaire, que vous envoyez séparément de votre déclaration de revenus et qui doit être produit au plus tard le 30 juin, n'est obligatoire que si la valeur totale de vos comptes à l'étranger (non américains), dans des banques, auprès de courtiers, pour un REER, etc., dépasse 10 000 $ US à un moment quelconque durant l'année. Une pénalité pouvant atteindre 10 000 $ US est imposée lorsqu'il y a violation involontaire des exigences de divulgation. Dans les cas de violations volontaires, la pénalité peut aller jusqu'à 100 000 $ US.

Enfin, si vous détenez des avoirs à l'étranger (à l'extérieur des États-Unis) dont la valeur excède 50 000 $ US, vous êtes tenu, en vertu d'une nouvelle loi, de déclarer ces avoirs à la section « *specified foreign financial assets* » (avoirs financiers étrangers déterminés) de votre déclaration de revenus américaine. Si vous détenez des avoirs financiers étrangers dont la valeur excède un seuil déterminé en dollars, vous êtes tenu de présenter certains renseignements sur ces avoirs dans le formulaire 8938, « Statement of Foreign Financial Assets ». Ce seuil en dollars, qui dépend de votre statut de production et de l'endroit où vous vivez, peut être aussi bas que 50 000 $ US d'avoirs financiers étrangers. Des seuils plus élevés s'appliquent aux contribuables vivant à l'extérieur des États-Unis, à savoir 200 000 $ US pour les contribuables qui ne sont pas mariés ou pour les contribuables mariés qui produisent des déclarations distinctes, et 400 000 $ US pour les personnes mariées qui produisent une déclaration conjointe.

Les avoirs financiers étrangers déterminés se composent de comptes bancaires, de comptes de placement, de REER, de FERR, de REEE, de régimes de pension agréés, de régimes de rémunération à base d'actions (p. ex., à base d'options d'achat d'actions, y compris les droits acquis et les droits non acquis), de même que de certaines polices d'assurance-vie qui n'ont pas été souscrites aux États-Unis ou qui ne sont pas payables par une entité américaine.

Si vous satisfaites aux exigences de production des formulaires « Statement of Foreign Financial Assets » et « Report of Foreign Bank and Financial Accounts », vous devez produire ces deux formulaires, même s'il est possible que certains renseignements soient fournis en double.

Comme nous le verrons à la section 18.8.4, des règles en matière de déclaration ont également été instaurées en ce qui a trait à certains dons et legs supérieurs à 100 000 $ US dans une année. Tout transfert (y compris des prêts) mettant en jeu des fiducies et des successions étrangères doit également être déclaré à l'aide du formulaire 3520 « Annual Return to Report Transactions with Foreign Trusts and Receipt of Certain Foreign Gifts ». Si vous êtes traité comme le propriétaire d'une fiducie étrangère, vous devez produire le formulaire 3520A chaque année. Le formulaire 3520 doit être produit en même temps que votre déclaration de revenus personnelle aux États-Unis. Le formulaire 3520A doit être produit au plus tard le 15 mars (soit avant la date limite de production de votre déclaration de revenus américaine).

Si vous détenez un REER ou un FERR canadien, vous pourriez devoir vous conformer à certaines exigences en matière de production de déclarations aux États-Unis (voir 18.3.3).

Les CELI et les REEE établis au Canada sont généralement considérés comme des fiducies étrangères aux fins de l'impôt américain. Si vous avez un CELI, ou si vous avez cotisé à un REEE, vous devez produire le formulaire 3520A pour cette année. En plus de devoir tenir compte des exigences en matière de production de déclarations aux États-Unis visant les fiducies étrangères, sachez que les revenus dans votre CELI et votre REER sont imposables dans votre déclaration de revenus américaine (voir 18.3.3).

Toute personne qui ne se conforme pas aux obligations mentionnées précédemment en matière de divulgation s'expose à des pénalités élevées en vertu de la réglementation américaine.

18.8 L'impôt successoral et l'impôt sur les dons aux États-Unis

Aux États-Unis, l'impôt successoral et l'impôt sur les dons font partie d'un système fiscal complexe pour les transferts de biens qui n'a pas d'équivalent au Canada. L'impôt de transfert s'applique aux transferts effectués au cours de votre vie (impôt sur les dons) et à votre décès (impôt successoral).

En 2012, les impôts successoraux seront prélevés graduellement en fonction de la valeur cumulative de tous les dons faits de votre vivant et au décès, selon une échelle variant de 18 % à 35 %. Un taux de 35 % s'applique aux transferts cumulatifs qui excèdent 500 000 $ US.

Les taux et les montants des exonérations pour 2012 arrivent à échéance à la fin de l'année 2012. Au moment d'écrire ces lignes, les taux et les montants des exonérations pour 2013 n'avaient toujours pas été présentés.

Dans la présente section, nous examinons la façon dont les règles fiscales relatives à l'impôt successoral et à l'impôt sur les dons s'appliquent aux citoyens américains résidant au Canada. Si vous détenez des biens aux États-Unis et que vous n'êtes pas citoyen américain, il y a lieu de vous reporter à la section 19.4.

18.8.1 Exonération d'impôt sur les dons effectués du vivant et au décès d'une personne

Les citoyens américains ont droit à une exonération d'impôt sur les dons effectués du vivant et au décès d'une personne pour contrebalancer l'impôt de transfert sur 5,12 millions de dollars US en 2012.

Les citoyens américains ont également droit à une exonération d'impôt à vie de 5,12 millions de dollars US sur les dons pour 2012. Toute exonération utilisée pour des dons réduit le montant disponible au décès.

18.8.2 Impôt sur les dons

À proprement parler, le Canada n'a pas d'impôt sur les dons, mais comme le donateur est réputé avoir disposé du bien à sa juste valeur marchande (sauf s'il s'agit d'un don fait au conjoint), il peut avoir à payer de l'impôt sur le gain en capital imposable qui en résulte (voir 6.4.5).

Les États-Unis ont, quant à eux, un impôt sur les dons qui s'applique seulement aux personnes qui font des dons substantiels. C'est le *donateur* qui doit acquitter cet impôt, lequel ne s'applique pas aux dons entre conjoints qui sont tous deux citoyens américains. Cet impôt peut cependant s'appliquer si seul le donateur est citoyen américain.

De façon générale, l'impôt sur les dons ne s'applique pas aux dons à des organismes de bienfaisance et à des partis politiques américains ni aux dons faits directement aux institutions d'enseignement pour payer les frais de scolarité ou les frais médicaux d'une autre personne.

Jusqu'à 13 000 $ US peuvent être donnés en franchise d'impôt chaque année à un bénéficiaire donné, et jusqu'à 139 000 $ US à un conjoint qui n'a pas la citoyenneté américaine.

Une technique de planification successorale répandue consiste à utiliser l'exonération annuelle de l'impôt sur les dons de 13 000 $ US pour transférer de l'argent à vos enfants. Toutefois, pour que le don soit admissible à l'exonération, le bénéficiaire doit avoir le droit d'utiliser le don sans restrictions. Des mesures, telles que l'ouverture d'un compte en vertu du « *Uniform Gift to Minors Act* » aux États-Unis ou l'établissement d'une fiducie officielle, doivent être prises pour qu'un adulte conserve le contrôle sur les biens pendant que l'enfant est mineur (l'enfant conservant certains pouvoirs afin de s'assurer que l'exonération s'appliquera).

> Envisagez d'utiliser l'exonération annuelle de l'impôt sur les dons de 13 000 $ US pour transférer de l'argent à vos enfants et à vos petits-enfants.

L'impôt canadien (s'il en est) qui peut frapper un don est un impôt sur le revenu, alors que l'impôt américain correspondant n'en est pas un. Il n'est donc pas possible de bénéficier d'un crédit pour impôt étranger dans l'un des régimes afin de compenser l'impôt payé dans l'autre. Vous devez donc être prudent si vous faites des dons importants. Un autre inconvénient se présente en ce qui a trait aux dons : aux fins de l'impôt américain, celui qui reçoit le don est réputé avoir acquis le bien à son coût initial (plus une partie de l'impôt payé sur les dons), alors que dans le cas d'un décès, les biens légués aux héritiers sont traités comme s'ils avaient été acquis par eux à leur juste valeur marchande. Au Canada, le prix de base pour celui qui reçoit le don est porté à sa juste valeur marchande au moment du don ou du décès (sauf dans le cas d'un transfert au conjoint).

Il faut également tenir compte des règles d'attribution du Canada (voir chapitre 5).

La convention fiscale entre les États-Unis et le Canada ne prévoit aucun allègement sur l'imposition des dons aux États-Unis, bien que vous puissiez choisir d'avoir une disposition réputée aux fins de l'impôt américain afin que les revenus soient déclarés au même moment aux États-Unis et au Canada. Exercer ce choix vous permettrait d'augmenter le prix de base du bien pour le porter à sa juste valeur marchande au moment où le don est effectué. Cependant, le fait d'exercer le choix ne réduit pas l'impôt à payer sur les dons et ne vous permet pas de demander des crédits pour impôt étranger aux fins de l'impôt sur le revenu afin de réduire l'impôt sur les dons ou vice versa.

Comme nous l'exposons à la section 18.8.4, les Américains qui reçoivent des dons de personnes qui proviennent de l'étranger doivent également déclarer les dons reçus si leur valeur est supérieure à 100 000 $ US au cours d'une année civile.

18.8.3 Impôt successoral

Aux États-Unis, l'impôt successoral touchant les citoyens américains à leur décès est fondé sur la juste valeur marchande de la valeur brute de la succession de la personne décédée, ce qui comprend tous les biens à l'échelle mondiale qu'elle possédait au moment du décès, que les biens soient visés ou non par le testament.

Si la valeur brute de la succession excède 5,12 millions de dollars US en 2012, une déclaration de revenus de la succession doit être produite neuf mois suivant le décès, même s'il n'y a aucun impôt successoral à payer. En vertu des règles américaines, le liquidateur de la succession est personnellement responsable de tous les impôts et pénalités devant être payés par la succession jusqu'à ce que la décharge officielle soit accordée par l'IRS.

Pour déterminer la portion imposable de la succession, il faut déduire de la valeur de la succession les dettes de la personne décédée (y compris la dette fiscale canadienne), les frais relatifs aux funérailles ainsi que certains autres frais liés au décès. La succession imposable est assujettie à un taux d'impôt sur les successions à des taux progressifs atteignant 35 % à l'égard des montants qui excèdent 500 000 $ US.

Si votre conjoint est citoyen américain, tout montant que vous lui léguez à votre décès donne droit à une déduction pour conjoint équivalente; il n'y a donc aucun impôt successoral en cas de legs universel à votre conjoint au moment de votre décès.

Des modifications apportées à la loi américaine en 2010 ont introduit la notion de « transférabilité » pour les conjoints qui sont citoyens des États-Unis. Tout montant de l'exemption de 5,12 millions de dollars US qui n'est pas utilisé par le premier conjoint qui décède est transféré au conjoint survivant. Cependant, vous devriez quand même envisager de prendre les mesures de planification nécessaires afin que la plus-value après le décès du premier conjoint soit mise à l'abri de l'impôt successoral américain.

En général, une déduction pour personnes mariées n'est accordée que pour les biens attribués à titre définitif au conjoint, sans restrictions visant leur usage. Vous pourriez toutefois désirer que les biens soient utilisés par votre conjoint et légués à vos enfants ou à d'autres personnes au décès de votre conjoint, même si, par exemple, votre conjoint se remarie. Ces biens peuvent être traités à titre de « *qualified terminal interest property* », ce qui donne droit à la déduction pour personnes mariées, si un choix est effectué sur la déclaration de revenus de la succession et que certaines autres conditions sont remplies.

Si vous détenez des biens avec un conjoint ou une autre personne qui n'est pas citoyen des États-Unis, la valeur du montant des biens à inclure dans la valeur brute de votre succession sera fondée sur le montant proportionnel initial versé pour acquérir les biens. Il est donc important de conserver les reçus ou autres documents se rapportant aux biens achetés conjointement avec d'autres.

Les produits d'assurance-vie sont assujettis à l'impôt successoral américain lorsque l'assuré a un intérêt bénéficiaire dans la police, tel que le droit de changer les bénéficiaires, d'emprunter sur la police ou de l'annuler. Certaines techniques peuvent aider à réduire la charge fiscale imposée sur les revenus d'assurance-vie, y compris l'utilisation de fiducies d'assurance-vie et les dons planifiés. Pour y avoir recours, il est toutefois essentiel d'obtenir les conseils d'un professionnel en planification successorale.

Certains éléments de la succession des particuliers sont assujettis à la fois à l'impôt sur le revenu et à l'impôt successoral américains. Ces éléments comprennent des commissions pour services personnels ou une rémunération reçues après le décès, les revenus de placement, les ventes à tempérament, les prestations de survivant et les régimes de retraite comme les IRA. Le recours à des stratégies de planification pourrait aider à réduire la double imposition qui en découle. Par exemple, vous pourriez faire don d'actifs productifs de revenus à des particuliers ou à des fiducies de votre vivant ou léguer des biens précis à des organismes de bienfaisance. Pour mettre en œuvre ces stratégies, il est recommandé d'obtenir les conseils d'un professionnel en la matière.

18.8.4 Règles américaines de déclaration d'information portant sur les dons et les fiducies étrangères

Les citoyens américains doivent produire une déclaration annuelle d'impôt sur les dons pour tout don effectué au cours de l'année civile qui excède l'exonération annuelle de 13 000 $ US (ou de 139 000 $ US pour les dons au conjoint qui est non citoyen américain), s'ils choisissent de partager les dons avec leur conjoint qui est citoyen américain ou si les dons sont placés en fiducie. La déclaration doit être produite au même moment que la déclaration de revenus américaine usuelle.

Un citoyen américain qui transfère de l'argent ou des biens dans une fiducie étrangère ou en reçoit une distribution doit déclarer le transfert à l'IRS. Les pénalités auxquelles s'exposent les personnes qui ne se conforment pas aux règles de déclaration sont équivalentes à 35 % de la valeur brute des sommes d'argent ou des biens transférés, et les pénalités additionnelles

Prenez garde aux règles américaines de déclaration portant sur les dons et les fiducies étrangères.

pour le défaut répété de se conformer peuvent s'élever jusqu'à 100 % du montant transféré.

Les citoyens américains doivent également déclarer à l'IRS chaque don ou legs reçu dans une année lorsque le total de tous les dons et legs reçus de personnes étrangères au cours de cette année s'élève à plus de 100 000 $ US. Les pénalités encourues pour non-respect de cette obligation sont importantes.

Si vous êtes traité comme le propriétaire d'une fiducie étrangère donatrice, vous devez produire le formulaire 3520A, « Annual Information Return for Foreign Trust with a U.S. Owner », chaque année, au plus tard le 15 mars de l'année suivante.

18.8.5 Impôt sur les « generation-skipping transfers »

Les États-Unis prélèvent un impôt de transfert spécial pour veiller à ce que les dons et les legs faits aux petits-enfants ne passent pas outre à un niveau d'impôt de transfert par le fait qu'ils sautent la génération intermédiaire. Cet impôt, le « generation-skipping tax », a pour effet d'ajouter un impôt supplémentaire aux transferts de biens des grands-parents à leurs petits-enfants qui aboutit au même montant net de dons qui aurait résulté d'un transfert de ces dons des grands-parents aux parents puis aux petits-enfants.

Une exonération à vie de 5,12 millions de dollars US est offerte à titre de compensation de cet impôt de transfert supplémentaire pour 2012. Cette exonération est distincte de l'exonération à vie sur les dons effectués du vivant et au décès d'une personne dont il est question à la section 18.8.1. Le processus requis pour exercer le choix d'utiliser cette exonération est toutefois extrêmement complexe et nécessite les conseils d'un professionnel. De plus, les transferts à des fiducies dont les bénéficiaires directs ou éventuels sont beaucoup plus jeunes que vous doivent être effectués sur les conseils d'un conseiller fiscal chevronné.

18.9 Si vous vous expatriez des États-Unis

Envisagez de vous expatrier des États-Unis pour protéger vos biens canadiens de l'impôt américain.

Si vous êtes un citoyen américain ou un détenteur de carte verte vivant au Canada, vous pourriez envisager de vous expatrier des États-Unis en renonçant à votre citoyenneté américaine ou à votre carte verte, de façon à protéger votre revenu canadien de l'impôt américain sur le revenu et vos biens canadiens de l'impôt sur les successions et les dons ainsi que de l'impôt de transfert « generation-skipping tax » (voir 18.8).

Si vous envisagez de vous expatrier, l'avis d'un professionnel est recommandé. Les modifications récemment apportées à la loi américaine ont des conséquences fiscales pour les particuliers qui s'expatrient après le 16 juin 2008. Vous pourriez être assujetti à ce régime fiscal alternatif si :

- la moyenne annuelle de votre impôt sur le revenu à payer aux États-Unis a dépassé 151 000 $ US au cours des cinq années qui ont précédé votre expatriation;

- votre avoir net excède 2 millions de dollars américains au moment de votre expatriation;

- vous ne pouvez attester sous serment que vous avez respecté toutes vos obligations en matière d'impôt fédéral américain au cours de chacune des cinq années qui ont précédé l'expatriation.

Si vous répondez à l'une des conditions énoncées ci-dessus, vous pourriez être traité comme si vous aviez vendu tous vos biens à leur juste valeur marchande le jour précédant votre expatriation, et vous devrez payer de l'impôt sur la tranche de vos gains en capital qui excède 651 000 $ US pour 2012. Vous pouvez reporter le paiement de cet impôt jusqu'à ce que les biens soient vendus, mais vous devrez payer de l'intérêt sur l'impôt reporté. Vous ne pourrez demander de crédit d'impôt étranger pour compenser l'impôt étranger auquel vous pourriez être assujetti si vous vendez les biens au cours d'une année ultérieure. Des règles spéciales s'appliquent à certains actifs, y compris les régimes de retraite, les comptes à impôt différé et les participations dans certains types de fiducies.

Une fois que vous êtes expatrié, tout citoyen ou résident américain (à l'exception de votre conjoint ou d'un organisme de bienfaisance) à qui vous faites un don ou un legs à tout moment peut être requis de payer l'impôt sur le transfert au taux le plus élevé applicable de l'impôt sur les dons ou les successions (35 % pour 2012). Cet impôt ne s'appliquera pas si vous êtes assujetti à l'impôt américain sur les dons ou les successions. Aucun crédit n'est offert au Canada à l'égard de l'impôt sur les successions ou les dons payé par le bénéficiaire américain.

Si vous vous êtes expatrié avant le 17 juin 2008, des règles différentes s'appliquent.

Les détenteurs de carte verte de longue date qui renoncent à leur carte verte doivent se conformer aux mêmes exigences en matière de production de déclarations et aux mêmes règles fiscales couvrant une période de 10 ans que celles auxquelles sont soumis les citoyens américains. Vous êtes considéré comme un détenteur de carte verte de longue date si vous avez possédé une carte verte pendant 8 des 15 dernières années. Les parties d'une année comptent pour une année aux fins de ce calcul. Par exemple, si vous avez obtenu une carte verte le 28 décembre 2005, vous devez compter 2005 comme une année et vous serez traité comme un détenteur de carte verte de longue date à compter de 2012.

Même si votre carte verte n'est plus valide aux fins d'immigration, vous êtes considéré comme un détenteur de carte verte aux fins fiscales tant que vous ne la remettez pas officiellement à un poste frontalier ou à un consulat américain.

18.10 Documents de référence

Vous pouvez obtenir un exemplaire des publications techniques suivantes en téléphonant ou en vous présentant à votre bureau des services fiscaux de l'ARC. Vous pouvez également trouver ces publications, ainsi que les guides et formulaires de l'ARC, sur le site Internet de l'ARC à l'adresse *www.cra-arc.gc.ca.*

Bulletin d'interprétation IT-221R3, « Détermination du lieu de résidence d'un particulier »
Bulletin d'interprétation IT-270R3, « Crédit pour impôt étranger »
Bulletin d'interprétation IT-395R2, « Crédit pour impôt étranger – Gains et pertes en capital de source étrangère »
Bulletin d'interprétation IT-506, « Impôt étranger sur le revenu à titre de déduction du revenu »
Bulletin d'interprétation IT-520, « Fraction inutilisée du crédit pour impôt étranger – Reports prospectif et rétrospectif »

Vous pouvez obtenir les publications techniques suivantes en téléphonant ou en écrivant à tout bureau de l'Internal Revenue Service. En général, on peut aussi se les procurer dans les ambassades et les consulats des États-Unis ou sur le site Internet de l'IRS à l'adresse *www.irs.ustreas.gov.*

Publication 17, « Your Federal Income Tax »
Publication 54, « Tax Guide for U.S. Citizens and Resident Aliens Abroad »
Publication 514, « Foreign Tax Credit for Individuals »
Publication 519, « U.S. Tax Guide for Aliens »
Publication 521, « Moving Expenses »
Publication 523, « Selling Your Home »

CHAPITRE 19

Si vous visitez les États-Unis, si vous y travaillez ou y détenez un bien

- Évitez de devenir résident des États-Unis lors de séjours dans ce pays (19.1)

- Si vous détenez des immeubles locatifs aux États-Unis, optez pour la méthode du revenu net de location (19.2.3)

- Tenez compte des taux d'imposition effectifs élevés si vous envisagez de faire un placement dans une société à responsabilité limitée américaine (19.2.5)

- Veillez à ce qu'une déclaration de revenus américaine soit produite pour chaque cession de biens immeubles américains (voir 19.3.1)

- Demandez un « *withholding certificate* » (certificat de disposition) lors de la vente d'un bien immeuble aux États-Unis (19.3.1)

- Agissez avec prudence lorsque vous achetez des actions de sociétés américaines (19.4.1)

- Léguez vos biens à votre conjoint ou à une fiducie connue sous le nom de « *qualified trust* » (19.4.5)

- Hypothéquez vos biens immeubles américains (sans droit de recours personnel) pour en réduire la valeur (19.4.5)

- Acquérez des biens conjointement avec votre conjoint ou avec une autre personne (19.4.5)

- Partagez avec votre conjoint les biens que vous détenez à l'échelle mondiale (19.4.5)

- Envisagez d'acquérir un intérêt dans un bien avec votre enfant (19.4.5)

- Détenez vos biens américains par l'entremise d'une société canadienne (19.4.5)

- Détenez vos biens aux États-Unis par l'entremise d'une fiducie ou d'une société de personnes canadienne correctement structurée qui fait le choix d'être traitée comme une société aux fins de l'impôt américain (19.4.5)

- Vendez de votre vivant vos biens situés aux États-Unis (19.4.5)

- Songez à souscrire une assurance-vie couvrant l'impôt successoral aux États-Unis (19.4.5)

Dans le présent chapitre, nous traitons des impôts américains qui s'appliquent aux résidents canadiens qui ne sont pas citoyens américains, mais qui font des placements aux États-Unis en y acquérant notamment des actions et des biens immeubles. (Les obligations fiscales des citoyens américains qui résident au Canada font l'objet du chapitre 18.) L'impôt peut frapper de quatre façons ces placements, selon qu'ils produisent un revenu, que leur disposition entraîne un gain, qu'ils font l'objet d'un don ou que leur propriétaire décède. Nous abordons également les règles en vertu desquelles, aux fins fiscales américaines, les « oiseaux migrateurs » risquent de devenir résidents des États-Unis s'ils y séjournent trop longtemps.

L'interaction entre les régimes fiscaux des États-Unis et du Canada peut être extrêmement complexe. On devrait toujours demander l'avis professionnel d'un fiscaliste avant de conclure des opérations transfrontalières.

19.1 « Oiseaux migrateurs » – Règles américaines en matière de résidence

Si vous passez une bonne partie de l'année aux États-Unis, vous risquez de devenir un résident de ce pays aux fins de l'impôt. Si cela se produit, vous pourriez être tenu de produire une déclaration de revenus et d'autres formulaires de déclaration aux États-Unis, et ce, même si vous êtes réputé résident du Canada aux termes de la règle « du lien le plus étroit » prévue dans la convention fiscale conclue entre le Canada et les États-Unis, règle qui est décrite ci-dessous. Si vous devenez résident des États-Unis aux fins de l'impôt, le coût lié au respect des exigences en matière de production de déclarations pourrait être très lourd.

Si vous détenez une « carte verte », vous avez le statut de résident permanent des États-Unis et vous serez considéré comme un résident aux fins de l'impôt, quel que soit l'endroit où vous vivez.

Évitez de devenir résident des États-Unis lors de séjours dans ce pays.

Si votre « présence physique » aux États-Unis totalise au moins 183 jours dans l'année, vous serez considéré comme un résident de ce pays. Pour déterminer le nombre de jours passés aux États-Unis, vous devez additionner le nombre de jours que vous y avez passés dans l'année en cours, le tiers de ceux que vous y avez passés l'année précédente et le sixième de ceux que vous y avez passés au cours de l'année antérieure.

Simone passe chaque hiver à Miami. L'automne, le printemps et l'été, elle est à Montréal. Au cours des années 2010, 2011 et 2012, elle passe respectivement 150, 90 et 140 jours aux États-Unis.

Pour 2012, la « présence physique » de Simone aux États-Unis se calcule ainsi : 140 + (1/3 x 90) + (1/6 x 150), ou 195 jours. Comme le total excède 183 jours, elle est considérée comme résidente des États-Unis pour 2012 (voir la règle du « lien le plus étroit », décrite plus loin).

Si vous êtes réputé être un résident des États-Unis selon le critère de la « présence physique », mais que le nombre de jours que vous passez dans ce pays est inférieur à 183 jours pour l'année en cours, vous pouvez être considéré comme un non-résident aux fins de l'impôt américain, dans la mesure où vous pouvez établir que vous avez un « lien plus étroit » avec le Canada qu'avec les États-Unis. Pour déterminer si c'est le cas, l'Internal Revenue Service (IRS) tiendra compte de certains facteurs, tels que l'endroit où se situent votre famille, votre voiture et vos effets personnels, l'endroit de délivrance de votre permis de conduire et de votre inscription sur la liste électorale ainsi que l'endroit d'où vous tirez la majorité de votre revenu pour l'année. Ces renseignements sont consignés sur le formulaire 8840 (voir 19.5) devant être produit avant le 15 juin de l'année suivante.

Si vous avez passé au moins 183 jours aux États-Unis dans l'année ou si vous détenez une carte verte, vous pouvez bénéficier d'une mesure de protection en vertu de la convention fiscale conclue entre le Canada et les États-Unis pourvu que vous puissiez établir que, aux termes de cette convention, vous êtes résident du Canada et non des États-Unis (cette protection n'est toutefois pas aussi étendue que celle dont vous bénéficieriez en étant traité comme un non-résident en vertu de la règle du « lien le plus étroit », décrite ci-dessus).

À cette fin, vous devez prouver que votre résidence permanente se trouve au Canada, non aux États-Unis; ou, si vous avez une résidence permanente dans les deux pays ou si vous n'en avez aucune, vous devez prouver qu'aux plans personnel et économique, vos liens sont plus étroits avec le Canada qu'avec les États-Unis. Pour vous prévaloir de cette mesure de protection, vous devez produire de l'information auprès de l'IRS à l'intérieur d'un certain délai.

Bien qu'il soit possible que votre revenu canadien ne soit pas assujetti à l'impôt sur le revenu américain, vous êtes quand même tenu de suivre les règles américaines en matière de déclaration, y compris la déclaration de propriété de sociétés et de sociétés de personnes non américaines, la déclaration des transferts à des fiducies non américaines et des distributions reçues de celles-ci ainsi que la déclaration des dons et des legs étrangers reçus.Vous devez également produire un rapport concernant vos comptes bancaires et financiers à l'étranger. Il est possible que vous deviez produire un nouveau formulaire instauré en 2011 afin de déclarer vos avoirs étrangers déterminés si la valeur de ces avoirs atteint certains seuils (voir 18.7.4).

Cependant, si vous avez une carte verte, la production de votre déclaration selon le principe voulant que la résidence canadienne l'emporte en vertu de la convention pourrait compromettre votre statut d'immigrant aux États-Unis.

19.2 Revenus tirés de source américaine

Certains revenus de source américaine sont assujettis à l'impôt américain sur le revenu, aux retenues d'impôt américain ou à des obligations en matière de divulgation de l'information, et ce, même si vous n'êtes pas résident des États-Unis.

19.2.1 Obtention d'un *Individual Taxpayer Identification Number* (ITIN)

Si vous faites des investissements ou fournissez des services aux États-Unis, vous pourriez être tenu de fournir un *Individual Taxpayer Identification Number* (ITIN) aux fins de la déclaration et de la retenue d'impôts. L'IRS attribue un ITIN aux personnes qui sont tenues d'avoir un numéro d'identification de contribuable des États-Unis, mais qui n'ont pas ou ne peuvent pas obtenir de numéro de sécurité sociale de ce pays.

En vertu des nouvelles règles fiscales américaines, le processus d'obtention d'un ITIN est devenu plus difficile et fastidieux. Vous pouvez obtenir un ITIN en remplissant le formulaire W-7, « Application for IRS Individual Taxpayer Identification Number ». Si vous envisagez d'investir ou de fournir des services aux États-Unis, songez à consulter un fiscaliste qui saura vous guider tout au long du processus d'obtention d'un ITIN.

Si vous avez fait une demande en vue d'obtenir un visa vous donnant le droit de travailler aux États-Unis, ou si vous êtes en train de faire une telle demande, vous devriez demander un numéro de sécurité sociale (Form SS-5).

19.2.2 Si vous travaillez aux États-Unis

Si vous habitez et occupez un emploi au Canada et si votre employeur vous envoie travailler temporairement aux États-Unis, vous devrez vous conformer aux exigences du gouvernement fédéral et de l'État en matière d'impôt et de production de déclarations.

Les Canadiens sont généralement assujettis à l'impôt américain sur leur revenu de source américaine. Le revenu d'emploi est réputé provenir de l'endroit où les services ont été rendus. Si vous travaillez physiquement aux États-Unis, votre revenu d'emploi est de source américaine et est assujetti à l'impôt des États-Unis en vertu de la loi interne américaine.

La somme des impôts que vous devrez payer aux États-Unis est généralement déterminée par la répartition du total de votre salaire entre vos jours de travail au Canada et aux États-Unis pendant l'année. Selon l'État où vous travaillez, vous pourriez également être assujetti à l'impôt de l'État sur le revenu que vous y avez gagné.

Exemple

Margot gagne 100 000 $ en 2012 en travaillant à titre d'analyste pour une société de logiciels canadienne. Au total, elle travaille 240 jours en 2012, dont 60 à la filiale américaine de la société. La proportion du revenu de source américaine de Margot assujetti à l'impôt fédéral américain pour 2012 est de 25 % (soit 60 ÷ 240) de 100 000 $, ou 25 000 $.

La convention fiscale conclue entre le Canada et les États-Unis offre un allègement de l'impôt américain sur le revenu de source américaine. Par contre, cet allègement ne s'étend généralement pas à l'impôt sur le revenu de l'État (la plupart des États n'adhèrent pas à la convention). En tant que salarié résident au Canada, vous n'êtes pas assujetti à l'impôt américain aux termes de la convention si vous répondez à l'une des conditions suivantes :

- votre revenu de source américaine est inférieur à 10 000 $ US;
- vous passez moins de 183 jours au cours de toute période de 12 mois qui débute ou se termine dans l'exercice concerné (y compris les jours ouvrables et les jours non ouvrables) aux États-Unis et vous n'êtes pas payé, de façon directe ou indirecte, par un résident américain ou un « établissement stable » américain, ce qui signifie généralement un « lieu fixe d'affaires ».

Par conséquent, Margot, dans l'exemple ci-dessus, échapperait probablement à l'impôt américain sur son revenu de source américaine, puisqu'elle n'a travaillé que 60 jours aux États-Unis et qu'elle est payée par son employeur canadien.

La deuxième exception ne devrait pas s'appliquer si l'entité américaine rembourse votre salaire à l'employeur canadien.

Si votre revenu d'emploi de source américaine est admissible à un allègement de l'impôt américain en vertu de la convention, votre employeur doit vous demander de remplir le formulaire 8233 (et d'y indiquer votre ITIN – voir 19.2.1), après quoi votre employeur doit attester le formulaire, puis l'envoyer à l'IRS. Si vous n'êtes pas admissible à l'allègement prévu par la convention, votre employeur pourrait devoir retenir l'impôt américain de votre salaire et déclarer à l'IRS le salaire et les retenues qui s'y rapportent.

Si vous êtes travailleur autonome, votre revenu de source américaine pourrait être exonéré d'impôt américain. Aux termes d'une disposition distincte de la convention, le revenu des entrepreneurs indépendants est exonéré d'impôt américain tant et aussi longtemps qu'ils n'ont pas d'« établissement stable » aux États-Unis.

Que vous soyez ou non admissible à l'exonération en vertu de la convention, vous devez produire une déclaration de revenus américaine (« Form 1040NR ») si vous avez gagné un revenu de source américaine. Vous pourriez également être tenu de produire une déclaration de revenus de l'État afin de déclarer le revenu que vous y avez gagné. Le Canada accorde généralement un crédit d'impôt étranger au titre de tout impôt fédéral ou de l'État à payer, afin de compenser l'impôt canadien sur votre revenu américain.

Si vous êtes un citoyen américain ou si vous détenez une carte verte, vous êtes assujetti à l'impôt sur votre revenu mondial (voir 18.1) et certaines des exonérations prévues par la convention dont il est question ci-dessus ne s'appliquent généralement pas.

19.2.3 Revenus de location

Tout loyer versé à un résident canadien sur un bien immeuble situé aux États-Unis est normalement assujetti à une retenue d'impôt égale à 30 % du montant brut de ce loyer. (Contrairement aux retenues d'impôt sur les intérêts et les dividendes, cet impôt ne bénéficie d'aucun allègement aux termes de la convention fiscale conclue entre le Canada et les États-Unis.)

Exemple

Line vit au Canada et est propriétaire d'une habitation en copropriété en Arizona. Elle met cette copropriété en location pendant toute l'année et touche un loyer de 10 000 $ US. Ses intérêts hypothécaires, ses frais d'entretien, ses impôts fonciers et son amortissement totalisent 8 000 $ US.

Pendant l'année, son locataire retiendra 30 % du loyer annuel qu'il paye à Line, soit 3 000 $ US, pour le verser à l'IRS.

À la fin de l'année, Line pourra choisir de produire une déclaration de revenus aux États-Unis et de payer l'impôt américain sur son revenu net de location, qui s'établirait à 2 000 $ US seulement plutôt qu'à 10 000 $ US. Par la suite, elle pourra recevoir un remboursement de la retenue d'impôt, dans la mesure où celle-ci est supérieure à l'impôt exigible selon sa déclaration américaine. Cependant, rappelez-vous que le revenu de location est assujetti à l'impôt de l'État et, peut-être, à un impôt minime de la ville ou du comté.

Si vous avez des charges à payer relativement à un bien locatif américain (intérêts hypothécaires, frais d'entretien, primes d'assurance, frais de gestion immobilière, impôts fonciers, etc.), vous avez presque toujours intérêt à choisir la méthode du « revenu net de location ».

> Si vous détenez des immeubles locatifs aux États-Unis, optez pour la méthode du revenu net de location.

Ainsi, le montant assujetti à l'impôt, à votre taux marginal, sera nettement inférieur au montant assujetti à la retenue d'impôt de 30 %.

Une fois exercé, le choix d'être imposé sur le revenu net de location est permanent et s'applique à tous vos revenus de location américains. Assurez-vous de tenir compte du fait que vous ne pourrez révoquer ce choix qu'en de rares circonstances.

Si vous exercez ce choix, vous pouvez fournir un formulaire W8-ECI à votre locataire ou agent, ce qui vous exemptera de la retenue d'impôt équivalant à 30 % du loyer.

L'amortissement doit être réclamé aux fins fiscales américaines si le bien n'est pas utilisé uniquement à des fins personnelles. Contrairement à ce qui se passe au Canada (voir 11.2.7), l'amortissement n'est pas une déduction discrétionnaire aux États-Unis. Tout montant admissible, que vous le réclamiez ou non, réduit quand même le prix de base de la propriété et augmente le gain découlant de sa vente.

19.2.4 Dividendes et intérêts tirés de sociétés américaines

À l'instar des revenus de location, les dividendes et les intérêts versés par des particuliers et des sociétés américains à des résidents du Canada sont assujettis à une retenue d'impôt aux États-Unis, limitée, dans la plupart des cas, à 15 % pour les dividendes et à 0 % pour les intérêts en vertu de la convention fiscale canado-américaine.

Aucune déclaration de revenus américaine n'est nécessaire à l'égard des revenus de dividendes sur lesquels l'impôt approprié a été retenu, ou à l'égard des intérêts exonérés d'impôt américain.

19.2.5 Revenu tiré de sociétés à responsabilité limitée américaines

Les sociétés à responsabilité limitée (SRL) américaines sont créées en vertu des lois de l'État et sont généralement traitées comme des sociétés de personnes aux fins de l'impôt américain. Par conséquent, le revenu tiré des SRL est dirigé vers les membres et est imposable entre leurs mains. La SRL elle-même ne paie aucun impôt américain.

Toutefois, aux fins de l'impôt canadien, la SRL est traitée comme une société, et seules les distributions qu'elle verse sont imposées.

Du fait des écarts entre le Canada et les États-Unis en ce qui concerne le traitement fiscal du revenu tiré d'une SRL, le taux d'imposition effectif combiné canadien-américain sur un tel revenu est de 60 % ou plus, comparativement à un taux maximum de 45 % sur le revenu tiré d'une société de personnes américaine. Si vous envisagez de faire un placement dans une SRL américaine, tenez compte de ce taux d'imposition effectif élevé.

19.3 Vente de biens américains

19.3.1 Déduction d'impôt à la source (« FIRPTA ») à la vente d'un bien immeuble

Lorsque vous vendez un bien immeuble situé aux États-Unis, un impôt de 10 % du prix de vente est normalement retenu en vertu de la loi américaine sur les investissements immobiliers étrangers (« *Foreign Investment in Real Property Tax Act* of 1980 », ou FIRPTA). Cette retenue fiscale peut être déduite de l'impôt à payer aux États-Unis sur le gain que vous réalisez à la vente du bien, et remboursée si elle dépasse votre impôt américain exigible lorsque vous produisez votre déclaration de revenus américaine pour déclarer la vente.

Une déclaration de revenus américaine doit être produite pour chaque cession de biens immeubles américains.

Vous pourriez être en mesure de réduire la retenue d'impôt en vertu de la FIRPTA en demandant à l'IRS, avant la vente, un certificat de retenue (« *withholding certificate* ») afin de démontrer aux autorités fiscales américaines que l'impôt exigible prévu aux États-Unis sera inférieur à 10 % du prix de vente. Ce certificat indiquera le montant d'impôt que l'acheteur devra retenir à la place des 10 %. Vous devez produire la demande avant la date de clôture de la vente. Afin de demander un certificat de retenue, vous devez avoir un *Individual Taxpayer Identification Number* (voir 19.2.1) ou en faire la demande.

Assurez-vous de demander un certificat de retenue si vous procédez à une vente à tempérament; autrement, la retenue de 10 % sera exigée sur le prix de vente total.

Certains États, tels que la Californie et Hawaii, ont des dispositions relatives à la retenue fiscale comparables à la FIRPTA.

19.3.2 Impôt sur le revenu à la vente d'un bien immeuble aux États-Unis

Aux fins de l'impôt sur le revenu, vous êtes tenu de produire une déclaration de revenus américaine et d'y déclarer le gain réalisé à la vente d'un bien immeuble situé aux États-Unis. Vous pouvez compenser tout impôt à payer au moyen de l'impôt retenu en vertu de la FIRPTA. Pour 2012, le taux fédéral d'imposition maximum des gains en capital aux États-Unis est de 15 % pour les biens détenus depuis plus de 12 mois. Selon le montant du gain, le taux pourrait être de 0 %. Aux États-Unis, les taux ordinaires progressifs s'appliquent aux biens détenus depuis moins d'un an. Le taux réel le plus élevé au Canada est d'environ 22,5 % du fait que celui-ci n'impose que la moitié du gain (voir 6.2.1). Toutefois, la totalité du gain est imposée aux fins fiscales américaines. L'impôt de l'État doit également être pris en compte. Vous devrez avoir un *Individual Taxpayer Identification Number* (voir 19.2.1) afin de produire votre déclaration de revenus américaine.

Le taux de change du dollar canadien par rapport au dollar américain aura une incidence sur le montant imposable du gain au Canada, étant donné que le coût du bien est converti en dollars canadiens au taux de change en vigueur au moment de l'achat, et que le produit tiré de sa vente est converti au taux de change en vigueur au moment de la vente.

Si vous étiez propriétaire d'un bien immeuble non commercial situé aux États-Unis et étiez un résident du Canada depuis une date antérieure au 27 septembre 1980, vous pouvez probablement, en vertu de la convention fiscale canado-américaine (voir 18.2.3), réduire la fraction de votre gain qui est imposable aux États-Unis. Dans ce cas, seul le gain accumulé depuis le 1ᵉʳ janvier 1985 sera imposé.

> **Exemple**
>
> En 1978, Roxanne a acheté, pour son usage personnel, un chalet situé aux États-Unis pour la somme de 10 000 $ US. Le 1ᵉʳ janvier 1985, le chalet valait 30 000 $ US. En 2012, Roxanne le vend 60 000 $ US.
>
> Le gain imposable de Roxanne aux États-Unis n'est que de 30 000 $ US, soit le montant qui représente la plus-value acquise par le bien immeuble depuis le début de 1985. À cela s'ajoute l'impôt sur le revenu d'État, lequel est calculé soit sur 30 000 $ US, soit sur 50 000 $ US, selon que l'État en question adhère ou non à la convention fiscale canado-américaine.

Si vous n'êtes pas en mesure d'évaluer un bien immeuble en date du 1ᵉʳ janvier 1985, le fisc déterminera le gain accumulé jusqu'à cette date en présumant que la totalité du gain se répartissait uniformément sur chaque mois compris dans la période de détention.

Si vous désirez profiter des avantages auxquels vous avez droit en vertu de la convention fiscale, vous devrez en faire la demande dans votre déclaration de revenus américaine et y joindre certains renseignements portant sur l'opération de vente.

L'impôt américain sur la vente d'un bien américain entraîne un impôt étranger déductible de l'impôt à payer au Canada sur cette vente (voir comment fonctionnent les crédits pour impôt étranger à la section 18.2.2). Si le bien est admissible, vous pouvez mettre à l'abri la fraction du gain qui est imposée au Canada en demandant l'exemption pour résidence principale offerte au Canada (voir 6.4.2). Toutefois, l'utilisation de l'exemption a pour effet de réduire proportionnellement le crédit pour impôt étranger auquel vous avez droit aux fins fiscales canadiennes, ce qui pourrait ne pas être conseillé si vous avez une résidence au Canada qui sera considérée comme votre résidence principale.

19.3.3 Vente d'actions et d'obligations américaines

Tant que vous n'êtes ni un résident, ni un citoyen des États-Unis, l'impôt américain ne sera pas en principe exigible sur la vente d'actions de sociétés américaines, que celles-ci soient publiques ou privées et quel que soit l'endroit où ces titres sont négociés.

Toutefois, une société dont l'actif est constitué en majorité de biens immeubles américains pourrait être considérée comme une société de portefeuille de biens immeubles américains (« *U.S. real property holding corporation* ») (à moins qu'il ne s'agisse d'une société avec actions émises dans le public dans laquelle vous détenez moins de 5 % des actions). Dans ce cas, tout gain réalisé à la vente des actions de la société sera imposé par les États-Unis, de la même manière que la vente de biens immeubles.

19.4 Impôt sur les dons et impôt successoral américains à payer par les Canadiens

L'impôt sur les dons et l'impôt successoral américains exigibles lors du décès d'un Canadien qui détient des titres et des biens immeubles américains peuvent être substantiels.

Dans la présente section, nous ne traiterons que de l'impôt sur les dons et de l'impôt successoral fédéraux. Cependant, certains États américains prévoient aussi de tels impôts, dont il faudra tenir compte.

Les règles dont il est question ici ne s'appliquent que lorsque la personne décédée et son conjoint sont tous deux des citoyens et résidents canadiens. Si l'un des deux est citoyen ou résident américain, les mesures de planification suggérées dans la présente section peuvent ne pas s'avérer pertinentes.

19.4.1 Biens assujettis à l'impôt successoral

Aux États-Unis, l'impôt successoral s'applique aux biens de Canadiens qui sont « situés aux États-Unis ». Cette expression englobe :

- les biens immeubles situés aux États-Unis;
- certains biens personnels corporels situés aux États-Unis;
- les actions de sociétés américaines, sans égard à l'emplacement des certificats de telles actions et à l'endroit où elles sont négociées;
- les titres de créances émis par des Américains, y compris par le gouvernement américain (des exceptions particulières s'appliquent);
- les montants provenant de régimes de retraite et de rentes aux États-Unis (y compris les IRA).

L'impôt successoral américain pourrait s'appliquer à tout bien personnel situé aux États-Unis au moment de votre décès. La jurisprudence américaine ayant établi que les biens doivent être situés aux États-Unis avec un certain degré de permanence, les bijoux ou autres objets que vous pouvez emporter avec vous en vacances ne sont probablement pas assujettis à l'impôt. Toutefois, le mobilier et les objets d'art qui se trouvent dans votre condominium, par exemple, pourraient l'être.

En ce qui concerne les REER, prenez en considération le bien sous-jacent.

Les biens normalement exclus de la définition de biens situés aux États-Unis comprennent les actions de sociétés étrangères (non américaines), sans égard à l'endroit où sont situés les biens de ces sociétés, les dépôts bancaires aux États-Unis, certaines obligations de sociétés américaines qui sont négociées en bourse à l'extérieur des États-Unis et certaines créances.

> Agissez avec prudence lorsque vous achetez des actions de sociétés américaines.

« L'assiette imposable de la succession », c'est-à-dire la valeur imposable de la succession, est la valeur brute de tous les biens du défunt situés aux États-Unis, moins certaines déductions admissibles dont les plus importantes sont :

- tous les montants légués au conjoint du défunt si le conjoint est citoyen américain;
- les montants transférés à un « *qualified domestic trust* » (voir 19.4.5);
- une déduction au titre d'une hypothèque sans droit de recours personnel (19.4.5) grevant un bien américain;

- une déduction égale à un prorata des dettes du défunt au moment de son décès (y compris les impôts sur le revenu payables au Canada).

Une fois « l'assiette imposable » déterminée, l'impôt successoral fédéral américain s'applique à la valeur cumulative de l'ensemble des dons imposables faits du vivant et au décès, selon des taux progressifs qui vont de 18 % à 35 % en 2012. Nous verrons plus loin à la section 19.4.2 qu'un montant de crédit applicable viendra ensuite atténuer cet impôt. Les taux et les montants d'exemption de l'impôt successoral sont en vigueur pour 2012. Au moment d'écrire ces lignes, on ignorait ce que prévoira la loi après 2012.

19.4.2 Crédit d'impôt à vie sur les successions

En vertu des lois américaines intérieures, les non-résidents qui ne sont pas citoyens des États-Unis peuvent demander un montant de crédit de 13 000 $ US applicable pour réduire l'impôt successoral américain (si vous êtes un citoyen des États-Unis, veuillez vous reporter à la section 18.8.1). Cela équivaut à exempter de l'impôt 60 000 $ US du patrimoine successoral.

La convention fiscale canado-américaine a pour effet d'augmenter le montant de crédit applicable auquel les résidents et les citoyens du Canada ont droit : du montant de 13 000 $ US admissible en vertu des lois américaines, il passe à 1 772 800 $ US en 2012, ce qui permet de mettre à l'abri de l'impôt un montant de 5,12 millions de dollars US de l'assiette imposable de la succession. Ce crédit doit être calculé au prorata de la valeur de la succession américaine d'un citoyen canadien décédé sur l'ensemble de la valeur de sa succession à l'échelle mondiale, tel que l'établissent les règles américaines.

Cette règle de proportionnalité signifie que les Canadiens ne seront pas assujettis à l'impôt successoral américain en 2012 à moins que la valeur brute de leur succession à l'échelle mondiale n'excède 5,12 millions de dollars US. Elle signifie aussi que les Canadiens bien nantis qui détiennent une part relativement faible du total de leur succession aux États-Unis seront encore assujettis à un impôt successoral américain élevé. Ces Canadiens peuvent donc choisir de continuer à se prévaloir des techniques de planification dont il est question à la section 19.4.5.

Si la valeur des biens que vous possédez aux États-Unis excède 60 000 $ US, votre succession doit produire une déclaration d'impôt successoral américain, et ce, même si aucun impôt n'est exigible. Afin de bénéficier des avantages de la convention fiscale, votre succession doit indiquer à l'IRS tous les biens que vous possédez à l'échelle mondiale sur cette déclaration. La déclaration doit être produite dans les neuf mois suivant la date de votre décès.

19.4.3 Crédit pour personne mariée

Un crédit « pour personne mariée » peut être accordé en vertu de la convention fiscale canado-américaine dans les cas où une déduction d'impôt successoral pour personne mariée aurait été accordée si le conjoint avait été citoyen américain. Cependant, ce crédit ne peut dépasser le moins élevé des montants suivants : le montant de crédit applicable qui pourra être réclamé par la succession du défunt et le montant de l'impôt successoral payable après déduction d'autres crédits. En réalité, cela accorde un crédit minimum de 26 000 $ US (c'est-à-dire 2 x 13 000 $ US) lorsque le bien américain est transféré au conjoint au décès.

Le liquidateur de la succession doit choisir de tirer parti de cette disposition et renoncer irrévocablement à l'avantage découlant de toute déduction d'impôt successoral pour personne mariée qui aurait pu autrement être permise. En fait, le liquidateur de la succession doit soit réclamer le crédit pour personne mariée accordé en vertu de la convention, soit créer un « *qualified domestic trust* » – mais pas les deux. Le délai fixé quant à l'exercice du choix et à la renonciation est habituellement de neuf mois suivant la date du décès.

19.4.4 Crédit canadien en compensation de l'impôt successoral américain

Le Canada impose habituellement la personne décédée sur les gains en capital cumulés à la date du décès (voir 22.2.3). Il existe au Canada un crédit pour impôt étranger qui compense les impôts étrangers acquittés sur des revenus de source étrangère. Mais l'impôt successoral américain n'ayant pas le statut d'impôt sur le revenu, aucun crédit pour impôt étranger n'est offert en compensation en vertu de la loi canadienne.

En vertu de la convention, le Canada permet désormais de déduire l'impôt successoral américain sur les biens américains de l'impôt canadien qu'un résident canadien doit autrement payer l'année du décès. Pour l'année du décès, le crédit est plafonné à l'impôt canadien attribuable au revenu de source américaine de la personne décédée. Le revenu de source américaine comprend les gains réalisés sur des biens immobiliers américains, de même que les dividendes, les intérêts et le revenu de location américains. À cette fin, la définition de revenu de source américaine a été élargie pour inclure les gains sur la disposition présumée de titres américains. L'ARC a déclaré que l'impôt successoral américain ne pouvait être crédité qu'à l'impôt fédéral canadien et non à l'impôt provincial.

19.4.5 Façons de réduire le risque d'assujettissement à l'impôt successoral américain

Après avoir déterminé lesquels de vos biens sont assujettis à l'impôt successoral américain et évalué le risque d'assujettissement à cet impôt auquel vous êtes exposé, vous pouvez mettre en œuvre un certain nombre de stratégies qui auront pour effet de réduire ou d'éliminer l'impôt successoral américain que vous pourriez devoir payer.

Léguez vos biens à votre conjoint ou à une fiducie connue sous le nom de « qualified trust ».

Lorsque des biens sont légués au conjoint survivant qui est citoyen américain, ou à une fiducie connue sous le nom de « *qualified domestic trust* » (QDOT), l'impôt successoral peut être reporté jusqu'au décès du conjoint survivant.

Pour que la fiducie soit admissible à titre de QDOT, l'acte créant une telle fiducie doit stipuler qu'au moins un des fiduciaires est un citoyen des États-Unis ou une société américaine, et qu'aucun versement de capital tiré de la fiducie ne peut être effectué si le fiduciaire américain n'est pas en mesure de retenir l'impôt successoral américain. Tout capital retiré du QDOT sera alors assujetti à l'impôt successoral. Des règles plus sévères s'appliquent aux QDOT dont l'actif excède une valeur de 2 millions de dollars US. Un QDOT bien structuré peut être admis à titre de « fiducie au profit du conjoint » aux fins de l'impôt canadien (voir 21.5.2). Dans le cas d'une personne décédée, soit le QDOT ou le crédit pour personne mariée peut être utilisé, mais pas les deux. Puisque le crédit pour personne mariée prévu dans la convention donne lieu à des économies d'impôt pouvant atteindre 1 772 800 $ US en 2012 et que le QDOT ne permet qu'un report d'impôt successoral, il est rarement avantageux d'établir un QDOT.

Une autre solution consiste à transférer les biens à une fiducie au profit du conjoint sur laquelle le conjoint survivant n'exerce aucun pouvoir général de désignation. Cela ne permettra pas d'éviter l'impôt successoral à payer au décès du premier conjoint qui mourra, mais permettra d'assurer que les biens détenus dans la fiducie ne sont pas inclus dans la succession du conjoint survivant aux fins de l'impôt successoral américain.

Hypothéquez vos biens immeubles américains (sans droit de recours personnel) pour en réduire la valeur.

Une hypothèque « sans droit de recours personnel » permet au prêteur d'exercer un recours sur le bien hypothéqué seulement. C'est-à-dire que le créancier a le droit de saisir le bien hypothéqué en cas de défaut de paiement de votre part, mais si la valeur du bien ne couvre pas l'intégralité de la dette, il ne peut vous poursuivre pour le solde. Une hypothèque sans droit de recours personnel grevant vos biens immeubles américains réduira la valeur nette de ces biens et, donc, la valeur imposable de votre succession.

Un autre moyen de réduire votre impôt successoral consiste à faire l'acquisition de biens situés aux États-Unis conjointement avec votre conjoint (ou avec une autre personne). Pour que cette démarche réussisse, votre conjoint et vous devrez chacun investir vos propres fonds; vous ne pouvez pas simplement donner la moitié des biens à votre conjoint, ou encore lui donner les fonds pour qu'il fasse des placements. Lorsque des biens sont ainsi détenus conjointement, et qu'il peut être prouvé que chaque propriétaire a payé sa part avec ses propres fonds, au décès du premier propriétaire conjoint, chaque propriétaire est réputé être propriétaire de sa part. S'il n'est pas possible de prouver que chaque propriétaire a payé sa part, le premier propriétaire conjoint qui décède est réputé être le propriétaire de la totalité du bien aux fins de la détermination de la valeur imposable de la succession.

> Acquérez des biens conjointement avec votre conjoint ou avec une autre personne.

Si chacun de vous investit ses propres fonds et si vous détenez un bien en copropriété valant 400 000 $ US, par exemple, seuls 200 000 $ US entreront dans le calcul de votre succession au moment de votre décès. Vous pouvez également faire l'acquisition des biens en tant que copropriétaires indivis, mais prenez garde à l'impôt sur les dons qui pourrait s'appliquer si vous transférez des fonds à votre conjoint aux fins de l'acquisition de biens.

Si votre conjoint possède des biens d'une valeur moins élevée que les vôtres, envisagez la possibilité pour votre conjoint d'acquérir la pleine propriété d'un ou de plusieurs de vos biens situés aux États-Unis, comme une résidence secondaire. Toutefois, faites-vous conseiller par un fiscaliste avant d'agir ainsi, car le transfert pourrait mettre en cause les règles d'attribution ou l'impôt sur les dons si votre conjoint n'utilise pas ses propres fonds.

> Partagez avec votre conjoint les biens que vous détenez à l'échelle mondiale.

Dans certains cas, il peut être avantageux de partager votre intérêt dans un bien avec votre enfant, aux fins de l'impôt successoral américain. Cette stratégie consiste pour vous à acquérir un intérêt viager dans le bien et pour votre enfant à se porter acquéreur d'un intérêt résiduel au moyen de ses propres fonds. Les règles dans ce domaine étant extrêmement complexes, il est essentiel d'obtenir les conseils d'un professionnel si cette stratégie vous intéresse.

> Envisagez d'acquérir un intérêt dans un bien avec votre enfant.

Détenez vos biens américains par l'entremise d'une société canadienne.

Pour éviter l'impôt successoral américain, une solution plus évidente consiste à ne pas détenir vos actions et biens immeubles américains en votre nom personnel, mais par le biais d'une société canadienne. À votre décès, cette société continue d'exister; par conséquent, il n'y aura pas d'impôt successoral à payer sur la participation dans des actions d'une société canadienne. Du point de vue fiscal, vous aurez ainsi modifié « l'emplacement » de vos biens des États-Unis au Canada. Cette solution est souvent avantageuse, mais elle ne comporte pas moins de nombreux dangers et il est conseillé de consulter un professionnel en la matière. Nous n'évoquerons ici que quelques-uns des problèmes à envisager :

- En plus des coûts de démarrage, il y a des coûts récurrents que vous aurez à acquitter, notamment des honoraires juridiques et comptables.
- Cette société devra faire l'acquisition de vos biens américains en bonne et due forme, et vous devrez respecter toutes les formalités prévues par le droit des sociétés. En effet, s'il est établi que la société n'a agi que comme votre mandataire ou comme un simple prête-nom, l'impôt successoral pourrait quand même s'appliquer aux biens à votre décès.
- Tous les revenus gagnés par la société sur ses biens situés aux États-Unis (intérêts, dividendes, loyers, etc.) seront assujettis à l'impôt, tout d'abord lorsqu'ils seront gagnés par la société, et ensuite lorsqu'ils vous seront versés sous forme de dividendes. L'effet cumulatif de ces impôts est supérieur à ce que vous auriez payé si vous aviez détenu ces biens directement.
- Si vous ou des membres de votre famille prévoyez utiliser la propriété en question à des fins personnelles, vous pourriez être imposé au Canada du fait que vous recevez un avantage imposable de votre société en tant qu'actionnaire.
- Si la propriété est vendue après le décès et que les fonds sont distribués, la charge fiscale totale pourrait se révéler supérieure au coût de l'impôt successoral, dans certains cas.

L'ARC a récemment modifié sa politique administrative voulant qu'elle n'impose pas d'avantage à un actionnaire d'une « société à but unique », ce qui correspond généralement à une société canadienne établie exclusivement pour la détention d'un bien immobilier résidentiel situé aux États-Unis et pour l'utilisation et la jouissance de ce bien par l'actionnaire. Les sociétés à but unique qui existaient avant 2005 ne sont pas touchées par la modification de cette politique, jusqu'à ce que le bien immobilier soit vendu ou que les actions de la société soient transférées à une personne autre que le conjoint ou le conjoint de fait.

À cause de cette modification, aucune nouvelle société à but unique ne doit être établie.

Au lieu d'utiliser une société canadienne, vous pourriez envisager d'établir une société en commandite canadienne (dont l'autre commanditaire serait une société canadienne) en vue de détenir vos biens aux États-Unis, et faire le choix pour que cette société de personnes soit traitée comme une société aux fins de l'impôt américain. À votre décès, votre participation dans la société de personnes et les biens sous-jacents peuvent être transférés directement à vos bénéficiaires. Comme les États-Unis traiteront la société de personnes comme une société, les biens qu'elle détient contourneront votre succession aux fins de l'impôt successoral américain. Et comme le Canada traitera l'entité comme une société de personnes, vous pouvez éviter certaines des répercussions fiscales canadiennes défavorables, dont il est question ci-dessus, qui auraient été occasionnées si les biens américains avaient été détenus par une société canadienne. Cette stratégie est complexe et ne devrait pas être adoptée sans qu'un fiscaliste ait été consulté au préalable.

> Détenez vos biens aux États-Unis par l'entremise d'une fiducie ou d'une société de personnes canadienne correctement structurée qui fait le choix d'être traitée comme une société aux fins de l'impôt américain.

Une fiducie correctement structurée dont la constitution a été réglée au comptant par son constituant, lequel ne conserve aucune participation ni droit à l'égard des biens de la fiducie, peut également être utilisée pour acquérir des biens américains. La fiducie doit avoir été établie depuis le plus longtemps possible avant qu'une offre soit faite à l'égard d'un bien, de façon à minimiser le risque d'assujettissement à l'impôt sur les dons. Encore une fois, il est essentiel de vous faire conseiller par un fiscaliste.

Vous pourriez prévoir de vendre vos biens américains avant votre décès (p. ex., à un membre de votre famille) en contrepartie d'éléments d'actif qui ne sont pas « situés aux États-Unis » (p. ex., en contrepartie d'un montant en espèces ou d'un billet à ordre situé au Canada). De cette façon, vous n'auriez plus aucun bien situé aux États-Unis à inclure dans une succession imposable.

C'est une solution à envisager lorsque le décès est prévisible à court terme. Par exemple, vous pourriez vendre un bien à un enfant auquel vous aviez de toute façon l'intention de léguer ce bien, en échange d'un billet à ordre authentique. Le billet pourrait ensuite être légué à votre conjoint ou à un autre membre de la famille. Si le billet était légué à votre enfant, la vente pourrait être traitée comme un don et être assujettie à l'impôt américain sur les dons.

Au moment de la vente de biens immeubles américains, tout gain réalisé est imposable aux États-Unis et au Canada (l'impôt canadien s'applique à la moitié du gain – voir 6.2.1). Cependant, le crédit pour impôt étranger vous permet normalement de compenser au Canada la totalité ou une partie de l'impôt payé. Tout gain réalisé avant le décès sur des dons ou sur la vente de titres sera imposable au Canada plutôt qu'aux États-Unis.

Vendez de votre vivant vos biens situés aux États-Unis.

Sachez aussi que vous pouvez tomber sous le coup des règles d'attribution canadiennes (voir chapitre 5) en cas de transfert du bien à votre conjoint ou à un membre de la famille n'ayant pas 18 ans. Enfin, veillez à ne pas accepter comme contrepartie un titre de créance (un billet à ordre, par exemple) d'une personne qui réside aux États-Unis, car certaines créances de résidents américains sont considérées comme des biens situés aux États-Unis. Avant de conclure une opération, assurez-vous de comparer les incidences fiscales applicables au décès et celles qui le seraient à un transfert avant le décès.

Songez à souscrire une assurance-vie couvrant l'impôt successoral aux États-Unis.

Si vous prévoyez que votre succession sera frappée d'un impôt successoral important, envisagez de souscrire une assurance-vie qui permettra à vos héritiers d'acquitter cet impôt sans avoir à vendre vos biens américains. Le produit d'une police d'assurance-vie n'entre pas dans la valeur imposable de la succession lors de votre décès, même si la police a été souscrite auprès d'un assureur américain (en dépit du fait qu'il sera inclus dans vos biens à l'échelle mondiale, aux fins de l'établissement du montant du crédit applicable dont traite la section 19.4.2). N'oubliez pas que les primes de cette police d'assurance-vie ne sont déductibles aux fins fiscales ni au Canada, ni aux États-Unis. En outre, si le contrat est souscrit auprès d'un assureur américain, demandez à votre conseiller fiscal d'étudier quelles en seront les répercussions sur votre impôt canadien sur le revenu.

Si votre testament prévoit le transfert de vos biens américains à un organisme de bienfaisance américain à votre décès, vous ne serez alors pas assujetti à l'impôt successoral américain sur ces biens.

19.4.6 Impôt sur les dons américain à payer par les Canadiens
Les dons de biens immeubles américains faits par un Canadien sont assujettis à l'impôt sur les dons américain. Le taux d'imposition supérieur à cet égard est de 35 % en 2012. Cet impôt ne s'applique pas aux dons de titres américains faits par un Canadien, même si la valeur de ces titres au moment du décès est assujettie à l'impôt successoral américain.

Les dons d'une valeur maximale de 13 000 $ US par année (de 139 000 $ US par année dans le cas de dons faits à un conjoint qui n'est pas un citoyen américain) sont exonérés de l'impôt sur les dons américain. Les dons faits à un conjoint qui est un citoyen américain en sont également exonérés. La convention fiscale conclue entre le Canada et les États-Unis n'offre aucun allègement supplémentaire. Aux fins de l'impôt américain, le prix de base des biens donnés est transféré du donateur au donataire.

Au Canada, les dons sont assujettis à l'impôt si la propriété qui fait l'objet du don a un gain accumulé. Comme il a été souligné à la section 5.2, les règles d'attribution s'appliquent aux dons faits à un conjoint ou à un enfant de moins de 18 ans. Il n'existe au Canada aucun crédit pour impôt étranger au titre de l'impôt sur les dons américain.

Exemple

Henri possède une maison en Californie qu'il a achetée au prix de 200 000 $ US. Cette maison vaut maintenant 500 000 $ US. Henri décide de donner sa maison à son fils Jasmin.

Au Canada, Henri paiera de l'impôt sur la moitié du gain en capital de 300 000 $ US. Il devra également payer de l'impôt américain sur les dons sur la valeur de la maison moins son exonération annuelle de l'impôt sur les dons de 13 000 $ US, soit 487 000 $ US. Aucun crédit pour impôt étranger ne peut être utilisé afin de réduire l'impôt américain sur les dons.

Pour Jasmin, le prix de base de la maison est de 500 000 $ US aux fins de l'impôt canadien, alors qu'il est de 200 000 $ US (plus une partie de l'impôt sur les dons) aux fins de l'impôt fédéral américain et de l'impôt de la Californie. Lorsque Jasmin vendra la maison, il devra payer de l'impôt fédéral américain et de l'État sur tout produit excédant ce montant. L'impôt total à payer par Henri serait beaucoup moins élevé s'il gardait la maison et la transférait à son décès à Jasmin, en raison des avantages considérables qu'offre la convention fiscale aux fins de l'impôt successoral. Aucun avantage découlant de la convention n'est offert aux fins de l'impôt sur les dons.

Comme vous pouvez le constater, étant donné les différences entre le traitement fiscal des dons au Canada et celui fait aux États-Unis et compte tenu des problèmes de double imposition susceptibles d'en découler, il est rarement conseillé de faire don de biens immobiliers américains.

19.5 Documents de référence

L'ARC a publié un guide d'impôt intitulé « Résidents canadiens qui séjournent dans le Sud »; vous pouvez en obtenir un exemplaire en téléphonant ou en vous présentant à n'importe quel bureau des services fiscaux de l'ARC, ou en consultant son site Internet à l'adresse *www.cra-arc.gc.ca*. Rédigé conjointement avec l'IRS, ce guide contient de l'information touchant la législation fiscale des États-Unis.

Vous pouvez obtenir un exemplaire des publications techniques suivantes en téléphonant ou en écrivant aux bureaux de l'IRS. En général, on peut aussi se les procurer dans les ambassades et les consulats des États-Unis, ainsi que sur le site Internet de l'IRS à l'adresse *www.irs.ustreas.gov*.

Publication 515, « Withholding of Tax on Nonresident Aliens and Foreign Entities »

Publication 519, « U.S. Tax Guide for Aliens »

C H A P I T R E 20

Planification de la retraite

- Commencez à préparer votre retraite et à économiser au moins 15 ans avant le moment où vous prévoyez arrêter de travailler (20.1)

- Envisagez la possibilité de verser dans votre REER le montant maximum autorisé et d'utiliser votre remboursement d'impôt pour réduire votre hypothèque (20.1)

- Dressez des prévisions détaillées de vos rentrées et sorties d'argent afin d'avoir un portrait de votre situation financière à mesure que vous avancerez en âge (20.2.1)

- Réexaminez votre stratégie de placement à mesure que vous vous rapprochez de la retraite (20.2.2)

- Fractionnez votre revenu en affectant les prestations des RPC/RRQ au conjoint dont le revenu est le moins élevé (20.3.1)

- Reportez votre revenu jusqu'à l'année suivante, si possible, afin de réduire la récupération des prestations de sécurité de la vieillesse (20.3.2)

- Visez un revenu de pension d'au moins 2 000 $ par année par conjoint (20.3.5)

- Produisez, vous et votre conjoint, un choix conjoint afin de fractionner votre revenu de pension (20.3.6)

- Cotisez le montant maximum autorisé dans votre REER avant la fin de l'année de votre 71e anniversaire (20.4.1)

- Convertissez votre REER en un FERR ou en une rente à la fin de l'année de votre 71e anniversaire (20.4.6)

- Cotisez à votre CELI le revenu excédentaire après impôt provenant d'un FERR ou d'une rente (20.4.7)

Dans le présent chapitre, nous aborderons divers aspects de la planification financière dont vous devez tenir compte au moment de planifier votre retraite. Les décisions que vous prendrez au moment de planifier votre retraite peuvent avoir une grande incidence sur votre qualité de vie tout au long de votre retraite et sur les ressources financières que vous pourrez léguer à vos héritiers. Aussi, nous vous recommandons de consulter un expert en planification financière et fiscale. Par ailleurs, comme les questions de planification de la retraite traitées ici sont étroitement liées à la planification successorale abordée au chapitre 21, il serait souhaitable d'envisager l'élaboration de stratégies en parallèle en ces matières.

20.1 Économiser en vue de la retraite

La plupart des gens peuvent vivre une retraite à l'aise avec un revenu représentant de 70 % à 80 % du revenu gagné avant la retraite (compte tenu de l'inflation). Cependant, on ne peut atteindre un tel objectif sans une planification à long terme soignée. Habituellement, les retraités canadiens tirent leurs revenus de retraite de sources telles que les régimes de retraite d'employeur, les régimes de retraite gouvernementaux, les comptes d'épargne libre d'impôt (CELI), les régimes enregistrés d'épargne-retraite (REER) et autres économies réalisées.

Si vous participez à un régime de retraite privé ou à un régime de retraite d'employeur (voir 3.6), vous devriez le considérer comme une parmi plusieurs sources potentielles de revenu de retraite, et non comme votre unique fonds de retraite. Dans le même ordre d'idées, comme les prestations de sécurité de la vieillesse, du Régime de pensions du Canada (RPC) ou du Régime de rentes du Québec (RRQ) ne procurent guère plus qu'un revenu de subsistance, il serait préférable de ne pas trop compter sur ces programmes gouvernementaux.

Outre ces sources de revenu, vous devrez probablement constituer vous-même d'autres ressources, au moyen d'économies et de stratégies de placement. Si vous ne commencez pas à préparer votre retraite au moins 15 ans avant le moment où vous prévoyez arrêter de travailler, vous pourriez être obligé de repousser le moment de la retraite, ou vous retrouver sans les ressources suffisantes pour jouir du mode de vie que vous souhaitiez.

Commencez à préparer votre retraite et à économiser au moins 15 ans avant le moment où vous prévoyez arrêter de travailler.

Selon votre situation, vers le milieu ou la fin de la quarantaine, il devrait généralement vous être plus facile de mettre de côté de plus gros montants en vue de la retraite. En effet, vous atteignez alors un échelon salarial supérieur, vos enfants deviennent indépendants, et vous avez déjà acquis et fini de payer la plupart des biens (à l'exception peut-être de votre maison) liés à votre mode de vie. Mais n'attendez pas jusque-là, car votre fonds de retraite croît de manière exponentielle (n'oubliez pas que les intérêts sont composés), et plus tôt vous commencerez, plus vous aurez de réserves au moment de la retraite.

Les REER comptent parmi les meilleurs véhicules d'épargne-retraite disponibles. En effet, ils vous permettent de mettre de l'argent de côté tout en reportant l'impôt que vous auriez dû payer en déclarant ces montants dans votre revenu. Essayez de cotiser le montant le plus élevé possible, et effectuez votre cotisation en début d'année afin qu'elle produise un revenu non imposable sur la totalité de l'année. Au chapitre 3, nous avons traité des règles fiscales applicables aux REER ainsi que des stratégies visant à maximiser la croissance de votre REER, aux côtés des régimes de pension agréés (RPA) et autres méthodes de report de revenu.

Votre CELI peut vous permettre de gagner un important revenu de placement en franchise d'impôt pour votre retraite ou en vue d'autres objectifs financiers. Bien que vos cotisations à ce nouveau type de compte d'épargne donnant droit à un allègement fiscal ne soient pas déductibles aux fins de l'impôt, les revenus de placement et les gains en capital gagnés sur les investissements dans le compte ne sont pas imposables. Vous pourrez retirer ce revenu et les cotisations à votre CELI en tout temps, sans conséquence fiscale. Consultez la section 4.1 pour connaître les détails du CELI ainsi que des idées de planification connexes. Le CELI peut continuer de protéger vos économies après impôt, une fois que vous aurez liquidé votre REER à l'âge de 71 ans – voir 20.4.7.

Le versement de cotisations à votre REER et à votre CELI ainsi que le remboursement de votre hypothèque devraient être les pôles de votre régime d'épargne-retraite. Une question que les gens se posent fréquemment est de savoir s'il vaut mieux, dans une perspective à long terme, maximiser les cotisations à leur REER ou à leur CELI ou affecter ces fonds au remboursement de leur hypothèque

> Envisagez la possibilité de verser dans votre REER le montant maximum autorisé et d'utiliser votre remboursement d'impôt pour réduire votre hypothèque.

(voir 1.2.3). Puisque vous n'obtenez aucune déduction eu égard aux cotisations à votre CELI, il est dans la plupart des cas sans doute plus logique de réduire vos intérêts hypothécaires non déductibles dès que cela est possible. En ce qui concerne le REER, toutefois, la situation dépend d'un certain nombre de facteurs, notamment du taux d'intérêt et du terme avant l'échéance de votre emprunt hypothécaire, des soldes et des types de placements de votre REER, de votre taux marginal d'imposition, du nombre d'années qu'il vous reste à travailler et de vos autres régimes de retraite, le cas échéant. Cependant, vous pouvez gagner des deux côtés en maximisant annuellement vos cotisations à un REER et en affectant l'économie d'impôt ainsi réalisée au remboursement d'une partie du capital de votre emprunt hypothécaire.

20.2 Se préparer à la retraite

20.2.1 L'évaluation de votre situation financière

À mesure que vous vous rapprocherez de l'âge de la retraite, vous devrez mettre à jour le relevé de la valeur nette de votre patrimoine (voir 1.1.2) pour vous faire une idée précise de vos ressources financières éventuelles à la retraite. Vous devrez également dresser de nouvelles prévisions de vos rentrées et sorties d'argent qui tiendront compte des changements à venir dans votre situation financière et vous permettront de déterminer sur quel revenu mensuel vous pourrez compter. De même que s'il s'agissait de dresser un budget (voir 1.1.3), vos prévisions de rentrées et de sorties d'argent devront comporter la liste des montants que vous prévoyez percevoir et verser sur une base mensuelle.

Dressez des prévisions détaillées de vos rentrées et sorties d'argent afin d'avoir un portrait de votre situation financière à mesure que vous avancerez en âge.

L'idéal est de dresser plusieurs relevés de vos rentrées et sorties d'argent afin de tenir compte des changements dans vos dépenses et sources de revenu à mesure que vous avancerez en âge. Par exemple, le relevé en date de la retraite indiquera le changement des revenus et dépenses découlant de la perte d'un revenu d'emploi et de la perception d'un revenu de retraite; devraient également y apparaître une diminution des dépenses liées à l'emploi, comme les frais de transport et de vêtements, et peut-être une augmentation des dépenses de voyage ou des frais médicaux. Des relevés en date de vos 60 et 65 ans refléteront l'incidence sur vos finances des prestations des RPC/RRQ et de sécurité de la vieillesse (voir 20.3). Un autre relevé en date de vos 71 ans ou de l'échéance de votre REER indiquera le revenu que vous percevrez alors au titre d'un CELI, d'un FERR ou d'une rente.

Ces prévisions détaillées révéleront si vos ressources seront suffisantes ou s'il vous faudra réduire vos dépenses prévues ou bien vendre certains biens pour couvrir vos besoins de liquidités (voir 20.2.3). En outre, elles vous fourniront les renseignements requis pour prendre certaines décisions, notamment à l'égard du moment auquel faire une demande de prestations en vertu des RPC/RRQ (voir 20.3.1), du moment auquel retirer de l'argent de votre REER ou de votre CELI et du montant du retrait, ainsi que de la pertinence de choisir un revenu de retraite intégré (voir 20.3.7).

Il est recommandé de revoir vos prévisions de retraite chaque année ou tous les deux ans, afin de tenir compte de tout changement dans votre situation générale ou dans vos objectifs, ainsi que des modifications à la législation fiscale et aux lois sur les régimes de retraite, de l'évolution de la conjoncture économique ou, encore, de toute révision des hypothèses sur lesquelles se fonde votre planification.

20.2.2 Réexaminez votre stratégie de placement

Nous avons traité, à la section 1.1.4, de l'importance de vous fixer des objectifs et de déterminer votre degré de tolérance au risque pour mettre au point une stratégie de placement. Lorsque vous atteindrez l'âge de la retraite, vos objectifs de placement sont susceptibles de changer; au lieu de chercher à vous constituer des avoirs, vous chercherez plutôt le meilleur moyen de protéger votre capital et de ne le retirer que graduellement afin de pouvoir compter sur une source de revenu régulière et fiable jusqu'à la fin de vos jours, et de ceux de votre conjoint.

Plus vous vous rapprocherez de la retraite, moins vous serez en mesure de combler une perte de placement substantielle, et plus vous devrez réduire le niveau de risque acceptable. Envisagez de modifier la répartition de vos placements dans le courant des dernières années précédant la retraite, de manière à ce qu'une plus grande part de votre capital de placement soit investie dans des placements plus sûrs et produisant un revenu fixe, comme les obligations gouvernementales ou autres titres de qualité, les actions privilégiées et les certificats de placement garanti (CPG). Comme votre retraite pourrait durer 30 ans, voire plus, il vous faudra probablement affecter une certaine partie de votre portefeuille à des placements dans des titres de croissance tels que les actions et autres titres de propriété. (Voir 1.1.4 pour plus de détails sur la répartition de l'actif.)

> Réexaminez votre stratégie de placement à mesure que vous vous rapprochez de la retraite.

20.2.3 Planifier la vente de biens

Il se peut qu'au moment de la retraite, vous deviez restructurer vos finances pour couvrir vos besoins de liquidités. Pour ce faire, peut-être devrez-vous vendre certains de vos biens, retirer des fonds de votre REER, ou vendre votre maison. Avant de prendre de telles mesures, vérifiez bien si elles ne donneront pas lieu à des conséquences inattendues.

Si vous êtes (ou avez déjà été) propriétaire d'une entreprise, vous pourriez avoir des fonds dans une société de portefeuille de placement. À l'approche de votre retraite, vous devriez songer au choix du moment et de la méthode qui conviennent le mieux pour retirer ces fonds. Bien que ces fonds soient généralement imposables au moment de leur retrait, vous pourriez souhaiter consulter un professionnel dans ce domaine afin de vérifier s'il y a des façons de les retirer qui sont avantageuses sur le plan fiscal.

De nombreuses mesures d'encouragement fiscal et certains programmes sociaux sont fondés sur votre revenu net aux fins fiscales (essentiellement, votre revenu total moins certaines déductions – voir 2.1.1). Les gains en capital réalisés à la vente de certains biens ou l'inclusion des retraits d'un REER dans le calcul de votre revenu pourraient augmenter sensiblement votre revenu net et, partant, votre facture d'impôt de l'année. Si votre revenu net est trop élevé, certains avantages fiscaux et sociaux seront réduits ou vous seront refusés. Parmi ces avantages, mentionnons le crédit fédéral en raison de l'âge (voir 20.3.4) et les crédits du Québec pour personnes âgées ou pour revenu de pension (voir 17.2.5). En outre, vous pourriez vous retrouver à devoir rembourser une partie de vos prestations de sécurité de la vieillesse de l'année en cours, et toucher des chèques moins élevés de sécurité de la vieillesse à compter du mois de juillet jusqu'au mois de juin de l'année suivante (voir 20.3.2). Enfin, vous pourriez être assujetti à l'impôt minimum (voir 7.6). Les retraits de votre CELI n'engendrent pas de telles conséquences.

Aussi, avant de vendre des placements ou de piger dans votre REER, étudiez les stratégies suivantes, qui pourraient faire en sorte que votre revenu n'augmente pas de façon importante :

- Vérifiez d'abord si vous ne pouvez pas utiliser des ressources qui n'auront pas d'incidence sur votre revenu aux fins de l'impôt. Par exemple, vous pourriez retirer des fonds de votre compte d'épargne (sans recourir à votre fonds d'urgence – voir 1.3.1), de votre CELI (voir 4.1) ou de certains placements à revenu fixe avant d'en retirer de votre REER.
- Étalez les ventes de vos biens, comme des actions, ou les retraits de votre REER sur plusieurs années afin d'éviter de devoir déclarer un revenu élevé dans une seule année.
- Plutôt que de percevoir les produits de la vente de biens en un seul paiement, envisagez la possibilité d'exiger, dans les conditions de la vente, que les produits vous soient payés sous forme de versements égaux répartis sur cinq ans. Ainsi vous étalerez le revenu à déclarer sur cinq ans en réclamant une réserve au titre des gains en capital (voir 6.4.1). Évidemment, vous devez évaluer vos besoins en liquidités et vous assurer que votre débiteur ne vous fera pas défaut.
- N'oubliez pas que la vente de votre maison ou de votre chalet n'aura aucune incidence sur votre revenu aux fins de l'impôt si la propriété est admissible à l'exemption pour résidence principale (voir 6.4.2).
- Plutôt que de vendre votre maison maintenant, songez à obtenir un emprunt hypothécaire inversé en vertu duquel votre prêteur vous verse un montant fixe tous les mois tout en créant une hypothèque qu'il détient sur votre propriété. Une fois que votre maison aura été vendue, le prêteur recouvrera le montant total des paiements qu'il vous avait versés, plus les intérêts, et vous ou votre succession pourrez toucher le solde des produits de la vente de la maison. Toutefois, comme la stratégie de l'emprunt hypothécaire inversé n'est pas avantageuse pour tout le monde, consultez un conseiller en planification financière indépendant avant de vous engager dans une telle entente.
- Empruntez sur votre police d'assurance-vie, uniquement après avoir soigneusement évalué vos besoins en assurance-vie.

20.2.4 Couverture d'assurance et autres avantages complémentaires de retraite

Vos besoins en matière d'assurance-vie seront bien différents, lorsque vous serez à la retraite, de ceux que nous avons vus à la section 1.3.2. Bien sûr, vous voudrez être certain que des fonds seront disponibles pour couvrir la charge fiscale sur votre patrimoine au moment de votre décès, et pour assurer le bien-être de votre conjoint et autres personnes à charge, mais vous aurez sans doute moins de dettes à rembourser et vous n'aurez plus besoin d'une couverture en cas de perte de revenu d'emploi ou de revenu de travailleur autonome.

Lorsque vous passerez en revue vos besoins en matière d'assurances, veillez à vérifier quelles sont les prestations existantes consécutives au décès et les prestations de survivant prévues dans votre régime de retraite. De nombreux employeurs offrent de l'assurance-vie aux retraités, bien que le montant de la couverture décroisse parfois avec le temps. Certains employeurs versent également des prestations consécutives au décès (voir 22.3) qui pourraient représenter un soutien financier intéressant pour votre conjoint.

Il serait également souhaitable de vérifier la couverture d'assurance médicale de votre conjoint prévue dans vos avantages complémentaires de retraite en cas de décès. Nombre de survivants perdent leur droit à l'assurance médicale au décès de leur conjoint. Vous devriez donc songer à prendre des mesures pour prévenir cette situation.

L'assurance-vie occupe une part importante de la planification successorale. Aussi la révision de votre couverture d'assurance à la retraite devrait-elle se faire dans la perspective plus large des questions traitées à la section 21.7. Par exemple, vous pourriez envisager d'acheter une assurance-vie pour financer des impôts sur les gains en capital ou autre charge fiscale qui pourraient survenir à votre décès.

20.2.5 Prestations de survivant

Si vous participez à un régime de pension agréé, vous aurez habituellement, au moment de prendre votre retraite, à faire un choix parmi plusieurs options offertes en matière de versements de la rente après votre décès. Parmi ces options, mentionnons la rente sur une seule tête, la rente assortie d'une période garantie, la rente de réversion du conjoint survivant à des montants allant de 50 à 100 %, ou encore une combinaison de ces options.

Si vous optez pour une rente assortie d'une période garantie de 5, 10 ou 20 ans, par exemple, votre compagnie vous garantit le paiement de votre rente pendant toute cette période. Si vous décédez avant la fin de cette période, vos prestations seront versées à votre succession jusqu'à la fin de la période prévue.

Si vous optez pour la rente réversible à 100 %, la compagnie vous versera une rente jusqu'à votre décès, et continuera de verser la même rente à votre conjoint jusqu'à son décès.

L'option de rente de 50 % au conjoint garantit à celui-ci la moitié de votre pension au moment de votre décès. La plupart des provinces exigent que le conjoint survivant reçoive 50 % (60 % dans certains cas) du montant de la pension au décès, à moins qu'au moment de choisir le type de rente, le conjoint ne renonce précisément, et par écrit, à ce droit.

N'oubliez pas, dans l'évaluation de ces diverses options, que plus longue est la période de versement éventuel, moins les versements sont élevés. Ainsi, le versement mensuel d'une rente assortie d'une période garantie de cinq ans sera habituellement beaucoup plus élevé que les versements effectués aux termes d'une rente de réversion du conjoint survivant.

20.2.6 Retraite progressive dans le cadre d'un régime de retraite à prestations déterminées

Les employés de la plupart des provinces peuvent recevoir des prestations de retraite dans le cadre d'un régime de retraite à prestations déterminées (voir 3.6.1) tout en accumulant d'autres prestations provenant du même régime ou d'un autre régime.

Ces nouvelles règles sont conçues pour permettre aux travailleurs plus âgés de continuer à travailler, tout en recevant une pension partielle et en accumulant d'autres prestations de retraite à l'égard de leur emploi à temps partiel. Les employeurs pourront offrir des programmes de retraite progressive qui permettront à leurs employés d'alléger leur horaire de travail et de recevoir une combinaison proportionnelle de revenus de pension et de salaire.

Les employeurs peuvent permettre à leurs employés d'obtenir jusqu'à 60 % de la pension à prestations déterminées qu'ils ont accumulée et de continuer à accumuler des prestations de retraite additionnelles. Afin d'être admissibles à ce programme, les employés doivent être âgés d'au moins 55 ans et être autrement admissibles à une pension aux termes du régime. Aucune exigence n'est énoncée quant à la question de savoir si l'employé doit continuer de travailler à temps plein ou à temps partiel.

L'option de la retraite progressive ne s'applique pas aux régimes désignés (habituellement des régimes pour une seule personne ou des petits régimes qui s'appliquent à des groupes de cadres de direction), et elle n'est pas offerte aux employés qui sont rattachés à leur employeur (généralement des employés qui ont un lien de dépendance avec leur employeur ou qui détiennent au moins 10 % des actions de l'employeur ou d'une société liée).

Les lois concernant les pensions doivent toujours être modifiées dans certaines provinces, de façon à permettre aux employés de conclure des ententes relativement à la retraite progressive.

20.3 Programmes de retraite gouvernementaux

20.3.1 Prestations du Régime de pensions du Canada (RPC) et du Régime de rentes du Québec (RRQ)

À compter de 60 ans et jusqu'à 70 ans, vous pouvez demander à recevoir les prestations mensuelles versées en vertu du Régime de pensions du Canada et du Régime de rentes du Québec. Avant 2012, pour être admissible aux prestations avant l'âge de 65 ans, vous deviez avoir cessé de travailler au plus tard à la fin du mois précédant le début du versement de vos prestations du RPC et avoir continué de ne pas travailler au cours du mois où avait débuté le versement de vos prestations du RPC, ou bien votre revenu d'emploi ou de travailleur autonome dans le mois où avait débuté le versement de vos prestations du RPC et le mois précédent devait être inférieur à la rente moyenne mensuelle maximum payable à un retraité de 65 ans pour l'année courante. À compter de 2012, vous pouvez toucher des prestations dès l'âge de 60 ans sans avoir à cesser de travailler ou à réduire vos heures de travail.

Le montant de votre rente en vertu des RPC/RRQ sera fonction du nombre d'années de cotisation, du montant de vos cotisations et de votre âge au moment où vous commencez à percevoir vos prestations. Les prestations des RPC/RRQ sont redressées annuellement pour tenir compte de l'inflation; au moment d'écrire ces lignes, le montant mensuel maximum des prestations versées à un retraité de 65 ans était d'environ 987 $. Ces prestations sont imposables.

Bien que vous puissiez demander de recevoir des prestations dès l'âge de 60 ans, vous devrez payer une pénalité pour perception anticipée, qui prendra la forme de prestations réduites. En 2012, cette pénalité est égale à 0,6 % des prestations des RPC/RRQ auxquelles vous auriez autrement droit à 65 ans pour chaque mois précédant votre 65e anniversaire pour lequel vous recevez les prestations (soit 7,2 % par année), et elle sera portée en réduction de vos prestations votre vie durant.

Exemple

Louise décide d'accepter l'offre de retraite anticipée que lui a faite son employeur en 2012 et de demander à percevoir ses prestations des RPC/RRQ plus tard au cours de l'année lorsqu'elle aura 62 ans. Comme le versement de ces prestations commencera 36 mois avant son 65e anniversaire, elle évalue le montant de ses prestations mensuelles des RPC/RRQ à 987 $ moins 213 $ (soit 987 $ x 36 x 0,6 %), soit un montant de pension mensuel de 774 $ avant impôt.

Avant 2012, si vous faisiez votre demande de prestations passé l'âge de 65 ans, vos prestations étaient accrues de 0,5 % pour chaque mois suivant votre 65e anniversaire (jusqu'à 70 ans) pour lequel vous n'aviez pas touché de prestations en vertu des RPC/RRQ; cette augmentation est désormais maintenue à l'égard de vos prestations votre vie durant. En 2012, ce taux a augmenté pour atteindre 0,7 % par mois.

Si vous êtes retraité, que vous touchez des prestations de retraite au titre du RPC et que vous retournez sur le marché du travail, vous ne serez pas tenu de recommencer à cotiser au RPC à titre de prestataire actif, bien que vous et votre employeur deviez toujours cotiser au RPC si vous êtes un prestataire actif de moins de 65 ans. Si vous êtes un prestataire actif de 65 ans ou plus, vous pouvez choisir de cotiser au RPC et de vous constituer votre pension, ou encore de ne pas y cotiser. Les cotisations que vous versez après votre 65e anniversaire augmenteront vos prestations de retraite, qui seraient acquises à un taux de 2,5 % du montant pour pension maximum (11 844 $ en 2012) par année de cotisations additionnelles. Il s'ensuit que le montant de votre pension pourrait être supérieur à la prestation mensuelle maximum.

Demandez un état des cotisations auprès de Service Canada ou de la Régie des rentes du Québec pour estimer le montant de vos prestations.

De nombreux facteurs entreront en jeu dans votre choix du moment auquel demander à recevoir des prestations de retraite. Si vous prévoyez des dépenses supplémentaires pendant les premières années de votre retraite, parce que vous pensez faire un voyage, par exemple, vous jugerez peut-être opportun de recevoir des prestations avant l'âge de 65 ans. Par contre, si vous n'avez pas besoin de ce revenu supplémentaire pour couvrir vos dépenses courantes ou autres, il serait peut-être préférable de reporter votre demande à plus tard, car ces prestations devront être calculées dans votre revenu imposable. Vous devrez également tenir compte de votre espérance de vie. En effet, si vous croyez vivre jusqu'à la fin de votre septième décennie ou jusqu'au début de votre huitième décennie, il pourrait être avantageux pour vous de commencer à toucher vos prestations des RPC/RRQ à l'âge de 65 ans ou plus tard.

Les RPC/RRQ versent également une prestation de décès égale à six mois de prestations normales des RPC/RRQ jusqu'à concurrence de 2 500 $; ce montant est imposable pour la succession ou le survivant dans l'année de la réception. Le conjoint survivant peut également demander une prestation de survivant aux termes des RPC/RRQ, laquelle représentera un pourcentage des prestations de la personne décédée, calculé en fonction de l'âge du survivant et d'autres facteurs. Par exemple, si le conjoint survivant est âgé de 65 ans et ne touche pas d'autres prestations du RPC, la prestation de survivant équivaudra en général à 60 % des prestations des RPC/RRQ de la personne décédée.

La demande de prestations des RPC/RRQ doit être soumise au moins six mois avant le moment où vous souhaitez commencer à les recevoir. Les demandes concernant le RPC doivent être faites auprès d'un des bureaux de Ressources humaines et Développement des compétences Canada ou sur le site Internet de Service Canada (voir 20.6); quant aux demandes en vertu du RRQ, elles doivent être envoyées à la Régie des rentes du Québec.

Si vous-même et votre conjoint avez plus de 60 ans, vous pouvez demander que jusqu'à 50 % des prestations de retraite auxquelles vous avez droit en vertu du Régime de pensions du Canada soient versées à votre conjoint; cette stratégie de fractionnement du revenu peut vous permettre d'économiser de l'impôt. Si l'un ou l'autre des conjoints procède à une telle cession, une partie des prestations du conjoint cessionnaire est automatiquement versée au conjoint cédant.

> Fractionnez votre revenu en affectant les prestations des RPC/RRQ au conjoint dont le revenu est le moins élevé.

Lorsque les deux conjoints ont droit au montant maximum des prestations de retraite prévues en vertu du RPC, la cession ne présentera aucun avantage puisque chacun des conjoints cède alors à l'autre la moitié du montant maximum. Cependant, si l'un des conjoints reçoit du RPC des prestations élevées, tandis que l'autre n'en reçoit que de faibles ou n'en reçoit pas du tout, la cession peut effectivement permettre de transférer jusqu'à la moitié du revenu de pension provenant du RPC. Le montant admissible au fractionnement est égal aux prestations de retraite que vous avez touchées tous les deux pendant votre vie commune, jusqu'à concurrence de 50 %.

La cession de prestations de retraite du RPC est soustraite à l'application des règles d'attribution traitées au chapitre 5. Si vous et votre conjoint avez tous deux plus de 60 ans, et si vos prestations du RPC sont plus élevées que celles de votre conjoint et que vous vous trouvez ainsi dans une tranche d'imposition plus élevée, vous devriez songer à une telle cession, en plus de tenir compte des règles concernant le fractionnement du revenu de retraite, qui permettent aux conjoints de fractionner certains autres revenus de retraite admissibles (voir 20.3.6). Assurez-vous d'examiner l'incidence de la cession de prestations de retraite du RPC sur le montant que vous pouvez réclamer à titre de crédit d'impôt pour conjoint (voir 2.2.1).

Vous pouvez céder des prestations de retraite du RPC en remplissant un formulaire disponible auprès de Service Canada. Pour la cession des prestations versées en vertu du RRQ, vous devrez remplir un formulaire disponible à la Régie des rentes du Québec.

Si vous résidez aux États-Unis et percevez des prestations en vertu des RPC/RRQ, reportez-vous à la section 20.3.3.

20.3.2 Perception et remboursement des prestations de sécurité de la vieillesse

Les prestations de sécurité de la vieillesse sont un revenu de retraite imposable, disponible à compter de l'âge de 65 ans. Contrairement aux versements effectués en vertu des RPC/RRQ, dont le montant est fondé sur les cotisations antérieures, les prestations de sécurité de la vieillesse sont fondées sur l'âge du prestataire et sur le nombre d'années de résidence au Canada. Ainsi, vous aurez droit au montant maximum si vous avez vécu au Canada pendant au moins 40 ans après l'âge de 18 ans. Vous aurez droit à une rente partielle si vous avez vécu au Canada pendant au moins 10 ans après l'âge de 18 ans. S'il existe un accord en matière de sécurité sociale entre le Canada et un autre pays où vous avez habité, la période passée dans ce pays pourrait être ajoutée aux années vécues au Canada aux fins du calcul de vos prestations de sécurité de la vieillesse.

L'âge d'admissibilité aux prestations de sécurité de la vieillesse passera graduellement de 65 à 67 ans entre 2023 et 2029. Si vous recevez actuellement des prestations de sécurité de la vieillesse, ou si vous étiez âgé de 54 ans ou plus le 31 mars 2012, vous ne serez pas touché par ce changement.

Les prestations de sécurité de la vieillesse sont versées mensuellement et les taux en sont indexés trimestriellement pour tenir compte de l'inflation. Au moment d'écrire ces lignes, le montant maximal de prestations était d'environ 545 $ par mois. Dans le cas d'un contribuable à revenu élevé, ces versements sont entièrement « récupérés » (c'est-à-dire qu'ils sont retournés au gouvernement) par le biais d'un impôt spécial. Cette disposition de récupération s'applique aux contribuables dont le revenu net (après la plupart des déductions, comme les cotisations à un REER) est supérieur à 69 562 $. Si votre revenu net dépasse environ 112 772 $, vous devrez rembourser la totalité de vos prestations. Les revenus des conjoints ne sont pas combinés aux fins de la récupération; le revenu de chaque contribuable est en effet considéré séparément.

La récupération d'impôt sur les prestations de sécurité est prélevée directement sur votre chèque mensuel de prestations. Le montant du prélèvement est fonction de votre revenu des deux années précédentes. Par exemple, pour le premier semestre de 2012, les prélèvements d'impôt sont fondés sur votre revenu de 2010, tandis que les prélèvements pour le dernier semestre de 2012 sont fondés sur votre revenu de 2011. Si trop d'impôt est prélevé, l'excédent sera porté en réduction des impôts sur le revenu que vous devrez payer par ailleurs lors de la production de votre déclaration de revenus, ou sera ajouté à votre remboursement. Si la retenue d'impôt est inférieure au montant que vous devez, vous devrez rembourser la différence.

Un moyen de réduire l'incidence d'un remboursement potentiel des prestations de sécurité de la vieillesse consiste à retarder ou à reporter certains revenus jusqu'à l'année suivante, lorsque c'est possible. Par exemple, si vous pensez vendre des placements qui ont pris de la valeur en 2012, vous pourriez attendre jusqu'à 2013 avant de les encaisser; les prestations que vous conserverez alors

> Reportez votre revenu jusqu'à l'année suivante, si possible, afin de réduire la récupération des prestations de sécurité de la vieillesse.

compenseront largement le rendement que vous reportez en attendant quelques mois avant de toucher les produits de vos placements (sous réserve que leur valeur ne diminue pas entre-temps).

Pour commencer à toucher vos prestations de sécurité de la vieillesse le plus rapidement possible après votre 65e anniversaire, déposez votre demande au moins six mois avant la date de votre anniversaire auprès de Service Canada. Si vous déposez votre demande après votre 65e anniversaire, celle-ci peut être acceptée rétroactivement, mais pour une période n'excédant pas un an.

Si vous êtes un résident des États-Unis qui reçoit des prestations de sécurité de la vieillesse, reportez-vous à la section 20.3.3.

20.3.3 Paiements transfrontaliers de prestations des RPC/RRQ, de sécurité de la vieillesse et de sécurité sociale des États-Unis

Aux termes de la convention fiscale conclue entre le Canada et les États-Unis (voir 18.2.3), les prestations des RPC/RRQ et les prestations de sécurité de la vieillesse versées à des résidents des États-Unis ne font pas l'objet de retenues d'impôt canadien à la source. Ces prestations perçues par des résidents des États-Unis ne sont imposables qu'aux États-Unis.

Parallèlement, si vous êtes un résident canadien et percevez des prestations de sécurité sociale des États-Unis, celles-ci ne font pas l'objet de retenues d'impôt américain à la source; l'impôt canadien est prélevé sur 85 % de ces prestations.

20.3.4 Crédit en raison de l'âge

Si vous êtes âgé d'au moins 65 ans à la fin de l'année, vous obtenez un crédit d'impôt additionnel pouvant aller jusqu'à 6 720 $ (d'une valeur de 1 008 $) pour 2012 au palier fédéral. Ce crédit est lié à votre revenu, et il est supprimé graduellement de 15 % de votre revenu net qui excède 33 884 $. Par conséquent, le crédit est complètement supprimé lorsque votre revenu net atteint 78 684 $. (Le revenu net de votre conjoint n'a aucune incidence sur ce calcul.) Le crédit en raison de l'âge aux fins de l'impôt du Québec est traité à la section 17.2.5.

20.3.5 Crédit pour revenu de pension

Vous pouvez vous prévaloir, pour 2012, d'un crédit d'impôt fédéral égal à 15 % d'une tranche maximale de 2 000 $ de votre revenu de pension admissible de l'année. Un crédit similaire est disponible au Québec jusqu'à concurrence de 2 000 $ de revenu de pension en 2012 (voir 17.2.5).

Le revenu de pension admissible ne comprend ni les prestations du Régime de pensions du Canada (RPC), ni la pension de sécurité de la vieillesse, ni le supplément de revenu garanti. Il s'agit, essentiellement, du revenu provenant de régimes privés de pension, sous forme de rente. Si vous êtes âgé de 65 ans ou plus ou si vous recevez des prestations par suite du décès de votre conjoint, votre revenu de pension inclut aussi les rentes provenant d'un REER ou d'un régime de participation différée aux bénéfices (RPDB), les versements provenant d'un fonds enregistré de revenu de retraite (FERR) (voir 20.4.4), ou la partie revenu d'une rente régulière.

> Visez un revenu de pension d'au moins 2 000 $ par année par conjoint.

Pour vraiment profiter de ce crédit, vous devez viser, dans la mesure du possible, à disposer d'un « revenu de pension » admissible d'au moins 2 000 $ par année, plus un autre de 2 000 $ pour votre conjoint.

20.3.6 Fractionnement du revenu de pension

> Produisez, vous et votre conjoint, un choix conjoint afin de fractionner votre revenu de pension.

Au chapitre 5, il a été question des économies d'impôt que vous pouvez réaliser en partageant votre revenu avec d'autres membres de votre famille, de façon à ce qu'il soit imposé aux taux marginaux les plus faibles (voir 5.1). Vous pourriez être en mesure de fractionner une partie de votre revenu de pension en transférant jusqu'à 50 % de votre revenu admissible au crédit pour revenu de pension (voir 20.3.5) à votre conjoint ou conjoint de fait.

Votre conjoint et vous-même devez donner votre accord relativement au fractionnement de votre revenu en produisant un choix conjoint au plus tard à la date d'échéance de la production de votre déclaration de revenus.

Le montant du revenu de pension fractionné qui entraînera les économies d'impôt les plus importantes varie énormément d'un couple à un autre, selon le revenu de chacun des conjoints. Assurez-vous de prendre en considération l'incidence du revenu de pension fractionné sur les différents crédits d'impôt personnels, tels que le crédit pour conjoint, le crédit en raison de l'âge et le crédit pour frais médicaux, ainsi que sur la récupération des prestations de sécurité de la vieillesse (voir 20.3.2) et les exigences en matière d'acomptes provisionnels (voir 9.2.2). Vous auriez peut-être intérêt à consulter un fiscaliste qui vous aiderait à déterminer le montant du fractionnement qui serait le plus avantageux pour vous.

20.3.7 Intégration de l'aide gouvernementale aux prestations de retraite

De nombreux régimes de retraite offrent le choix entre un régime intégré et un régime ordinaire. Le régime de retraite intégré tient compte du montant approximatif des paiements d'aide gouvernementale que vous recevrez au cours de la retraite, ce qui se traduit par des versements plus élevés au cours des premières années de la retraite, et des versements moindres lorsque vous devenez admissible à percevoir les prestations en vertu des RPC/RRQ (voir 20.3.1) et (ou) les prestations de sécurité de la vieillesse (voir 20.3.2).

Si vous optez pour la formule du régime intégré, vous devriez recevoir le même revenu mensuel avant et après 65 ans (à moins que vous ne décidiez de vous prévaloir du droit aux prestations des RPC/RRQ plus tôt). Le fait de maintenir un niveau stable de revenu avant comme après avoir commencé à recevoir les prestations des RPC/RRQ et de sécurité de la vieillesse peut vous permettre de garder votre revenu dans une tranche d'imposition inférieure et vous éviter d'avoir à rembourser sous forme d'impôt vos prestations gouvernementales, ou de les voir réduites.

20.4 Échéance de votre REER

Nous avons vu au chapitre 3 les règles fiscales et des stratégies de planification en matière de régimes enregistrés d'épargne-retraite. Nous verrons ici les diverses possibilités d'action relativement à l'échéance de votre REER. Il y a essentiellement quatre manières de retirer des fonds d'un REER, et vous devez choisir l'une ou l'autre de celles-ci avant la fin de l'année de votre 71e anniversaire. Remarquez que les fonds de revenu viager dont il est question à la section 20.4.5 ne sont disponibles que dans le cadre de comptes de retraite immobilisés.

20.4.1 Cotisations à un REER après 71 ans

Si vous atteignez l'âge de 71 ans et devez commencer à liquider votre REER en 2012, n'oubliez pas que vous avez jusqu'au 31 décembre 2012 (et non jusqu'au 1er mars 2013) pour verser votre cotisation de 2012. Vous pouvez continuer de verser des cotisations déductibles au REER de votre conjoint jusqu'à la fin de l'année où il atteint l'âge de 71 ans, pourvu que vous ayez un revenu gagné au cours de l'année précédente ou qu'il vous reste des droits de cotisation reportés d'une année antérieure.

Si vous avez un revenu gagné (un salaire ou des honoraires – voir 3.1.3) en 2012, celui-ci vous donnera des droits de cotisation pour 2013. Cependant, si vous atteignez 71 ans en 2012, vous devrez verser votre cotisation de 2012 avant de liquider votre REER à la fin de 2012. En supposant que vous ayez versé la contribution maximale autorisée pour 2012, ainsi que la cotisation excédentaire permise de 2 000 $, votre nouvelle cotisation fera l'objet d'une pénalité de 1 % par mois. Cette pénalité ne s'appliquera qu'à la période entre la date de la cotisation excédentaire et le 1ᵉʳ janvier 2013, après quoi vous aurez acquis vos nouveaux droits de cotisation pour 2013. Les économies d'impôt réalisées grâce à la déduction de votre cotisation en 2013 compenseront sans doute largement la pénalité à verser, en particulier si vous avez fait votre cotisation excédentaire en décembre 2012.

20.4.2 Première méthode pour liquider un REER – Le retrait des fonds et le paiement de l'impôt

La première méthode pour liquider votre REER, et la plus simple, consiste en un simple retrait en bloc des fonds. Les fonds que vous retirez de votre REER sont inclus dans votre revenu dans l'année de leur retrait. Ils sont alors imposés comme un revenu ordinaire, tout comme s'il s'agissait d'un salaire, même si une partie de la valeur du REER constitue un gain en capital (contrairement aux gains en capital réalisés à l'extérieur d'un REER, qui ne sont imposés qu'en partie et qui, dans certains cas, peuvent même être entièrement exonérés d'impôt). L'institution financière retient l'impôt à la source et le verse à l'ARC (et à Revenu Québec s'il y a lieu), en votre nom (voir 3.2). Puis, dans votre déclaration de revenus, vous inscrivez le plein montant du retrait et le montant d'impôt retenu à la source, par suite de quoi vous recevrez un remboursement ou, si la retenue d'impôt à la source était insuffisante, vous réglerez la différence.

20.4.3 Deuxième méthode pour liquider un REER – L'achat d'une rente

La deuxième méthode consiste à acheter une rente, ce qui vous procurera un flux de revenu stable sur la durée de votre rente. Le montant retiré du REER ne sera pas imposé immédiatement, mais le sera au fur et à mesure des versements de rente que vous recevrez. (Comme nous l'avons indiqué à la section 20.3.5, un revenu maximum de 2 000 $ par année peut être exonéré d'impôt au moyen du crédit d'impôt pour revenu de pension.)

Il existe trois principaux types de rentes, chacune pouvant être adaptée à vos besoins grâce à diverses options : la « rente viagère avec annuités certaines » qui est versée au rentier ou à sa succession pendant un nombre fixe d'années, la « rente viagère sur une seule tête », qui est versée au rentier jusqu'à son décès, et la « rente réversible » qui est versée au rentier sa vie durant et, ensuite, au conjoint, jusqu'à son décès. Il existe d'autres options comme une rente viagère assortie d'une période garantie, d'une indexation en fonction du coût de la vie, d'une réduction des versements de rente au décès du conjoint ou au début du versement de la pension de sécurité de la vieillesse, et ainsi de suite. À moins d'avoir acheté une rente viagère assortie d'une période de garantie ou d'une option pour le survivant, votre rente s'éteint avec vous et aucun solde résiduel ne sera versé à vos héritiers.

Si vous êtes intéressé à convertir votre REER en une rente, vous devriez discuter avec votre agent d'assurance-vie ou votre fiducie des diverses possibilités et de leur incidence sur les versements mensuels de rente que vous recevrez. Les taux d'intérêt en vigueur doivent également être pris en compte lorsque vous déterminerez si les rentes, à elles seules, ou une combinaison des rentes et des FERR pourraient vous procurer davantage de souplesse et de meilleurs taux de rendement.

20.4.4 Troisième méthode pour liquider un REER – La conversion d'un REER en un FERR

La troisième option qui s'offre à vous est de convertir votre REER en un fonds enregistré de revenu de retraite (FERR). Un FERR ressemble à un REER en ce sens que vous pouvez l'investir dans divers types de valeurs. Toutefois, vous devez chaque année retirer de votre FERR un « montant minimum » et le déclarer aux fins de l'impôt sur le revenu. (Ici encore, un montant maximal de 2 000 $ par année peut être exonéré d'impôt, en totalité ou en partie, au moyen du crédit pour revenu de pension – voir 20.3.5.)

Le montant que vous devez retirer de votre FERR correspond à une fraction de la valeur de votre FERR au début de l'année, montant qui augmente graduellement chaque année en fonction de votre âge pour se stabiliser à 20 % lorsque vous atteigniez votre 94e anniversaire. Vous pouvez utiliser l'âge de votre conjoint pour calculer les montants minimums que vous devez retirer de votre FERR au lieu du vôtre, ce qui pourrait vous permettre de prolonger le report de l'impôt sur les fonds dans votre régime si votre conjoint est plus jeune que vous.

20.4.5 Quatrième méthode pour liquider un REER – La conversion d'un REER immobilisé en un FRV ou un FRR immobilisé

Le fonds de revenu viager (FRV) représente une mesure de rechange à la rente viagère pour certains particuliers qui avaient participé à un régime de pension agréé et qui quittent leur emploi ou cessent de participer au régime. Le FRV constitue une option pour ceux qui ont déjà transféré des fonds de retraite dans un compte de retraite immobilisé (voir 3.3.2).

Aux fins de l'impôt, le FRV s'apparente à un FERR (voir 20.4.4), mais il est assorti de restrictions additionnelles. De façon générale, les FRV sont disponibles pour les fonds de retraite et les fonds immobilisés, et ils sont régis par la législation fédérale et provinciale en matière de pensions. Comme c'est le cas pour n'importe quel FERR, un montant minimum doit être prélevé chaque année. De même, en vertu d'un FRV, un montant maximum peut être prélevé annuellement. Dans certaines provinces, le solde résiduel des fonds dans un FRV doit servir à acheter une rente viagère au plus tard le 31 décembre de l'année au cours de laquelle le particulier atteint l'âge de 80 ans.

Vous pourriez également envisager un fonds de revenu de retraite immobilisé (FRR immobilisé), qui est maintenant offert dans de nombreuses provinces. Si vous détenez un FRR immobilisé, vous n'êtes habituellement pas tenu d'acheter une rente à 80 ans, et le montant maximum disponible pouvant être prélevé porte généralement sur le revenu de placement restant dans le fonds.

Un FRV ou un FRR immobilisé peuvent constituer une solution de rechange avantageuse à une rente viagère. Les autres options vous permettant d'avoir accès à vos fonds de retraite et à vos fonds immobilisés sont en constante évolution dans les diverses compétences territoriales de l'ensemble du pays. Vous devriez consulter votre conseiller financier afin de déterminer quelles options s'offrent à vous.

20.4.6 Quelle est la meilleure méthode?

Avant la fin de l'année de votre 71e anniversaire, vous devrez décider ce que vous ferez des fonds de votre REER. En dépit du fait que vos besoins personnels en liquidités devraient constituer votre priorité, votre décision devrait aussi tenir compte de vos objectifs globaux en matière de placements et de planification successorale. Un retrait en bloc est rarement le meilleur choix, puisque vous êtes alors imposé sur le revenu total, dont aucune fraction n'est admissible aux fins du crédit d'impôt pour revenu de pension (voir 20.3.5).

Convertissez votre REER en un FERR ou en une rente à la fin de l'année de votre 71e anniversaire.

Si vous désirez avoir un certain contrôle sur vos placements, vous devriez plutôt constituer un FERR (voir 20.4.4). Si vous préférez simplement recevoir un revenu mensuel stable sans plus de tracasseries, communiquez avec votre agent d'assurance-vie et demandez-lui de vous constituer une rente (voir 20.4.3).

Un FERR vous procurera plus de souplesse qu'une rente viagère dans l'établissement du montant à retirer chaque mois, quoique vous devrez en retirer un montant minimum prescrit à cet égard. Le FRV offre également une certaine souplesse entre les montants minimum et maximum de retrait mensuel prescrits.

Si vous liquidez votre REER, étudiez l'incidence des tranches d'imposition sur votre revenu. Évidemment, votre principal objectif est de disposer chaque mois d'un revenu suffisant pour satisfaire à vos besoins. Un versement à plus long terme sera néanmoins préférable si, tout en répondant à vos besoins, il permet de maintenir votre revenu en deçà des tranches d'imposition élevées.

20.4.7   **Utilisation des CELI en vue de la retraite**

Le compte d'épargne libre d'impôt (CELI), abordé à la section 4.1, devrait faire partie intégrante de votre plan de retraite, au côté de vos REER, de votre régime de pension agréé et de vos autres placements de retraite. Le montant de l'épargne-retraite que vous pouvez cotiser à votre CELI, bien que ce produit soit relativement nouveau, augmentera considérablement au fil du temps et, à la différence de votre REER, vous pourrez maintenir votre CELI indéfiniment.

Lorsque vous aurez 71 ans ou plus et que vous aurez liquidé votre REER, un CELI pourra continuer d'offrir un avantage fiscal si vous souhaitez économiser une part du revenu que vous toucherez, une fois que vous serez tenu de commencer à retirer votre épargne-retraite. À titre d'exemple, les fonds excédentaires après impôt provenant d'une rente ou d'un FERR peuvent être investis dans un CELI, sous réserve des droits de cotisation disponibles.

> Cotisez à votre CELI le revenu excédentaire après impôt provenant d'un FERR ou d'une rente.

S'il vous reste suffisamment de droits de cotisation inutilisés, vous devriez songer à transférer à votre CELI vos placements non enregistrés. Quel que soit votre âge, vous obtiendrez de nouveaux droits de cotisation chaque année. Vous pouvez même en obtenir encore plus en retirant certains de vos placements actuels dans votre CELI, c'est-à-dire ceux qui occasionnent le moins d'impôt, pour les remplacer par vos placements qui en occasionnent le plus et qui présentent un fort potentiel de croissance. Si vous désirez transférer vos placements ainsi que les gains et les pertes accumulés dans votre CELI, vous devriez consulter un conseiller professionnel au préalable, étant donné que ce transfert entraîne de l'impôt à payer sur les gains non réalisés, tandis que la déduction de toute perte non réalisée vous sera refusée (ce traitement est semblable au transfert de placements à votre REER, dont il a été question à la section 3.1.6).

Le revenu que vous gagnez dans un CELI ne modifie pas votre droit à des prestations ou crédits fédéraux fondés sur le revenu tels que la sécurité de la vieillesse (voir 20.3.2), le crédit en raison de l'âge (20.3.4), le supplément de revenu garanti et le crédit pour la TPS (2.9.3).

20.5 La planification d'une retraite à l'étranger

Si vous avez vécu et travaillé au Canada et aux États-Unis (ou un autre pays) et si vous vous demandez dans quel pays vous désirez vivre à votre retraite, la planification de votre retraite risque d'être plutôt complexe. Outre deux séries de règles fiscales, vous devrez tenir compte des différences dans votre couverture de soins de santé, dans les véhicules de placement subventionnés par le gouvernement et dans la façon dont vos biens seront imposés à votre décès. Outre vos objectifs en ce qui concerne votre train de vie, l'imposition de vos revenus de placement et de retraite au Canada et aux États-Unis devrait être un facteur clé de votre décision quant au pays où vous choisirez de prendre votre retraite.

Si vous avez vécu et travaillé dans les deux pays, vous vous êtes peut-être constitué des avoirs dans chacun des pays en vue de votre retraite. Ces avoirs peuvent comprendre des REER (voir chapitre 3), des *Individual Retirement Accounts* (IRA) aux États-Unis (voir 18.3.3), des régimes de pension d'entreprises canadiennes (voir 3.5), des régimes de pension d'entreprises américaines (également connus sous le nom de « *401(k) plans* ») et une variété d'autres régimes. Vous avez peut-être cotisé tant au Régime de pensions du Canada et au Régime de rentes du Québec qu'au « FICA », le régime de sécurité sociale des États-Unis.

La planification de la retraite dans des situations transfrontalières met en cause les mêmes étapes que celles dont il est question à la section 20.1, c'est-à-dire que vous devez évaluer la valeur nette de votre patrimoine, faire ressortir vos buts et objectifs, examiner vos besoins en matière de liquidités, à l'heure actuelle et au moment de la retraite, et déterminer quelles seront vos sources de revenu à la retraite. Vous devez également tenir compte des secteurs habituels de gestion des risques (y compris l'assurance-invalidité et l'assurance-vie), des régimes fiscaux, des stratégies de placement et de la planification successorale. En raison des différences entre les lois des deux pays, des occasions de planification pourraient exister qui vous permettraient de réduire votre charge fiscale globale et d'optimiser vos avoirs et vos liquidités à la retraite. Des conseils appropriés sont toutefois nécessaires si vous voulez éviter la double imposition, en particulier si vous décédez.

Comme nous l'avons vu à la section 20.2, la planification de la retraite comporte habituellement la préparation de projections financières en vue de tenir compte des sources externes de revenu de retraite, telles que les régimes de retraite d'employeur et gouvernementaux, ainsi que de déterminer quels avoirs doivent être vendus et de quelle façon optimiser votre revenu de retraite. Avant de préparer ces projections, vous devrez revoir les règles touchant le retrait de fonds des divers régimes de report d'impôt canadien et américain. Le traitement fiscal des retraits de fonds de ces régimes différera selon leur statut en vertu des lois fiscales canadiennes et américaines. Le même revenu pourrait être imposable dans les deux pays et, dans certains cas, un crédit pour impôt étranger sera offert qui réduira ou éliminera la double imposition (voir 18.2.2).

Lorsque vous aurez à décider si vous prenez votre retraite aux États-Unis ou au Canada, votre planification devra traiter des questions suivantes. Les réponses varieront selon votre situation particulière. Il vous est fortement recommandé d'obtenir des conseils professionnels en la matière.

- Quelle est votre situation fiscale dans chaque pays et à quelle imposition êtes-vous assujetti en conséquence? D'un point de vue fiscal, s'agit-il de la situation la plus avantageuse? Des choix s'offrent-ils à vous?
- Comment votre REER sera-t-il imposé si vous êtes un non-résident du Canada? Pouvez-vous encore cotiser à votre REER si vous ne vivez pas au Canada? Si vous ne retournez pas au Canada, devriez-vous retirer les fonds de votre REER en un montant forfaitaire?
- Dans quel pays vos dépenses seront-elles les plus élevées?
- Comment paierez-vous votre couverture de soins de santé?
- Comment votre couverture provinciale de soins de santé se compare-t-elle à votre couverture aux États-Unis, s'il en est?
- Comment vos régimes américains à imposition reportée seront-ils traités aux fins de l'impôt du Canada si vous êtes un résident canadien?
- Pouvez-vous transférer les fonds de vos régimes américains à un REER? Cela est-il avantageux?
- Quels liens existe-t-il, dans le cadre de votre situation, entre les RPC/RRQ et le régime de sécurité sociale américain? Pouvez-vous bénéficier de deux pensions séparées, et quand devriez-vous commencer à les recevoir?
- Est-il plus avantageux de détenir des placements libellés en argent américain ou en argent canadien? Devriez-vous adopter une stratégie de placement différente selon le pays où vous prendrez votre retraite?

Lorsque vous élaborerez votre plan de succession pour la distribution de vos biens à votre décès, vous devrez revoir en détail les lois tant du Canada que des États-Unis. Du point de vue fiscal, le fait de résider aux États-Unis au moment du décès ou de simplement posséder une propriété aux États-Unis peut se révéler dispendieux. Pour un exposé détaillé des impôts successoraux américains, veuillez vous reporter à la section 19.4.

20.6 Documents de référence

Des trousses d'inscription à la pension de la sécurité de la vieillesse et au Régime de pensions du Canada sont disponibles (demandes en personne ou par téléphone) auprès de Service Canada. Vous pouvez faire une demande d'inscription au RPC en ligne à *www.serviceCanada.gc.ca*. Sur ce site Web, on trouve également plusieurs brochures et fiches de renseignements au sujet de la pension de la sécurité de la vieillesse, du Régime de pensions du Canada et du système de revenu de retraite.

Vous pouvez obtenir un exemplaire des publications techniques suivantes en téléphonant ou en vous présentant à votre bureau des services fiscaux de l'ARC. Les publications ainsi que les guides et formulaires de l'ARC sont également disponibles sur le site Internet de l'ARC à l'adresse *www.cra-arc.gc.ca*.

Bulletin d'interprétation IT-307R4, « Régimes enregistrés d'épargne-retraite au profit de l'époux ou du conjoint de fait »

Bulletin d'interprétation IT-500R, « Régimes enregistrés d'épargne-retraite; décès d'un rentier »

Circulaire d'information 72-22R9, « Régimes enregistrés d'épargne-retraite »

Circulaire d'information 78-18R6, « Fonds enregistrés de revenu de retraite »

Guide RC4466, « Compte d'épargne libre d'impôt (CELI) »

C H A P I T R E 21

Planification successorale

- Rédigez ou révisez votre testament (21.2)

- Prenez des mesures pour réduire les frais d'homologation (21.4)

- Prenez des mesures avant le 21ᵉ anniversaire de la création d'une fiducie pour réduire l'incidence d'une disposition réputée de la totalité des biens en immobilisation de la fiducie (21.5.3)

- Examinez les avantages que vous pouvez tirer de la création d'une ou de plusieurs fiducies familiales (21.5.4)

- Si vous êtes âgé de 65 ans ou plus, envisagez la possibilité d'établir une « fiducie en faveur de soi-même » ou une « fiducie mixte au profit du conjoint » (21.5.5)

- Examinez les avantages possibles d'un « gel successoral » (21.6.2)

- Assurez-vous de disposer d'une assurance-vie suffisante (21.7)

- Planifiez la succession de votre entreprise (21.8)

- Songez à conclure des préarrangements funéraires (21.10)

Une planification successorale minutieuse peut vous aider à réduire votre fardeau fiscal au décès et vous permettre d'en laisser le plus possible à vos bénéficiaires. Dans le présent chapitre, nous vous présentons certaines stratégies de planification successorale auxquelles vous pourriez recourir. La planification successorale peut être très complexe et dépend en grande partie de votre situation financière personnelle et de vos objectifs. Elle devrait être entreprise de concert avec la planification de votre retraite, que nous avons abordée au chapitre 20. Il est fortement recommandé d'obtenir les conseils d'un spécialiste. Si vous ou votre conjoint n'êtes pas résidents canadiens, la plupart des commentaires exposés dans le présent chapitre ne vous concernent pas; si l'un de vous est citoyen américain, veuillez vous reporter au chapitre 18.

21.1 Qu'est-ce que la planification successorale?

Le but de la planification successorale consiste à vous assurer que votre situation financière soit celle que vous désirez à votre décès ou plus tard au cours de votre vie, lorsque vous souhaiterez transférer vos biens familiaux à d'autres personnes. Comme dans le cas de votre plan financier (voir le chapitre 1), vous ne devriez pas vous contenter de n'élaborer qu'un seul plan successoral et de ne plus y songer par la suite. Il s'agit plutôt d'un processus continu qui évoluera en fonction des changements dans vos circonstances familiales et vos volontés à l'égard de vos héritiers. Vous devriez réexaminer minutieusement votre plan successoral au moins tous les cinq ans.

La planification successorale ne se limite pas nécessairement à élaborer ou à modifier les clauses et les dispositions d'un testament. Par exemple, vous devriez également vous pencher sur la façon dont vous détenez vos biens. Que vous déteniez vos biens personnellement, par l'entremise d'une fiducie familiale ou d'une société de portefeuille, il s'ensuit des répercussions importantes sur votre planification successorale. À l'instar des autres aspects de la planification successorale qui peuvent changer en fonction de l'évolution de votre situation, vous auriez tout intérêt à examiner périodiquement si la structure de vos avoirs financiers demeure appropriée en vue de l'atteinte de vos objectifs en matière de planification successorale.

21.2 Le testament

21.2.1 But du testament

Rédigez ou révisez votre testament.

Le testament constitue l'élément essentiel de la planification successorale. Il permet la distribution méthodique de vos biens conformément à vos souhaits et la réduction du fardeau fiscal pour votre succession et vos bénéficiaires. Selon les circonstances, il pourrait s'avérer avantageux d'avoir plus d'un testament. En effet, des testaments multiples peuvent aider à réduire les frais d'homologation (voir 21.4) ou faciliter l'administration de votre succession si vous possédez des actifs dans différents pays.

La principale fonction de votre testament est de déterminer à qui et comment vos actifs seront répartis. Vous voulez peut-être léguer des biens particuliers (p. ex., bijoux, meubles ou actions de votre entreprise) à des bénéficiaires précis. Vous voulez peut-être léguer une somme d'argent déterminée à certaines personnes et à des organismes de bienfaisance en particulier (assurez-vous d'obtenir la raison sociale exacte de l'organisme concerné). Vous voudrez également désigner un bénéficiaire « résiduel » qui recevra le reste de la succession, après les legs particuliers.

La façon dont vous choisissez de répartir vos biens entre vos bénéficiaires dépend de plusieurs facteurs. Par exemple, vous pourriez vouloir tout simplement léguer votre patrimoine à votre conjoint. Vous pourriez également choisir d'établir une « fiducie au profit du conjoint » qui, comme nous le verrons à la section 21.5.2, peut offrir certains avantages fiscaux et une certaine protection contre des créanciers éventuels sans aucunement compromettre la liberté d'action du conjoint survivant. Comme le décrit la section 22.2.3, vos gains en capital cumulés sur vos biens ne sont pas imposables lorsqu'ils sont transférés à votre conjoint ou à une fiducie au profit du conjoint, à condition que l'un ou l'autre devienne propriétaire des biens et obtienne les droits inconditionnels à leur égard.

Si vous négligez de rédiger un testament, c'est en vertu de la loi provinciale que vos biens seront distribués. Les conséquences peuvent grandement varier selon l'endroit où vous résidez au moment du décès. Par exemple, en Ontario, la loi prévoit que les premiers 200 000 $ sont accordés au conjoint survivant et que toute somme additionnelle est partagée entre les enfants de la personne décédée, selon une formule précise. Toutefois, en Alberta, le conjoint survivant a droit à la totalité de la succession, sauf si la personne décédée a des enfants nés de plus d'une union. En pareil cas, la succession est répartie, selon une formule, entre le conjoint de la personne décédée et les enfants du défunt.

Remarquez également que, dans certaines provinces, le droit de la famille peut avoir priorité sur les directives de votre testament. En Ontario, par exemple, votre conjoint peut choisir de passer outre au testament et prendre sa part de la succession en vertu des règles sur le patrimoine familial (voir 21.3). Si tel est effectivement le cas, votre succession pourrait perdre les avantages du roulement de gains en capital (transfert avec report d'impôt) dont il est question à la section 22.2.3.

Si vous avez des volontés précises quant à la garde ou à la tutelle de vos enfants âgés de moins de 18 ans après votre décès, vous pouvez les faire connaître dans votre testament, pour examen par les tribunaux. Dans certaines provinces, toutefois, vos dernières volontés n'ont pas force exécutoire.

Même si un testament olographe peut être valide dans certaines provinces, nous vous recommandons fortement de faire rédiger votre testament ou de le réviser avec l'aide d'un avocat, ou d'un notaire au Québec, et d'un fiscaliste, afin de vous assurer que ce document répond à vos désirs et qu'il tient compte de la législation fiscale et du droit de la famille.

Un testament doit par ailleurs être révisé régulièrement afin que les dispositions qu'il contient soient modifiées conformément aux fréquentes révisions de la législation fiscale, du droit de la famille et du droit relatif aux successions, le cas échéant.

Un changement dans votre situation personnelle, notamment la naissance d'un enfant ou un changement d'état civil, pourrait également nécessiter la modification de votre testament. Par exemple, dans plusieurs provinces, un testament devient nul si vous vous mariez après qu'il ait été rédigé, à moins qu'il n'ait été fait en vue de ce mariage. En revanche, un testament peut demeurer en vigueur même après un divorce.

Si vous ne rédigez pas de testament ou s'il n'est pas valide, le processus d'approbation pour la distribution de vos biens par les tribunaux peut être fastidieux et coûteux. Votre représentant ou vos héritiers doivent faire appel aux tribunaux pour qu'ils désignent un administrateur (également appelé « fiduciaire de la succession ») qui sera chargé de gérer et de distribuer la succession selon la formule établie par la loi.

Comme nous l'avons vu à la section 1.3.4, envisagez également de signer des procurations ou des mandats (un premier pour les décisions relatives à vos finances et un deuxième pour celles relatives à vos soins personnels), dans le cas où une invalidité ou une incapacité mentale vous empêcherait d'agir. Par exemple, si vous étiez frappé d'incapacité mentale, la procuration permettrait à votre « mandataire » d'agir en votre nom. (Au Québec, vous pouvez désigner une telle personne dans un « mandat en cas d'inaptitude ».) Si vous le désirez, vous pouvez nommer la même personne à titre de mandataire et de liquidateur de la succession, votre conjoint par exemple.

21.2.2 Choisir le liquidateur de votre succession

Il est conseillé de désigner dans votre testament une ou plusieurs personnes comme liquidateur de votre succession. Vous devriez nommer à ce titre une personne en qui vous avez confiance qui se chargera de vos affaires et de la distribution de vos biens, conformément aux souhaits que vous aurez exprimés dans votre testament. Habituellement, le liquidateur de la succession communique avec les tribunaux pour obtenir les lettres d'homologation (voir 21.4) qui lui permettront de prendre à sa charge vos biens, de les gérer et de les distribuer à vos bénéficiaires.

La responsabilité de déterminer l'actif et le passif de la succession, de produire toutes vos déclarations de revenus pertinentes et celles de la succession (y compris tout droit successoral ou déclaration de revenus étrangers) et de rembourser vos dettes (y compris tous les impôts) impayées à la date de votre décès incombe au liquidateur de la succession.

Idéalement, vous devriez choisir comme liquidateur de votre succession quelqu'un qui connaît bien votre situation personnelle. Ce sera, dans bien des cas, votre principal bénéficiaire (p. ex., votre conjoint). Parfois, ce choix n'est toutefois pas pertinent, car il pourrait causer un conflit d'intérêts avec les autres bénéficiaires.

Pensez à désigner un liquidateur suppléant pour le cas où le premier décéderait avant vous. Autrement, votre succession pourrait être gérée par le liquidateur qui gère la succession de votre liquidateur. Il est également important de désigner un autre liquidateur au cas où celui que vous avez désigné en premier lieu serait dans l'impossibilité de s'occuper de votre succession ou choisirait de ne pas le faire. Cette décision peut éviter des procédures judiciaires coûteuses.

Si vous avez été désigné liquidateur d'une succession, reportez-vous au chapitre 22 pour en savoir plus sur votre rôle et vos responsabilités.

21.2.3 Planification testamentaire en vue de réduire les impôts de la succession

Plusieurs clauses peuvent être ajoutées au testament afin de réduire l'obligation fiscale au moment du décès. Le testament devrait comprendre une disposition accordant aux liquidateurs une autorisation générale d'effectuer ou de mettre en cause tout choix, désignation ou répartition en vertu de la législation fiscale. Cette disposition permettra à votre liquidateur de tirer profit de la désignation de résidence principale et de la déduction pour gains en capital, par exemple. Vous devriez aussi prendre en considération les clauses testamentaires suivantes :

- la renonciation au remboursement de certains prêts consentis à des membres de la famille;
- un pouvoir discrétionnaire permettant aux liquidateurs de choisir les actifs devant faire partie des biens de la fiducie au profit du conjoint ou d'une autre personne;
- un rappel à vos liquidateurs que si, au moment de votre décès, vous n'aviez pas encore versé votre cotisation maximale à un REER, votre succession devrait en verser une au REER de votre conjoint avant la date limite.

Dans votre testament, vous pouvez désigner le bénéficiaire de votre REER, de votre CELI, de votre régime de participation différée aux bénéfices, de vos prestations de décès et du produit de vos assurances. Ces régimes peuvent généralement vous permettre de désigner directement les bénéficiaires en consignant cette information dans les documents concernés. Même si le fait de désigner directement les bénéficiaires dans les documents du régime peut contribuer à réduire les frais d'homologation, il pourrait y avoir des conséquences quant aux droits du conjoint en vertu du droit de la famille. Vous devriez également songer à confirmer ces désignations dans votre testament et à vous assurer que le produit fasse partie de votre succession si le bénéficiaire désigné décède avant vous et si aucun autre bénéficiaire n'a été nommé à sa place.

Prenez note que votre succession pourrait avoir à payer de l'impôt sur la pleine valeur de votre REER à votre décès si, au lieu de votre conjoint ou (aux termes d'un choix spécial) de vos enfants financièrement à votre charge, vous nommez quelqu'un d'autre à titre de bénéficiaire de votre REER (voir 22.4.1).

Si vous prévoyez faire un don de bienfaisance par le biais de votre testament, envisagez de faire un don de titres cotés en bourse, de fonds communs de placement ou de fonds réservés d'une compagnie d'assurance-vie, plutôt qu'un don en argent, afin de réduire les impôts payables au décès (voir 8.3.2).

21.3 Droit de la famille

La législation provinciale sur le droit de la famille peut avoir une grande incidence sur votre planification successorale. Chaque province a adopté des lois visant à protéger les intérêts des conjoints en cas de rupture du mariage. Ces lois peuvent également s'appliquer en cas de décès. Aux fins du présent exposé, nous avons choisi le droit de la famille en vigueur en Ontario. Les lois diffèrent toutefois selon chaque province, et le recours aux conseils d'un professionnel en la matière est recommandé.

En cas de rupture du mariage, la *Loi sur le droit de la famille* en vigueur en Ontario prévoit la division en parts égales du « patrimoine familial net », lequel est constitué de la quasi-totalité des biens acquis durant le mariage et de l'augmentation de la valeur des biens possédés avant le mariage. La totalité des biens d'entreprise, des actions détenues dans une société fermée ou dans une société ouverte et des placements est habituellement incluse dans le « patrimoine familial net ». Les biens des deux conjoints sont totalisés et un paiement compensateur est requis afin que chaque conjoint se retrouve avec la moitié de la valeur du patrimoine familial net.

Ces dispositions s'appliquent également dans le cas d'un décès. Le conjoint survivant peut choisir de recevoir un paiement compensatoire pour la moitié de la différence dans le patrimoine familial net, plutôt que ce que le défunt a pu lui laisser par testament. Il est clair que ces règles peuvent causer des problèmes au chapitre de la planification successorale et qu'elles devraient être prises en compte lors de la rédaction d'un testament.

En signant un « contrat familial », les conjoints peuvent faire en sorte que ces dispositions de la *Loi sur le droit de la famille* ne s'appliquent pas ou ne s'appliquent qu'à certains biens spécifiques. Des conseils juridiques indépendants sont requis pour chaque conjoint séparément avant la signature d'un tel contrat.

21.4 Frais d'homologation

Prenez des mesures pour réduire les frais d'homologation.

Les tribunaux de chaque province, hormis le Québec, facturent des frais d'homologation pour délivrer des lettres d'homologation donnant confirmation que le testament est valide et que le liquidateur a l'autorité nécessaire pour administrer la succession.

Les frais d'homologation s'appliquent en général à la valeur totale des actifs d'une succession au moment du décès, sans qu'aucune déduction ne soit accordée pour les dettes autres que celles dont sont grevés les biens immobiliers. Dans certains cas, les biens peuvent être distribués et la succession peut être liquidée sans homologation, mais, en règle générale, celle-ci est exigée avant que les tierces parties, telles que les institutions financières (p. ex., les banques, les courtiers en valeurs mobilières), acceptent de libérer les biens au liquidateur de la succession. Même en l'absence de testament, l'homologation est requise du fait que le tribunal doit confirmer qu'un liquidateur a été nommé pour distribuer les biens de la personne décédée, conformément à la loi.

Les frais d'homologation les plus élevés sont ceux de l'Ontario et de la Colombie-Britannique; ils sont, respectivement, de 1,5 % et de 1,4 % de la valeur de la succession en excédent de 50 000 $ (des taux plus bas s'appliquent aux successions ayant une valeur inférieure à 50 000 $). En Nouvelle-Écosse, le taux maximal est de 1,553 % de la valeur de la succession en excédent de 100 000 $ (des taux fixes progressifs s'appliquent aux successions ayant une valeur inférieure à 100 000 $). Dans les autres provinces, les taux maximaux s'établissent généralement entre 0,4 % et 0,7 % de la valeur de la succession. La province de Québec prélève des frais nominaux fixes qui ne sont pas fondés sur la valeur de la succession. La province de l'Alberta a établi des taux uniformes progressifs qui sont fondés sur la valeur de la succession, avec un maximum de 400 $. Dans les autres provinces, les frais d'homologation peuvent être très élevés dans le cas des successions importantes, étant donné qu'aucun montant maximum n'a été fixé.

Les biens immobiliers détenus par deux personnes à titre de « propriétaires conjoints » avec droit de survivance (plutôt qu'à titre de « copropriétaires indivis ») ne sont pas assujettis à l'homologation car, au décès de l'un des propriétaires conjoints, les biens ne font pas partie de la succession puisque c'est l'autre personne qui en devient le propriétaire exclusif.

Jonathan, qui habite en Ontario, décède en 2012. Sa succession comprend une maison évaluée à 500 000 $ et grevée d'une hypothèque de 200 000 $, des effets personnels d'une valeur de 100 000 $ et des actions de son entreprise, évaluées à 1 million de dollars. Il doit également 80 000 $ sur une marge de crédit bancaire personnelle à la date de son décès.

La valeur de la succession de Jonathan, aux fins de l'homologation, s'établit à 1 400 000 $. La maison compte pour 300 000 $ (déduction faite de l'hypothèque) et ses autres biens pour 1 100 000 $. Sa dette de 80 000 $ n'est pas déduite. Les frais exigés pour homologuer le testament de Jonathan s'élèvent à 20 500 $ (calculés comme suit : 0,5 % de la première tranche de 50 000 $, plus 1,5 % du solde de 1 350 000 $).

Les techniques suivantes vous aideront à réduire les frais d'homologation de votre succession. Veuillez noter cependant que la planification visant à obtenir ce résultat doit se faire en tenant compte de nombreux autres facteurs (tels que le droit de la famille, les incidences fiscales, les droits de cession immobilière ainsi que la TPS/TVH et autres taxes de vente); nous vous recommandons donc fortement d'obtenir les conseils d'un professionnel.

- Si vous léguez des biens à votre conjoint (ou à quelqu'un d'autre), envisagez la possibilité de les détenir avec lui à titre de propriétaires conjoints (ou avec l'autre personne avec un droit de survie). À votre décès, ils seront automatiquement transférés à l'autre propriétaire et exclus de votre succession. Veuillez remarquer qu'il peut se produire des incidences fiscales défavorables immédiates si vous transférez le bien à un copropriétaire qui n'est pas votre conjoint. En outre, dans certains cas, l'indivision sera rompue au décès en vertu de certaines lois provinciales.
- Essayez de garder certains biens à l'extérieur de la succession. Cette mesure est très pratique dans le cas de l'assurance-vie, des REER et du CELI, pour lesquels vous pouvez désigner un bénéficiaire (autre que la succession) dans les documents relatifs au REER ou au CELI ou à la police d'assurance-vie. Envisagez également la possibilité de transférer des biens de votre vivant, soit directement à vos bénéficiaires soit à une fiducie à leur profit. Encore une fois, faites attention que cela ne donne pas lieu à la constatation prématurée de gains en capital accumulés.

- Transférez l'emplacement d'un bien à un territoire différent où les frais d'homologation sont moins élevés ou fixes, par l'entremise d'une société de portefeuille qui a été constituée dans ce territoire. Vous pourriez alors préparer un testament distinct qui porterait sur les actions de cette société ou sur les biens situés à cet emplacement.

- Si vous détenez des biens immobiliers libres d'hypothèque et que, par ailleurs, vous avez des dettes (soit une marge de crédit personnelle ou une dette garantie par d'autres actifs), envisagez la possibilité de convertir ces dettes en hypothèque ou en charge sur les biens immobiliers. Cela aura pour effet de réduire la valeur des biens immobiliers, aux fins de l'homologation.

- Si vous possédez certains actifs qui peuvent être transférés aux bénéficiaires sans homologation, comme des actions d'une société fermée, vous pourriez peut-être réduire les frais d'homologation en préparant un testament secondaire ne portant que sur ces actifs. Votre liquidateur demanderait alors l'homologation pour le testament principal mais non pour le secondaire. Ce type de planification est devenu courant dans plusieurs provinces et peut s'avérer un moyen efficace de réduire les frais d'homologation. En raison de changements récents, on ignore s'il est toujours possible d'éviter les frais d'homologation pour un testament secondaire en Ontario.

- Si vous avez 65 ans ou plus, deux types de fiducie, soit la « fiducie en faveur de soi-même » et la « fiducie mixte au profit du conjoint », peuvent vous aider à garder vos biens à l'extérieur de votre succession et à réduire la valeur de celle-ci à des fins d'homologation sans avoir à renoncer à votre droit sur ces biens de votre vivant – voir 21.5.5.

21.5 Les fiducies

21.5.1 Qu'est-ce qu'une fiducie?

Une fiducie est un arrangement selon lequel une ou plusieurs personnes (les fiduciaires) détiennent le titre juridique des biens (les biens en fiducie) pour le compte d'autres personnes (les bénéficiaires). La personne qui crée la fiducie et affecte les biens à la fiducie s'appelle le constituant.

Exemple

Bertrand quitte le pays pour aller travailler en Afrique pendant plusieurs années. Il donne à Paul une somme de 120 000 $ devant être détenue en fiducie pour le bénéfice des deux adolescents de Bertrand, Diane et Daniel. Bertrand établit un acte de fiducie selon lequel Paul peut utiliser les fonds pour acquitter les frais de scolarité de ses enfants, investir les fonds non encore utilisés et remettre à chaque enfant la moitié du capital de la fiducie lorsqu'il atteindra l'âge de 23 ans.

Dans cet exemple, Bertrand est le constituant, Paul le fiduciaire et Diane et Daniel les bénéficiaires. Paul détient le titre légal des 120 000 $, mais il est tenu de l'utiliser au bénéfice exclusif de Diane et Daniel et non à son usage personnel. L'acte de fiducie peut lui permettre de se verser des honoraires pour services rendus à titre de fiduciaire.

Il n'existe aucune exigence légale voulant que le constituant et le fiduciaire soient deux parties distinctes. (Dans l'exemple ci-dessus, Bertrand pourrait simplement déclarer et consigner dans des documents le fait qu'il détient des fonds en fiducie pour ses enfants, ce qui aurait pour effet de créer la fiducie.) De la même façon, le constituant et le bénéficiaire peuvent être une seule et même partie. C'est ce qui se produit lorsque vous placez des fonds dans un REER autogéré, par exemple. Vous êtes à la fois le constituant et le bénéficiaire, et une société de fiducie est désignée comme fiduciaire de vos biens (voir 3.1.6). Cependant, le choix du constituant, du fiduciaire et des bénéficiaires influera sur le calcul de l'impôt de la fiducie et de ses bénéficiaires. Par exemple, un certain nombre de règles d'attribution s'appliquent aux fiducies, y compris celles qui sont décrites au chapitre 5. Une planification attentive est nécessaire.

Veuillez prendre note que les mécanismes et la terminologie des fiducies diffèrent quelque peu au Québec, où elles sont assujetties au *Code civil du Québec* plutôt qu'à la common law, comme c'est le cas dans le reste du Canada.

Certaines décisions rendues récemment dans des affaires portées devant les tribunaux relativement à la constitution légale et à la résidence d'une fiducie ont mis en évidence l'importance de s'assurer que les arrangements de la fiducie sont correctement effectués, particulièrement lorsque la fiducie et ses bénéficiaires résident dans des territoires différents. Il est ainsi conseillé aux fiduciaires de tenir adéquatement les registres comptables de la fiducie et de consigner sans tarder leurs décisions dans les procès-verbaux de la fiducie.

21.5.2 Les diverses catégories de fiducies

Une fiducie peut être établie du vivant du constituant (comme dans l'exemple ci-dessus). Il s'agit alors d'une fiducie entre vifs ou non testamentaire.

Une fiducie peut également être créée par le biais du testament du constituant, auquel cas il s'agit d'une fiducie testamentaire.

Une fiducie dont le bénéficiaire est le conjoint du constituant et qui réunit certaines conditions est une fiducie « au profit du conjoint ». Les principales conditions sont que tout le revenu de la fiducie doit être payable au conjoint de son vivant, et qu'aucune tranche du capital ne peut être distribuée à quiconque, sauf au conjoint, du vivant du conjoint. (Cependant, après le décès du conjoint, les revenus et le capital peuvent être distribués à quelqu'un d'autre, par exemple aux enfants du constituant.) Ce type de fiducie peut être de nature testamentaire ou non testamentaire. Un transfert de biens du constituant à la fiducie au profit du conjoint n'entraîne pas d'impôt quant aux gains en capital accumulés; les biens sont plutôt transférés au coût pour le constituant et tout gain en capital devient imposable seulement à la liquidation éventuelle des biens par la fiducie ou au décès du conjoint (voir 22.2.3).

Veuillez prendre note que si votre testament crée une fiducie, cette fiducie sera distincte de votre succession. D'une part, la succession est imposable à titre de fiducie pour la période nécessaire à la conclusion de vos affaires et à la distribution de vos biens. D'autre part, la fiducie que vous créez par testament peut être conçue pour durer plusieurs années après votre décès.

À l'heure actuelle, au moins deux douzaines de fiducies différentes peuvent être établies. Chacune d'elles répond à un objectif fiscal ou traite d'un aspect à caractère fiscal ou se rapportant à la common law. Deux types de fiducies sont présentés à la section 21.5.5, soit la « fiducie en faveur de soi-même » et la « fiducie mixte au profit du conjoint ».

21.5.3 Imposition d'une fiducie

Une fiducie est considérée comme une personne distincte aux fins de l'impôt. Le ou les fiduciaires doivent produire une déclaration de revenus de fiducie T3 (et TP-646 du Québec dans certains cas) et payer de l'impôt sur ce revenu. En règle générale, la fiducie est imposée comme le serait un particulier, mais elle n'est pas admissible aux crédits personnels (voir chapitre 2). La fiducie testamentaire paie de l'impôt à des taux marginaux similaires à ceux des particuliers (voir 5.1); par contre, la fiducie non testamentaire paie de l'impôt à un taux fixe, soit au taux maximum fédéral et provincial combiné des particuliers (environ 45 %).

Le revenu de la fiducie est constitué notamment de son revenu d'entreprise (voir chapitre 11), des gains en capital imposables (voir chapitre 6) et des placements (intérêts, dividendes, loyers, etc. – voir chapitre 7), et il est calculé comme si la fiducie était une personne physique. Les sommes qui sont payées ou payables aux bénéficiaires sont déduites du revenu de la fiducie et les bénéficiaires doivent déclarer ce revenu dans leur déclaration de revenus respective sous réserve des règles d'attribution dont il est fait mention au chapitre 5.

Certains types de revenu, comme les gains en capital et les dividendes, conservent leurs caractéristiques lorsqu'ils sont transmis au bénéficiaire. Par conséquent, ce revenu sera traité à titre de gain en capital (voir chapitre 6) ou de dividendes (voir 7.1.2) dans la déclaration de revenus du bénéficiaire. Par contre, les autres types de revenu perdent leurs caractéristiques lorsqu'ils sont transmis à la fiducie.

Un choix spécial désigné « choix du bénéficiaire privilégié » est offert lorsque le bénéficiaire souffre d'un handicap (selon la définition donnée aux fins de l'impôt à la section 2.5.1). Ce choix permet au fiduciaire et au bénéficiaire de choisir que le revenu de la fiducie soit imposable pour le bénéficiaire afin que, dans une année subséquente, il soit versé en franchise d'impôt par la fiducie au bénéficiaire.

Aux termes d'autres règles spéciales, le revenu et les gains en capital peuvent être imposés au nom de la fiducie, même si ces montants ont déjà été versés aux bénéficiaires au cours de l'année. Cette règle peut être avantageuse si la fiducie dispose de pertes inutilisées d'années antérieures pouvant contrebalancer ce revenu. Dans le cas de certaines fiducies testamentaires, ce choix permet également d'économiser de l'impôt si le bénéficiaire est par ailleurs assujetti à l'impôt à un taux plus élevé que celui qui s'applique à la fiducie.

Dans votre testament, vous pouvez établir une fiducie testamentaire pour chaque bénéficiaire. Chaque fiducie sera alors en mesure de bénéficier d'un taux d'imposition progressif moins élevé sur le revenu conservé dans une telle fiducie.

Prenez des mesures avant le 21ᵉ anniversaire de la création d'une fiducie pour réduire l'incidence d'une disposition réputée de la totalité des immobilisations de la fiducie.

Tous les 21 ans, toute fiducie (autre qu'une fiducie en faveur de soi-même ou une fiducie mixte au profit du conjoint – voir 21.5.2 et 21.5.5) est réputée disposer de tous ses biens, de sorte que les gains en capital cumulés sont imposés comme si les biens avaient été vendus. Avant la fin de chaque période de 21 ans, vous devriez consulter un conseiller professionnel pour vous aider à déterminer quelles sont les mesures que vous pouvez prendre pour atténuer l'incidence de la disposition réputée.

21.5.4 Les avantages de la création d'une fiducie familiale

La fiducie offre une grande souplesse pour structurer vos affaires et contrôler l'utilisation future de vos biens. Vous pouvez restreindre et définir de façon stricte les pouvoirs des fiduciaires ou vous pouvez laisser aux fiduciaires plein pouvoir de décider si des versements de revenu ou des distributions de capital auront lieu, du moment où ils auront lieu, de la façon de gérer les biens en fiducie, ainsi que du moment de la liquidation de la fiducie.

La création d'une fiducie de votre vivant offre également de nombreux avantages :

- en vous désignant comme fiduciaire, vous conservez le contrôle des biens de la fiducie (p. ex., des actions de votre entreprise);
- en excluant les biens de votre succession, vous réduisez les frais d'homologation (voir 21.4);
- en étant exclus de votre succession, vos biens ne seront pas inscrits dans les archives publiques que quiconque peut examiner au greffe d'un tribunal;
- selon les règles d'attribution applicables (voir chapitre 5), un fractionnement du revenu pourrait être possible.

La fiducie peut aussi servir avantageusement dans le cadre d'un gel successoral (voir 21.6). Il arrive souvent que vous ne sachiez pas à la date du gel successoral comment vous voulez répartir la croissance de votre revenu entre vos enfants. De plus, vous ne souhaitez peut-être pas leur transférer la propriété directe de votre entreprise dès maintenant. Dans ce cas, vous pouvez créer une fiducie familiale et faire en sorte que cette dernière souscrive des actions ordinaires de « croissance » (ou de préférence, faites don de ces actions à la fiducie). Si vous en êtes le fiduciaire et avez le pouvoir d'attribuer le revenu et le capital, vous pouvez attendre plusieurs années avant de décider à quel enfant vous léguerez votre entreprise (ou vous pouvez même le faire par testament). Cette mesure peut également offrir à vos enfants une certaine protection contre la législation sur le droit de la famille (voir 21.3). Si vous avez déjà élaboré un tel plan, assurez-vous que ses avantages ne seront pas neutralisés par le nouvel impôt sur le fractionnement du revenu visant certains revenus reçus par des enfants mineurs (voir 5.2.4).

> Examinez les avantages que vous pouvez tirer de la création d'une ou de plusieurs fiducies familiales.

La fiducie entre vifs peut présenter des avantages par rapport à une procuration ou à une demande pour que le tribunal désigne un tuteur en cas d'incapacité. Comme nous l'avons vu à la section 1.3.4, une procuration (ou un mandat) vous permet de désigner une personne qui se chargera de vos affaires financières si vous êtes frappé d'incapacité en raison d'une maladie ou d'une blessure. Les avantages possibles des fiducies par rapport à la procuration sont notamment les suivants :

- À la différence de la procuration, la convention de fiducie est un document complet qui énonce les tâches et le mandat précis du fiduciaire.
- Les normes en matière d'obligations fiduciaires sont plus élevées pour les fiduciaires que pour les fondés de pouvoir.
- La fiducie survit au décès mais non la procuration.
- Un bien détenu aux termes d'une convention de fiducie peut être géré par les fiduciaires en cas d'incapacité, sans la participation du constituant, offrant ainsi une protection contre l'abus de tiers puisque le constituant n'a pas un contrôle indépendant sur ses biens.
- Une procuration pourrait ne pas être appropriée pour la gestion de vos biens à l'extérieur de votre province de résidence – chaque province et chaque État d'Amérique du Nord est assujetti à des lois différentes. L'autorité d'un fiduciaire agissant au nom d'une fiducie serait d'emblée davantage reconnue par une banque ou une autre institution étrangère.

21.5.5 Fiducie en faveur de soi-même et fiducie mixte au profit du conjoint

Deux types de fiducie, soit la fiducie en faveur de soi-même et la fiducie mixte au profit du conjoint, peuvent constituer un substitut aux testaments et aux procurations et présenter des avantages importants en vous permettant d'éviter les frais d'homologation et en aplanissant les difficultés pour vos survivants ou votre entreprise pendant le règlement de votre succession.

Si vous êtes âgé de 65 ans ou plus, envisagez la possibilité d'établir une « fiducie en faveur de soi-même » ou une « fiducie mixte au profit du conjoint ».

Si vous êtes âgé de 65 ans ou plus, une fiducie en faveur de soi-même peut vous aider à exclure vos biens de votre succession sans que vous perdiez vos droits à ces biens de votre vivant. Aux termes de la fiducie, tous les revenus et le capital du bien en fiducie ne seront détenus et utilisés qu'en votre nom. Les revenus et les gains en capital générés par le bien en fiducie seront imposés comme si vous aviez continué à en être propriétaire personnellement. À votre décès, le document de la fiducie en faveur de soi-même remplira les mêmes fonctions qu'un testament pour ce qui est d'établir la façon dont les biens en fiducie doivent être distribués.

Une fiducie mixte au profit du conjoint fonctionne de la même façon. Les conjoints (ou les conjoints de fait ou conjoints de même sexe) peuvent transférer les biens à une fiducie et en demeurer les seuls bénéficiaires de leur vivant. Le transfert du bien à la fiducie ne donnera lieu à aucun impôt et tous les revenus et gains en capital découlant des biens en fiducie seront imposables en leur nom pour la durée de leur vie. Prenez garde aux règles d'attribution, décrites à la section 5.2, qui peuvent faire en sorte que les revenus soient imposés entre les mains du constituant.

Si vous prévoyez transférer des actions admissibles de petite entreprise ou des biens agricoles ou de pêche admissibles à une fiducie en faveur de soi-même ou à une fiducie mixte au profit du conjoint, ne perdez pas de vue que l'exonération de 750 000 $ pour les gains en capital (voir 6.3) pour ces types de biens ne peut être utilisée par les fiducies. Pour surmonter cet obstacle, vous pourriez choisir de ne pas vous prévaloir des dispositions de roulement afin de déclencher un gain en capital pour lequel vous demanderez l'exonération au moment du transfert du bien à la fiducie.

Au décès du constituant d'une fiducie en faveur de soi-même ou au décès du deuxième conjoint dans le cas d'une fiducie mixte au profit du conjoint, la fiducie sera réputée avoir disposé de ses biens à leur juste valeur marchande et tout gain en capital sera imposé entre les mains de la fiducie.

Pour la fiducie en faveur de soi-même et la fiducie mixte au profit du conjoint, la disposition présumée des biens à la juste valeur marchande dont il est question à la section 21.5.3 ne se fait pas tous les 21 ans mais est reportée jusqu'au jour du décès du constituant ou du conjoint survivant. Si la fiducie continue d'exister, elle sera réputée disposer des biens tous les 21 ans après le décès du constituant (pour la fiducie en faveur de soi-même) ou du conjoint survivant (pour la fiducie mixte au profit du conjoint).

Toutefois, prenez note du fait que, étant des fiducies entre vifs, la fiducie en faveur de soi-même et la fiducie mixte au profit du conjoint paient l'impôt au taux marginal le plus élevé s'appliquant aux particuliers. Ainsi, le revenu de la fiducie ne bénéficie pas des taux d'impôt graduels, et tout gain en capital découlant de la disposition présumée au décès du constituant pourrait engendrer plus d'impôt sur le revenu dans la fiducie que s'il avait été imposé entre les mains de la personne décédée.

21.6 Gel successoral

21.6.1 Qu'est-ce qu'un gel successoral?

L'expression « gel successoral » décrit les démarches entreprises pour « geler » la valeur de votre succession (ou un bien précis) à sa valeur actuelle, de façon que toute augmentation de valeur future s'accumule en faveur d'autres personnes, comme vos enfants (ou d'une fiducie créée pour vos enfants), et ne soit pas imposée au moment de votre décès. Plusieurs dispositions de la *Loi de l'impôt sur le revenu* sont conçues pour faciliter ce type de planification.

La plupart du temps, le gel successoral est utilisé si vous possédez une entreprise que votre famille continuera de détenir après votre décès et qui, selon vous, prendra de la valeur dans l'avenir. Vos enfants participent peut-être à son exploitation. Même si ce n'est pas le cas, il est possible que vous souhaitiez qu'ils en deviennent propriétaires à votre décès.

21.6.2 Comment procéder à un gel successoral

Il existe diverses stratégies de gel successoral, certaines étant très complexes. L'exemple suivant expose l'une des plus simples :

> **Exemple**
>
> Luc détient toutes les actions ordinaires de la Société X (son entreprise). Son investissement initial était de 100 $ et il vaut maintenant 1 million de dollars. Luc prévoit que sa valeur augmentera de façon importante au cours des prochaines années. Il a deux enfants, tous deux au début de la vingtaine, qui travaillent au sein de l'entreprise.
>
> Tout d'abord, Luc échange ses actions ordinaires de la Société X contre 1 000 nouvelles actions privilégiées (étape qui peut être franchie sans incidence fiscale négative). Les actions privilégiées comportent chacune un droit de vote. Elles sont également rachetables en tout temps au gré du porteur, à raison de 1 000 $ l'action. En d'autres mots, en tout temps, Luc peut exiger que la société lui verse 1 million de dollars pour ses actions.
>
> Ensuite, les enfants de Luc souscrivent chacun 50 nouvelles actions ordinaires de la Société X, qu'ils paient 1 $ l'action. Comme la Société X est évaluée à 1 million de dollars et que les actions privilégiées de Luc sont rachetables pour 1 million de dollars, la valeur des actions ordinaires est négligeable pour le moment.
>
> Au cours des quelques années subséquentes, la valeur de la Société X augmente pour atteindre 1,5 million de dollars. Les actions privilégiées de Luc valent toujours 1 million de dollars, mais les actions ordinaires valent 500 000 $. Luc a ainsi transféré à ses enfants la « croissance » de sa société, postérieure au gel successoral, sans fardeau fiscal pour lui.
>
> Remarquez enfin que Luc garde le contrôle de sa société du fait que ses actions privilégiées comportent un droit de vote. Il possède 1 000 votes, alors qu'ensemble, ses enfants n'en possèdent que 100.

Les mécanismes d'un gel successoral sont complexes et de nombreuses règles fiscales doivent être prises en considération. Cependant, le concept de base général est tel qu'il est décrit ci-dessus. Dans plusieurs cas, vous créerez une société de portefeuille et une fiducie familiale (voir 21.5.4) dans le contexte du gel successoral plutôt que de demander à vos enfants de souscrire directement des actions de la société en exploitation.

Le gel successoral peut réduire de manière significative l'impôt à payer à votre décès, si vous prenez soin de « geler » la valeur de votre entreprise assez tôt. La valeur de l'entreprise sera déterminée au moment du gel, et l'impôt sur l'augmentation subséquente de la valeur sera ainsi reporté jusqu'à ce que vos enfants vendent l'entreprise (ou jusqu'à leur décès). Vous pouvez également multiplier la disponibilité de la déduction pour gains en capital pour certaines actions de société exploitant une petite entreprise (voir 6.3.1), si la déduction est encore offerte lorsque vos enfants disposeront finalement des actions. Par la même occasion, vous n'avez pas à abandonner le contrôle de la société.

Examinez les avantages possibles d'un gel successoral.

Vous pouvez aussi continuer à recevoir un revenu de la société, soit en déclarant des dividendes sur les actions privilégiées, soit en vous versant un salaire si vous continuez de participer à l'exploitation de la société.

Si vous utilisez une fiducie pour investir dans les actions ordinaires, vous pouvez garder la souplesse nécessaire pour répartir, dans l'avenir, les actions de l'entreprise entre vos enfants.

Au moment du gel successoral, vous pouvez faire en sorte que se matérialise une fraction ou la totalité du gain en capital cumulé à ce jour sur vos actions. Cela peut vous permettre par exemple d'utiliser votre déduction pour gains en capital de 750 000 $ (voir 6.3.1). Prenez connaissance des diverses restrictions avant de demander cette déduction (voir 6.3.3).

Selon la structure du gel, vous pouvez réaliser un fractionnement de revenu (voir chapitre 5) en transférant certains revenus à vos enfants. Veuillez prendre note que certaines règles d'attribution ne s'appliquent pas si votre entreprise répond à la description de « société exploitant une petite entreprise » (voir 6.3.1) ou si vos enfants ont atteint l'âge de 18 ans (voir 5.2.6). Toutefois, des arrangements existants peuvent être touchés par l'impôt sur le fractionnement du revenu visant certains revenus reçus par des enfants mineurs (voir 5.2.4).

Si vous avez réalisé un gel successoral mais que la valeur des actions « gelées » a diminué, vous auriez peut-être intérêt à procéder à un nouveau gel, ce qui permettrait de fixer une valeur moins élevée à l'égard de votre entreprise et de vos actions privilégiées. Une telle baisse de valeur fera diminuer l'impôt à payer à votre décès et dynamisera la croissance future des actions ordinaires que détiennent vos enfants ou une fiducie.

Les avantages que vous pouvez tirer d'un gel ou d'un nouveau gel successoral dépendent largement du type de votre entreprise, de votre situation financière, de vos plans d'avenir et de vos objectifs. Il est recommandé d'obtenir les conseils d'un professionnel avant de procéder à ce genre de planification.

21.7 Assurance-vie

L'assurance-vie peut jouer de nombreux rôles dans le cadre d'une planification successorale. Par exemple, elle peut permettre :

- d'offrir un revenu de remplacement aux personnes à votre charge;
- de créer un fonds d'urgence ou de pourvoir aux frais de scolarité des enfants pour l'avenir;
- de régler les derniers frais, comme les frais funéraires;
- d'aider financièrement lors du transfert successoral d'une entreprise qui compte peu d'actionnaires;
- de financer les impôts sur les gains en capital de la personne décédée (voir 22.2.3);
- d'accumuler des fonds à l'abri de l'impôt, de façon à suppléer au revenu de retraite.

Le produit de l'assurance reçu au décès de l'assuré n'est pas imposable. De même, les primes servant à payer votre assurance-vie ne sont pas déductibles en règle générale.

Si vous nommez votre société comme bénéficiaire de votre assurance-vie, celle-ci pourrait être en mesure de distribuer le produit de l'assurance-vie à votre succession et aux autres actionnaires en franchise d'impôt.

Certains propriétaires d'entreprise peuvent posséder une société de portefeuille qui détient une société en exploitation. Si vous possédez une telle société de portefeuille, que cette dernière est le bénéficiaire de votre police d'assurance-vie et que la société en exploitation en paie les primes, la société de portefeuille pourrait faire l'objet d'une cotisation relativement à un avantage pour l'actionnaire. Cet avantage s'applique aux nouvelles polices depuis le 1er janvier 2010 et s'appliquera aux polices existantes à compter du 1er janvier 2011. Vous auriez tout intérêt à consulter votre conseiller professionnel quant à la façon d'établir la propriété de la police d'assurance afin d'éviter qu'elle ne donne lieu à un avantage pour l'actionnaire.

Assurez-vous de souscrire une assurance-vie suffisante.

Vos besoins en assurance évoluent sans cesse, compte tenu des changements touchant votre revenu, vos placements et les personnes à votre charge. Aussi est-il important de réviser régulièrement vos garanties.

Divers produits d'assurance-vie sont offerts. En général, ces produits se répartissent en deux catégories : l'assurance temporaire et l'assurance permanente.

Plus jeune est l'assuré, moins sont élevées les primes des polices d'assurance temporaire (ou « pure »). Vous vous acquittez du coût de l'assurance contre le risque de décès que vous courez au cours de l'année, et rien de plus. Tant que vous payez les primes, vous demeurez couvert; plusieurs polices garantissent leur renouvellement sans que vous ayez à fournir d'autres preuves d'ordre médical. Cependant, le coût des primes augmentera considérablement à un âge plus avancé dans le cas des polices renouvelables ordinaires. La plupart des polices d'assurance temporaire se terminent lorsque l'âge que vous atteignez se situe entre 70 et 75 ans, ce qui est plus jeune que l'espérance de vie moyenne actuelle; toutefois, bon nombre de compagnies offrent certains types de polices qui se terminent lorsque le titulaire atteint l'âge de 100 ans, lesquelles sont offertes à des primes nivelées sur la durée de vie.

La police d'assurance permanente (souvent appelée « assurance-vie entière » ou « assurance-vie universelle ») allie la garantie d'assurance pure à un fonds de placement. Par conséquent, lorsque l'assuré est jeune, le coût des primes est souvent beaucoup plus élevé que celui des primes d'assurance temporaire bien qu'une grande portion de ce coût fasse partie du fonds de placement. Plusieurs polices d'assurance permanente proposent des primes forfaitaires pour une durée maximum garantie (par exemple, pour 10 ou 20 ans). À la fin de cette période, la police est souvent entièrement payée. La police peut être conçue de sorte que le fonds de placement ou la valeur de rachat nette s'accumule en franchise d'impôt. Il est possible d'emprunter sur ce fonds ou de l'« encaisser » à une date ultérieure. Cela entraînera toutefois un coût en impôt.

Les polices d'assurance permanente sont habituellement intéressantes du fait qu'elles permettent :

- de pourvoir à l'impôt sur les gains en capital;
- de répartir la succession (permettre la distribution équitable de votre succession, par exemple en laissant l'actif de l'entreprise aux bénéficiaires qui participent à son exploitation et l'actif ne provenant pas de l'entreprise aux membres de la famille qui ne participent pas activement à l'exploitation de l'entreprise);
- de planifier la succession d'une entreprise;
- d'établir des stratégies de placement à long terme avantageuses sur le plan fiscal.

Lorsque vous achetez de l'assurance, prenez le temps de réfléchir à la question des bénéficiaires que vous voulez désigner. Si vous désignez votre succession comme bénéficiaire, le produit de l'assurance fera partie de votre succession, à votre décès, et il sera assujetti à toute réclamation que pourraient présenter des créanciers relativement à votre succession. Le produit sera également assujetti à des frais d'homologation (voir 21.4). Par conséquent, vous voudrez peut-être verser le produit directement à votre conjoint, à un autre bénéficiaire ou à une fiducie d'assurance, de sorte qu'il contourne la succession. De la même façon, le fonds de placement ou la valeur de rachat nette d'une police peut être protégé contre les créanciers de votre vivant si vous prenez soin de désigner certains bénéficiaires.

21.8 La succession de l'entreprise

Si vous êtes propriétaire exploitant d'une entreprise, il s'agit fort probablement du bien le plus important que vous possédez. Après votre décès, cette entreprise peut être cruciale pour ce qui est de répondre aux besoins financiers de votre famille. Les mesures que vous adoptez maintenant pour assurer le maintien de sa rentabilité et de son administration sont aussi importantes que le temps que vous consacrez à examiner les mesures de planification prévues pour réduire les impôts à votre décès.

Planifiez la succession de votre entreprise. L'une des premières questions à résoudre concerne l'avenir de votre entreprise après votre décès. Vous pouvez la conserver au sein de la famille, la vendre à un acheteur qui n'est pas un membre de la famille ou la liquider. Le choix que vous ferez dépend de plusieurs facteurs, notamment la nature de l'entreprise, la vraisemblance du maintien de sa réussite après votre décès et les aptitudes des membres de votre famille et (ou) du personnel clé à poursuivre ses activités.

Si la famille n'est pas en mesure de poursuivre l'exploitation de l'entreprise, ou ne souhaite pas le faire, il peut être dans l'intérêt de tous que vous la vendiez ou la liquidiez à votre retraite ou avant. Si certains membres exercent des activités au sein de l'entreprise, alors que d'autres ne s'y intéressent pas, même s'il semble équitable de répartir les droits de propriété entre tous, cette décision pourrait bouleverser la bonne marche des affaires et créer des tensions. Il est souvent conseillé dans ces cas d'assurer l'équité par le biais d'autres biens du patrimoine familial ou de polices d'assurance-vie.

Si vous décidez de garder l'entreprise au sein de la famille, vous devriez obtenir des conseils professionnels pour vous aider à décider si vous devez transférer la propriété de votre vivant ou à votre décès, à qui vous devez octroyer les actions de l'entreprise et dans quelle proportion, si vous devez donner ou vendre ces actions, ainsi qu'à déterminer quels sont les moyens les plus efficaces pour structurer le transfert sur le plan fiscal.

Si vous ne détenez pas la totalité des actions de votre entreprise, la rédaction soigneuse d'une convention entre actionnaires peut aider à faciliter le transfert de son contrôle légal (voir 14.4).

L'assurance-vie que vous détenez peut faciliter la vente des actions de votre entreprise et aider à financer les impôts à payer à votre décès. Les règles fiscales pourraient vous permettre de conserver certains avantages fiscaux liés à des ententes financées par de l'assurance-vie si votre entreprise a été désignée comme étant le bénéficiaire d'une police d'assurance-vie détenue à cette fin au plus tard le 25 avril 1995, ou s'il existait à ce moment-là une entente prévoyant le transfert de vos actions.

21.9 Planification de la succession du patrimoine

Dans certains cas où l'entreprise familiale a été vendue, le plus important actif qui en résulte pour la famille est le produit net de la vente. Dans d'autres cas, des décisions de placement éclairées ont donné lieu à l'accumulation d'une richesse considérable. Comme la plus grande part de ces successions reviendra à la toute fin aux enfants, vous devriez évaluer l'âge auquel cette richesse devrait être mise à leur disposition et déterminer si l'utilisation de ces ressources devrait être assujettie à des restrictions ou contrôles pour certaines périodes de temps.

Les fiducies entre vifs et les fiducies testamentaires familiales (voir 21.5.4) peuvent faciliter le transfert du patrimoine aux enfants à des âges déterminés à l'avance. Ces fiducies sont utiles dans des situations où l'enfant est à charge en raison d'une incapacité mentale ou d'un handicap physique, ainsi que lorsqu'il y a des enfants qui n'ont aucune notion de la valeur de l'argent. Elles peuvent également aider à protéger les biens contre la réglementation du droit de la famille.

Si vous laissez une succession importante à vos enfants, vous devriez consulter vos conseillers juridiques et fiscaux pour qu'ils vous aident à élaborer un plan en vue de transférer cette richesse de la meilleure façon possible.

21.10 Préarrangements funéraires

À votre décès, vous épargnerez bien des soucis à vos survivants si vous avez planifié et payé d'avance vos propres funérailles. Bon nombre d'entrepreneurs en pompes funèbres proposent des programmes dans le cadre desquels vous pouvez payer d'avance les services qu'ils fourniront.

Songez à conclure des préarrangements funéraires. Pour aider les Canadiens à financer ces arrangements, les règles fiscales prévoient une exonération d'impôt spéciale à l'égard des intérêts gagnés sur les paiements anticipés admissibles. Comme dans le cas des régimes de revenu différé dont il est question au chapitre 3, plus tôt vous cotisez à des préarrangements funéraires, plus longtemps vous bénéficierez d'intérêts composés en franchise d'impôt.

Vous pouvez cotiser à concurrence de 35 000 $ à un arrangement couvrant à la fois des services funèbres et des services d'enterrement. Si les services funèbres et les services d'enterrement sont fournis par des entreprises distinctes, vous pouvez cotiser à concurrence de 15 000 $ dans le cas d'un arrangement ne visant que des services funèbres et à concurrence de 20 000 $ dans le cas d'un arrangement ne visant que des services d'enterrement. Les fonds de votre compte peuvent servir à payer vos propres arrangements funéraires ou ceux de la personne de votre choix; les limites n'ont trait qu'au montant qu'un contribuable peut verser pour ce type d'arrangements pendant sa vie.

Bien que les montants forfaitaires ou les cotisations périodiques que vous versez ne soient pas déductibles d'impôt, l'intérêt gagné sur les montants en dépôt ne sera pas assujetti à l'impôt tant que les fonds ne seront pas retirés. Si vous retirez les fonds et les utilisez à d'autres fins, le montant excédant le total de vos cotisations sera imposé dans l'année du retrait.

Tout montant en excédent des frais funéraires sera remboursé au cotisant ou à sa succession. L'impôt à payer sur le remboursement est calculé selon une formule qui assure que seul le revenu de placement des fonds est assujetti à l'impôt.

21.11 Documents de référence

Il existe peu de documents de vulgarisation sur la planification successorale. En outre, chaque cas doit être évalué individuellement. Pour des renseignements pertinents, adressez-vous à un fiscaliste.

Vous pouvez obtenir un exemplaire du bulletin d'interprétation IT-531, « Arrangements de services funéraires » en téléphonant ou en vous présentant à votre bureau des services fiscaux de l'ARC. Les publications, guides et formulaires de l'ARC se trouvent également sur le site Internet de l'ARC à l'adresse *www.cra-arc.gc.ca*.

C H A P I T R E

22

Si vous êtes le liquidateur ou l'exécuteur testamentaire

- Prenez des mesures pour réduire le fardeau fiscal de la succession (22.1.3)
- Envisagez de réaliser des gains et des pertes en capital sélectionnés sur les biens légués au conjoint ou à une fiducie en faveur du conjoint (22.2.3)
- Songez à produire des déclarations de revenus distinctes afin de bénéficier d'un plus grand nombre de crédits (22.2.4)
- Procurez-vous un certificat de décharge auprès de l'ARC avant de procéder à la distribution des biens (22.2.5)
- Prenez garde aux impôts successoraux étrangers (22.5)

Si vous êtes le liquidateur ou l'exécuteur testamentaire, vos responsabilités à l'égard de la succession consistent à produire toutes les déclarations de revenus requises et à vous assurer que tous les impôts ont été payés. Dans le présent chapitre, nous vous offrons un aperçu des règles fiscales qui s'appliquent en cas de décès ainsi que de vos obligations connexes à titre de liquidateur ou d'exécuteur testamentaire. Nous soulignons également certaines mesures que vous pourriez prendre afin de minimiser les impôts à payer par le défunt et sa succession.

22.1 Que se passe-t-il au décès?

Lorsqu'une personne décède, il incombe au liquidateur de la succession (dénommé « exécuteur testamentaire ») de prendre en charge les affaires de cette personne et de distribuer ses biens selon les dispositions prévues dans son testament. Les responsabilités du liquidateur consistent à déterminer les biens et les dettes de la succession, à produire toutes les déclarations de revenus du défunt et de la succession, à payer le solde exigible de la dette à la date du décès de la personne (y compris tous les impôts) et à indiquer aux bénéficiaires si les sommes reçues de la succession sont imposables.

S'il n'existe aucun testament ou si le testament est invalide, c'est la loi provinciale qui détermine de quelle façon les biens du défunt seront distribués. Les représentants ou les héritiers du défunt doivent présenter une demande devant les tribunaux en vue de nommer un liquidateur qui administrera et distribuera la succession selon la formule prévue par la loi. Veuillez vous reporter à la section 21.2.1.

22.1.1 Présenter une demande en vue d'obtenir des lettres d'homologation

Le liquidateur doit habituellement présenter une demande devant les tribunaux en vue d'obtenir des « lettres d'homologation » lui donnant l'autorisation des tribunaux pour prendre possession des biens du défunt, les gérer et les distribuer aux bénéficiaires de la succession conformément aux dispositions du testament.

Les tribunaux de chaque province, hormis le Québec, facturent des frais d'homologation pour délivrer des lettres d'homologation. De façon générale, les frais d'homologation s'appliquent à la valeur totale des biens de la succession au moment du décès, sans aucune déduction pour les dettes autres que celles grevant les biens immobiliers. (Reportez-vous à la section 21.4 pour en savoir plus sur les mesures de planification successorale que vous pourriez prendre afin de réduire les frais d'homologation.)

22.1.2 Aviser les organismes gouvernementaux

Si le défunt touchait des prestations du Régime de pensions du Canada (RPC) ou de la sécurité de la vieillesse, le liquidateur ou conseiller juridique devrait communiquer avec Service Canada pour annuler les prestations du défunt et déterminer les prestations de décès payables au conjoint survivant ou à la succession.

22.1.3 Planification fiscale posthume

Prenez des mesures pour réduire le fardeau fiscal de la succession.

La planification fiscale ne cesse pas nécessairement au décès. De nombreuses occasions de planification posthume s'offrent à la succession du défunt afin de réduire le fardeau fiscal de la succession ou du contribuable décédé en faveur des bénéficiaires. La planification posthume débute peu de temps après le décès et se déroule habituellement au cours de la première année.

Par exemple, dans certaines circonstances, plus d'une déclaration de revenus peut être produite au nom du contribuable décédé (voir 22.2.4). De plus, si le défunt a un conjoint survivant, le liquidateur pourrait faire une cotisation au REER du conjoint avant la date limite (soit 60 jours après la clôture de l'année du décès).

Dans certaines situations plus complexes, le représentant du défunt peut choisir de liquider une société propriété de la succession au cours de la première période comptable de la succession, ou faire certains choix quant aux pertes en capital subies par la succession (voir 22.2.3).

Si vous êtes un liquidateur ou exécuteur testamentaire, vous devriez demander conseil sur la façon de minimiser le fardeau fiscal de la succession qui vous a été confiée. Si vous ne le faites pas, les bénéficiaires pourraient intenter des poursuites contre vous. Les tribunaux ont reconnu la responsabilité de certains liquidateurs pour avoir omis de prendre des mesures actives pour structurer les affaires de la succession de façon à réduire les impôts.

22.2 Impôt au décès

22.2.1 Impôt à payer par la succession

Lorsqu'une personne décède, le liquidateur de la succession doit produire une « déclaration finale » dans laquelle sera déclaré le revenu du défunt jusqu'à la date du décès. Bien que le formulaire régulier T1 et le formulaire TP1 du Québec soient utilisés à cette fin, un certain nombre de règles spéciales s'appliquent à ces déclarations. Par exemple :

- les dons de bienfaisance, habituellement déclarés l'année où ils sont versés ou reportés prospectivement sur les années subséquentes (voir 8.1), peuvent être reportés rétrospectivement et être déduits du revenu de l'année précédant le décès (sous réserve des limites examinées à la section 8.1), s'ils ne peuvent être réclamés dans la déclaration finale;
- les frais médicaux, habituellement réclamés pour une période de 12 mois se terminant au cours de l'année (voir 2.7.1), peuvent être regroupés pour toute période de 24 mois qui comprend le jour du décès;
- le montant intégral du REER de la personne décédée (voir 3.1) ou du FERR (voir 20.4.4) est inclus dans le revenu de l'année du décès, sauf si le bénéficiaire du régime est soit le conjoint du défunt, soit d'autres personnes à sa charge (voir 22.4.1); si les fonds ne sont pas transférés au REER ou au FERR du conjoint survivant, le conjoint doit les déclarer à titre de revenus, aux fins de l'impôt;
- le solde impayé d'un emprunt effectué par la personne décédée dans son REER dans le cadre du Régime d'accession à la propriété (voir 3.3.6) ou du Régime d'éducation permanente (voir 3.3.7) doit être inclus dans son revenu à moins qu'un choix soit exercé pour que l'obligation soit prise en charge par le conjoint survivant;
- la juste valeur marchande des biens détenus dans le CELI de la personne décédée (voir 4.1) au moment du décès n'est pas imposable entre ses mains, mais tout revenu de placement gagné dans un CELI après le décès de son détenteur n'est généralement plus exonéré d'impôt (voir 22.4.2);
- l'impôt minimum (voir 7.6) ne s'applique pas à l'année du décès;
- les immobilisations qui ne sont pas léguées au conjoint survivant (soit directement, soit par le biais d'une fiducie) sont généralement réputées avoir été vendues à leur juste valeur marchande, ce qui entraîne soit un gain, soit une perte en capital (voir 22.2.3);
- les pertes en capital, qui ne sont normalement admises qu'en déduction des gains en capital (comme il est indiqué à la section

6.2.2), peuvent être déduites d'autres revenus (sauf dans la mesure où vous avez réclamé l'exonération des gains en capital dans le passé);

- certains types de revenu gagnés mais non perçus par la personne décédée avant la date de son décès peuvent faire l'objet d'une déclaration distincte (sur laquelle peuvent être réclamés une deuxième fois les crédits d'impôt personnels de la personne décédée) (voir 22.2.4).

La déclaration finale de revenus de la personne décédée doit être produite à la date d'échéance habituelle (voir 9.1.1) ou six mois après le décès, selon la plus éloignée de ces deux dates. Par exemple, si le décès survient le 10 mars 2012, la déclaration de revenus de la personne décédée pour 2012 doit être produite au plus tard le 30 avril 2013. Tout solde d'impôt à payer est exigible le 30 avril de l'année suivant l'année du décès ou six mois suivant le décès, selon la date la plus éloignée.

Un délai semblable est accordé pour la déclaration de revenus de l'année précédant celle du décès si le décès survient avant la date normale de production. Ainsi, la déclaration de revenus de 2011 de la personne décédée ci-dessus pourrait être produite le 10 septembre 2012, au lieu de la date d'échéance habituelle du 30 avril 2012.

Si la personne décédée payait ses impôts au moyen d'acomptes provisionnels, aucun acompte n'est à verser après son décès. Les seuls acomptes provisionnels à verser sont ceux qui étaient exigibles avant la date du décès.

Veuillez prendre note que tout produit d'assurance-vie perçu en raison d'un décès n'est pas imposable. L'assurance-vie fait l'objet d'une présentation plus détaillée à la section 21.7.

Si vous êtes un associé actif ou retraité d'une société de personnes de services professionnels, veuillez vous reporter à la section 16.2.6.

22.2.2 Déclarations de revenus de la succession

Tout revenu gagné après le décès est imposable à même la succession. La succession est traitée comme une personne distincte qui doit produire une déclaration de revenus à titre de fiducie, et ce, chaque année jusqu'à ce que tous les biens aient été distribués. (Parfois, une telle distribution peut s'échelonner sur plusieurs années, mais, habituellement, une succession peut être réglée dans un délai de un an.) Tout revenu versé aux bénéficiaires de la succession peut être imposé directement entre leurs mains, plutôt que dans la succession.

En règle générale, toute distribution de capital de la succession à un bénéficiaire résident du Canada peut faire l'objet d'un report d'impôt. Cependant, des règles différentes s'appliquent en cas de distribution de biens par la succession à un bénéficiaire qui n'est pas résident du Canada. Les exigences en matière de distribution à des bénéficiaires non résidents sont complexes; consultez un conseiller professionnel afin de vous assurer de l'obtention d'une décharge fiscale adéquate avant la distribution.

La succession étant une fiducie testamentaire, elle paie de l'impôt aux mêmes taux d'imposition progressifs qui sont applicables aux particuliers (voir 21.5.3). Le liquidateur de la succession devrait veiller à ce que la succession n'entreprenne pas d'opérations susceptibles de lui faire perdre son statut de fiducie testamentaire, si, par exemple, il contracte certaines dettes afin de verser un montant à un bénéficiaire ou à certaines autres personnes. En effet, la perte du statut de fiducie testamentaire par la succession entraîne la perte de l'avantage des taux d'imposition progressifs et peut avoir des conséquences fiscales défavorables.

22.2.3 Gains en capital au décès

Il n'existe pas d'impôt successoral ou d'impôt sur les biens transmis par décès au Canada, ni au palier fédéral ni au palier provincial. Si votre succession se résume à l'argent que vous détenez en banque, aucun impôt ne sera exigé (à l'exception des frais d'homologation dont il est question à la section 21.4).

Cependant, de nombreuses personnes possèdent des immobilisations telles que des actions, des biens immeubles et des bijoux. En règle générale, les immobilisations sont réputées, aux fins de l'impôt, avoir été vendues à leur juste valeur marchande immédiatement avant la date du décès, ce qui donne lieu à un gain en capital sur toute plus-value cumulée depuis la date d'acquisition des biens. Cela permet d'éviter que les gains soient cumulés indéfiniment sans jamais être imposés. Les règles habituelles sur les gains en capital s'appliquent à cette disposition présumée, ainsi que les diverses exonérations disponibles, telles que l'exonération de 750 000 $ pour gains en capital (voir 6.3).

Jeanne décède en mars 2012. Ses seules immobilisations consistent en sa maison, dont le prix de base était de 50 000 $ et qui vaut maintenant 600 000 $, une bague à diamants dont le prix de base était de 5 000 $ et qui vaut 10 000 $ aujourd'hui, ainsi qu'un portefeuille d'actions dont le prix de base était de 10 000 $ et dont la valeur actuelle est de 100 000 $.

La maison sera réputée avoir été vendue à sa juste valeur marchande immédiatement avant le moment du décès de Jeanne, mais, comme il s'agissait de la résidence principale de celle-ci, la vente ne donnera lieu à aucun gain en capital. La bague et les actions seront également réputées avoir été vendues à leur valeur marchande, ce qui donnera lieu à un gain totalisant 95 000 $. La moitié de ce gain en capital, soit 47 500 $, sera imposée à titre de gain en capital imposable dans la déclaration de revenus finale de Jeanne.

Toutes les pertes en capital cumulées sont également réalisées au décès. Si vous détenez des biens amortissables, la déduction pour amortissement peut être recouvrée ou une perte finale peut être déclarée.

Envisagez de réaliser des gains et des pertes en capital sélectionnés sur les biens légués au conjoint ou à une fiducie en faveur du conjoint.

La principale exception à la règle de la « disposition présumée » vise le cas où les biens sont légués au conjoint survivant (y compris un conjoint de fait ou un conjoint de même sexe – voir 2.2.1) ou à une fiducie en faveur du conjoint (une fiducie répondant à certaines exigences, décrites à la section 21.5.2). Dans ce cas, le défunt est réputé avoir vendu ses biens à leur prix coûtant immédiatement avant son décès, ce qui ne donne lieu à aucun gain en capital, à condition que le conjoint ou qu'une fiducie en faveur du conjoint devienne propriétaire des biens et obtienne les droits inconditionnels à leur égard. Aux fins de l'impôt, le conjoint (ou la fiducie) hérite alors de ces biens à ce prix coûtant. Lorsque le conjoint (ou la fiducie) vendra les biens, ou au moment du décès du conjoint, le gain ou la perte en capital sera calculé en fonction du prix d'achat initial que vous avez payé pour ces biens et sera entièrement imposé.

Il existe toutefois une règle spéciale selon laquelle le liquidateur de la succession peut, bien par bien, choisir de réaliser un gain en capital ou de subir une perte en capital, lorsque les biens sont légués à un conjoint (ou à une fiducie en faveur du conjoint) au moment du décès du défunt. Ce choix peut s'avérer avantageux si le liquidateur de la succession choisit de réaliser un gain en capital afin d'utiliser des reports prospectifs de pertes inutilisées ou la déduction pour gains en capital. Par ailleurs, une perte en capital pourrait être réalisée afin de permettre de recouvrer les impôts payés durant l'année précédant celle du décès, car les pertes en capital subies au cours de l'année du décès peuvent être reportées rétrospectivement à l'année précédant immédiatement celle du décès et s'appliquer en déduction de tout revenu, sauf dans la mesure où la personne décédée avait déjà réclamé l'exonération des gains en capital (voir 6.3). Les pertes en capital peuvent également faire l'objet d'un report rétrospectif afin de compenser les gains en capital des trois années précédentes.

Si vous avez transféré des biens de votre vivant à une fiducie en faveur de soi-même ou à une fiducie mixte au profit du conjoint, ceux-ci seront transférés aux bénéficiaires finaux selon les modalités de l'acte de fiducie, mais non à votre succession. Des règles particulières s'appliquent à la fiducie au décès du constituant d'une fiducie en faveur de soi-même ou au décès du conjoint survivant dans le cas d'une fiducie mixte au profit du conjoint (voir 21.5.5).

Si le défunt était un associé actif ou retraité d'une société de personnes de services professionnels, veuillez vous reporter à la section 16.2.6.

22.2.4 Déclarations de revenus distinctes

Le liquidateur ou le conseiller juridique doit produire une déclaration de revenus normale dans laquelle doit être déclaré le revenu du défunt pour la période allant du 1er janvier de l'année du décès jusqu'à la date du décès. Dans certains cas, le liquidateur peut exclure certains types précis de revenus de la déclaration ordinaire et les déclarer plutôt sur des déclarations de revenus distinctes facultatives.

Certains crédits d'impôt, tels que le crédit en raison de l'âge, le montant personnel de base, le montant pour conjoint, le crédit pour personne à charge admissible et le crédit pour aidants naturels, qui s'appliquent dans la déclaration de revenus ordinaire pour l'année du décès sont également déductibles dans chacune des déclarations distinctes produites. Certains autres crédits et déductions d'impôt peuvent être utilisés soit dans les déclarations distinctes, soit dans la déclaration ordinaire, ou bien ils peuvent être répartis entre les diverses déclarations produites.

Songez à produire des déclarations de revenus distinctes afin de bénéficier d'un plus grand nombre de crédits.

Outre la déclaration de revenus ordinaire, le liquidateur peut choisir de produire jusqu'à trois déclarations distinctes. Ces déclarations facultatives servent à déclarer le revenu tiré de ce qui suit :

- des « droits ou des biens »;
- d'une entreprise que le défunt exploitait à titre d'associé ou de propriétaire;
- d'une fiducie testamentaire.

Les droits ou biens sont des montants qui n'ont pas été payés au moment du décès et qui, si la personne n'était pas décédée, auraient été inclus dans son revenu au moment où elle les aurait reçus. Certains droits ou biens proviennent de l'emploi et d'autres sources telles que les placements.

Si le défunt était un associé ou le seul propriétaire d'une entreprise, le revenu d'entreprise peut être déclaré sur une déclaration distincte si, notamment, l'exercice de l'entreprise ne correspondait pas à l'année civile et si le décès s'est produit après la clôture de l'exercice mais avant la fin de l'année civile. Le liquidateur peut utiliser cette déclaration pour déclarer le revenu de la période allant de la clôture de l'exercice à la date du décès.

Dans le même ordre d'idées, si le défunt était le bénéficiaire d'une fiducie testamentaire et si la fiducie ne déclare pas son revenu sur la base de l'année civile, le revenu de la période allant de la clôture de l'exercice de la fiducie à la date du décès peut être déclaré sur une déclaration distincte, s'il y a lieu. Le revenu provenant d'une fiducie entre vifs ne peut bénéficier de ce traitement spécial.

22.2.5 Certificats de décharge

Procurez-vous un certificat de décharge auprès de l'ARC avant de procéder à la distribution des biens.

En tant que liquidateur ou conseiller juridique, si vous le désirez, vous pouvez vous procurer un certificat de décharge auprès de l'ARC avant de procéder à la distribution des biens dont vous avez le contrôle. Le certificat de décharge indique que tous les impôts à payer par le défunt pour toutes les années d'imposition jusqu'à la date de son décès ont été acquittés. Si vous ne vous procurez pas de certificat de décharge, vous devrez acquitter tous les impôts à payer par le défunt. Un certificat de décharge final couvre toutes les années d'imposition jusqu'à la liquidation de la succession. Un certificat de décharge distinct est requis pour une fiducie telle qu'une fiducie en faveur du conjoint, laquelle est réputée avoir disposé de ses biens immédiatement avant le décès du conjoint.

22.3 Prestations consécutives au décès

La prestation consécutive au décès est une somme versée en reconnaissance des services d'un employé décédé. Cette prestation est parfois versée par l'employeur de la personne décédée au conjoint survivant, à d'autres membres de la famille ou à la succession. Jusqu'à 10 000 $ de cette prestation peuvent être perçus en franchise d'impôt.

La première tranche de 10 000 $ de la prestation consécutive au décès d'un employé est exonérée d'impôt. Le conjoint de l'employé obtient l'exonération. En l'absence de conjoint, ou si le conjoint reçoit moins de 10 000 $ et partage la prestation avec d'autres contribuables, le solde de l'exonération, s'il en est, peut être partagé entre les autres bénéficiaires. Le terme « conjoint » comprend les conjoints de fait et les conjoints de même sexe qui répondent aux critères énoncés à la section 2.2.1.

Veuillez noter que le produit d'une assurance-vie est entièrement différent de la prestation consécutive au décès, et n'est pas du tout imposé lorsqu'il est reçu.

22.4 REER, FERR et CELI au moment du décès

22.4.1 REER et FERR

Au décès, un contribuable est normalement imposé sur le total des fonds qu'il détenait dans quelque REER ou FERR, sauf s'il les a légués à son conjoint ou à ses enfants à charge, auquel cas les fonds sont inclus dans le revenu du conjoint ou de ses enfants (voir 22.2.1). Dans la mesure où les fonds proviennent d'un REER, ils peuvent être transférés au REER ou au FERR du conjoint, auquel cas une déduction est disponible qui annulera leur inclusion dans le calcul du revenu du conjoint. Le conjoint peut aussi utiliser ces fonds pour acheter une rente. Dans la mesure où les fonds proviennent d'un FERR, si le conjoint est nommé en tant qu'héritier d'une rente du FERR, les paiements aux termes du régime du défunt continueront d'être versés au conjoint. Si le conjoint est nommé en tant que bénéficiaire du FERR, les montants prévus aux termes du régime du défunt peuvent être transférés au REER ou au FERR du conjoint, ou celui-ci peut utiliser les fonds pour acquérir une rente.

Si les fonds du REER ou du FERR ont été légués à un enfant ou à un petit-enfant à charge, ils peuvent soit être imposés comme revenu de l'enfant ou du petit-enfant, soit être utilisés pour acheter une rente qui lui sera versée jusqu'à son 18e anniversaire. D'autres options sont offertes pour les enfants indépendants financièrement qui sont atteints d'une incapacité mentale ou d'un handicap physique. En ces matières, le liquidateur devrait obtenir les conseils d'un professionnel.

Si la valeur du REER ou du FERR diminue après le décès du contribuable et avant la distribution des biens aux bénéficiaires, une déduction pour la perte pourrait être accordée dans la déclaration finale du contribuable, dans la mesure où la distribution est effectuée au plus tard à la fin de l'année suivant l'année du décès. Cette règle s'applique aux REER et aux FERR qui sont liquidés en 2009 ou au cours d'années ultérieures.

22.4.2 CELI

Au moment du décès de son détenteur, la juste valeur marchande du CELI n'est pas imposable entre les mains du défunt, bien que d'autres conséquences fiscales puissent survenir.

L'existence du CELI se poursuivra après le décès de son détenteur si le conjoint survivant est désigné comme détenteur remplaçant du compte. Le remplaçant n'a pas à payer d'impôt sur la valeur du CELI au moment du décès de son conjoint ni sur tout revenu futur gagné dans le compte. Ce roulement du compte vers le remplaçant n'a aucune incidence sur les droits de cotisation inutilisés au CELI du remplaçant.

S'il n'existe aucun détenteur remplaçant mais que le détenteur du compte a désigné des bénéficiaires, ceux-ci recevront la valeur du CELI au moment du décès du détenteur du compte en franchise d'impôt. Tout revenu gagné dans le compte après le décès de son détenteur est imposable entre les mains des bénéficiaires. Les bénéficiaires qui ont des droits de cotisation inutilisés au CELI peuvent transférer en franchise d'impôt dans leur CELI le montant qu'ils ont reçu.

En l'absence d'un détenteur remplaçant ou d'un bénéficiaire désigné, le CELI est transféré à la succession du détenteur décédé.

22.5 L'impôt successoral étranger

Si vous détenez des biens dans d'autres pays, des droits successoraux ou l'impôt sur les biens transmis par décès en vigueur dans ces pays (ou dans leurs États ou provinces) pourraient s'appliquer à votre décès.

Prenez garde aux impôts successoraux étrangers.

Veuillez remarquer que l'impôt sur les biens transmis par décès et les droits successoraux imposés par d'autres pays ne donnent habituellement pas droit à un crédit d'impôt étranger au Canada, même si vous avez une obligation fiscale canadienne du fait de la disposition présumée décrite à la section 22.2.3. Il pourrait en découler une double imposition, et votre planification devrait tenir compte de cette éventualité.

Si vous êtes citoyen américain, reportez-vous à notre examen de l'impôt successoral des États-Unis à la section 18.8.3.

Si vous n'êtes pas un citoyen américain, mais possédez des biens qui sont légalement considérés comme étant situés aux États-Unis, y compris des biens immobiliers, des actions de sociétés américaines ou des créances de citoyens américains, reportez-vous aux techniques de planification exposées à la section 19.4.5.

22.6 Documents de référence

L'ARC publie les publications techniques suivantes dont vous pouvez obtenir un exemplaire en téléphonant ou en vous présentant à votre bureau des services fiscaux de l'ARC. Les publications, guides et formulaires de l'ARC se trouvent également sur le site Internet de l'ARC à l'adresse *www.cra-arc.gc.ca*.

Bulletin d'interprétation IT-210R2, « Revenu de personnes décédées – Sommes payables périodiquement et crédit d'impôt à l'investissement »

Bulletin d'interprétation IT-212R3, « Revenu de personnes décédées – Droits ou biens » et communiqué spécial IT-212R3SR

Bulletin d'interprétation IT-234, « Revenu de contribuables décédés – Récoltes »

Bulletin d'interprétation IT-278R2, « Décès d'un associé ou d'un associé qui s'est retiré de la société de personnes »

Bulletin d'interprétation IT-305R4, « Fiducies testamentaires au profit du conjoint »

Bulletin d'interprétation IT-313R2, « Immobilisations admissibles – Règles applicables lorsque le contribuable cesse d'exploiter une entreprise ou est décédé »

Bulletin d'interprétation IT-326R3, « Déclarations d'un contribuable décédé produites comme s'il s'agissait de celles d'une autre personne »

Bulletin d'interprétation IT-349R3, « Transferts au décès de biens agricoles entre générations »

Bulletin d'interprétation IT-407R4, « Disposition de biens culturels au profit d'établissements ou d'administrations »

Bulletin d'interprétation IT-508R, « Prestations consécutives au décès »

Annexe I

Taux et tranches d'imposition fédéraux et provinciaux pour 2012

	Taux d'imposition	Tranches d'imposition	Surtaxe Taux	Seuil
Fédéral	15,00 %	Jusqu'à 42 707 $		
	22,00	42 708 – 85 414		
	26,00	85 415 – 132 406		
	29,00	Plus de 132 406		
Colombie-Britannique	5,06 %	Jusqu'à 37 013 $		
	7,70	37 014 – 74 028		
	10,50	74 029 – 84 993		
	12,29	84 994 – 103 205		
	14,70	Plus de 103 205		
Alberta	10,00 %	Tous les revenus		
Saskatchewan	11,00 %	Jusqu'à 42 065 $		
	13,00	42 066 – 120 185		
	15,00	Plus de 120 185		
Manitoba	10,80 %	Jusqu'à 31 000 $		
	12,75	31 001 – 67 000		
	17,40	Plus de 67 000		
Ontario	5,05 %	Jusqu'à 39 020 $		
	9,15	39 021 – 78 043	20 %	4 213 $
	11,16	78 044 – 500 000	30	5 392
	12,16	Plus de 500 000		
Québec	16,00 %	Jusqu'à 40 100 $		
	20,00	40 101 – 80 200		
	24,00	Plus de 80 200		
Nouveau-Brunswick	9,10 %	Jusqu'à 38 190 $		
	12,10	38 191 – 76 380		
	12,40	76 381 – 124 178		
	14,30	Plus de 124 178		
Nouvelle-Écosse	8,79 %	Jusqu'à 29 590 $		
	14,95	29 591 – 59 180		
	16,67	59 181 – 93 000		
	17,50	93 001 – 150 000		
	21,00	Plus de 150 000		
Île-du-Prince-Édouard	9,80 %	Jusqu'à 31 984 $		
	13,80	31 985 – 63 969		
	16,70	Plus de 63 969	10 %	12 500 $
Terre-Neuve-et-Labrador	7,70 %	Jusqu'à 32 893 $		
	12,50	32 894 – 65 785		
	13,30	Plus de 65 785		

Annexe II

Crédits d'impôt fédéraux et provinciaux pour 2012[a]

	Fédéral	C.-B.	Alb.	Sask.	Man.
Taux d'imposition s'appliquant aux crédits	15,00 %	5,06 %	10,00 %	11,00 %	10,80 %
Montant personnel de base	10 822 $	11 354 $	17 282 $	14 942 $	8 634 $
Montant pour conjoint et pour personne à charge admissible[b]	10 822	9 964	17 282	14 942	8 634
Seuil de revenu net	–	*996*	–	*1 495*	–
Personne à charge âgée de 18 ans ou moins	–	–	–	5 668	–
âgée de 18 ans ou plus et handicapée	6 402	4 250	10 004	8 803	3 605
Seuil de revenu net	*6 420*	*6 770*	*6 609*	*6 246*	*5 115*
Enfants (max.; voir 2.3.1)	2 191	–	–	–	–
Adoption (voir 2.3.7)	11 440	11 440	11 820	–	10 000
Personne handicapée[c]	7 546	7 285	13 331	8 803	6 180
Supplément pour personne handicapée[d]	4 402	4 250	10 004	8 803	3 605
Revenu de pension[c](max.)	2 000	1 000	1 331	1 000	1 000
Personne âgée de 65 ans ou plus[c]	6 720	4 356	4 816	4 552	3 728
Seuil de revenu net	*33 884*	*32 424*	*35 851*	*33 884*	*27 749*
Limite des frais médicaux[e]	2 109	2 020	2 233	2 109	1 728
Aidants naturels (voir 2.5.4)	4 402	4 250	10 004	8 803	3 605
Seuil de revenu net	*15 033*	*14 385*	*15 906*	*15 034*	*12 312*
Crédit d'impôt pour emploi (voir 10.7.1)	1 095	–	–	–	–
Régime de pensions du Canada[f] (max.)	2 307	2 307	2 307	2 307	2 307
Assurance-emploi (max.)	840	840	840	840	840
Coût des laissez-passer de transport en commun (voir 2.7.3)	–	–	–	–	–
Acheteurs d'une première habitation (max.; voir 2.7.4)	5 000	–	–	10 000	–
Condition physique et activités artistiques des enfants (max.; voir 2.3.5 et 2.3.6)	500	500	–	–	500
Frais de scolarité et intérêts payés sur prêts étudiants[g]					
Études et manuels[g]					
Temps plein – mensuel	465	200	672	400	400
Temps partiel – mensuel	140	60	202	120	120
Dons de bienfaisance (voir 8.1)					
Taux du crédit sur la première tranche de 200 $	15,00 %	5,06 %	10,00 %	11,00 %	10,80 %
Taux du crédit sur le montant résiduel	29,00	14,70	21,00	15,00	17,40

	Ont.	N.-B.	N.-É.	Î.-P.-É.	T.-N.
Taux d'imposition s'appliquant aux crédits	5,05 %	9,10 %	8,79 %	9,80 %	7,70 %
Montant personnel de base	9 405 $	9 203 $	8 481 $	7 708 $	8 237 $
Montant pour conjoint et pour personne à charge admissible[b]	7 986	7 815	8 481	6 546	6 731
Seuil de revenu net	*798*	*782*	*848*	*655*	*674*
Personne à charge âgée de 18 ans ou moins	–	–	–	–	–
âgée de 18 ans ou plus et handicapée	4 433	4 347	2 798	2 446	2 616
Seuil de revenu net	*6 301*	*6 167*	*5 683*	*4 966*	*5 621*
Enfants (max.; voir 2.3.1)	–	–	1 200	1 200	7 000
Adoption (voir 2.3.7)	11 474	–	–	–	11 116
Personne handicapée[c]	7 598	7 451	7 341	6 890	5 558
Supplément pour personne handicapée[d]	4 432	4 346	3 449	4 019	2 616
Revenu de pension[c] (max.)	1 300	1 000	1 173	1 000	1 000
Personne âgée de 65 ans ou plus[c]	4 592	4 494	4 141	3 764	5 258
Seuil de revenu net	*34 183*	*33 455*	*30 828*	*28 019*	*28 814*
Limite des frais médicaux[e]	2 128	2 083	1 637	1 678	1 794
Aidants naturels (voir 2.5.4)	4 433	4 346	4 898	2 446	2 615
Seuil de revenu net	*15 165*	*14 844*	*13 677*	*11 953*	*12 784*
Crédit d'impôt pour emploi (voir 10.7.1)	–	–	–	–	–
Régime de pensions du Canada[f] (max.)	2 307	2 307	2 307	2 307	2 307
Assurance-emploi (max.)	840	840	840	840	840
Coût des laissez-passer de transport en commun (voir 2.7.3)	–	–	–	–	–
Acheteurs d'une première habitation (max.; voir 2.7.4)					
Condition physique et activités artistiques des enfants (max.; voir 2.3.5 et 2.3.6)	526	–	500	–	–
Frais de scolarité et intérêts payés sur prêts étudiants[g]					
Études et manuels[g]					
Temps plein – mensuel	506	400	200	400	200
Temps partiel – mensuel	151	120	60	120	60
Dons de bienfaisance (voir 8.1)					
Taux du crédit sur la première tranche de 200 $	5,05 %	9,10 %	8,79 %	9,80 %	7,70 %
Taux du crédit sur le montant résiduel	11,16	17,95	21,00	16,70	13,30

Notes

a) Les tableaux ci-dessus présentent les montants en dollars de tous les crédits d'impôt fédéraux et provinciaux non remboursables pour 2012 (à l'exception de ceux du Québec, qui figurent aux pages suivantes). Pour déterminer la valeur des crédits, il faut multiplier chaque montant en dollar par le taux d'imposition indiqué, soit le taux d'imposition le moins élevé applicable dans le territoire visé. Par exemple, le montant du crédit personnel de base de l'Ontario de 9 405 $ multiplié par le taux de 5,05 % donne une valeur de crédit de 475 $.

Le revenu gagné par le contribuable ou la personne à charge, selon le cas, qui excède les seuils de revenu indiqués dans les tableaux vient réduire la valeur du crédit d'un montant équivalent. La seule exception à cette règle est le crédit en raison de l'âge, lequel est diminué d'un montant correspondant à 15 % du revenu du contribuable qui excède le seuil.

b) Le crédit fédéral pour conjoint s'applique aussi aux conjoints de fait. Le contribuable qui est célibataire, divorcé ou séparé et qui subvient aux besoins d'une personne à charge résidant sous son toit peut réclamer le crédit pour personne à charge admissible. Ce crédit peut être réclamé pour les personnes à charge de moins de 18 ans qui sont liées au contribuable, pour les parents et grands-parents du contribuable ou pour toute personne handicapée qui est liée au contribuable.

Le montant pour conjoint/conjoint de fait et le montant pour personne à charge admissible au fédéral, en Alberta et au Manitoba sont calculés en soustrayant du montant maximum le revenu net du conjoint/conjoint de fait ou de la personne à charge.

Pour l'Île-du-Prince-Édouard, les montants indiqués dans le tableau sont ceux qui s'appliquent au crédit pour conjoint/conjoint de fait. Les montants pour personne à charge admissible de cette province s'établissent respectivement à 6 294 $ et à 629 $.

c) Le crédit pour personnes handicapées, le crédit en raison de l'âge et le crédit pour revenu de pension peuvent être transférés à un conjoint ou à un conjoint de fait. Les montants admissibles au transfert sont réduits de la tranche du revenu du conjoint ou du conjoint de fait en sus du montant du crédit personnel de base. Le crédit pour personne handicapée peut aussi être transféré à la personne qui assume les frais si celle-ci n'est pas le conjoint ou le conjoint de fait. Toutefois, le cas échéant, le montant du crédit est réduit de la tranche du revenu de la personne handicapée excédant le montant du crédit personnel de base.

d) Le supplément pour personnes handicapées peut être demandé par les particuliers âgés de moins de 18 ans à la fin de l'année. Le montant indiqué au tableau représente le montant maximum qui peut être demandé, et il est réduit par certains frais de garde d'enfants et certains frais de préposé aux soins réclamés à l'égard de l'enfant.

e) Le crédit fédéral pour frais médicaux est déterminé selon le moins élevé des deux montants suivants : le montant des frais médicaux admissibles excédant 3 % du revenu net ou la limite établie pour les frais médicaux indiquée dans le tableau. Les frais médicaux engagés par les deux conjoints ou conjoints de fait et par leurs enfants âgés de moins de 18 ans peuvent être additionnés et réclamés par l'un ou l'autre des conjoints ou conjoints de fait. Un contribuable peut également demander un crédit pour frais médicaux pour le compte d'une personne à charge âgée de 18 ans ou plus, mais les frais doivent être réduits du moindre de 3 % du revenu net de la personne à charge et de la limite fixée pour les frais médicaux. Le plafond de 10 000 $ (ou d'un montant similaire) des frais médicaux donnant droit au crédit pour le compte d'une personne à charge a été éliminé dans toutes les provinces, à l'exception de l'Ontario, pour 2011 et les années ultérieures.

f) Les travailleurs autonomes peuvent déduire 50 % de leurs cotisations au Régime de pensions du Canada ou au Régime de rentes du Québec aux fins du calcul de leur revenu net. Le solde des cotisations peut être réclamé à titre de crédit non remboursable.

g) Les montants versés pour les frais de scolarité et les frais accessoires obligatoires au cours de l'année civile sont admissibles à un crédit d'impôt tant fédéral que provincial. Le crédit d'impôt pour frais de scolarité a été modifié afin de reconnaître les frais qui sont versés à un établissement d'enseignement, à une association professionnelle, à un ministère provincial ou à toute autre institution similaire pour passer un examen qui est nécessaire à l'obtention d'un statut professionnel reconnu en vertu d'une loi fédérale ou provinciale ou à l'obtention d'un permis ou d'une licence pour exercer un métier ou une profession au Canada. Cette mesure s'appliquera aux montants admissibles payés pour les examens effectués en 2011 et au cours des années ultérieures.

Les étudiants peuvent également réclamer au fédéral un montant mensuel à l'égard du coût des manuels, qui s'ajoute au montant mensuel relatif aux études. Le montant pour manuels s'élève à 65 $ par mois pour les étudiants à temps plein et à 20 $ par mois pour les étudiants à temps partiel.

Le crédit relatif aux frais de scolarité et les crédits relatifs aux études et pour manuels peuvent être transférés à un conjoint/conjoint de fait, un parent ou un grand-parent. Le montant maximum transférable correspond à 5 000 $ (indexé pour certaines provinces), moins la tranche du revenu net de l'étudiant excédant le montant du crédit personnel de base. Tout montant qui n'est pas transféré peut être reporté prospectivement indéfiniment par l'étudiant.

Les intérêts payés sur les prêts étudiants sont admissibles à un crédit d'impôt tant fédéral que provincial. Le crédit doit être réclamé par l'étudiant, et il peut faire l'objet d'un report prospectif sur cinq ans.

Crédits d'impôt personnels du Québec pour 2012

Taux d'imposition s'appliquant aux crédits[a]	20 %
Montant personnel de base	10 925 $
Montants pour personnes à charge :	
Enfant âgé de moins de 18 ans suivant une formation ou des études postsecondaires à temps plein[b]	2 015
Enfant de plus de 17 ans aux études à temps plein[c]	
Autres personnes à charge âgées de plus de 17 ans[d]	2 930
Personne vivant seule ou avec une personne à charge[e, f] :	
Montant personnel de base	1 280
Montant pour chef de famille monoparentale	1 585
Personne âgée de 65 ans ou plus[e]	2 350
Travailleurs expérimentés (âgés de 65 ans ou plus)[g]	
Revenu de pension[e] (max.)	2 090
Personne handicapée	2 485
Cotisations syndicales et professionnelles[h]	
Frais de scolarité et intérêts payés sur prêts étudiants[i]	
Frais médicaux[j] (voir 17.2.10)	
Dons de bienfaisance[k] (voir 17.2.9)	
Taux du crédit sur la première tranche de 200 $	20 %
Taux du crédit sur le montant résiduel	24 %
Autres crédits[l]	

Notes

a) Le taux de crédit du Québec s'applique aux montants en dollars indiqués dans le tableau pour obtenir la valeur du crédit. À titre d'exemple, le montant du crédit personnel de base de 10 925 $ est multiplié par 20 % afin de déterminer la valeur du crédit de 2 185 $.

La fraction inutilisée de tous les crédits d'impôt non remboursables peut être transférée d'un conjoint à un autre, mais seulement une fois que tous les crédits auront été pris en compte dans le calcul de l'impôt sur le revenu payable par ailleurs.

b) Ce crédit s'applique aux enfants à charge qui sont âgés de moins de 18 ans et qui suivent à temps plein un programme de formation professionnelle ou d'études postsecondaires, pour chaque session terminée, pour un maximum de deux sessions par année. Ce crédit s'applique également aux personnes à charge atteintes d'une infirmité qui suivent de tels programmes à temps partiel. Le montant réclamé est réduit de 80 % du revenu de l'enfant à charge pour l'année, à l'exclusion des bourses d'études, des bourses de perfectionnement et des récompenses reçues au cours de l'année.

c) Un étudiant admissible peut transférer à l'un ou l'autre de ses parents, pour une année d'imposition donnée, un montant relatif à la partie non utilisée de son montant personnel de base pour l'année (mécanisme de transfert de la contribution parentale reconnue). Le montant qui peut être transféré chaque année d'imposition ne doit pas dépasser le plafond applicable au transfert pour l'année (7 200 $ pour 2012).

d) Ce crédit est applicable si la personne à charge (autre que le conjoint) est liée au contribuable par le sang, le mariage ou l'adoption et qu'elle vit habituellement avec lui. Pour que le contribuable soit admissible à ce crédit d'impôt, cette personne à charge ne doit pas lui avoir transféré la contribution parentale reconnue. Le montant réclamé est réduit de 80 % du revenu de l'enfant à charge pour l'année, à l'exclusion des bourses d'études, des bourses de perfectionnement et des récompenses reçues au cours de l'année.

e) La somme des montants pour personne vivant seule, pour personne de 65 ans ou plus et du revenu de pension est réduite de 15 % du revenu familial net. Le revenu familial net correspond au revenu total des deux conjoints, moins 31 695 $.

f) Ce crédit s'applique aux personnes qui vivent dans un établissement domestique autonome qu'elles maintiennent et où ne vit aucune autre personne qu'un mineur ou un étudiant admissible. Si vous habitez avec un étudiant admissible, vous pourriez être en mesure d'ajouter un montant pour famille monoparentale de 1 585 $ au montant pour personne vivant seule, aux fins du mécanisme de transfert de la contribution parentale reconnue (voir note d) ci-dessus).

g) Ce nouveau crédit est offert à compter de 2012 aux travailleurs âgés de 65 ans ou plus.Il s'applique à une portion du revenu de travail admissible au-delà de 5 000 $. Cette portion est de 3 000 $ en 2012 et augmentera graduellement jusqu'à ce qu'elle atteigne 10 000 $ en 2016. La tranche inutilisée de ce crédit d'impôt ne peut être reportée ni transférérée au conjoint du particulier.

Le revenu de travail admissible à ce crédit d'impôt comprend les salaires et le revenu d'entreprise, mais exclut les avantages imposables découlant d'un emploi antérieur et les montants déduits dans le calcul du revenu imposable, tels que la déduction pour option d'achat d'actions.

h) Le crédit pour cotisations syndicales et professionnelles est déterminé en fonction des cotisations annuelles payées durant l'année. La tranche des cotisations professionnelles liées à l'assurance-responsabilité est déductible et n'est pas incluse dans le calcul du crédit.

i) Le crédit pour frais de scolarité est déterminé en fonction des frais de scolarité et d'examen professionnel et des frais accessoires obligatoires payés durant l'année civile. L'étudiant peut transférer la partie inutilisée du crédit pour frais de scolarité à l'un ou l'autre de ses parents ou de ses grands-parents. La partie de ce crédit qui n'est pas transéférée pourra être utilisée ultérieurement par l'étudiant. Les intérêts payés sur un prêt étudiant qui ne sont pas réclamés au cours d'une année donnée peuvent être reportés indéfiniment.

j) Le crédit pour frais médicaux est déterminé selon les frais médicaux admissibles excédant 3 % du revenu familial, c'est-à-dire le revenu total des deux conjoints.

k) Les dons de bienfaisance effectués par les deux conjoints/conjoints de fait peuvent être additionnés et réclamés par l'un ou l'autre. Le montant maximum des dons de bienfaisance qui peut être réclamé dans une année donnée et égal à 75 % du revenu net. Toutefois, tous les dons peuvent être reportés prospectivement sur cinq ans s'ils ne sont pas réclamés au cours de l'année où ils sont effectués.

l) Voir le chapitre 17 pour des renseignements concernant d'autres crédits d'impôt personnels du Québec, notamment les crédits pour frais de garde d'enfants (voir 17.2.2), frais d'adoption et de traitement contre l'infertilité (voir 17.2.3), le maintien à domicile d'une personne âgée (17.2.6), les aidants naturels d'une personne majeure (voir 17.2.7), les frais médicaux (voir 17.2.10) et pour un véhicule écologique (voir 17.2.29).

Index